JN098642

民法V

事務管理・不当利得・不法行為

第2版

橋本佳幸・大久保邦彦・小池 泰

YUHIKAKU

第2版はしがき

本書の初版の刊行から，早くも8年以上が経過した。また，2017（平成29）年5月には，民法の一部を改正する法律（平成29法44）が可決成立し，債権関係の規定が大幅な改正をみた。そこで，今回，最近の判例の動きと民法（債権関係）改正への対応を図るべく，第2版を送り出すこととした。改訂箇所は最小限にとどまるが，最新の法状況に対応したテキストとして，本書が不法行為法・不当利得法・事務管理法を学ぶ読者の助けになることを願う。

改訂にあたっては，有斐閣書籍編集部藤本依子部長と柳澤雅俊氏のお手を煩わせた。ここに記して厚くお礼を申し上げる。

2020（令和2）年1月

橋本佳幸
大久保邦彦
小池　泰

初版はしがき

本書は，リーガルクエスト民法シリーズ（全6巻）の第5巻として刊行され，事務管理・不当利得・不法行為を対象とする。

本シリーズの全体的狙い・特色は，第1巻の「はしがき」のとおりである。本巻でも，高い学習意欲をもった学部学生を主な読者層に想定しつつ，制度の基本的枠組みや主要な判例準則の内容，それらの基礎にある考え方の説明に重点をおくものとし，学部段階で理解しておくべき事項を選び出して，問題点の所在や議論の対立状況を的確に叙述することを心掛けた。形式面では，本文とは別に，補充的説明や発展的事項を扱うコラムを設け，また，法準則を実際的文脈のなかで把握できるように判例紹介欄を充実させた。学習成果の確認と応用的検討の素材として，各章の末尾には練習問題もおいている。なお，本書は3名の共著であるが，全体の体系的整合性の確保には意を尽くした。

本書を通じて，読者諸氏がより深い探究のための確固たる基盤を築き，また，現実の事案の解決に取り組む上での指針を見出すことができたならば，執筆者にとって無上の喜びである。本書が，シリーズの他巻と同様に，標準的なテキストとして多くの読者に迎えられることを願う。

*　　*　　*

序論に代えて，本書の対象領域についても，ここで簡単に説明しておく。民法典第3編第2章から第5章までの債権各論は，債権の発生原因を定めるところ，講学上，債権発生原因が法律行為であるか否かに応じて，契約（第2章）と事務管理・不当利得・不法行為（第3章以下）とに大別される。本書が対象とする後者は，法律が，ある事実から直接に債権を発生させる法定の債権発生原因であり，そこから発生する債権は法定債権と呼ばれる。もっとも，事務管理・不当利得・不法行為の三者の間に，当事者の意思ではなく法律によって債権を発生させるという要素をこえて，積極的な共通点が広く存在するものではない。

三者のうち，とくに重要なのは不法行為と不当利得であるが，両制度は，現実の適用場面が多種多様であるにもかかわらず，法典上の条文数が極端に少ない。また，各制度の基本思想（債権発生を基礎づける原理）も，契約におけるほど明瞭ではない。そのため，両制度をめぐっては，条文を具体化・補充すべく極めて多数の判例準則が形成されており，それらを統合・整序する役割は，もっぱら学説の理論体系にゆだねられてきた。

本書では，不法行為制度については責任の視点や権利保護の目的を基礎におきつつ，また，不当利得制度については不当性の観点からの体系化のもと，類型化の手法を通じて，条文上の抽象的・一般的規律を複数の具体的規律に置き換えて提示することに努めた。

＊　＊　＊

本書の執筆にあたっては，有斐閣書籍編集第一部の土肥賢，伊丹亜紀，吉田小百合の三氏のお世話になった。遅々とした進行を辛抱強く見守ってくださったことに，心からお礼を申し上げる。

2011（平成23）年9月

橋本佳幸
大久保邦彦
小池　泰

目　次

判　例

第1編　事務管理・不当利得

第*1*章

第*2*章

第2編　不法行為

第*2*章

第*3*章

Column

第１編　事務管理・不当利得

第２編　不 法 行 為

執筆者紹介

橋　本　佳　幸（はしもと・よしゆき）

京都大学大学院法学研究科教授

《第 *2* 編：第 *1* 章〜第 *3* 章，第 *5* 章第１節・第７節〜第９節，第 *6* 章》

大久保邦彦（おおくぼ・くにひこ）

大阪大学大学院国際公共政策研究科教授

《第 *1* 編：第 *1* 章・第 *2* 章，第 *2* 編：第 *5* 章第６節，第 *7* 章》

小　池　　泰（こいけ・やすし）

九州大学法学研究院教授

《第 *2* 編：第 *4* 章，第 *5* 章第２節〜第５節》

凡　例

1 法律等

遺　失	遺失物法
意　匠	意匠法
一般法人	一般社団法人及び一般財団法人に関する法律（一般法人法）
宇宙活動	人工衛星の打上げ及び人工衛星の管理に関する法律
会　社	会社法
介　保	介護保険法
学　教	学校教育法
金　販	金融商品の販売等に関する法律
刑	刑　法
警官援助	警察官の職務に協力援助した者の災害給付に関する法律
刑　訴	刑事訴訟法
健　保	健康保険法
厚　年	厚生年金保険法
国際海運	国際海上物品運送法
国　賠	国家賠償法（国賠法）
個人情報	個人情報の保護に関する法律（個人情報保護法）
自　賠	自動車損害賠償保障法（自賠法）
自賠令	自動車損害賠償保障法施行令
児　福	児童福祉法
商	商　法
消費契約	消費者契約法
商　標	商標法
消　防	消防法
新　案	実用新案法
水　難	水難救護法
精　神	精神保健及び精神障害者福祉に関する法律
製造物	製造物責任法
著　作	著作権法

特定商取引	特定商取引に関する法律
特　許	特許法
独　禁	私的独占の禁止及び公正取引の確保に関する法律（独占禁止法）
破	破産法
半導体	半導体集積回路の回路配置に関する法律
不正競争	不正競争防止法
弁　護	弁護士法
保　険	保険法
民　執	民事執行法
民　訴	民事訴訟法
民　保	民事保全法

上記の他，有斐閣六法の法令名略語を用いることを原則とした。

2　判　　決

大連判（決）	大審院聯合部判決（決定）
大　判（決）	大審院判決（決定）
控　判（決）	控訴院判決（決定）
最大判（決）	最高裁判所大法廷判決（決定）
最　判（決）	最高裁判所判決（決定）
高　判（決）	高等裁判所判決（決定）
地　判（決）	地方裁判所判決（決定）

3　判決登載誌

民　録	大審院民事判決録
民　集	大審院民事判例集（～昭和 21 年）
刑　録	大審院刑事判決録
刑　集	大審院刑事判例集（～昭和 22 年 3 月）
新　聞	法律新聞
民　集	最高裁判所民事判例集（昭和 22 年～）
集　民	最高裁判所裁判集民事
刑　集	最高裁判所刑事判例集（昭和 22 年 11 月～）
下民集	下級裁判所民事裁判例集

家　月　　家庭裁判月報
交　民　　交通事故民事裁判例集
判　時　　判例時報
判　タ　　判例タイムズ
金　法　　金融法務事情

4　書　　籍

LQ 民法Ⅰ　　佐久間毅＝石田剛＝山下純司＝原田昌和『民法Ⅰ　総則〔第2版補訂版〕（LEGAL QUEST シリーズ）』（有斐閣，2020年）
LQ 民法Ⅱ　　石田剛＝武川幸嗣＝占部洋之＝田髙寛貴＝秋山靖浩『民法Ⅱ　物権〔第3版〕（LEGAL QUEST シリーズ）』（有斐閣，2019年）
LQ 民法Ⅵ　　前田陽一＝本山敦＝浦野由紀子『民法Ⅵ　親族・相続〔第5版〕（LEGAL QUEST シリーズ）』（有斐閣，2019年）

第 *1* 編
事務管理・不当利得

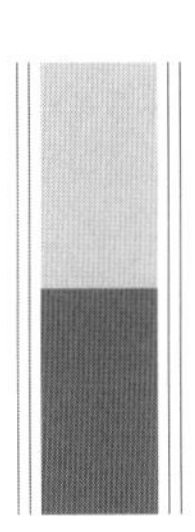

第1章 事務管理

他人の物を管理したり，病人を治療する場合，通常，委任等の契約関係などが存在する。しかし，そのような関係がなく義務を負っていないのに，他人のために何かをしてやることがある。民法典はこのような事態に対して，事務管理制度を用意している。本章では，事務管理の意義・原理・要件・効果等について説明する。

第1節　事務管理

1 事務管理の意義と原理

事務管理（697条以下）は，ある者（管理者）が法律上の義務なく他人（本人）のために事務処理を開始した場合に（ただし，その事務処理が本人の意思・利益に明らかに反している場合を除く），本人と管理者との間に委任類似の法定の債権関係を創設する制度である。事務管理が成立しうる具体例としては，①旅行中に台風で損傷した隣人の家屋の修理，②他人の空地上にコンテナを設置して行われる貸倉庫業の経営，③他人の物の時価を超える売却，④他人の債務の弁済，⑤人命救助などを挙げうる。

事務管理が成立するためには，管理者に，本人のためにする意思（事務管理意思）のあることが必要だが（697条1項），本人の意思は必要ない。したがって，事務管理の全効果（とくに本人の義務）を意思によって正当化することはできないので，事務管理は，法律要件としては，法律行為（意思表示）ではない（Column I 1-2）。この点で，事務管理は，契約たる委任と区別される。

問題は，契約が存在しないにもかかわらず，委任類似の債権関係を創設する原理が何かである。従来の多数説は，事務管理の目的を相互扶助・社会連帯・利他的行為の優遇に求め，それに基づき事務管理の規律を説明しようと試みてきた。しかし，社会的利益のみによって私法の規律を正当化することはできない。

そこで，本書では，事務管理の規律を，第一次的に個人的利益に関わる私法の諸原理を援用することによって，多元的に正当化することを試みたい。事務管理の主たる効果として，管理者は，費用償還請求権を有し（702条1項），受取物引渡義務を負うが（701条→646条），このうち費用償還請求権の基礎を不当利得に求めることは可能である（3 A (3)(a)）。しかし，受取物引渡義務の基礎を不当利得に求めることは困難なため，事務管理は不当利得の原理によって説明しきれない。受取物引渡義務の基礎は，――現実の合意はないものの――管理の事実上の利益を本人に帰属させる意思（管理意思）と本人の推定的同意によって，契約に準ずるかたちで（準契約）説明するほかないように思われる（3 A (2)(e)）。

このような見方によるとき，契約と不当利得の間という民法典における事務管理の体系的位置には，絶妙の立法だとの評価を与えうる反面，事務管理は種々の制度のモザイクとして，他の諸制度に解消される危険性を伴うことになろう。

2 事務管理の要件

事務管理の成立要件は，以下の(1)～(4)である。(1)(2)については事務管理の成立を主張する者が証明責任を負うが，(3)本人に対する義務の存在については消極的事実（義務の不存在）の証明が困難なこと，(4)管理が本人の意思・利益に明らかに反していることについては同要件が700条「ただし書」を根拠とすることに基づき，相手方が証明責任を負う。

(1) 他人の事務の管理（処理）の開始

「他人の事務の管理を始めた」という管理者の一方的行為が，事務管理としての法的評価を受ける法律事実（法律要件を構成する要素となる事実）である(697条1項)。

(a) **事　務**　事務とは，法的に意味のある行為によって目的が実現される事項をいう（例，費用の立替払)。事務管理の対象となる事務は，適法であって（保険事故招致のように違法な事務は除かれる)，かつ，他人によって処理されうるものでなければならない（不代替的な性質をもつ不作為は除かれる)。

(b) **管　理**　管理（処理）とは，事務の目的を実現するために行為することである。行為は管理の手段にすぎない（管理と行為の関係は弁済と給付の関係に類似する)。行為は，財産的行為でも非財産的行為（例，人命救助・病気治療）でも，事実行為でも法律行為でも，管理行為でも処分行為（その効果につき3B)でも破壊行為（例，倒壊しそうな建物の取壊し）でもよいが，違法行為であってはならない。

(c) **事務の他人性**　事務は，「他人の」事務でなければならない。「自己の」事務については，それを「他人の」事務と錯誤したとしても，事務管理は成立しない。

問題は，事務の帰属先を決定する基準である。多数説は，事務をまず，①既存の権利義務に作用する事務（例，事実行為としての物の修理や人命救助）と，②新たな権利義務を創設する事務（例，契約締結）とに大別する。その上で，①の事務を，既存の権利義務の帰属主体により，「客観的他人の事務」と「客観的自己の事務」とに小別する。他方で，②の事務を「中性の事務」と評価しつつも，「他人のために」する意思（管理意思）をもってなされる中性の事務を「主観的他人の事務」とする。その結果，多数説によると，「客観的他人の事務」と「主観的他人の事務」とが「他人の」事務になる。

しかし，②の事務（例，留守中の隣家を修理するための材料購入契約ないし工務店との請負契約）も，自己（管理者）の名をもってなされるかぎり効果の帰属先は自己であるから，自己の事務とみるべきである。他人の権利領域への介入（前記の例では，修理作業に着手）があってはじめて，事務管理が成立する。管理者の意思のみで本人を拘束するのは，本人の私的自治を軽視しすぎているからである。したがって，知人が探していた切手を自己の名で購入したような場合には，知人の権利領域への介入は観念できないので，事務管理はおよそ成立しない。

なお，法律行為が本人の名をもってなされたとしても，代理権がなければ本人に効果は帰属しないため，他人の事務とはならない。もっとも，無権代理行為が追認された場合（116条）や表見代理が成立する場合（109条・110条・112条）は別であり，これらの場合は当初から他人の事務となる。

(2)（事務）管理意思

事務管理が成立するためには，本人のためにする意思（事務管理意思）が必要である（697条1項）。管理意思が認められるためには，他人の事務であることの「認識」と，管理の事実上の利益を他人に帰属させる「意思」が必要である。「認識」があれば「意思」は事実上推定される。他人の事務を自己の事務と錯誤して処理をした（例，他人の物を自分の物と思って修理した）場合には，「認識」が欠けるため管理意思は否定される（支出利得の問題となる〔第2章第3節〕）。「認識」はあるが「意思」がない場合には，準事務管理が問題となる（第2節）。

Column I 1-1　管理意思と事務管理の効果との関連性

管理意思は，まず，事務管理の違法性阻却（3 A (1)）のための主観的要件となる。

つぎに，善意の占有者は占有物について（Column I 2-8），善意の受益者は「受益」について善管注意義務を負わない（第2章第4節3 (3)）ので，他人の事務であることの「認識」に欠ける場合には，善管注意義務が成立しない可能性がある。したがって，「認識」の存在は，管理者の注意義務（3 A (2)(a)）を基礎づける。

また，受取物引渡義務は，管理の事実上の利益を本人に帰属させる意思と本人の推定的同意によって基礎づけられる（3 A (2)(e)）。

なお，利他的意思が強く管理者が全費用を負担する意図を有する場合にも，管理意思は否定されず，事務管理は成立しうるが，債権は一方的に放棄できるから（519条），この場合，費用償還請求権は生じない。

Column Ⅰ 1-2　法律行為（意思表示）の規定の類推適用

事務管理は法律行為（意思表示）ではないが（**1**），管理意思は事務管理の効果に作用するので，法律行為（意思表示）の規定の類推適用が問題となる（事務管理は，法律要件としては，準法律行為〔混合事実行為〕に属する）。

まず，意思無能力者については管理意思を語りえないので，事務管理の成立には，管理者の意思能力が必要である。それ以外は，事務管理の効果ごとに別個に考えるべきである。例えば，管理意思に基づく受取物引渡義務については，管理者の行為能力が要求されるほか，錯誤も問題となる（本文で次述）。それに対して，管理者の費用償還請求権（**3** A (3)(a)）は管理意思に基づくものではないので，法律行為の規定は類推適用されない（本人の意思能力・行為能力も必要ない）。

管理意思は，自己のためにする意思と併存してもよい（例，負担部分を超える不真正連帯債務の弁済。(3)参照）。管理意思が認められるためには，本人が誰であるかを知る必要はない（例，飼主不明の迷い犬の世話）。A の事務を B の事務と錯誤して処理した場合（例，B の空地だと思ってその上にコンテナを設置して貸倉庫業を経営していたが，実は A の空地だった）にも，通説は A のためにする意思を認める。しかし，錯誤の規定（95 条）の類推適用により，A に対する受取物引渡義務は否定される可能性がある。

委任などの事務処理契約の無効・取消しの場合に，管理意思が認められるか否か，それと関連して，事務管理と給付利得との関係が問題となっている。①事務処理者は自己の債務（事務）を履行（処理）しようとしているのであり，他人のためにする意思（管理意思）を欠くから事務管理は成立せず，給付利得（第 2 章第 4 節）の問題となるという説と，②事務管理が成立するという説とが対立している。債務の履行はたしかに自己の事務だが，他人の事務の処理が債務内容となっており，事務処理者は事務処理の結果を事務本人（契約の相手方である場合と第三者である場合とがある）に帰属させる意思（これに瑕疵（かし）のある場合もある）を有しているのだから，事務管理の成立を当然に否定することはできない。また，事務管理者は注意義務などを負うため，事務管理の成立を認めるほうが，事務本人にとっても有利である。注意義務・管理継続義務の成立に関しては事務管理の法理に，費用の償還など契約の清算面では給付利得の法理に従うといったように，ここでも効果ごとに別個に考えるべきである（第2章第6節1(3)も参照）。

(3)　本人に対する義務の不存在

事務管理が成立するには，事務処理の開始時点で，管理者が本人に対する関係においてその事務を処理すべき義務・権限を有していないことが必要である（697条1項）。義務・権限がある場合には，その基礎となる法律関係（例，契約・親権）によって管理者と本人との間の関係は規律されるので，事務管理の成立を認める必要がない（ただし，委任の範囲を超えるときは，事務管理が成立しうる）。

管理者が第三者に対してまたは公法上の義務を負う場合には，事務管理の成立は妨げられない。例えば，競合不法行為者（A・B）は被害者Xに対して不真正連帯債務を負担しているが，Aが自己の負担部分を超えて弁済した場合（第2編第5章第6節2・6），その弁済はBに対する関係において事務管理を成立させうる。その場合のAのBに対する求償権は，事務管理に基づく費用償還請求権である（3A(3)(a)）。また，船員法14条本文は，「船長は，他の船舶又は航空機の遭難を知つたときは，人命の救助に必要な手段を尽さなければならない」と規定するが，同条の規定する船長の義務は公法上の義務（国に対する義務）なので，船長と被救助者との間では事務管理が成立しうる。

(4)　本人の意思・利益への適合性

管理者に管理意思がある場合でも，管理が本人の意思・利益に明らかに反しているときには，事務管理は成立しない（判断の基準時は事務処理の開始時点である）。「明らか」とは，悪意であるか，善管注意をもってすれば知りうることをいう。管理が本人の意思・利益に適合していること自体を事務管理の要件とする少数説もあるが，判例（大判昭和8・4・24民集12巻1008頁）・多数説は，700条ただし書を根拠にして前述のように解する。本人の意思・利益に明らかに反していないかぎり事務管理の成立を認めるほうが，管理者の管理意思に沿うだけでなく，管理者は注意義務を負う（3A(2)(a)）ため本人にとっても有利なので，多数説を支持する。

ただし，本人の意思が違法な場合には（例，滞納する意思をもつ本人のためにする納税，自殺者の救助），その意思は顧慮されない（大判大正8・4・18民録25輯574頁）。また，この要件の欠如は，本人の追認によって治癒されうる（**5**）。

> **Column I 1-3 行政官庁による救助活動**
>
> 行政官庁（警察官・消防署員）によって救助活動が行われた場合に，事務管理は成立するか。例えば，X市の消防吏員がYの重過失によるZ所有の家屋の火災を鎮圧した場合に，XのYやZに対する事務管理が成立するか（YはZに対し損害賠償責任を負うところ，Xの活動はYの責任を軽減するので，XのYに対する事務管理も問題になりうる）。法律上の義務の存在を理由に事務管理の成立を否定する説が有力だが，消防は「社会公共の福祉の増進に資することを目的」とし（消防1条），消火活動に関しXはY・Zの指示に従わないことにかんがみると，消防活動はそもそもYやZの事務とはいえないのではないか。費用償還が問題になるとしても，公法によって規律されるべき事項であろう。

3 事務管理の効果

事務管理が成立すると，管理者と本人との間に，以下のような法定の債権関係が創設される。

A 対内的効果

(1) 違法性阻却

他人の権利法益の侵害は原則として違法だが，通説は，事務管理の目的が相互扶助・社会連帯・利他的行為の優遇にあることを理由として，事務管理が成立する場合には違法性が阻却され，管理者には本人の事務を処理する権限が与えられるとする。例えば，旅行中に台風で損傷した隣人の家屋を修理するために隣家に立ち入る行為は，故意により住居権ないし住居の平穏を侵害する行為だが，違法性が阻却されるので，不法行為は成立しないとする。

> **Column I 1-4 事務管理の効果としての違法性阻却の意義**
>
> 実質的違法性の観点から，事務管理による違法性阻却がつねに認められるかについては疑問があるが（とくに事務管理が本人の意思・利益に反するとき），いずれにしても違法性阻却の意義はあまり大きくない。

まず，他人の債務の弁済のように，本人の権利法益を侵害しない場合には，そもそも違法でないので，違法性阻却は問題とならない。

違法性阻却の効果として，通説は不法行為責任の不成立を挙げる。しかし，例えば，管理行為が本人の利益・意思に反するが，管理者がそのことを知らず，また知らなかったことについて過失がない場合には，違法性阻却を認める必要は必ずしもなく，過失を否定すれば足りる。また，管理者がその義務（(2)）に違反した場合には，債務不履行責任（415条）が成立するほか，債権以外の本人の権利を同時に侵害した場合は，不法行為責任（709条）が成立しうる（請求権競合問題が生じる〔第2編第7章〕)。

また，違法性阻却が管理継続義務の前提とされることがある。たしかに，違法行為の管理継続義務は法秩序内部における評価矛盾のように感じられる。しかし，不法行為法上，違法な先行行為に基づいて作為義務が設定されうるので，違法性阻却は必ずしも管理継続義務の前提とはならない。

(2) 管理者の義務（本人の権利）

(a) **注意義務**　事務管理が開始されると，管理者は，本人の意思を知っているとき，またはこれを推知することができるときは，その意思に従って，本人の意思が不明のときは，その事務の性質に従い最も本人の利益に適合する方法によって，その管理をする義務を負う（697条)。本条は管理者の善管注意義務の程度を詳細に規定したものである。

しかし，管理者が，本人の身体，名誉または財産に対する急迫の危害を免れさせるために事務管理をしたときは（緊急事務管理)，事務管理を奨励するため注意義務の程度は軽減され，管理者は悪意・重過失についてのみ責任を負う（698条)。悪意・重過失は，（緊急）事務管理の成否の判断と管理方法の双方に関して問題となる。もっとも，管理者に「報酬」が与えられる場合には（(3)(d))，責任軽減を認める必要はない。

(b) **通知義務**　管理者は，本人がすでに知っているときを除き，事務管理の開始を遅滞なく本人に通知しなければならない（699条)。管理が本人の意思に反する場合に，本人に可能なかぎり早く処置をとらせるためである。通知の後，本人の回答を待つ余裕があるのに独断的に管理を進めた場合には，善管注意義務違反となりうる。本人が事務管理について否定的な意思を表明したときには，管理者は管理を中止しなければならないのに対して（700条ただし書），肯定的な意思を表明したときには，通常その時点で委任契約が締結されたことになろう。

(c) **管理継続義務** 事務管理が中止されると事務管理が開始されなかった場合よりも本人が損害を受けることが多いので，事務管理が1回の行為で終了しない場合には，管理者は，本人またはその相続人もしくは法定代理人が管理をすることができるに至るまで，事務管理を継続しなければならない（700条本文）。管理者は，事務処理の開始によって本人の干渉を排除し，本人の法益の事実的支配を取得したのだから，この先行行為に基づいて義務を負わされる。ただし，事務管理の継続が本人の意思・利益に反することが明らかな場合には，管理を中止しなければならない（700条ただし書）。

(d) **報告義務** 管理者は，①本人の請求があるときは，いつでも事務処理の状況を報告し，②事務管理が終了した後は，遅滞なくその経過および結果を報告しなければならない（701条→645条）。①の報告義務は，管理者またはその取引相手と本人との間の関係の明確化および管理の方法・継続に関する本人の判断に必要だからであり，②の顛末報告義務は，償還されるべき費用を確定し，本人による受取物引渡請求および損害賠償請求の貫徹を容易にする目的をもつ。

(e) **受取物引渡義務・権利移転義務** 管理者は，事務処理にあたって受け取った金銭その他の物および収取した果実を本人に引き渡し，本人のために自己の名で取得した権利を本人に移転しなければならない（701条→646条）。この義務の基礎を不当利得に求める説もあるが，不当利得によると返還義務の範囲は本人の被侵害権利の客観的価値（時価）に限定される（第2章第2節**3**(2)(d)）。事務管理ではそれを超える利益（超過利得）の返還も肯定されるので，この義務の基礎は，――現実の合意はないものの――管理の事実上の利益を本人に帰属させる意思（管理意思）と本人の推定的同意（事務管理が本人の利益に適合していれば，同意が推定できる）によって，契約に準ずるかたちで（準契約）説明すべきである。

(f) **金銭消費の責任** 管理者は，本人に引き渡すべき金額またはその利益のために用いるべき金額を自己のために消費したときは，その消費した日以後の利息を支払わなければならず，それ以上の損害があるときは，その賠償責任を負う（701条→647条）。419条1項の一般原則よりも重い責任を負わされるのは，管理者が自己の利益を図ってはならない義務（忠実義務）を負うからである。

(3) 管理者の権利（本人の義務）

(a) **費用償還請求権**　管理者が本人のために有益な費用（有益費のほか必要費を含む〔大判昭和10・7・12大審院判決全集1輯20号24頁〕）を支出したときは，原則として，本人に対しその全額の償還を請求できる（702条1項）。有益性の判断の基準時は管理時であり，有益性については管理者が証明責任を負う。しかし，管理が本人の意思に反する場合（このことの証明責任は本人が負う）には，本人の償還義務の範囲は現存利益（本人が現に受けている利益）に軽減される（702条3項）。通説は，702条1項の原則が適用される場合には不当利得よりも義務の範囲は広く，702条3項の例外が適用される場合には不当利得と義務の範囲は同じだとするが，不当利得（費用利得）に関する本書の立場（第2章第3節2(3)）では，管理者の費用償還請求権と費用利得返還請求権とは同一の基礎をもち，両者で義務の範囲は異ならない（両者とも，費用の全部返還が原則だが，費用投下が被投下者〔本人・受益者〕の意思に反する場合には，「利得の押しつけ防止」の観点から，義務の範囲が現存利益に軽減される）。650条1項の類推適用については，学説上は肯定説が有力だが，古い判例（大判明治41・6・15民録14輯723頁）は否定説である。なお，管理者は費用前払請求権（649条）をもたない。

(b) **代弁済請求権**　管理者は，事務処理に必要と認められる債務を負担したときは，本人に対し，自己に代わってその弁済をすること（代弁済）を請求できる。その債務が弁済期にないときは，本人に対し，相当の担保を供させることができる（702条2項→650条2項）。ただし，管理が本人の意思に反するときは，代弁済等を請求できる範囲は現存利益に限られる（702条3項）。

(c) **損害賠償請求権の有無**　事務処理のために管理者が損害を被ったとしても，管理者は本人に対し，損害賠償請求権をもたない（650条3項の反対解釈）。しかし，「損害」が管理者の意思に基づく（例，消火のためにマントを用いた）場合には，「費用」として償還請求が認められうる。だが，一般生活上の危険が実現した（例，消火の際に心筋梗塞を起こした）場合はもちろん，事務処理に内在する特別の危険が実現した（例，消火の際，〔意図せずして〕マントが焦げた）場合にも，「費用」としての償還請求はできない。もっとも，管理者が特別の危険を認識しかつその実現を覚悟した場合には，「費用」に準じて償還請求を認める説がある。なお，特別法（例，警官援助2条，消防36条の3）により，管理者の損害が国または地方公共団体によって塡補されることがある。

(d)　**報酬請求権の有無**　　管理に対する対価としての「報酬」は，事務管理が契約に基づくものでない以上，認める余地はない。しかし，労働力も管理者に割り当てられているので（第2章第2節**2**(1)(b)(iv)），その投下を「費用」として償還請求を認める余地はある（事務管理のために他人を雇った場合にはその報酬を費用として償還請求できるのに，自らが労働力を投下した場合にそれができないとすると，不均衡が生じる）。他方で，委任が原則として無償であること（648条1項）は，費用償還請求を否定する方向に作用する。少なくとも労働力の提供が管理者の職業上・営業上の行為に属する場合には，その財産的価値は明白なので費用償還請求を認めるべきだが（商512条も参照），その場合にも，管理者による利得の押しつけを防止するために，702条3項の適用はありうる。なお，特別法（例，商792条1項，遺失28条，水難24条2項・27条2項）により，管理者の本人に対する救助料・報労金・報酬の請求権が認められることがある。

B　対外的効果

管理者が，①本人の名で第三者との間で行った法律行為の効果は，管理者に代理権がないために，②自己（管理者）の名で行った本人の財産の処分行為の効果は，管理者に処分権限がないために，本人に帰属しない（①の場合につき，最判昭和36・11・30民集15巻10号2629頁）。もっとも，①無権代理行為が追認された場合（116条）や表見代理が成立する場合（109条・110条・112条），②処分行為が追完された場合や即時取得（192条），94条2項（類推）などにより処分の相手方が権利を取得する場合は別である。学説上は，管理者の代理権・処分権限を一般的に認める説や，緊急事務管理の場合にのみ認める説も有力である。

4 事務管理の終了

事務管理は継続的契約たる委任類似の債権関係を創設する制度なので，委任と同様，その終了が問題となる。終了原因としては，①事務の目的の実現，②本人またはその相続人もしくは法定代理人が管理をすることができるに至ったこと（700条本文），③事務管理の継続が本人の意思に反し，または本人に不利であることが明らかになったこと（700条ただし書）を挙げうる。③により本人の意思によって事務管理を中止することは可能だが，管理者は管理継続義務を負うので，管理者の意思による中止は認められない。なお，事務管理は管理者の好意に基づくものなので管理者の死亡は終了原因となるという説があるが，本人の死亡は終了原因とはならない（700条本文はこのことを前提にする）。

5 事務管理の追認

本人の意思・利益への不適合は，本人の管理者に対する一方的意思表示（事務管理の追認）によって治癒されうる（管理意思の不存在は追認によって治癒されず，準事務管理〔第2節〕の問題となる）。管理が本人の意思・利益に明らかに反している場合には，事務管理は成立しないが，追認により遡及的に事務管理が成立していたことになる。成立した事務管理が本人の意思に反していた場合（702条3項）に追認がなされると，費用償還請求権の範囲が拡張される（702条1項）。なお，事務管理の追認と無権代理行為の追認（113条・116条）・処分行為の追完とは別個の観念であるが，1個の意思表示が両者を兼ねることはある。また，追認の意思表示は，管理者の損害賠償責任の免除の意味をもちうる。

第2節　準事務管理

準事務管理は，とくに，他人の事務であることを認識しながら管理の事実上の利益を自己（事務処理者）に帰属させる意思で他人の事務を処理した（例，他人の物を自己の物として高価に売却した，他人の特許権を無断で実施して巨利を博した）場合に問題となる。このような場合，処理者（侵害者）には管理意思がないので事務管理は成立せず，不当利得・不法行為の問題となる。しかし，権利保護を目的とする不当利得・不法行為によると，本人の請求権の範囲は被侵害権利の客観的価値を上限とするため，それを超える処理者の収益（超過利得）の返還は認められない（第2章第2節3(2)(d)，Column Ⅱ 1-2）。委任や事務管理が成立する場合には，処理者は収益全部を本人に引き渡さなければならないのに対して（646条・701条。この義務は処理者の意思によって基礎づけられる〔第1節3A(2)(e)〕），他人の事務を自己のために処理する悪質な処理者が超過利得を保持しうるのでは，不均衡が生じる。そこで，事務管理の効果を一部借用して，収益の全部返還義務（およびその貫徹のための報告義務）を肯定する説がある（準事務管理肯定説）。つぎの判例は準事務管理肯定説に立つものと一般に理解されている。

判例 Ⅰ 1-1 大判大正7・12・19民録24輯2367頁

【事案】 XとYの共同所有の船舶がYの個人名義で登録されていたところ，YはXに無断でその船舶を2500円で他人に売却したため，XはYにその代金の半額を請求した。

【判旨】「共有者の1人Yが他の共有者Xの同意を得ることなく自己の持分と共に擅（ほしいまま）に他の共有者Xの持分を他に売却するの行為は不法行為を組成するものなること言を竢（ま）たざる所なれども，他の共有者Xが後日其売買行為を承認したるときは事務管理の法則に依りXは民法第701条第646条の規定に基きYがXの持分を売却して受取りたる代金の引渡を請求することを得るや明かなり」。

準事務管理肯定説は，収益の全部返還を正当化するために，処理者の制裁や違法行為の抑止（一般予防）を援用する（そして，制裁・一般予防という観点から，多くの見解は，悪意の処理者にのみ全部返還義務を課す）。しかし，制裁や一般予防は処理者に超過利得を吐き出させる根拠となりえても，それを本人に帰属させる理由を説明していない。また，事務管理の追認によって超過利得の返還を正当化する見解もあるが，追認によって治癒されるのは本人の意思・利益への不適合のみであり，管理意思の不存在は治癒されない（第1節5）。結局，収益の全部返還を正当化する根拠はいまだ見出されていない。そこで，本書は，処理者の特殊の才能・考案・労力等による収益は，処理者に残されるべきであるとする準事務管理否定説を支持する。もっとも，不当利得・不法行為による処理にあたっては，被侵害権利の客観的価値の算定は，侵害時を基準とするのではなく，事後的な見地から――例えば，侵害された特許権が巨利を博したことも考慮に入れて――行われるべきである。

Column Ⅰ 1-5　知的財産法の特則

知的財産権侵害に基づく損害賠償については，侵害者が侵害行為によって受けた利益の額を権利者が受けた損害の額と推定する旨の特則が設けられている（特許102条2項，商標38条2項，新案29条2項，意匠39条2項，半導体25条1項，著作114条2項，不正競争5条2項）。立法に際しては，侵害者の利益の返還義務を準事務管理や損害賠償として肯定することも検討されたが，民法との整合性を欠くという理由で，結局それは見送られた。

練習問題

Aの甥Bは，Aの旅行中，A所有の家の管理を任されていたが，Bの友人Cが，A所有の壷（時価200万円）を300万円で買い取りたい旨をBに申し出た。そこで，Bは，その壷をCに売り渡すために，Bの自宅に持ち帰った。

(1) この時点におけるAB間の法律関係を検討しなさい。

(2) その後，BはCに壷を売り渡し，引き渡した。この時点におけるABC間の法律関係を検討しなさい。

第2章 不当利得

他人の物を勝手に消費したり，債務がないのに誤って支払った場合の後(あと)処理のために，民法典は不当利得制度を用意している。本章では，近時の通説である類型論の立場から，不当利得の意義・原理・要件・効果等について説明した後，不当利得の成否をめぐり判例と学説が対立している諸問題を検討する。

第1節　総　　論

1 不当利得の意義と原理

不当利得（703条以下）は，法律上の原因なく他人（損失者）の財産または労務によって利益を受け，そのために他人に損失を及ぼした者（受益者）に，その利益を返還する義務を負担させる制度である。例えば，①Xの石油をYが暖房に利用した場合（侵害利得），②XがYの建物を勝手に修繕した場合（費用利得），③XがYの債務を弁済した場合（求償利得），④XがYに誤って債務を二重に弁済した場合（給付利得）に，XのYに対する不当利得返還請求権が成立しうる。

古くは，「何人も他人の損失において利得してはならない」という矯正的正義に基づく公平原理が，不当利得の基本原理とされた。しかし，資本主義経済は，他人の損失において自己の利益を追求することを目的とするので，この定式化では広すぎる。結局，不当利得の基本原理は，「何人も不当に（法律上の原因なく）他人の損失において利得してはならない」という原則に求められる。わが国の民法703条はこの原理を採用し，当初から統一的な不当利得制度を樹立した。

この原則を支える高次の原理としては，矯正的正義のほか，権利保護を挙げうる。損失者の権利が消滅しても，その利用による利益が受益者のもとで実現した（例，Xの石油をYが暖房に利用した）場合には，元の権利（Xの石油所有権）が失われた代償として（XのYに対する）不当利得返還請求権が発生するため（権利継続効＝権利は，本来の権利客体だけでなく，その利用による利益にも及ぶ，とする考え方），この場合不当利得は直接的に権利保護の役割を果たす（第2節・第3節）。また，私法の基本原理たる私的自治の原則は不当利得でも重要な役割を演じるところ，不当利得は正しく機能しなかった私的自治に基づく利益移転を回復することによって間接的に権利保護の役割を果たす（第4節）。個別問題の解釈にあたっては，これらの諸原理の具体化が必要となる。

2 公平説と類型論

不当利得の要件は，①「法律上の原因の不存在」（不当性）と，②「受益」「損失」「受益と損失の因果関係」の2つに大別できる（703条）。しかし，不当利得は「何人も他人の損失において利得してはならない」という公平原理から「何人も不当に（法律上の原因なく）他人の損失において利得してはならない」という原理に基づく具体的な制度として分化してきたのだから，不当利得の成否を決する鍵は「不当性」要件が握っている。そして，「不当性」を統一的に捉えうるかについては，それを肯定する公平説（衡平説）と，否定する類型論とが対立する。

(1) 公平説（衡平説）

伝統的見解と判例は，公平説（衡平説）に従っている。ある伝統的見解は，「形式的・一般的には正当視される財産的価値の移動が，実質的・相対的には正当視されない場合に，公平の理念に従ってその矛盾の調整を試みようとすることが，不当利得の本質である」と説く。原理面では不当利得の統一的把握を放棄すべきでないので，公平説が不当利得の本質を「公平（衡平）」の理念に求めていること自体は支持できる。しかし，統一的把握を要件面にまで及ぼして，公平の観念を顧慮しつつ「不当性」を各場合につき定めるべきだとするのであれば，それはすでに克服されたはずの公平原理への後戻りなので，この態度はおよそ支持できない。

(2) 類型論

そのため，不当利得をいくつかの類型に分け，それぞれについて独自の要件・効果を考えていこうとする類型論の立場が，今日では通説化している。本書も類型論の立場から解説する。類型の分け方と名称は論者によって異なるが，「給付利得」と「非給付利得（他人の財貨からの利得，広義の侵害利得）」とに大別することについては，ほぼ意見の一致がある。121条の2，705条～708条は給付利得の特則なので，民法典自体がこの区分を前提にしている。さらに，非給付利得の下位類型として「（狭義の）侵害利得」と「支出利得」とを，支出利得の下位類型として「費用利得」と「求償利得」とを認める見解が最近では増えてきている。本書もこの分類に従う。それぞれの類型の意義とそのような類型分けをする理由は後述する（第2節～第4節）。

不当利得に三者以上が関与する場合も，結局はいずれかの類型への帰属が問題となるが，特殊な問題もあるので別個に論じる（第5節）。

最後に，公平説を基礎とする判例は不当利得の問題とするが，類型論の立場からは不当利得の成立を認めがたい諸事例を扱う（第6節）。

Column Ⅰ 2-1　3類型（侵害利得・支出利得・給付利得）相互の関係

以下，本書では，侵害利得（第2節），支出利得（第3節），給付利得（第4節）の3類型に大別して解説を加えていくが，その相互の関係をあらかじめここで述べておく。

まず，侵害利得の基本原理は「権利の割当内容の保護」だが，この原理は支出利得においても作用する。したがって，第2節で述べることは，基本的には支出利得にも妥当する。その結果，第2節は，体裁上は狭義の侵害利得を対象とするが，実質的には広義の侵害利得を対象としている。

つぎに，支出利得においては，「権利の割当内容の保護」に加え，「利得の押しつけ防止」原理が作用する。したがって，支出利得は，侵害利得の特則と位置づけられる。

他方で，侵害利得と給付利得との関係は，物権法と契約法との関係に類似する。契約当事者間では物権関係が潜在化するように，給付利得当事者間では，「権利の割当内容の保護」に優先して，「誤って実行された給付の巻き戻し」が行われる。

第2節　侵害利得

1　侵害利得の意義と原理

侵害利得は，権利者に帰属すべき利益が無権利者のもとで実現した場合に，その利益を権利者に回復するための制度である。したがって，侵害利得は，権利が他人のために利用された（本章では，「利用」を，使用・収益・消費・処分などを含む広い意味で用いる）という現実場面を規律対象とし，その場面における権利者の権利保護を目的とする。

法は，本来の権利客体だけでなく，その利用による利益をも権利者に割り当てている（帰属すべきものとしている）。例えば，所有権の割当内容を定める206条は，「所有者は……自由にその所有物の使用，収益及び処分をする権利を有する」というかたちで，物の使用・収益・処分権能と，物の使用・収益・処分による利益を所有者に割り当てている。

さて，権利者に帰属すべき利益が，その割当内容どおり権利者のもとで実現されれば問題はない（例，石油が所有者のために消費された，債権を債権者が回収した）。しかし，権利者Xに帰属すべき利益がその割当内容に違反して無権利者Yのもとで実現された場合には，その利益をXに回復する必要が生じる。そのための制度が侵害利得であり，この場合，XはYに対して侵害利得返還請求権を取得する。したがって，侵害利得返還請求権は，侵害された元の権利の継続的効果（継続効）とみることができる。

結局，侵害利得は，権利者に割り当てられた利益の回復を目的とするので，侵害利得の基本原理は「権利の割当内容の保護」である。

受益の原因は，①受益者の行為による場合（Xの石油をYが，Yのマンションの暖房に利用した場合）であると，②第三者の行為による場合（Yのマンションの管理人Aが，Xの石油をYのマンションの暖房に利用した場合〔第三者侵害利得〕）であると，③事件（自然力など）による場合（Yの牛がXの牧草を食べた場合）であるとを問わない。侵害利得では，割当内容に違反した「結果」の発生（権利が誰のために利用されたか）が重要であり，その原因たる「行為」（権利を誰が利用したか）には副次的な意義しかない。

しかし，受益の原因が損失者の行為による場合には，④それが受益者に対する「給付」であれば，給付利得が成立し，「権利の割当内容の保護」に優先して，「誤って実行された給付の巻き戻し」原理が作用する（第4節）。⑤損失者の行為が給付以外の「出捐（しゅつえん）」であれば（Yのマンションの管理人Xが，誤ってXの石油をYのマンションの暖房に利用した場合），支出利得が成立し，「権利の割当内容の保護」に加え，「利得の押しつけ防止」原理が作用する（第3節）。

2 侵害利得の要件

侵害利得（広義）の基本原理は「権利の割当内容の保護」であり，割当内容違反が不当性の内実をなすが，その判断をどの要件に担わせるべきか――「損失」か「不当性」か――は問題である。本書では，割当内容違反が確認されないと損失者が決まらないことや，「損失」と「不当性」は別個の要件であることを明示し，その証明責任を類似の機能をもつ物権的請求権と同様に分配すべきことを重視して，権利の外形的な割当内容違反は「損失」要件で判断し，損失があれば不当性が推定され，正当化事由が存在すれば不当性が阻却される（「不当性」要件では正当化事由のみを問題とする），という体系を採用する。

(1) 受益－因果関係－損失

まず，権利の割当内容に従えば権利者Xに帰属すべき利益が他人Yのもとで実現したことが，侵害利得の要件となる。利益がYのもとで実現したことがYの「受益」，権利の割当内容に従えばその利益がXに帰属すべきだったことがXの「損失」，Xの権利の実現による利益がYに流れ込んだことが「因果関係」である。この3要件については，損失者が証明責任を負う。

Column I 2-2　（直接の）因果関係

侵害利得（広義）においては，利益が無権利者のもとで実現したという単一の事実が以上の3要件を充足することになるので，「（直接の）因果関係」の代わりに，「受益と損失を惹起する事実の単一性」や「受益と損失の関連性」などを要件に挙げる学説もある。しかし，因果関係の「直接性」が独自の機能を営む場面もあるので（とくに，転用物訴権の事例においては，「受益と損失を惹起する事実の単一性」という規準では不当利得の成立を否定しがたい〔第6節1〕），本書では伝統的見解に従い「（直接の）因果関係」を要件に掲げる。なお，公平説を基礎とする判例（〈判例 I 2-8〉）は，「直接の因果関係」を要件とせず，「社会通念上の因果関係」があればよいとする（第6節3）。

(a) **受　益**　「受益」とは，当初「受けた利益」（704条）を意味する。Xの石油がYのマンションの暖房に利用された場合におけるYの「受益」は，石油がYのために「利用（消費）されたこと」自体である。石油の利用によりYに生じた「出費の節約」や総体財産の増大が「受益」となるのではない。「受益」が有用に利用されなかったことや「出費の節約」は，効果論において，善意の受益者の返還義務の範囲を決定するに際し意味をもつにすぎない（3(3)）。

(b) **損　失**　「損失」とは，外形的にみて，「受益」が権利の割当内容に違反していることである。したがって，経済的な損失が生じない場合（例，無賃乗車）にも，「損失」は認められる。鉄道敷設により周辺土地が値上がりした場合には，周辺土地の所有者は鉄道会社の権利の割当内容を侵害していないので，鉄道会社に「損失」はない。割当内容がある権利としては，以下の諸権利を挙げうる。

(i) 所有権　1で述べたように，所有者には，本来の権利客体たる物だけでなく，その物の利用による利益が割り当てられている。そして，X所有の物がYのために利用されたという場合が，侵害利得の典型である。YがX所有の物を占有するにすぎない場合は，物権的返還請求権で処理すべき問題となる。Yが占有物を消費・譲渡により返還不能にした場合にはじめて，物権的返還請求権の代償として，侵害利得返還請求権が発生する。Yが占有物を使用した場合は，侵害利得の要件も充足されるが，189条・190条の特則が優先適用される。占有物が単に滅失・損傷した場合には，Yに受益がないので侵害利得は成立せず，191条（および不法行為）の問題となる（189条～191条については，LQ民法Ⅱ・第6章第4節）。

Column Ⅰ 2-3　金銭の特殊性

高度の流通性を有する金銭については取引安全のため，特殊の考慮が必要となる。通説・判例（最判昭和29・11・5刑集8巻11号1675頁，最判昭和39・1・24判時365号26頁，最判平成15・2・21民集57巻2号95頁）によると，金銭の所有権は――封金や収集対象であるなど金銭の個性に着目される場合を除き――占有とともに移転するため（「占有＝所有権」理論），金銭の即時取得は問題にならず，物権的返還請求権も認められない（本書もこの見解に従う）。したがって，Xの意思によらずに金銭の占有がXからYに移転した場合（例，YがXの金銭を盗んだ，AがXの金銭をYの財布に入れた）には，Xは不当利得（および不法行為）による債権的保護を受けうるにすぎない。他の有体物の場合はその利用によって侵害利得が成立するが，金銭の場合は占有の移転のみで侵害利得が成立する。

しかし，金銭には，有体「物」（動産）としての側面と，「価値」表象物としての側面とがある。そこで，「物」の帰属割当てと「価値」の帰属割当てとを別個に観念し，「物」所有権のほかに「価値」所有権を認める説が有力に唱えられている。この説によると，Xの意思によらずに金銭の占有がXからYに移転した場合には，「物」所有権はYに移転するが「価値」所有権はXに残存し，Xには物権的価値返還請求権による物権的保護が与えられる。その結果，Yに「価値」の同一性が残存するかぎり（両替・Yの金銭との混和〔245条。金銭については243条・244条は適用されず，つねに共有になると解すべきである〕・預金によっては，同一性は失われない），XはYの一般債権者に優先して，その「価値」の返還を受けうる（返還されるべき金銭は，Xが所有していた「物」と同一である必要はない）。しかし，「価値」の同一性が失われたり，Yの意思によって「価値」が第三者Zに移転された場合（もっとも，Zに非難可能性〔悪意・

重過失〕がある場合には，XはZに対して物権的価値返還請求権を追及しうる）には，Xの物権的価値返還請求権は侵害利得返還請求権に転化する。

(ii)　制限物権　　制限物権者には，所有権の部分権能（使用収益権能または価値支配権能）と，その利用による利益（使用価値または交換価値）が割り当てられている。

例えば，抵当権者には被担保債権額の範囲で目的物の交換価値が割り当てられているので，「抵当権者は，不動産競売事件の配当期日において配当異議の申出をしなかった場合であっても，債権又は優先権を有しないにもかかわらず配当を受けた債権者に対して，その者が配当を受けたことによって自己が配当を受けることができなかった金銭相当額の金員の返還を請求することができる」（最判平成3・3・22民集45巻3号322頁）。

このことは債権と比較したときに明確になる。債権は債務者に対して一定の行為を請求しうる権利にすぎず，債務者の責任財産は債権者に割り当てられていないので，「配当期日において配当異議の申出をしなかった一般債権者は，配当を受けた他の債権者に対して，その者が配当を受けたことによって自己が配当を受けることができなかった額に相当する金員について不当利得返還請求をすることができない」（最判平成10・3・26民集52巻2号513頁）。

抵当権が表見的にのみ存在する場合には，目的物の交換価値は抵当権者にではなく所有者に割り当てられているので（なお，存在しない抵当権が実行されても弁済効は生じない），「債権者が第三者所有の不動産のうえに設定を受けた根抵当権が不存在であるにもかかわらず，その根抵当権の実行による競売の結果，買受人の代金納付により右第三者が不動産の所有権を喪失したときは〔民執184条〕，その第三者は，売却代金から弁済金の交付を受けた債権者に対し民法703条の規定に基づく不当利得返還請求権を有する」（最判昭和63・7・1民集42巻6号477頁）。

(iii)　知的財産権　　特許権・商標権・実用新案権・著作権などの知的財産権には割当内容がある（著作117条・118条は，著作権侵害によって不当利得が成立しうることを前提にしている）。もっとも，所有権の場合と割当内容の内実は異なる。所有者には，本来の権利客体たる物だけでなく，その利用（による利益）

が割り当てられているが，複製が容易な無体物である知的財産自体について排他的割当ては観念できないので（知的財産自体の返還請求はありえない），知財権者に割り当てられているのは，その利用（による利益）のみである。同じ無体物であっても管理・支配が可能な電気の場合には，本来の権利客体たる電気の排他的割当てを観念しうるのと対照をなす（Column Ⅱ 2-7）。

(iv) 人格権　身体は所有権と異なり譲渡できないが，身体「所有者」は原則として身体を自由に利用でき，身体（労働力）の利用による利益は身体「所有者」に割り当てられている。そのことは，703条が「労務」を明示しているほか，加工の規定（246条・248条）からも窺える。

財産的価値を有する人格権（例，パブリシティ権）には，知的財産権と類似の割当内容があり，侵害利得による保護を受ける。例えば，芸能人の氏名・肖像がカレンダーに無断で使用された場合は，その芸能人の「損失」となる（Column Ⅱ 2-16）。

それに対して，財産的価値をもたず有償取引の客体とならない人格権（例，性的自由）は，侵害利得による保護対象とはならないが，不法行為による保護を受けうる。

(v) 社員権　社員権に基づく諸権能（例，株主の剰余金配当請求権・残余財産分配請求権・議決権〔会社105条1項〕）は社員権者に排他的に帰属するから，社員権にも割当内容がある。最判平成19・3・8民集61巻2号479頁は，失念株の株式分割により増加した新株式の株券の交付を株主名簿上の株主が受け売却した場合につき，「受益者〔形式株主〕は，法律上の原因なく利得した代替性のある物〔株券〕を第三者に売却処分した場合には，損失者〔実質株主〕に対し，原則として，売却代金相当額の金員の不当利得返還義務を負う」と判示した。

(vi) 債権の帰属　債権を財産としてみるならば，債権は債権者に帰属しているから，（債権の目的物ではなく）債権の帰属自体が侵害された場合には，割当内容違反を語ることができる。したがって，XがAに対して債権を有している場合において，Aが受領権者としての外観を有する者Yに弁済し，478条によりその弁済が効力を有するときは，XはYに対し侵害利得返還請求権をもつ（この場合，AもYに対し給付利得返還請求権をもつ）。なお，判例（最判平成16・10・26判時1881号64頁）は，この事例において，YがAからXの預金について自ら受領権限があるものとして払戻しを受けておきながら，Xから提起された訴訟においてAに過失があるとしてYが受けた払戻しは無効だと主張するのは，信義誠実の原則に反し許されないとする。

(vii)　占有権　　占有権には，本来割当内容はないが，189条1項の果実取得権能が認められるかぎりで割当内容がある。

Column Ⅰ 2-4　行為規範による利益の割当て

行為規範（とくに不正競争防止法）によって保護される利益が被保護者に割り当てられているかについては争いがある。不正競争防止法は「不正競争」として禁止される行為類型を限定列挙し（2条1項），不正競争によって営業上の利益を侵害された者に差止請求権（3条）・損害賠償請求権（4条）等を与えているが，不当利得については規定がなく，その成否につき学説は対立する。損害賠償を請求できない場合（例，侵害者に故意・過失がないとき，請求権が時効消滅したとき）に，不当利得を認める実益がある。

個人の権利の領域は，万人に向けられた侵害禁止によって保護される絶対権を包含するほか，法が他人の利益を保護するために人に一定の義務（命令・禁止）を課す方法によっても画定される。このような行為規範によっても，個人の意思の支配に割り当てられた自由な領域が作出される。したがって，このような行為規範の保護範囲内の利益は，被保護者に相対的に割り当てられているとみることができ，それが有償取引の客体となりうるものであれば，侵害利得による保護を受けうる。

例えば，他人の営業秘密の不正利用行為は不正競争として禁止されるところ（不正競争2条1項4号～9号），この禁止は，競争秩序の維持・発展という公益だけでなく，知的財産たる営業秘密をも保護することを目的とするから，違反行為によって営業秘密を侵害された者は，違反行為者に対して侵害利得返還請求権をもつ。また，他人の周知の商品表示（例，WALKMAN）・営業表示（例，SONY）と同一類似の表示を使用して他人の商品・営業と混同を生じさせる行為の禁止も（不正競争2条1項1号），公益だけでなく，商品等表示に化体する被冒用者の営業上の信用（goodwill）の保護をも目的とするから，同様である（なお，商品表示は登録により商標権となり，絶対権としての保護を受ける〔商標25条〕）。他方で，商品・役務等にその商品の原産地やその役務の質などについて誤認させるような表示をする行為（例，発泡酒を○○ビールと名づける）も不正競争として禁止されるが（不正競争2条1項20号），この禁止は特定の競業者の保護を目的とするものではないから，競業者の不当利得返還請求は問題とならない。

(c)　**因果関係**　損失と受益との間には「直接の因果関係」が必要である。すなわち，侵害時まで損失者に帰属していた権利が実現したことによる利益が，第三者の財産を迂回せずに「直接」流れ込んだ者のみが，利得債務者となる。それに対して，第三者の財産からの間接的な受益者は利得債務者にならない。第6節で扱う諸事例はこの要件を欠くが，その判断は時として微妙である。

なお，第三者の行為が介在しても，「直接の因果関係」は当然には否定されない。例えば，①Yのマンションの管理人Aが，Xの石油をYのマンションの暖房に利用した場合（第三者侵害利得），②YがXの所有動産をAに即時取得させた場合，③債務者Aが債権者Xに対する債務を受領権者としての外観を有する者Yに弁済することにより消滅させた場合（478条）には，Aの行為が介在するが，Xの損失とYの受益との間の「直接の因果関係」は否定されない。

(2)　法律上の原因（正当化事由）の不存在（不当性）

「不当性」要件では，正当化事由の不存在のみが問題となり，正当化事由の存在について受益者が証明責任を負う。

正当化事由としては，債権（例，賃借権・使用借権）のほか，時効取得（162条・163条）・即時取得（192条）を挙げうる。時効取得・即時取得によって所有権をXが喪失しYが取得した場合に，XのYに対する侵害利得返還請求権を認めると，取得したはずのYの所有権が経済的にはXに奪い返されてしまう。この帰結は，時効取得・即時取得の制度趣旨に反する。したがって，時効取得・即時取得は正当化事由となり，侵害利得の成立は否定されると解すべきである（ただし，無償行為による即時取得につき，第6節**2**）。他方で，添付（242条～246条）による所有権の得喪は一物一権主義に基づくものであり，不当利得による調整を残しても（248条），その制度趣旨に反しないため，添付は正当化事由とならない。

3　侵害利得の効果

(1)　序　説

侵害利得の場合は，割当内容がある権利の帰属者（損失者）が，その利益が直接流れ込んだ無権利者（受益者）に対して，侵害利得返還請求権を取得する。侵害者が受益者となる場合が多いが，つねにそうだとは限らない（第三者侵害利得の場合〔1②〕）。

(a) **返還義務の対象**　返還義務の対象は，「受益」の原物返還が原則であり，それが不可能な場合に価格返還となる。しかし，原物返還の不能と同時に代償が生じたときは，「拡張された原物返還」として代償が返還対象となりうる。

(b) **返還義務の範囲**　返還義務の範囲につき，民法典は受益者の善意・悪意により別個の規定をもつが，両者は原則と例外の関係に立たない。原則は「受益」の全部返還であり（「受益」の現存は推定される），例外的に，善意の受益者の責任は現存利益に軽減され（利得消滅の抗弁〔703条〕），悪意の受益者の責任は加重される（704条）。

(2) 「受益」返還義務の対象と範囲（原則）

(a) **原物返還**　侵害利得の場合，原物返還が可能な場合はほとんどない。

有体物が侵害された場合は，侵害利得返還請求権は原物返還が不能となったことの代償として発生するので，原物返還は問題にならない。例えば，Xの石油がYのマンションの暖房に利用された場合，Yの「受益」は石油が「利用（消費）されたこと」自体なので，その原物返還は不可能である。土地が使用された場合のように，原物返還がなお可能な場合も，有体物の原物返還は，侵害利得ではなく，物権的返還請求権によって処理される。

しかし，侵害利得においても，原物返還が可能な場合がある。例えば，前掲・最判平成19・3・8の失念株の事例（2(1)(b)(v)）で，株券の売却前は，株券が返還の対象となる。また，XがAに対して債権を有している場合において，Aが受領権者としての外観を有する者Yに弁済し，478条によりその弁済が効力を有するときは，XはYに対し給付物の返還を請求できるが，給付物が有体物であれば原物返還が可能である。給付物の所有権がXに帰属していなければ，Xの請求権は，物権的請求権たりえず，侵害利得返還請求権である。その後，原物から果実が生じたり，原物返還が不可能になった場合等の処理は，給付利得に準ずる（第4節3）。

(b)　**代償返還**　　当初，原物返還が可能だったが，それが返還不能となると同時に代償（例，物滅失の際の損害賠償請求権・保険金請求権，土地収用による補償金請求権）が生じたときは，その代償が返還対象となる（422条の2）。ただし，売却代金債権等，法律行為による代償は，不当利得による返還対象とはならない（ただし，判例の主流〔例，大判昭和12・7・3民集16巻1089頁〕は反対である）。したがって，受益者が原物を客観的価値（時価）よりも高価で売却した場合も，損失者は客観的価値の返還しか請求できない（大判昭和11・7・8民集15巻1350頁〔給付利得（詐欺による売買取消し）の事例〕）。

(c)　**価格返還**　　侵害利得の場合は，通常「受益」の原物返還が不可能なので，たいていの場合，受益者は「受益」の客観的価値の返還義務を負う。代償が生じても，代償は現存利益にすぎないので，受益者が悪意のときは，損失者は代償の返還に代えて価格返還を請求できる。

(d)　**超過利得の返還**　　受益者が他人の権利に自己の技能・労力等を加えることによって取得した利益（超過利得）は，侵害利得による返還対象とはならない。侵害利得は権利者の権利保護を目的とするので，返還義務の範囲は被侵害権利の客観的価値を上限とする。超過利得の返還は，準事務管理として認められる余地があるにすぎない（第1章第2節）。

(3)　善意の受益者の責任軽減（703条）

善意の受益者の返還義務の範囲は，現存利益に軽減される。例えば，高価なワイン（3万円）を料理に用いた場合，「受益」はワインが「利用（消費）されたこと」自体なので，その客観的価値（3万円）の返還が原則となる。しかし，受益者が善意の場合，返還義務の範囲はそのワインの利用による「出費の節約」（料理用のワイン〔2000円〕を買わずに済んだ）に軽減される。このように「受益」が無形の利益に姿態を転換した場合には，利得消滅は「受益」と同時に生じるのみであり，その時点で価格返還義務の範囲は確定する。他方，「受益」が当初から金銭であったり売却によって金銭に姿態を転換した場合には，受益者の浪費などによる利得消滅が生じうる。善意の受益者の責任軽減についての詳細は，給付利得に関する第4節**3**(3)に譲る。他人の物を贈与した場合については第6節**2**も参照。

なお，他人の物を消費・売却した者は，原所有者の侵害利得返還請求に対して，その物の取得代価の控除を主張できない（前掲・大判昭和12・7・3）。194条の適用がある場合を除き，所有権に基づく返還請求に対して代価支払をもって対抗できない以上，侵害利得返還請求に対しても同様に解すべきだからである。

(4)　悪意の受益者の責任加重（704条）

悪意の受益者は，「受益」の返還義務に加え，利息支払義務（704条前段）・損害賠償責任（704条後段）を負う。その詳細は，給付利得に関する第4節3(4)に譲る。

(5)　消滅時効

不当利得返還請求権は，①利得債権者が権利を行使することができることを知った時（主観的起算点）から5年間行使しないとき，または，②権利を行使することができる時（客観的起算点）から10年間行使しないときに，時効によって消滅する（166条1項）。その詳細は，給付利得に関する第4節3(6)に譲る。

4　侵害利得と不法行為の競合

故意・過失により他人の物を消費・使用・譲渡した場合には，侵害利得と不法行為（709条または191条）の要件が充足されうる。善意者は占有物につき善管注意義務を負わないので（Column I 2-8），善意者の行為が不法行為の要件を充足するのは，他人の物を占有せずに使用した場合（例，他人の土地に駐車した，他人の掲示板にポスターを貼った）などに限られる。以下では，請求権の範囲と期間制限について両者の異同を検討したのち，請求権競合の解決方法に及ぶことにする（請求権競合の解決方法一般に関しては，第2編第7章3）。

なお，給付利得と不法行為も競合しうるが（最判平成21・9・4民集63巻7号1445頁〔抽象論〕），本項（4）で以下に述べることは，その場合にも妥当する。

(1)　請求権の範囲

(a)　悪意者の場合　まず，被侵害権利自体に関しては，悪意の受益者は

「受益」の全部返還義務を負い，不法行為者は被侵害権利の客観的（交換または使用）価値の賠償義務を負うため，原則として両者で範囲は同じだが，金銭的評価の基準時は異なる可能性がある（第2編第4章第4節**3**(1)(b)(ii)）。つぎに，悪意者は悪意となった当日から利息支払義務を負うが，不法行為責任はただちに遅滞に陥り不法行為の翌日から遅延利息支払義務を負うというわずかな違いがある。最後に，悪意者は「受益」と利息の返還義務を超える損害賠償責任を負うが，この責任は不法行為責任であり，その成立には不法行為の要件充足が必要なので（第4節**3**(4)），不当利得と不法行為の競合場面に関しては，両者で相違はない。結局，悪意者については，両者で請求権の範囲は通常ほとんど異ならない。

(b)　**善意者の場合**　　善意の受益者は利息返還義務を負わず，また，利得消滅を主張できるので，請求権の範囲は不法行為の場合より小さくなりうる。

(2)　請求権の期間制限

まず，被侵害権利自体および（遅延）利息については，不当利得と不法行為とで規律が異なる（166条と724条）。「受益」の全部返還義務は権利継続効に基づくものであり，悪意の場合に時効期間が5年ないし10年から3年に短縮するのは不都合だから，不法行為に関する724条は不当利得には類推適用されない。つぎに，悪意の受益者の損害賠償責任の期間制限がどちらの規律に従うかは明らかではないが，仮に不当利得の規律（166条）に従うとすると，両者で相違が生じる。

(3)　請求権競合の解決方法

①請求権の範囲に関しては広いほう，期間制限に関しては長いほうというように，権利者に有利な属性を選択するという結論をとるのであれば，規範統合説を基礎にして，単一の請求権を認めることになる。②権利者に有利な属性の選択を否定するのであれば，請求権競合説を基礎にして，2個の請求権の競合を認めるのが簡明である。判例（大判昭和6・4・22民集10巻217頁）は請求権競合説である。最判平成10・12・17判時1664号59頁は，請求権競合説を前提にして，不法行為に基づく損害賠償請求訴訟の提起・係属に，不当利得返還請

求権の裁判上の催告（時効完成猶予）の効力を認めている。

第3節　支出利得

1 支出利得の意義と原理

支出利得は，権利者自身が自己に帰属すべき利益を無権利者のもとで実現させた場合に，その利益を権利者に回復するための制度である。支出利得は，通常，費用利得（2）と求償利得（3）に分けて議論されるが，両者に帰属しない支出利得の事例も存在する（第4節1(2)，第5節1(2)(a)）。

支出利得は，侵害利得（狭義）と並ぶ非給付利得の下位類型である。損失者の行為が受益者に対する「給付」以外の「出捐」である場合に，支出利得が問題となる（第4節1(2)）。支出利得は侵害利得（狭義）と同様「権利の割当内容の保護」を基本原理としており，割当内容違反が「不当性」の内実をなす。したがって，両類型は「不当性」の内実を共有するので，別類型を立てずに，（広義の）侵害利得という類型に包括することも考えられる。しかし，支出利得の効果については，損失者による「利得の押しつけ防止」が問題となる反面，受益者の善意・悪意は返還義務の範囲に影響を及ぼさない。そのため，両者は別類型として扱われることが多い。この場合，支出利得は侵害利得（狭義）の特則としての位置を占める。

支出利得と事務管理の適用場面はかなりの程度共通し，両者の関係が問題となる（4）。

2 費用利得

(1) 費用利得の意義

費用利得は，権利者が自己に割り当てられた権利（＝費用）を他人の物に投下した場合であって，その結果が収去不能か収去可能であっても収去されないときに，その費用を償還させる制度である。例えば，Xが自分の犬と誤信して他人Yの犬を飼養した場合に，XはYに対して費用利得返還請求権をもつ。厳密には，他人の物への費用の投下といえない場合（例，Yのマンションの管理人Xが，誤ってXの石油をYのマンションの暖房に利用した場合）であっても，費用利得は成立しうる。なお，費用利得については多くの特則がある（196条・299条・391条・583条2項・595条・608条）。

(2)　費用利得の要件

費用利得の要件は，侵害利得（狭義）に準ずる（第2節**2**）。

まず，投下された権利が他人の物のために「利用されたこと」自体が他人の「受益」である。物の価値の増大が「受益」となるのではない（費用利得の特則である196条1項の場合，物の価格の増価がなくとも，費用償還請求が認められる）。

他人の物への費用の投下は，権利者が自己の事務と誤解した場合はもちろん，他人の事務であることを認識している場合も，外形的にみて権利の割当内容に違反するため「損失」となる。労働力も権利者に割り当てられているので，他人の山の開墾は「損失」となる。

損失と受益との間には「直接の因果関係」が必要である。「直接の因果関係」が欠ける具体例については，転用物訴権の事例を参照（第6節**1**(3)）。

「不当性」要件で問題となるのは，損失者の債務の存在などの正当化事由の不存在である（事務管理については**4**で述べる）。転用物訴権の事例で問題になることだが，有効な契約に基づき他人の物に費用を投下した場合には，債務が物所有者に対するものでなくとも，不当性は阻却され，費用利得は成立しない（第6節**1**(3)のほか，第4節**1**(3)(b)を参照）。

(3)　費用利得の効果

投下された権利の原物返還は不可能なので，効果はつねに価格返還となる。返還義務の範囲は「受益」（＝投下された権利）の客観的価値が原則だが，損失者による利得の押しつけ・事実上の締約強制を防止するために，費用投下が受益者の主観的な財産計画に適合しているか否かを吟味する必要がある。

①まず，費用投下が受益者の財産計画に適合している場合には，その客観的価値が返還されるべきである。現存利益が投下された権利の客観的価値を超える場合も，侵害利得（広義）は権利者の権利保護を目的とするから，権利の客観的価値が返還義務の上限となる。②他方，費用投下が受益者の財産計画に適

合していない場合（このことの証明責任は受益者が負う）には，受益者の善意・悪意にかかわらず，返還義務の範囲は現存利益（「出費の節約」を含む）に軽減される（702条3項と同一の評価に従う）。費用投下は損失者の行為に基づくものだから，損失者は不利益を被っても仕方がない。しかし，たとえ現存利益であっても，その即時の返還が必要だとすると，受益者が財産計画の変更（その物や他の財産の処分，借財など）を強いられる可能性がある。したがって，現存利益が物の売却・賃貸などにより実現されるまでは，返還請求を拒むことができる（抗弁権）と解すべきある（196条2項ただし書・608条2項ただし書の裁判所による相当の期限の許与も，利益の実現に猶予を与えたものとみうる）。

例えば，XがY所有の甲農地（時価1000万円）を自己の農地だと誤解して50万円をかけて施肥したところ，甲の時価が1030万円となったという事例において，①Yも甲に施肥するつもりであったのならば，返還義務の範囲は50万円となる。甲の時価が仮に1080万円になったとしても，返還義務の範囲は50万円である。②他方，Yが甲を宅地にする計画であった場合には，返還義務の範囲は30万円だが，Yはそれを即時に返還する必要はないし，Yが当初の計画どおり甲を宅地にした場合にはそもそも返還の必要がなくなる。しかし，Yが計画を変更して甲を1030万円で売却すると，YはXに30万円を返還しなければならない。

3 求償利得

(1) 求償利得の意義

求償利得は，権利者が自己に割り当てられた権利によって他人の債務を消滅させた場合に，求償を認める制度である。例えば，自動車のディーラーAがサブディーラーYに甲自動車を所有権留保の特約付きで売り，Yが甲をユーザーXに転売した場合に，Xが甲の所有権を取得するためYのAに対する残債務を弁済したとき（474条1項），XはYに対して求償利得返還請求権を取得する。Xは，自己の名義でYのAに対する債務を弁済するためAに出捐しているので，XはAに給付していることになる。しかし，XはYに給付しておらず，Aに対する「給付」によってYの財産を増大させているにすぎないから，Yとの関係では「（単なる）出捐」をしているにとどまる（「給付」と「（単なる）出捐」との区別については，第4節**1**(2)を参照）。

民法典は求償権に関する多くの規定（例，442条・459条〜465条・351条）を有するが，そのなかには462条2項のように求償利得の性質をもつものがある。

(2)　求償利得の要件

求償利得の要件も，侵害利得（狭義）に準ずる（第2節**2**）。

「受益」は「債務からの解放」である。Xが，YのAに対する債務を，Yの債務として弁済した場合には，原則として債務は消滅するため，Yに「受益」があるが，例外的に第三者弁済の効果が生じない場合（474条2項〜4項）や，自己の債務として弁済した場合には，債務は消滅しないので，Yに「受益」がない。債務が消滅しない場合は，XのAに対する給付利得が成立し，707条の適用が問題となる（第4節**5**(1)(c)）。Yの債務が存在しなかった場合については，第5節**4**を参照。

Xに割り当てられた権利によるYの債務の消滅は，外形的にみて権利の割当内容に違反するため，Xの「損失」となる。

XのYに対する出捐にはAが介在するが，利益がX→A→Yと流れたわけではない（利益はY←X→Aと流れている）ので，Xの損失とYの受益との間の「直接の因果関係」は否定されない（第2節**2**(1)(c)，Column I 2-10）。

「不当性」要件で問題となるのは，損失者の債務（債務者による弁済委託）の存在などの正当化事由の不存在である（事務管理については**4**で述べる）。

(3)　求償利得の効果

「受益」は「債務からの解放」だから，その原物返還は問題とならず，効果は価格返還となる（ただし第5節**1**(2)(c)）。

「利得の押しつけ防止」は，第三者弁済の有効要件ですでに考慮されている（弁済をするについて正当な利益を有する者でない第三者は債務者の意思に反して弁済できない〔474条2項〕）が，求償利得が成立する場合には，債務者の関与なしに債権者の交替（A→X）と同様の事態が生じ，債務者に新たな債権者が押しつけられることになるので，「利得の押しつけを防止」するためには，①YはAに対して有する抗弁（権）をもってXに対抗することができ（468条1項類推），

②XがYに対して取得する債権は，AのYに対する時効期間・時効の進行状態を原則としてそのまま引き継ぐ，と解釈する必要がある。

4 事務管理と支出利得の競合

他人の物に費用を投下したり他人の債務を弁済した場合に，事務管理意思がなければもっぱら支出利得の問題となるが，管理意思があれば事務管理と支出利得の競合が問題となる。効果面での規律は事務管理のほうが詳細であり，沿革的にも管理意思を要件として事務管理が不当利得から分化してきたことにかんがみて，事務管理の優先を認めるのが通説である。その帰結を導くために，①法条競合を認める説のほか，②事務管理が「法律上の原因」（正当化事由）となるという説がある。しかし，事務管理の費用償還請求権は支出利得と同一の基礎をもつから（第1章第1節3A(3)(a)），③単純に両者の競合を認めてもよいのではないか（請求権競合の解決方法一般に関しては，第2編第7章3）。

第4節 給付利得

1 給付利得の意義と原理

(1) 給付利得の意義と原理

給付利得は，特定人（給付者）から特定人（給付受領者）に対して（債務を弁済する目的で）給付が実行されたが，その給付の「法律上の原因」たる債務が存在していなかった場合に，実行された給付を巻き戻すための制度である。例えば，会費を誤って二重払した場合に，給付利得が問題となる。

給付は給付者の私的自治的自己決定に基づく行為であるが，給付の原因たる債務が存在しないときは，私的自治が正しく機能しなかったことになる。そこで，給付利得は，私的自治の原則を裏から保障するために，このような給付の実行を「不当」にする。したがって，「誤って実行された給付の巻き戻し」が，給付利得の基本原理である。

(2) 「給付」の意義

「給付」とは,「債務の弁済」という「目的」に向けられ,かつ,他人の財産を増大させる意識的行為である(ただし,Column I 2-5,第6節 1 (4)(a))。「債務」は表見的なものでもよい。他人の財産を増大させる意識的行為であっても,「債務の弁済」という「目的」に向けられていない行為は,「(単なる) 出捐」と称される(「給付」と「(単なる) 出捐」との区別により,給付利得と支出利得とが区別される)。したがって,「出捐」は「債務」に関係づけられることによって「給付」となる。「出捐」を「債務」に関係づける行為を「目的指定」と呼ぶ(債権総論では「弁済意思」と呼ばれることが多い)。「目的指定」は原則として給付者の単独行為である(488条)。「目的指定」が無効ゆえ「出捐」と「債務」との関係づけに失敗した場合には,「出捐」は「給付」にならないので(債務が存在していても,弁済の効力は生じない),出捐者は出捐相手方に対して支出利得返還請求権を取得する。この請求権は,費用利得にも求償利得にも帰属しない(第3節 1)。「目的指定」は有効だが債務が存在しないとき,「給付」は「法律上の原因」を欠き,給付利得返還請求権が生じる。

Column I 2-5 目的不到達による不当利得

本文では,給付が向けられる目的は「債務の弁済」だと述べたが,伝統的には,給付の目的をより広く解し,「目的について合意があったが,その目的が到達されなかった場合」にも給付利得が問題とされてきた(目的不到達による不当利得)。例えば,婚姻の成立を目的として結納が授受されたが,婚姻が成立に至らなかった場合(大判大正6・2・28民録23輯292頁)が挙げられる。この事例において,婚姻が成立に至らなかった場合にも結納の贈与契約の効力は維持されるが,結納の返還が認められると解するならば,債務が存在しているにもかかわらず給付利得が成立することになる。しかし,このような事例は,「目的不到達による不当利得」といった特別な範疇を立てずに,法律行為の解釈や契約法の一般原則によって——前記の例では例えば結納の授受を解除条件付贈与と解することによって——処理すべきである。

(3) 給付利得と侵害利得(広義)の関係

「給付」は,通常,「権利の割当内容の保護」原理によってすでに保護された給付者の権利(物・労働力など)に関わる。そのため,給付利得と侵害利得の規律対象は通常重なり合い，給付利得においても「権利の割当内容の保護」が作用しうる。しかし，給付利得においては給付者（および受領者）の法律行為が介入するため，侵害利得が私的自治の原則によって以下の修正を受ける。

(a)　**侵害利得からの拡大**　契約当事者は，契約自由の原則に基づき，給付者に割り当てられていない利益（例，他人物売買の際の単なる占有，ノウハウ，競業避止などの不作為）も給付の客体となしうる。この場合において給付の原因たる債務が存在しないときは，給付者・受領者間では侵害利得は問題となりえないが，給付利得によって給付者は保護される。

(b)　**侵害利得の制限**　給付は給付者による権利の利用にほかならないから，外形的な割当内容違反のみで受領者の「受益」は「不当」とされない。給付者の債務の存在は侵害利得の正当化事由となる（第2節2(2)，第3節2(2)，同3(2)）。

しかし，給付者の債務が存在しないときは，正しく機能しなかった私的自治が給付の実行を「不当」にするとともに，割当内容違反も正当化されない。この場合は，給付利得のほか侵害利得（または物権的請求権）の要件も充足され請求権競合問題が生じるが，給付利得が優先適用される（4）。したがって，給付利得は，第一次的・直接的には利益移転の回復を目的にするが，給付の対象が給付者に割り当てられている場合は，間接的に割当内容違反が是正され，給付者の権利保護の役割も果たす（給付の対象が給付者以外の者に割り当てられている〔給付者が他人の物を給付した〕場合については，Column I 2-9）。

2 給付利得の要件

(1)　受益－因果関係－損失（給付の実行）

「給付したもの」（705条・708条）という同一の実体が，給付者からみて「損失」，受領者からみて「受益」なので，給付の実行のみで「受益－因果関係－損失」の3要件が充足される。因果関係は給付当事者の確定問題に埋没するため，給付利得では因果関係の直接性・間接性は問題とならない。給付の実行については，損失者が証明責任を負う（「給付」については1(2)を参照）。

強制執行は債務名義により行われるため（民執22条），債権が存在しないにもかかわらず強制執行によって給付結果が実現される事態が生じうる。例えば，

YのXに対する債権につき債務名義が成立した後に，その債権が弁済や時効などによって消滅したにもかかわらず強制執行が行われた場合には，XはYに対して不当利得返還請求権をもつ（債権の時効消滅後に転付命令が発せられた場合につき，大判大正13・2・15民集3巻10頁）。この場合の不当利得は，間接強制による場合を除き給付（行為）を観念できないため侵害利得だとする説もあるが，債務者に割り当てられていない利益も強制執行の対象となり，この場合の不当性は割当内容違反にではなく債務の不存在に求めざるをえないから（1(3)(a)），給付利得とみるべきである。もっとも，効果については，執行行為の特殊性を考慮し，表見的法律関係の反映（3(7)）などにつき任意履行の場合とは別個の考慮が必要となる。

Column Ⅰ 2-6　契約関係自律性の原則

「契約関係自律性の原則」とは，契約当事者間で行われたリスク配分の貫徹を要求する原理である。とくに，つぎの2点が問題となる。

① 契約当事者は，可能なかぎり，自己の契約相手方に対する抗弁（権）を保持しつづけるべきである。逆に，相手方が第三者との関係で有する抗弁（権）にさらされるべきでない。

② 各契約当事者は，契約相手方以外の者の無資力のリスクを負わされるべきではない。

給付利得において契約関係自律性の原則を貫徹すべく，ドイツ法では，給付者は受領者に対してのみ利得返還請求をなしうることを基礎づけるために，因果関係の直接性が要求された。しかし，ドイツと異なり物権行為の独自性・無因性を認めない日本法では，金銭以外の有体物がX→Y→Zと給付されたが，XY間の関係に瑕疵があり，かつ，即時取得（192条），94条2項（類推），96条3項などによりZがその所有権を取得しない場合には，Xは，Yに対する給付利得返還請求権に加え，Zに対する所有権に基づく返還請求権またはその代償としての侵害利得返還請求権をもつ。したがって，わが国では契約関係自律性の原則は貫徹されていない（LQ民法Ⅱ・第3章第2節も参照）。

(2) 法律上の原因の不存在（不当性）

給付の実行が「誤っていること」が「不当性」の内実をなす。「誤って」とは「債務が存在しないのに」を意味するから，「法律上の原因」となるのは債務である。いわゆる自然債務にも給付保持力があるので，自然債務も「法律上の原因」となる。「法律上の原因」たる債務の不存在についても，損失者が証明責任を負う（侵害利得の場合と証明責任の分配は異なる〔第2節 2 (2)〕）。

Column I 2-7　目的消滅による不当利得

債務が給付時には存在していたが，給付後に欠如するに至った場合――①給付後に解除条件が成就した場合（127条2項），②債権証書の交付後，債務が消滅した場合（487条）など。遡及効のある取消し（121条）をここに含める見解もある――を「目的消滅による不当利得」と呼ぶ（これに対して，給付時に債務が存在しなかった場合を〔最広義の〕「非債弁済」と呼ぶ〔5 (1)〕）。「目的消滅による不当利得」には705条の適用はない。最判平成16・11・5民集58巻8号1997頁は，Y団体への加入に際し全財産を出捐したXがその後の事情の変更によりYの同意を得てYから脱退した事案において，XのYに対する出捐財産の不当利得返還請求を一部認めたが，これは「目的消滅による不当利得」とみる余地がある。

3 給付利得の効果

(1) 序　　説

給付利得の要件が充足されると，受領者は，給付者に対して，給付利得返還義務を負う。返還義務の対象は，「受益」の原物返還が原則で，価格返還が例外であること，返還義務の範囲は，「受益」の全部返還が原則だが，善意の受益者の責任は軽減され，悪意の受益者の責任は加重されることは，侵害利得と同様である（第2節 3 (1)）。

以下では，まず，給付利得の基本型である一方的債務が存在しなかった場合（例，債務の過払・二重払，無償契約の無効・取消しの場合，事務管理・不当利得・不法行為に基づく債務が存在しなかった場合）について説明し（(2)～(6)），そのあとで，特殊の取扱いが必要な有償契約の無効・取消しの場合に及ぶことにする（(7)）。なお，法律行為の無効・取消しの場合は，703条ではなく，2017（平成29）年改正で新設された特則の121条の2が適用されることになった。

(2) 「受益」返還義務の対象と範囲（原則）

(a) **原物返還**　返還義務の対象は，原則として，「給付したもの」の原物である。例えば，占有・登記・債権証書（487条）などが返還対象となる。債務が存在しない場合には，所有権や債権などは原則として給付者から受領者に移転しないので，所有権や債権自体が返還対象となることはまれである（債権が返還対象となる例として，第5節**3**(2)①）。給付者に所有権が残存するときは，受領者に対する物権的返還請求権の要件も充足され，請求権競合問題が生じる（**4**）。

(b) **代償返還**　当初，原物返還が可能だったが，それが返還不能となると同時に代償が生じたときは，その代償が返還対象となる（第2節**3**(2)(b)）。給付利得の場合，通常，受益者に所有権等が帰属しないので，受益者のもとで代償が生じることはまれかとも思えるが，別個の解釈もありうる（Column Ⅰ 2-9）。

(c) **果実・使用利益・利息の返還**　原物から現実に生じた果実・使用利益は，受益者の善意・悪意を問わず，「原物の延長として」返還対象となる（189条・190条は侵害利得の特則であり，給付利得には適用されない）。ただし，善意の受益者の返還義務は現存利益に軽減される（(3)）。現実に生じていないものは704条の問題となる（(4)）。金銭が給付された場合の取扱いは問題だが，判例は，善意の受益者が運用利益を得ていない（その取得が主張・証明されていない）場合には利息支払義務を否定し（銀行が共同相続人の一部に預金全額を払い戻した事例につき，最判平成17・7・11判時1911号97頁），運用利益を得ている場合にはその範囲内で，損失者の逸失利益と推認される利息相当額の返還義務を肯定している（〈判例 Ⅰ 2-1〉）。

〈判例 Ⅰ 2-1〉最判昭和38・12・24民集17巻12号1720頁

【事案】 A会社はY銀行に対し債務を負担していないにもかかわらずその弁済として539万円余を支払ったところ，Yはこの弁済金を運営資金として利用することにより，少なくとも商事法定利率（6%）による利息相当の運用利益を得，この運用利益は現存している。そこで，A会社の破産管財人Xが，Yに対し，弁済金と1年定期の預金利息相当額（利率は時期により異なるが4.7～6%）の返還を訴求した。原審は189条1項を援用してYが善意の間に得た運用利益の取得権を認めたため，Xが上告した。最高裁はつぎのように述べXの主張を認めた。

【判旨】「不当利得における善意の受益者が利得の原物返還をすべき場合については，占有物の返還に関する民法189条1項を類推適用すべきであるとの説があるが，かかる見解の当否はしばらくおき，前記事実関係によれば，本件不当利得の返還は価格返還の場合にあたり，原物返還の場合には該当しないのみならず，前記運用利益をもって果実と同視することもできないから，右運用利益の返還義務の有無に関して，右法条の適用を論ずる余地はないものといわなければならない。すなわち，たとえ，Yが善意の不当利得者である間に得た運用利益であっても，同条の適用によってただちにYにその収取権を認めるべきものではなく，この場合右運用利益を返還すべきか否かは，もっぱら民法703条の適用によって決すべきものである。

そこで，進んで本件におけるような運用利益が，民法703条により返還されることを要するかどうかについて考える。およそ，不当利得された財産について，受益者の行為が加わることによって得られた収益につき，その返還義務の有無ないしその範囲については争いのあるところであるが，この点については，社会観念上受益者の行為の介入がなくても不当利得された財産から損失者が当然取得したであろうと考えられる範囲においては，損失者の損失があるものと解すべきであり，したがって，それが現存するかぎり同条にいう『利益ノ存スル限度』に含まれるものであって，その返還を要するものと解するのが相当である。本件の事実関係からすれば，少なくともXが主張する前記運用利益は，受益者たるYの行為の介入がなくてもA破産会社において社会通念に照し当然取得したであろうと推認するに難くないから，Yはかりに善意の不当利得者であってもこれが返還義務を免れないものといわなければならない。」

(d)　**価格返還**　　まず，使用利益・役務・不作為（例，競業避止）が給付された場合のように，「給付したもの」の原物返還がその性質上不可能なときは，価格返還となる。この場合，使用利益・役務・不作為自体が「給付したもの」である。給付により受益者に生じた「出費の節約」は，「給付したもの」ではなく，善意の受益者の責任軽減に際して顧慮されるにすぎない（(3)）。

つぎに，当初は「給付したもの」の原物返還が可能だったが，原物が利用されることによりその返還が不可能になった場合（例，ワインの消費，車の譲渡）には，権利継続効がはたらき，価格返還となる。代替物が返還不能となった場合にも，受益者は調達義務を負わない（前掲・最判平成19・3・8〔侵害利得の事例〕）。権利継続効がはたらくのは，原物が受益者のために利用された場合だけなので，原物が単に滅失・損傷した場合には価格返還義務は生じない。なお，金銭は原則として個性をもたないから，金銭が給付された場合にはそれが利用されなくても当初から価格返還となる（Column I 2-3）。

いずれの場合も，原則として「給付したもの」の客観的価値が返還されるべきである。金銭的評価の基準時は，原物返還が不能になった時である（前掲・最判平成19・3・8）。

Column Ⅰ 2-8　価格返還義務と損害賠償責任の区別

価格返還義務と損害賠償責任は，金銭債務である点では共通するものの，両者は明確に区別されるべきである（もっとも，両者は競合的に成立しうる）。

まず，価格返還義務が成立するためには，原物が受益者のために利用されることが必要であった。したがって，原物が単に滅失・損傷した場合には，原物返還債務の不履行に基づく損害賠償責任が問題となるにすぎない。

つぎに，損害賠償責任は，債務不履行の一般原則に従い，債務者の帰責事由（善管注意義務違反）をその要件とする（415条）。しかし，価格返還義務が成立するためには，帰責事由は必要ない。

ところで，191条によると，占有物が占有者の帰責事由によって滅失・損傷したときは，悪意の占有者は損害賠償義務を負う。その反対解釈として，帰責事由がないときは，悪意の占有者は損害賠償義務を負わない。他方で，善意の占有者は，占有物が帰責事由によって滅失・損傷したときは，現存利益の限度で賠償義務を負うとされているが，これは結局，善意の占有者は占有物につき善管注意義務を負わないことに帰着する。

そして，この評価は給付利得においても尊重されるべきであろう。そうすると，善意の受益者は給付物につき善管注意義務を負わず，したがって損害賠償責任を負うことはない。他方，悪意の受益者は善管注意義務を負い，それに違反して給付物を滅失・損傷したときは損害賠償責任を負う。

このようにみるならば，給付物が不可抗力によって滅失・損傷したときは——利得消滅（(3)）の問題とされることもあるが，この場合は悪意の受益者も免責されるから——給付危険の問題となり（483条），受益者は悪意であっても，損害賠償責任も価格返還義務も負わないことになる（ただし，遅滞後は，悪意の受益者は損害賠償責任を負う〔(5)〕）。

Column Ⅰ 2-9　他人の物が給付された場合の取扱い

給付物が給付者に割り当てられている（給付者の物が給付された）場合において，その返還が不能になったときには，給付者の絶対権が侵害されるため受領者の給付者に対する不法行為責任が成立しうるし，その絶対権の権利継続効により，給付者の受領者に対する価格返還請求権も基礎づけられうる。それに対して，給付物が給付者に割り当てられていない（他人の物が給付された）場合において，その返還が不能になったときに，給付者が給付物の客観的価値につき損害賠償請求権・価格返還請求権を取得するかは問題である。

まず，給付者の受領者に対する損害賠償請求権は，以下の諸理由に基づき肯定すべきである。①給付者に通常生じる損害が所有者のもとで発生したにすぎず，受領者が複数人の追加的な損害について賠償責任を負担する危険はないため，受領者を害しない。②所有者は受領者に対して不法行為責任を追及しうるが，責任が否定される可能性もあるため，給付者の損害賠償請求権を否定すると，受領者は他人の物を滅失させたにもかかわらず誰に対しても損害賠償責任を負わない可能性が生じる。③その反面として，給付者の受領者に対する損害賠償請求権を認め，それに対する所有者の代償請求権を認めるほうが，所有者の保護になる。④給付者・所有者間の関係は，この２人の間で処理すべきであり，受領者はそれに関わるべきでない。なお，判例も，類似の事案において，非所有者の損害賠償請求を認めている。最判平成10・4・30判時1646号162頁では，運送人は，運送品の非所有者たる荷受人に対して，運送品滅失による不法行為責任を負う，とされた（もっとも，本件では荷受人は所有者に賠償しているので，賠償者代位が生じたとみる余地もある）。

給付者の受領者に対する価格返還請求権についても，前記の諸理由はほぼそのままのかたちで妥当するので，請求権を肯定すべきである。すなわち，①給付者に通常生じる損失が所有者のもとで発生したにすぎないので，受領者を害しない。②所有者は受領者に対して侵害利得返還請求権を行使しうるが，請求が否定される可能性もあるため，給付者の価格返還請求権を否定すると，受領者は他人の物を利用したにもかかわらず誰に対しても不当利得返還義務を負わない可能性が生じる。③その反面として，給付者の受領者に対する価格返還請求権を認め，それに対する所有者の代償請求権を認めるほうが，所有者の保護になる。④給付者・所有者間の関係は，この２人の間で処理すべきであり，受領者はそれに関わるべきでない。

実は，この理は他人物たる原物の給付利得返還請求権にも妥当する。

結局，他人の物が給付された場合にも誤って実行された給付を巻き戻すのは，給付者ではなく所有者の権利保護を目的とする。他人物売買の解除に関するつぎの判例の評価もこのような帰結を支持する（同判決は自動車の使用利益の返還を語るが，土地と異なり自動車は使用により減価するから，むしろ目的物を消費した場合と同視すべきである）。

判例Ⅰ2-2　最判昭和51・2・13民集30巻1号1頁

【事案】 ＸはＹにＡ所有の甲自動車を売却，Ｙは代金全額を支払ってその引渡しを受けた。約1年後，AがＹから追奪したため，Ｙは2017（平成29）年改正前561条により本件売買契約を解除した。
【判旨】「Ｘが，他人の権利の売主として，甲の所有権を取得してこれをＹに移転すべき義務を履行しなかったため，Ｙは，所有権者の追奪により，Ｘから引渡を受けた甲の占有を失い，これをＸに返還することが不能となったものであって，このように，売買契約解除による原状回復義務の履行として目的物を返還することができなくなった場合において，その返還不能が，給付受領者の責に帰すべき事由ではなく，給付者のそれによって生じたものであるときは，給付受領者は，目的物の返還に代わる価格返還の義務を負わない」。
「売買契約が解除された場合に，目的物の引渡を受けていた買主は，原状回復義務の内容として，解除までの間目的物を使用したことによる利益を売主に返還すべき義務を負うものであり，この理は，他人の権利の売買契約において，売主が目的物の所有権を取得して買主に移転することができず，民法561条の規定により該契約が解除された場合についても同様である……。けだし，解除によって売買契約が遡及的に効力を失う結果として，契約当事者に該契約に基づく給付がなかったと同一の財産状態を回復させるためには，買主が引渡を受けた目的物を解除するまでの間に使用したことによる利益をも返還させる必要があるのであり，売主が，目的物につき使用権限を取得しえず，したがって，買主から返還された使用利益を究極的には正当な権利者からの請求により保有しえないこととなる立場にあったとしても，このことは右の結論を左右するものではない」。

(e)　**超過利得の返還**　　受益者が給付物に自己の技能・労力等を加えることによって取得した利益（超過利得）は，給付利得による返還対象とはならない。給付利得は給付物所有者の権利保護を目的とするので，返還義務の範囲は給付物の客観的価値を上限とする。超過利得の返還は，準事務管理として認められる余地があるにすぎない（第1章第2節）。

(3)　善意の受益者の責任軽減（121条の2第2項・703条）

善意の受益者は，「受益」の「法律上の原因の不存在」を知らない者である。換言すれば，「受益」が自己に確定的に帰属した，と信ずる者である。知らなかったことに過失があってもよい（ただし，反対説も有力である）。受益時に善意であっても，後に悪意となれば，その時から悪意の受益者として扱われる。

善意の受益者は,「受益」の全部を返還する必要はなく,現存利益を返還すればよい(代償が生じた場合は,それが現存利益である)。適用条文は,無償行為の無効・取消しの場合は121条の2第2項,それ以外は703条となる。受益者が意思無能力者・制限行為能力者の場合には,悪意者でも責任は軽減される(121条の2第3項。意思無能力者に関する規定は2017〔平成29〕年改正で新設された)。利得消滅については受益者が証明責任を負う(金銭の給付利得につき,大判昭和8・11・21民集12巻2666頁,最判平成3・11・19民集45巻8号1209頁)。

善意の受益者を優遇する理由は,「受益」の「法律上の原因の存在」に対する信頼保護にある。「受益」が自己の財産に確定的に帰属したと信じている以上,その「受益」をどう扱おうと自由なので,善意の受益者は「受益」につき注意義務を負わない(Column I 2-8)。したがって,考慮される利得消滅も,「法律上の原因の存在」を信頼したことに起因するものに限られる。例えば,「受益」を安価で売却したり,贈与したり,浪費したり,破壊した場合には,善意の受益者は利得消滅を主張でき,取得した代価や「出費の節約」(例,「受益」を贈与したことにより,別のプレゼントを買わずに済んだ)の範囲で価格返還をすればよい。契約費用や「受益」への投下費用も,「法律上の原因の存在」を信頼したことに起因するものであるかぎり,冗費であっても価格返還義務から控除される(原物返還が可能な場合は,原物返還と費用償還が同時履行の関係に立つ)。それに対して,取得した犬が受益者のカーテンをかみちぎった場合の損害は,信頼に起因するものでないから利得消滅としては顧慮されない(受益者が悪意の場合も含め,損害賠償法の問題となる)。

金銭が給付された場合にも利得消滅はありうるが,判例は,恩給等が給付された場合(例,大判昭和8・2・23新聞3531号8頁)を除き,利得消滅の抗弁をなかなか認めない。

(4) 悪意の受益者の責任加重(704条)

悪意の受益者は,「法律上の原因のないことを知りながら利得した者」(最判昭和37・6・19集民61号251頁,最判平成18・12・21判時1961号62頁),つまり,「受益」の事実とその「法律上の原因の不存在」を知っている者をいう。受益時に善意であっても,後に悪意となれば,その時から悪意者として扱われる。

もっとも，裁判外の請求や取消しの意思表示を受けただけで，当然に悪意となるわけではない。しかし，善意の受益者も，訴訟係属後は「受益」の返還を予期すべきなので，悪意の受益者とみなされる（189条2項類推。善意の受益者に対する利息支払請求を，前掲・最判平成17・7・11は，訴状送達日から悪意となったとして認め，前掲・最判平成18・12・21は，訴状送達日の翌日以降についてのみ「遅延損害金の支払」として認めた）。悪意については損失者が証明責任を負う（最判平成19・7・13民集61巻5号1980頁は，悪意の事実上の推定を認めた判決だが，悪意の証明責任は損失者が負うことを前提にしている）。

法人の場合，判例（最判昭和30・5・13民集9巻6号679頁）は，代表機関の善意・悪意を基準とするが，学説上は，危険責任・報償責任の思想などを理由にして，代表機関のみならず被用者の悪意も法人の悪意とみる説が有力である。

悪意の受益者は，まず給付の本体たる「受益」の返還義務を負う（(2)）。「受益」の原物返還が可能な場合（有体物が給付された場合を念頭におく）は，悪意者は，それを返還すべきことを知っているから，善管注意義務をもって給付物を保管しなければならない（強迫された受益者については，注意義務の軽減が問題となりうる）。したがって，受益者の帰責事由によって給付物が滅失・損傷したときは，受益者は債務不履行による損害賠償責任を負う（415条）。給付物を利用することによりその返還を不可能にした場合には，価格返還義務も負う（(2)(d)）。しかし，受益者の帰責事由によらない滅失・損傷の場合は，給付危険の問題となり，損害賠償責任も価格返還義務も負わない（Column I 2-8）。もっとも，遅滞責任を負う場合（(5)）のほか，受益者が給付物を自己の財産のように使用しつづけていた場合には，滅失・損傷自体に帰責事由がなくとも受益者が危険（価格返還義務・損害賠償責任）を負うべきだが，滅失・損傷が給付物の瑕疵によるときは，その危険は給付者が負うべきである（受益者は価格返還義務・損害賠償責任を負わない）。

悪意の受益者は，つぎに，原物から生じる果実の収取・保管義務を負う。したがって，悪意の受益者は，現存する果実の返還義務だけでなく，すでに消費し，過失によって損傷し，または収取を怠った果実の代価を賠償する義務を負う。

価格返還となる場合も，悪意の受益者は「受益」の管理義務を負う。したがって，この場合，悪意の受益者は利息支払義務を負う（704条前段）。利息支払義務の利率は法定利率（404条）による。

悪意の受益者はさらに損害賠償責任を負うが（704条後段），この責任は不法行為責任である（最判平成21・11・9民集63巻9号1987頁）。したがって，その成立には不法行為の要件充足が必要であり，損失者が利息を超える損害（例，転売利益の喪失，弁護士費用）の発生と額について証明しなければならない。

なお，悪意の受益者が「受益」に費用を投下したときは，事務管理または費用利得の問題として処理すべきである。

(5) 遅滞責任

不当利得返還義務は期限の定めのない債務なので，悪意の受益者は，履行の請求を受けた時から遅滞責任（413条の2第1項）を負う（412条3項）。ただし，詐欺・強迫により給付させた場合のように受益者が不法行為責任も負うときは，自己に帰属すべきでないことを認識しつつ「受益」を自己の財産のなかに取り込んだのだから，「受益」の時から遅滞責任を負う。他方で，善意の受益者は，履行の請求（裁判上の請求を含む）や取消しの意思表示を受けたとしても，「受益」が自己に確定的に帰属したと信じているかぎり，返還しないことを非難できないので，遅滞責任を負わない。

(6) 消滅時効

不当利得返還請求権は，①利得債権者が権利を行使することができることを知った時（主観的起算点）から5年間行使しないとき，または，②権利を行使することができる時（客観的起算点）から10年間行使しないときに，時効によって消滅する（166条1項）。判例は，取消権の行使によって発生する原状回復請求権（121条の2）にも債権一般の消滅時効を適用すると理解されているが，学説上は，取消権を行使できる間（126条）に原状回復請求権も行使しなければならないとする説も有力である（LQ民法Ⅰ・第9章第3節7(4)も参照）。給付利得と物権的請求権が競合する場合については，4(1)を参照。

客観的起算点は，不当利得返還請求権の発生時である（大判昭和12・9・17民集16巻1435頁）。過払金充当合意を含む基本契約に基づく継続的な金銭消費貸借取引については，取引継続中は過払金充当合意が権利行使の法律上の障害となるから，特段の事情がない限り，取引終了時が客観的起算点となる（最判平成21・1・22民集63巻1号247頁）。

主観的起算点は，利得債権者が不当利得返還請求権の発生とその行使の現実的な可能性を知った時である。契約に基づく一般的な債権や事務管理に基づく費用償還請求権については客観的起算点と主観的起算点は通常一致するが，不当利得については，不当利得返還請求権の発生原因となる事実（例，過払の事案では弁済を行ったこと）を知ったのみでは，一般人が不当利得返還請求権を行使することができるか否かを判断することは困難な場合もありうるので，両起算点が一致するとは限らない。権利行使の現実的な可能性については，不法行為による損害賠償請求権に関する724条の解釈（第2編第4章第6節2）が参考となる。

(7) 有償契約の無効・取消しの場合

2017（平成29）年改正により，無効な法律行為に基づく債務の履行として給付を受けた者は，相手方を原状に復させる義務を負うことが明文化された（121条の2第1項）。この原状回復請求権は給付利得返還請求権である。有償契約（例，売買）の無効・取消しの場合には契約当事者相互間に原状回復請求権（売買では，目的物と代金の返還請求権）が対立しうるところ，この場合には，一方的債務が存在しなかった場合とは異なり，両当事者が「給付」を双務的牽連関係（給付どうしが互いに対価的な意義をもつ関係）においたという事実が付け加わる。この事実は，原状回復請求権相互間にも双務的牽連関係を認めることを支持する。しかし，有償契約の無効・取消しの場合は——解除の場合とは異なり——当事者の意思に瑕疵があり，その結果，給付を双務的牽連関係におくという意思にも瑕疵がある場合が多い。この意思の瑕疵は，両請求権の別個独立性を支持する。近時の判例・学説は，当事者間の公平を図るため，両当事者が給付を双務的牽連関係においたという事実を重視し，債務の表見的な発生原因たる表見的法律関係（瑕疵のある有償契約）を反映させ，双務的牽連関係を認めるものが大勢を占める。

また，契約清算のための制度としては，給付利得以外に解除が存在し，解除に関する規律（とくに545条・546条・548条）との調整が問題となる。

このように有償契約の無効・取消しの場合には，一方的債務が存在しなかった場合とは異なった特殊の考慮が要求される。

(a) **交換型契約**　交換型契約の代表として売買契約を例にとる。

(i) 同時履行の抗弁権　判例によると，売主と買主の原状回復請求権は相互に同時履行の関係に立つ（未成年者の取消しにつき，最判昭和28・6・16民集7巻6号629頁〔546条に準じ533条を準用する〕，第三者の詐欺を理由とする取消しにつき，最判昭和47・9・7民集26巻7号1327頁〔533条を類推適用する〕）。しかし，295条2項を類推適用して，詐欺者・強迫者には同時履行の抗弁権を認めない説も有力に主張されている。本書ではこの説を支持する。この有力説によると，詐欺者・強迫者はただちに遅滞責任（413条の2第1項）を負うことになる（(5)）。

(ii) 果実・使用利益・利息　売買目的物の果実・使用利益と代金に対する利息については575条を類推適用して相互に返還義務を負わないとする説もあるが，契約に瑕疵のある場合には両者の対価的均衡が崩れている場合が多いことや，目的物の引渡しと代金の支払が同時になされるとは限らないことを考慮するならば，受益者の善意・悪意を問わずに，相互に返還義務を負うと解すべきである。条文上の根拠としては，解除に関する545条2項・3項の類推適用が考えられる。

(iii) 目的物の滅失・損傷　売買目的物が買主のもとでその帰責事由によらずに滅失（目的物の利用による返還不能を含む）・損傷した場合の処理については問題が多い。多くの見解は，交換型契約の清算においては，善意の受益者の利得消滅の主張を認めない。

(ア) 対価危険負担の問題とする説　買主の目的物返還義務の履行不能が当事者双方の帰責事由によらない場合には，売主は目的物の客観的価値の範囲で売買代金の返還を拒むことができ（例えば，80万円の物を100万円で売買した場合には，売主は20万円を返還すればよい〔536条1項〕），売主の帰責事由による場合には，買主は売買代金の返還請求権を失わない（売主は100万円を返還しなければならない〔536条2項〕），とする説である（履行不能が買主の帰責事由による場合には，目的物返還義務は，価格返還義務または債務不履行による損害賠償義務〔415

条〕に転ずる〔買主は100万円の金銭債務を負う〕とする)。

(ア)説は原状回復請求権相互間に存続上の牽連関係を認めるが，買主の代金債務が未履行の場合，および，売買目的物の客観的価値が代金を上回る場合（例，100万円の物を80万円で売買した場合）には，買主の目的物返還義務の消滅に伴い消滅すべき売主の返還義務が存在しない点で問題が生じる。この場合，(ア)説は，買主の価格返還義務（100万円の金銭債務）を存続させる。また，交換契約において一方の返還義務が不能となった場合にも，対価危険の問題として処理せず，他方の返還義務を認めつつ不能となった返還義務を価格返還義務として存続させる。

(イ) 買主の価格返還義務を認める説　　(ア)説の例外を原則化し，目的物が滅失・損傷した場合に，つねに買主の価格返還義務を認める説である。121条の2第2項・3項が利得消滅の抗弁を認める反対解釈として，2017（平成29）年改正後は(イ)説が通説化することが予想される。また，起草者は，改正前548条2項により解除をする場合，解除者は原状回復義務を負わず売主が危険を負担すると考えていたが，改正法は，買主が価格返還義務を負うことにより危険を負担すべきであるという理解の下，同条項を削ったこともそれを支持する。

しかし，(イ)説は，危険負担の規律は債権者が給付危険を負うことを前提にしているにもかかわらず，契約清算の場面では債務者（買主）が給付危険を負う理由，目的物の保管中の滅失・損傷により価格返還義務が発生する理由，善意の受益者に利得消滅の主張を認めない理由を明らかにしていない。また，法制審議会では，給付受領者の反対給付の額を返還義務の上限とする次の(ウ)説と結論同旨の説も有力に唱えられており，立案担当者によると，この問題の解釈は開かれている。

(ウ) 本書の立場　　本書では，利得債権者（売主）が給付危険を負うとする一方で，善意の受益者の利得消滅の主張を当然には排除しない，という見解を基礎に据える。

しかしこのことがそのまま妥当するのは，買主（悪意者を含む）が目的物を保管している際に不可抗力により目的物が滅失・損傷した場合に限られる。このような場合には給付危険の問題となり買主の返還義務は消滅するが（Column I 2-8），売主の返還義務は存続する。

それに対して，買主が目的物の利用によりその返還を不能にした場合には，価格返還義務が生じる。この場合，悪意の買主は，目的物の客観的価値の返還義務を負う。他方で，善意の買主は利得消滅を主張しうるところ，善意の受益者を優遇する理由は，「受益」の「法律上の原因の存在」に対する信頼保護にある。善意の受益者は，目的物が自己の財産に確定的に帰属したと信じている以上，その目的物をどう扱おうと自由である（(3)）。しかし，この信頼は，有償契約においては自己の給付を終局的に失う（100万円の物を80万円で買った場合であれば，80万円は失っても仕方がない）という意識と結びついている。この意識を伴ってはじめて，受益者は目的物を利用（贈与・売却・消費などのほか意図的な破壊も含む）することができる。したがって，受益者が利用によって目的物を返還不能にしたときは（契約が取消可能の場合には法定追認〔125条〕となる可能性もある），自己の給付の限度（80万円）においては利得消滅を主張できない（もっとも買主が意思無能力者・制限行為能力者であるときは，悪意の場合も含め121条の2第3項により利得消滅を主張できる）。例えば，100万円の物を80万円で売買したが契約が無効だった場合において，善意の買主が，①その物を90万円で転売したときは，10万円の利得消滅を主張でき，90万円の現存利益を返還することになるが，②その物を意図的に破壊したときは，100万円の利得消滅を主張できるわけではなく，自己の給付の限度である80万円を返還しなければならない。

なお，詐欺・強迫・暴利行為等の被害者の利得は——不法原因給付（708条）としてその返還請求が排除されうるほか——「押しつけられた利得」なので，費用利得の場合と同様（第3節2(3)），物の利用が買主の財産計画に適合していない場合には，買主の善意・悪意にかかわらず，買主の返還義務の範囲は現存利益に軽減される，と解すべきであろう（消費契約6条の2も参照）。

(b) **貸借型契約**　貸借型契約の代表として賃貸借契約を例にとる。

(i) 「受益」の返還　賃貸借契約においては目的物の使用・収益と賃料の支払とが対価関係に立つので，契約に瑕疵がある場合，賃貸人は受領した賃料を，賃借人は原則として適正賃料相当額を返還しなければならないが，善意の賃借人は，買主が「受益」を利用した場合と同じく（(a)(iii)(ウ)），自己の給付の限度においては利得消滅を主張できない。例えば，適正賃料が10万円の物を6万円で賃借した善意の賃借人は，①その物を8万円で転貸したときは，2万円の利得消滅を主張でき，8万円の現存利益を返還することになるが，②その物を3万円で転貸したときは，7万円の利得消滅を主張できるわけではなく，自己の給付の限度である6万円を返還しなければならない。

(ii) 目的物の滅失・損傷　賃借人は善意であっても目的物の善管注意義務を負うので（191条ただし書），目的物が賃借人の帰責事由によって滅失・損傷した場合には債務不履行責任を負う。目的物が不可抗力によって滅失・損傷した場合のリスクは，賃貸人（所有者）が負う。

4 給付利得と物権的請求権・侵害利得の競合

(1) 給付利得と物権的請求権の競合

瑕疵のある売買契約に基づき売主所有の目的物が引き渡された場合，所有権は売主から買主に移転しないので，目的物返還に関しては，給付利得のほか，所有権に基づく返還請求権の要件が充足される。このうち所有権に基づく返還請求権は所有権の実現のみを目的とするのに対して，給付利得は契約当事者間の公平をも顧慮するから（3(7)），原則として給付利得の規律を優先適用すべきである。例えば，返還請求権相互間には同時履行の関係が認められ（3(7)(a)(i)），果実等の返還については545条2項・3項が類推適用される（3(7)(a)(ii)）。しかし，消滅時効に関しては所有権に基づく返還請求権の規律に従い時効消滅を否定すべきだし，売主には第三者異議の訴え（民執38条）・取戻権（破62条）を認めるべきである。このような帰結を導く方法としては，①規範統合説によるほか，②給付利得返還請求権が主張できるかぎりで法条競合を認め，それが主張できない場合に所有権に基づく返還請求権の主張を認める方法等が考えられる（請求権競合の解決方法一般に関しては，第2編第7章3）。

(2) 給付利得と侵害利得（広義）の競合

前記(1)の事例において目的物が消費・譲渡されることによりその返還が不可能になった場合には，給付利得返還請求権は価格返還となり（3(2)(d)），所有権に基づく返還請求権は侵害利得返還請求権に転化する。(1)と同じ理由で給付利得の規律が優先適用されるべきだが，侵害利得返還請求権も消滅時効にかかるし（第2節3(5)），第三者に対する所有権の主張も問題とならないから，この場合にはもっぱら給付利得の規律が適用される。したがって，両者は法条競合の関係に立つ。

使用利益・役務が「誤って」給付された場合のように，当初から給付利得と侵害利得とが価格返還請求権として競合する場合も，同様である。

5 特殊の給付利得

給付利得の要件（2）が充足される場合にも，民法典は，一定の事由が存在するときに，給付利得返還請求権を排除する（705条〜708条）。

(1) 非債弁済（広義）

「非債弁済」という概念は，最広義では給付時に債務が存在しなかった場合の弁済を意味するが（Column I 2-7），広義ではそのうち給付利得返還請求権が排除される場合（705条〜707条）を指し，狭義では705条の場合のみを指す。もっとも，706条の場合は債務が存在しているので，厳密には最広義の「非債弁済」に含まれない。

(a) **債務の不存在を知ってした弁済（狭義の非債弁済）**　給付利得の要件（2）が充足される場合にも，給付者が債務の不存在を給付時に知っていたとき（積極的に悪意であることを要し，債務の存在に疑いをもっていた場合や善意・有過失の場合を含まない〔大判昭和16・4・19新聞4707号11頁〕）には，給付利得返還請求権は排除される（705条）。立法趣旨は，信義則（1条2項）により「自己の行為に矛盾した態度をとることは許されない」から，給付者の要保護性が欠けることに求められ，受領者の給付保持に対する信頼は要求されない（給付者の受領者に対する贈与という構成も一部で主張されているが，請求権の排除のために受領者の受諾は必要ない）。給付者の悪意については，受領者が証明責任を負う（大判明治40・2・8民録13輯57頁，大判大正7・9・23民録24輯1722頁）。

もっとも，債務の不存在を知りながら給付したことを是認しうる事情（例，留保付きの給付，強迫下での給付）が存する場合には，信義則に反しないので，705条は適用されない（最判昭和35・5・6民集14巻7号1127頁，最判昭和40・12・21民集19巻9号2221頁）。このような事情については，給付者が証明責任を負う。

また，有償契約の一方の給付のみに対する本条の適用は，当事者間の公平を害するので（**3**(7)），否定すべきである。

不法な原因のために給付された場合には，通説は，708条ただし書の適用の余地を残すために，705条を排除して708条のみを適用する。

(b) **期限前の弁済** 債務者は，弁済期にない債務の弁済として給付をしたときは，その「給付したもの」の返還を請求することができない（706条本文）。期限前の弁済であることにつき債務者が悪意の場合は，期限の利益が放棄されたことになるので（136条2項）本条をまたずに弁済の効果が生じるが，債務者が善意の場合も当事者間の関係を簡便に処理するために同様の効果を生じさせることにしたのが，本条の趣旨である。

ただし，債務者が錯誤によって期限前に給付したときは，債権者はこれによって現実に得た利益（例，中間利息）を返還しなければならない（706条ただし書）。期限前の弁済であることにつき債務者が悪意の場合には，期限の利益が放棄されたことになるので中間利息等の返還を要しない。錯誤については，債務者が証明責任を負う。

なお，本条は，連帯債務者・保証人・第三者による弁済にも類推適用される（連帯保証人につき，大判大正3・6・15民録20輯476頁）。

(c) **他人の債務の弁済** XがAのYに対する債務を「自己（X）の債務」として弁済した場合（「他人（A）の債務」として弁済した場合については，第3節**3**），Xの出捐は，AのYに対する債務にではなく，存在しないXのYに対する債務に関係づけられているので，弁済の効果は生じず，原則としてXはYに対して給付利得返還請求権をもつ。

しかし，Yが善意で証書を滅失させ，もしくは損傷し（YがXに証書を返還した場合を含む〔最判昭和53・11・2判時913号87頁（抽象論）〕），担保を放棄し，または時効によってその債権を失ったときは，第三者Xの給付による債権の消滅に対するYの信頼を保護するために，例外的にYのAに対する債権が消滅し，Xは，Yに対する給付利得返還請求権を失うと同時に（707条1項），Aに対する求償権を取得する（同条2項）。この場合には結局，AのYに対する債務のXによる第三者弁済が認められたのと同様の効果が生じる。

債務者の意思に反するため第三者弁済の効果が生じない場合（474条2項）にも，学説上は707条の類推適用を認める説が有力だが，判例（大判昭和17・11・20新聞4815号17頁）は反対である。

(2)　不法原因給付

(a)　**意　義**　給付利得の要件（**2**）が充足される場合にも，「不法な原因」のための「給付」であるときは，給付利得返還請求権は排除される（708条本文）。例えば，XがYに賭博で負けて金銭を支払った場合，賭博契約は公序良俗に反し無効ゆえXは債務を負わないので（90条），Xの給付の実行には「法律上の原因」がなく，Xの返還請求は本来であれば認められるはずだが，708条本文によって排除される。

判例 I 2-3　最判昭和30・10・7民集9巻11号1616頁（芸娼妓契約）

【事案】 Yは昭和25年12月23日頃Xから金4万円を期限を定めず借り受け（XY間の消費貸借），その弁済については，Yの16歳の娘AがX方に住み込んだ上，Xが妻名義で経営していた料理屋業に関して酌婦稼働をなし，Aの得べき報酬金の半額をこれに充てることを約した（XA間の稼働契約）。Aはその後X方で約旨に基づき昭和26年5月まで酌婦として稼働したが，Aの得た報酬金はすべて他の費用の弁済に充当され，Yの受領した金員についての弁済には全然充てられなかった。XがYに対し金4万円および遅延損害金の返還を訴求したところ，原審は，Aの酌婦としての稼働契約および消費貸借のうち前記弁済方法に関する特約の部分は公序良俗に反し無効であるが，その無効は消費貸借契約自体の成否消長に影響を及ぼすものではないと判断し，Xの請求を認めた。Yが上告。最高裁はつぎのように述べて，原判決を破棄し請求を棄却した。

【判旨】「Aが酌婦として稼働する契約の部分が公序良俗に反し無効であるとする点については，当裁判所もまた見解を同一にするものである。しかしながら前記事実関係を実質的に観察すれば，Yは，その娘Aに酌婦稼業をさせる対価として，Xから消費貸借名義で前借金を受領したものであり，XもAの酌婦としての稼働の結果を目当てとし，これあるがゆえにこそ前記金員を貸与したものということができるのである。しからばYの右金員受領とAの酌婦としての稼働とは，密接に関連して互に不可分の関係にあるものと認められるから，本件において契約の一部たる稼働契約の無効は，ひいて契約全部の無効を来すものと解するを相当とする。……従って本件のいわゆる消費貸借……は

> ……無効であり，そして以上の契約において不法の原因が受益者すなわちYについてのみ存したものということはできないから，Xは民法708条本文により，交付した金員の返還を求めることはできないものといわなければならない。」

(b) **立法趣旨** 708条の立法趣旨としては，通常，「汚れた手を有する者は，法の助力を求めることはできない」というクリーン・ハンズ（clean hands）の原則による権利保護の拒絶が挙げられる（判例として，大判大正5・6・1民録22輯1121頁）。しかし，この原則は，給付者に不利な法律効果（返還請求の排除）を帰属させる理由を説明するのみである。その反面で，この原則は，受領者に有利な法律効果（給付物の取得）を帰属させる理由を説明していない。クリーン・ハンズの原則のみで708条を正当化することはできない。

そのため，起草段階から708条の法政策的当否は激しく争われている。まず，立法論としては，不法原因給付の返還請求を排除するとしても，給付目的物は受領者にではなく国庫に帰属させるべきことが主張されている。また，解釈論としては，「不法」「給付」を狭く解する一方で，不法比較論（(c)(iv)）によりただし書の適用範囲を広げることによって，返還請求の排除される場合を縮減している。

ところで，最近，不法原因給付の返還請求の可否を判断するにあたって，禁止規範の保護目的を重視し，その際に受領者の立場をあわせ考慮する説（規範目的説）が登場している。この説によると，例えば芸娼妓契約の事例では，前借金の返還請求を否定しなければ娘は酌婦稼業（売春）を強要されることになるので，娘の人身の自由の回復という禁止目的を達成するために，前借金の返還請求は不法原因給付として拒絶すべきだとされる（(c)(i)も参照）。しかし，この説は不法原因給付の要件をすべて規範目的に還元する点に問題があるし，この説がうまく機能しない場面もある（(c)(i)の末尾）。

結局，どの学説も，不法原因給付の返還請求の排除を私法の枠内で正当化することにはいまだ成功していない。

(c) **要　件** 708条本文による返還請求権の排除に必要な要件は，(i)「不法」な(ii)「原因のために」(iii)「給付」されたが，(iv)「不法な原因が受益者についてのみ存した」のではないこと（ただし書の不適用）である。(i)〜(iii)についいては受領者が，(iv)ただし書の適用については給付者が証明責任を負う。

(i)「不法」 708条の「不法」と公序良俗違反（90条）との関係については議論がある。

従来の通説は，クリーン・ハンズの原則が適用されるためには，強い非難に値する不法（人格的非難に値する悪）が必要だとし，「不法」を公序良俗違反よりも狭く解する。判例の大勢も同様であり，例えば，最判昭和37・3・8民集16巻3号500頁は，当該事案において統制法規違反・公序良俗違反を認めながら，「民法708条にいう不法の原因のための給付とは，その原因となる行為が，強行法規に違反した不適法なものであるのみならず，更にそれが，その社会において要求せられる倫理，道徳を無視した醜悪なものであることを必要とし，そして，その行為が不法原因給付に当るかどうかは，その行為の実質に即し，当時の社会生活および社会感情に照らし，真に倫理，道徳に反する醜悪なものと認められるか否かによって決せらる」として，「不法」を否定した。

他方で，規範目的説によると，「不法」の意味は禁止規範の保護目的によって決定される。すなわち，禁止規範が法律行為を無効とするだけでなく，返還請求を排除することまで要求しているかが問題となる。したがって，この説によっても，公序良俗違反より「不法」は狭く解される。例えば，不倫関係の継続維持を目的とする贈与は良俗（性道徳）に反し無効だが，関係破綻後に返還請求を肯定すると性道徳にますます違反するから，返還請求は「不法」原因給付として排除される（結論同旨，〈判例Ⅰ2-4〉，最判昭和46・10・28民集25巻7号1069頁）。また，非弁活動の禁止（弁護72条）に違反した役務給付（法律事務の取扱い）は公序良俗に反し無効だが，その価格返還請求を肯定すると，契約を有効とするのと変わらない帰結を導くから，このような請求は非弁活動禁止の目的に反し「不法」である（この場合，人格的非難に値する悪は存在せず，通説によると「不法」とはならないはずである）。他方で，強制執行を免れる目的で財産を仮装譲渡する行為は犯罪であり（刑96条の2），虚偽表示（94条1項）または公序違反を理由として無効となるが，返還請求の否定は譲渡人の債権者保護という禁止規範の目的に反するため，「不法」とはならない（結論同旨，最判昭和41・7・28民集20巻6号1265頁）。しかし，不法原因給付の典型例とされている賭博債務支払の返還請求の排除を，規範目的で説明するのは困難だろう。賭博は公序良俗に反するが，返還請求を認めるほうが，賭博が無意味になるため，賭博禁止の趣旨に合致するからである。

(ii)「原因のために」　給付の目的が不法な場合に，この要件が充足される。法律行為（契約）の内容自体が不法な場合（例，賭博・不倫）だけでなく，法律行為の動機が不法な場合（例，密輸資金の貸与〔最判昭和29・8・31民集8巻8号1557頁。もっとも708条の適用は否定した。(iv)参照〕）を含む。

(iii)「給付」　708条本文の「給付」は，通常の給付概念（**1**(2)）よりも狭く，債務の履行が終局的に完了したことを意味する。「給付」が完了していない場合には，不法の実現を抑止するために返還請求を肯定すべきだからである（規範目的説においては「給付」を狭く解する必要はなく，返還請求の可否は禁止規範の保護目的によって判断される）。

譲渡型契約につき「給付」が完了したといえるためには，動産の場合は引渡しがなされればよいが，不動産の場合は，判例によると，未登記ならば引渡しで足り（判例Ⅰ2-4），既登記ならば登記の移転を要する（前掲・最判昭和46・10・28）。抵当権の設定については，登記が経由されても，抵当権の実行を許すと国家が不法な契約に基づく債権の実現に手を貸すことになるから，登記抹消請求が認められるべきである（結論同旨，最判昭和40・12・17民集19巻9号2178頁）。貸借型契約については，引渡しでなく使用収益させることを「給付」とみるのが多数説である（(d)(ii)）。

判例Ⅰ2-4　最大判昭和45・10・21民集24巻11号1560頁

【事案】 Xは，本件建物を新築してその所有権を取得した後，昭和29年8月Yに贈与し，当時未登記であった本件建物をYに引き渡したが，右贈与は，Xがその妾（めかけ）であるYとの間に不倫関係を継続する目的でYに住居を与えその希望する理髪業を営ませるために行ったもので，YもXのこのような意図を察知しながらその贈与を受けた。

【判旨】「右贈与は公序良俗に反し無効であり，また，右建物の引渡しは不法の原因に基づくものというのを相当とするのみならず，本件贈与の目的である建物は未登記のものであって，その引渡しにより贈与者の債務は履行を完了したものと解されるから，右引渡しが民法708条本文にいわゆる給付に当たる」。

「そして，右のように，本件建物を目的としてなされたXY間の右贈与が公序良俗に反し無効である場合には，本件建物の所有権は，右贈与によってはY

> に移転しない」。
> 「しかしながら，前述のように右贈与が無効であり，したがって，右贈与による所有権の移転は認められない場合であっても，Xがした該贈与に基づく履行行為が民法708条本文にいわゆる不法原因給付に当たるときは，本件建物の所有権はYに帰属するにいたったものと解するのが相当である。けだし，同条は，みずから反社会的な行為をした者に対しては，その行為の結果の復旧を訴求することを許さない趣旨を規定したものと認められるから，給付者は，不当利得に基づく返還請求をすることが許されないばかりでなく，目的物の所有権が自己にあることを理由として，給付した物の返還を請求することも許されない筋合であるというべきである。かように，贈与者において給付した物の返還を請求できなくなったときは，その反射的効果として，目的物の所有権は贈与者の手を離れて受贈者に帰属するにいたったものと解するのが，最も事柄の実質に適合し，かつ，法律関係を明確ならしめる所以（ゆえん）と考えられるからである。」

(iv)　ただし書の不適用　　708条ただし書は，「不法な原因が受益者についてのみ存したときは」返還請求権は排除されないと規定する。しかし，給付の原因が法律行為である場合には，不法な原因が給付者または受領者の一方にだけ存することは考えがたく，ただし書の適用の余地はほとんどない。そこで判例・通説は，給付者と受領者の不法を比較して，不法が受領者により多く存する場合には（著しい差を要するとする学説もある），ただし書を適用する（不法比較論）。例えば，前掲・最判昭和29・8・31は，（不当利得ではなく）密輸資金の消費貸借「契約」に基づく返還請求事件においてではあるが，「〔貸主〕Xが本件貸金を為すに至った経路において多少の不法的分子があったとしても，その不法的分子は甚だ微弱なもので，これを〔借主〕Yの不法に比すれば問題にならぬ程度のものである。殆ど不法はYの一方にあるといってもよい程のものであって，かかる場合は既に交付された物の返還請求に関する限り民法第90条も第708条もその適用なきものと解するを相当とする」という。

(d)　**効　果**　　708条本文適用の基本的効果は返還請求権の排除だが，その場合の給付物の所有権の所在が問題となっている。

(i)　譲渡型契約の場合　　不法な原因のために建物を贈与し給付が完了した場合には，給付者の返還請求権は排除されるが，贈与は公序良俗違反により無効なので，建物の所有権は受贈者に移転しないはずである。しかしそうすると，所有と占有が永続的に乖離するという変則的な事態が生じうる。このような事態を避け法律関係を明確にするために，判例（〈判例 I 2-4〉）は，「贈与者において給付した物の返還を請求できなくなったときは，その反射的効果として，目的物の所有権は贈与者の手を離れて受贈者に帰属する」とする。

(ii)　貸借型契約の場合　　不法な原因のために建物を貸し，引き渡した場合に，貸主の建物返還請求権が排除されるかについては争いがある。①引渡しを「給付」と解し建物の返還請求を否定する説もあるが（下級審裁判例として，東京地判昭和 40・5・10 下民集 16 巻 5 号 818 頁），②貸借型契約の場合は使用収益させることが「給付」だから，利用利益の価格返還請求は不法原因給付として否定されるが，建物の返還請求は認め所有権の移転を否定する見解が多数を占める。消費貸借についても，借主に目的物の所有権が移転するという特殊性があるものの，賃貸借・使用貸借の場合と同様に解すべきである。しかし，②説を前提にしてこのように解すると，芸娼妓契約の事例につき前借金の返還請求を否定するには，「給付」の拡張か，芸娼妓契約（XY 間の消費貸借と XA 間の稼働契約）を人身売買（XY 間における A の売買）に組み換える操作が必要となる（第 2 編第 4 章第 5 節 **2** (4) も参照）。

(e)　**適用範囲**　　給付利得以外への 708 条本文の（類推）適用が問題となっている場面がいくつかある。

(i)　所有権に基づく返還請求権　　不法な原因のために物が給付された場合において，受領者がその物を占有するときは，給付者の所有権に基づく返還請求権の要件が充足されるが，判例（〈判例 I 2-4〉）は，物権的請求権にも 708 条を適用する。もっとも，物権的請求権に対する給付利得の優先適用を肯定するのであれば（**4** (1)），類推適用の問題は生じない。

(ii)　不法行為に基づく損害賠償請求権　　判例（大連判明治 36・12・22 刑録 9 輯 1843 頁）は，紙幣の偽造資金を詐取された者の詐欺者に対する不法行為に基づく損害賠償請求権にも 708 条を適用した。

(iii)　不法原因給付の返還特約　　給付以前に不法原因給付の返還特約をしても，708 条本文の趣旨に抵触するため無効である。しかし，給付後の返還特約は，判例（最判昭和 28・1・22 民集 7 巻 1 号 56 頁，最判昭和 37・5・25 民集 16 巻 5

号 1195 頁）・通説によると有効である。

第5節　多数当事者間の不当利得

不当利得に三者以上が関与する場合にも，結局は前述の諸類型への帰属が問題となるが，誰と誰との間で不当利得が成立するかについての判断は，しばしば微妙なものとなる。給付利得においては給付者が受領者に対して給付利得返還請求権をもつが，まず誰が誰に給付したかが問題となる（1）。のみならず，給付関係と原因関係（契約関係）とが分裂する場合には，給付利得の当事者を，①給付者と受領者と解する説（給付関係説）のほか，②原因関係の当事者と解する説（原因関係説）が主張されている（2）。そして，どちらの説をとるにしても，その基本的な当事者決定基準は，さらに別の原理による修正を受けうる。本節では，とくに問題のある諸事例にそくして，これらの問題に検討を加えていく。

1　指　　図

まず，三角関係の典型である指図(さしず)の事例を検討する。その際，「給付」について詳細な分析を試みる。

(1)　「指図」の意義

XがYに，YがZに，それぞれ同種の給付（例，100 万円の支払）をなすべき債務を負っている場合に，Y（指図者）がX（被指図者）に対し一定の出捐をZ（指図受益者）に対してなすべき旨を指示し，Xがこの指示（これも「指図」と呼ばれる法律行為〔単独行為〕である）に基づいてZに出捐を行ったときは，XY 間の関係（補償関係），YZ 間の関係（対価関係）における瑕疵の存否に関わりなく，XはYに，YはZに，それぞれ給付したものと評価される。その結果，ZのYに対する債権，YのXに対する債権は，それらが有効に存在するかぎり，弁済によって消滅する。このように，X→Y，Y→Zという2つの利益の移動を，給付過程の簡略化のためにX→Zという単一の出捐によって実現しようとする仕組みを「指図」と呼ぶ。為替手形・小切手の振出(ふりだ)しも「指図」とみ

る説が有力である

「給付」とは，債務の弁済という「目的」に向けられかつ他人の財産を増大させる意識的行為であり，「出捐」は「目的指定」という法律行為により「債務」に関係づけられることによって「給付」となるが（第4節**1**(2)），ここでの問題は，X→Zという現実の「出捐」が，X→Y，Y→Zという2つの別個の関係において「給付」という法的評価を受ける理由である。

Y→Zの「給付」については，XはYの履行補助者・使者として行為している。まずYは，Xに対する「指図」に含まれている「目的指定」によって，履行補助者XのZに対する「出捐」をYのZに対する債務に関係づけている。このYの「目的指定」によりXの「出捐」はYに帰責され，YのZに対する「給付」と評価される。Yの「目的指定」はXを使者としてZに伝達される。

X→Yの「給付」については，Yは「指図」によってZを受領権者に指定しているので，その指定に基づいてXがZに対して「出捐」をすると，それはXのYに対する「給付」と評価される（XがYに対して求償権を取得し，相殺によってXのYに対する債務が消滅するのではない）。

(2)　指図の瑕疵

指図については，指図の瑕疵と原因関係の瑕疵とを峻別する必要がある。指図が有効である場合にはじめて原因関係の瑕疵が問題となるので，指図不存在の場合も含め，まず指図の瑕疵について検討する。

(a)　**効　果**　　指図が無効の場合には，YのZに対する「目的指定」およびZの受領権者への指定も無効となり，「出捐」と「債務」との関係づけに失敗するので，XのZに対する「出捐」は，YのZに対する「給付」とも，XのYに対する「給付」とも評価されない。したがって，この場合には，出捐者（X）の出捐相手方（Z）に対する支出利得返還請求権（この請求権は，費用利得にも求償利得にも帰属しない〔第3節**1**〕）が成立する。もっとも，YがZに債務を負担している場合には，Xは事後的な「目的指定」により第三者弁済（**4**）の効力を発生させうる。

(b)　**無効原因**　　問題は，どのような場合に指図が無効になるか，である。指図が二重に実行された場合，指図（為替手形・小切手）が偽造・変造された場合のように，そもそも指図が不存在の場合はもちろん，Yの無権代理人がXに指図をし，表見代理も成立せず，Yに効果が帰属しない場合は，これにあたる。指図が意思無能力による場合，強迫・行為能力の制限によって取り消された場合には，指図は無効になる（指図が取り消されても，YのZに対する債務弁済の効果は消滅しないと解するのであれば，つぎに述べる指図の撤回と同様の法律関係が生じる）。それに対して，指図が心裡留保・虚偽表示・詐欺による場合には，Yはその無効または取消しをXまたはZに対抗できない可能性がある（93条2項・94条2項・96条3項）。指図が錯誤による場合には，①指図受益者の人違いは要素の錯誤だが，指図者に重過失がある場合が多く（振込依頼人〔指図者〕が受取人〔指図受益者〕を誤記した場合に関する最判平成8・4・26民集50巻5号1267頁は，このような理解を前提にする），②対価関係の錯誤は動機の錯誤にすぎないので，結局，指図は有効になる場合が多いだろう。錯誤による取消しが認められる場合にも，損害賠償法レベルでは，YはXに対し損害賠償責任を負う可能性がある。なお，銀行取引などにおいては，以上の一般私法の原則が，資金関係（補償関係）上の基本契約（定型約款）などによって修正を受けうる。

つぎの判例は，Yの受益を否定することにより，XのYに対する不当利得返還請求を棄却したが，上告理由（民集52巻4号1015〜1016頁）も主張するように，指図の瑕疵に着目し，Yの指図が強迫によって取り消されたために，XのZに対する出捐はYに帰責されない（XはZに対して支出利得返還請求権を有するのみ）と構成すべき事案であった。

判例Ⅰ2-5 **最判平成10・5・26民集52巻4号985頁**

【事案】 Yは，Aから強迫を受けて，Xとの間で3500万円を借り受ける旨の消費貸借契約を締結した。その際，Yは，Aの指示に従って，Xに対し貸付金をZの当座預金口座に振り込むよう指示し，Xはそれに応じて利息等を控除した残金3033万円余をZの口座に振り込んだ。その後，YがXに対しAの強迫を理由に本件消費貸借契約を取り消す旨の意思表示をしたところ，Xは，Yは本件消費貸借契約に基づき給付された金員につき悪意の受益者にあたるとして，704条に基づき，XがZの口座に振り込んだ金員の一部とそれに対する利息の支払を訴求した。原審はXの請求を認容したため，Yが上告。最高裁はつぎのように述べて原判決を破棄し請求を棄却した。

【判旨】「消費貸借契約の借主甲が貸主乙に対して貸付金を第三者丙に給付する

よう求め，乙がこれに従って丙に対して給付を行った後甲が右契約を取消した場合，乙からの不当利得返還請求に関しては，甲は，特段の事情のない限り，乙の丙に対する右給付により，その価額に相当する利益を受けたものとみるのが相当である。けだし，そのような場合に，乙の給付による利益は直接には右給付を受けた丙に発生し，甲は外見上は利益を受けないようにも見えるけれども，右給付により自分の丙に対する債務が弁済されるなど丙との関係に応じて利益を受け得るのであり，甲と丙との間には事前に何らかの法律上又は事実上の関係が存在するのが通常だからである。また，その場合，甲を信頼しその求めに応じた乙は必ずしも常に甲丙間の事情の詳細に通じているわけではないので，このような乙に甲丙間の関係の内容及び乙の給付により甲の受けた利益につき主張立証を求めることは乙に困難を強いるのみならず，甲が乙から給付を受けた上で更にこれを丙に給付したことが明らかな場合と比較したとき，両者の取扱いを異にすることは衡平に反するものと思われるからである。

しかしながら，本件の場合，……ＹとＺとの間には事前に何らの法律上又は事実上の関係はなく，Ｙは，Ａの強迫を受けて，ただ指示されるままに本件消費貸借契約を締結させられた上，貸付金をＺの右口座へ振り込むようＸに指示したというのであるから，先にいう特段の事情があった場合に該当することは明らかであって，Ｙは，右振込みによって何らの利益を受けなかったというべきである。」

(c) 指図の撤回　撤回にもかかわらず指図が実行された場合は，原則として指図不存在の場合と同様に扱われ，ＸのＺに対する支出利得返還請求権が成立する。しかし，Ｚが指図の撤回につき善意・無過失のときは，ＹとＺとの関係においては，Ｙが一旦「目的指定」を行った後にそれを撤回したことになるので，112条1項の類推適用により（Ｙの「目的指定」はＸを使者としてＺに伝達される），Ｘの「出捐」は，ＹのＺに対する「給付」と評価されうる。Ｘの「出捐」がＹのＺに対する「給付」と評価される場合には，ＸのＺに対する支出利得返還請求権ではなく，ＸのＹに対する求償利得返還請求権が成立する。その対象は，ＺがＹに対して債権を有していた場合は価格返還であるが，債権を有していなかった場合は，ＹのＺに対する給付利得返還請求権である（二重不当利得）。Ｘは撤回を無視して指図を実行したのだから，二重不当利得という帰結によりＺの無資力のリスクを負わされても仕方がない。

(3) 原因関係の瑕疵

指図が有効と判断されると，つぎに，原因関係（補償関係・対価関係）の瑕疵が問題となる（指図は補償関係から独立しているので，その無効や不存在の影響を受けない）。YZ 間の関係（対価関係）に瑕疵があるときは YZ 間で，XY 間の関係（補償関係）に瑕疵があるときは XY 間で給付の巻き戻しが行われる（大判大正13・7・23 新聞 2297 号 15 頁は，XY 間の契約が無効の場合に，X の Z に対する不当利得返還請求を否定し，傍論で X の Y に対する返還請求を指示する）。

(a) **二重欠缺**　補償関係と対価関係の双方に瑕疵がある場合（二重欠缺）の取扱いについては争いがある。この場合に，①X の Z に対する不当利得返還請求を認める説もあるが，契約関係自律性の原則に反する帰結を導くので，②補償関係と対価関係の双方で給付の巻き戻しを行うべきである（Column I 2-6）。②を前提にして，X の Y に対する給付利得返還請求権の対象を Y の Z に対する給付利得返還請求権と解する説もあるが（二重不当利得），この説によると X は Y だけでなく Z の抗弁（権）・無資力のリスクも負うことになるので，X の Y に対する給付利得返還請求権の対象は価格返還と解すべきである。

(b) **物権の優先性**　給付目的物が金銭以外の有体物である場合において，XY 間の関係（補償関係）に瑕疵があり，かつ，即時取得（192 条），94 条 2 項（類推），96 条 3 項などにより Z がその所有権を取得しないときは，X は，Y に対する給付利得返還請求権に加えて，Z に対する所有権に基づく返還請求権（またはその代償としての侵害利得返還請求権）をもつ。物権の債権（契約）に対する優先的効力が，契約関係自律性の原則を破る（Column I 2-6）。

2 存在しない債権の譲渡

(1) 問題の所在――給付利得の当事者決定基準

XY 間の契約に基づく債権を，Y が Z に譲渡し，その旨を債務者 X に通知した。X が譲受人 Z に給付したところ，実は XY 間の契約が無効で X の債務が存在しなかったとする。このとき，X は誰に対して給付利得返還請求権を有するか。

本書ではこれまで，給付者が受領者に対して給付利得返還請求権をもつ，と説明してきた。実際，債務不存在の理由が過払・二重払であるときや，他人の債務を錯誤により自己の債務として弁済した場合（ただし707条）には，このように解するしかない。しかし，原因関係に瑕疵がある場合（といっても，想定されているのはもっぱら契約の無効・取消しの場合である）には，給付利得の当事者を，①給付者と受領者と解する説（給付関係説）と，②原因関係（契約関係）の当事者と解する説（原因関係説）とが対立している。不当利得に二者しか関与しない場合には給付関係と原因関係は分裂しないが，三者以上が関与する場合には両者が分裂しうる。例えば，前記の例では，XはZに対する債務を弁済するためZに出捐しているので，給付関係はXZ間に成立するが，原因関係（契約関係）はXY間に存在する。

(2) 原因関係説の論拠――契約関係自律性の原則

原因関係説は，Xの法的地位はXの関与しないYZ間の債権譲渡によって悪化されるべきでなく，契約当事者間（XY間）で行われたリスク配分は可能なかぎり貫徹されるべきことを論拠とする（Column Ⅰ 2-6）。すなわち，

① 瑕疵のある契約関係（原因関係）の当事者は，可能なかぎり，自己の契約相手方に対する抗弁（権）を保持しつづけるべきである。逆に，相手方が第三者との関係で有する抗弁（権）にさらされるべきでない。しかし，給付関係説によると，XはZの利得消滅の抗弁にさらされる可能性があり，YはXに対する抗弁（権）を主張できなくなる。

② 各契約当事者は，契約相手方以外の者の無資力のリスクを負わされるべきではない。しかし，給付関係説によると，XがZの無資力のリスクを負わされる。

③ 契約関係（原因関係）の効力に関しては，可能なかぎり，契約当事者間で争わせるべきであり，第三者との間では問題とすべきではない。それが，訴訟上も適正な役割分担である。しかし，給付関係説によると，XZ間で，XY間の契約の効力について争われることになる。

(3) 給付関係説の反論

この原因関係説の批判に対して，給付関係説はつぎのように反論する。

① 債権譲渡の規定によると，Xは，対抗要件具備時までにYに対して有し

た抗弁（権）をもってのみZに対抗できるにすぎず（468条1項），その後に生じたXの法的地位の事実上の悪化は顧慮されない。また，Xは，YからXに対する原状回復請求に対しては，Zに対する原状回復請求権をもって同時履行の抗弁を主張できる（筋違い抗弁，468条1項類推）。契約から生じる債権のうちの一方の分離譲渡に関与したY・Zは，清算に際しての双務的牽連関係を放棄したといえるので，Xの原状回復請求に対してXY間の契約から生じる抗弁（権）を主張できなくても仕方がない。

② 不当利得の可能性まで考慮して契約相手方を選択するという蓋然性は低いし，債務者は譲渡制限の意思表示（466条2項・3項）で対応できる。なお，給付関係説に立ちながら，XのZに対する原状回復請求においてZが無資力の場合には，Xは補充的にYに対する原状回復請求権をもつとする見解もある。

③ 訴訟告知（民訴53条）で対応できる。また，468条1項自体が，ZのXに対する請求に対しXY間の契約無効を理由にXが弁済を拒絶する際に，XZ間でXY間の契約の効力について争う事態を想定している。

④　121条の2は，原状回復義務者を「給付を受けた者」としている。

(4) 折衷説

基本的に原因関係説に立ちXY間での清算を指示しつつ，XのZに対する原状回復請求をも認める見解である。ZがXに対し債権を有しない以上，Zの給付保持は不当だからである。

(5) 中間総括

給付関係説と原因関係説との対立は，財産法のなかでも第1級の難問だが，「誤って実行された給付の巻き戻し」を給付利得の基本原理に据える以上（第4節1(1)），給付者の受領者に対する請求を否定する積極的な理由は見当たらない。基本的な当事者決定基準としては，給付関係説を支持すべきである。債権質の事例であるが，大阪高判昭和40・6・22下民集16巻6号1099頁は，保険者Xが被保険者Yの保険金請求権の質権者Zに保険金を支払ったが，保険金請求権が不存在だった場合に，XのZに対する不当利得返還請求を認めている。

もっとも，この対立がいずれに決せられるにせよ，その基本的な当事者決定基準は貫徹されず，別の原理による修正を受けうる。両説の相互接近は，給付は債務の弁済とともに契約関係の消滅も目的とすることや，債務はその属性として発生原因（契約）を引きずることに基づく。多数当事者間の不当利得の問題は，一方の説によって一刀両断に解決されるのではなく，緻密な原理衡量および他の諸事例との比較検討をまって，はじめてその結論が導かれる。以下でも，このような立場からのアプローチを継続する。

3 第三者のためにする契約

XY 間の契約により，X が第三者 Z に対して直接にある給付を行う債務を負担する契約のことを，「第三者のためにする契約」という（537 条）。このとき，X（諾約者）は，Z（受益者）に対してある給付を行う債務を負担するだけでなく，Y（要約者）に対しても，Z に給付するという内容の債務を負担する。したがって，X が Z に給付すると，Y に対しても給付したことになる。

(1) 補償関係の瑕疵

XY 間の原因関係（補償関係）に瑕疵があった場合，X は誰に対して原状回復請求権を取得するか。原因関係説によると Y が X の債務者となるが，給付関係説によると Y・Z のいずれが X の債務者になるかが決まらない。その点を捉え，原因関係説は給付関係説に批判を加える。それに対して，給付関係説は，指図か債権譲渡への類比で対応する。

(a) 指図への類比　第三者のためにする契約が給付過程の簡略化のために利用される場合には，指図（XY 間の契約＋Y の X に対する指図）と類似の状況が生じるので，Y を X の債務者と解する。Z が債権を取得することにより，指図の場合と比べて Z の地位が悪化する（X から請求される）のは問題だからである。

(b) 債権譲渡への類比　契約から生じる債権を第三者に取得させることに，第三者のためにする契約の眼目がある場合（例，第三者を保険金受取人とする生命保険契約）には，債権譲渡（XY 間の契約＋Y の Z に対する債権譲渡）と類似の状況が生じるので，Y の債権の手段的性格を強調しつつ，Z を X の債務者と解する。

なお，債権譲渡の場合と同様（2(4)），原因関係説に立ちながら，Zの給付保持も不当視して，Y・Zの双方をXの債務者とする見解もある。

(2)　対価関係の瑕疵

YZ間の対価関係（Xに対する債権をZに取得させることがその内容になる）に瑕疵がある場合には，YはZに対し，原状回復請求権を取得する。その対象は，①Xの給付前であれば，Xに対する債権の返還であり，②Xの給付後であれば，給付物（代償）の返還となる。

4　第三者の弁済

Xが自己の名義でYのZに対する債務を弁済した場合には，第三者弁済の問題となる（474条）。この場合，Xが，YのZに対する債務に関係づけてZに出捐しているので，Zに対する給付者はXである（第3節3(1)）。したがって，YZ間の対価関係に瑕疵がある場合，原因関係と給付関係とが分裂し，誰がZに対する債権者となるかが問題となる。債権者は，給付関係説によるとX，原因関係説によるとYになりそうだが，両説とも指図に類比して，YのXに対する弁済委託の有無で区別する。

①Yの有効な委託があるときは，指図と類似の状況が生じる（ただし，指図の場合，給付者はYである）ので，YがZに対する債権者となる（最判昭和28・6・16民集7巻6号629頁）。②Yの有効な委託がないときは，指図の瑕疵（1(2)）と類似の状況が生じ，Xの給付をYに帰責できない場合には，XがZに対する債権者となる。ただし，この場合はXが給付者なので，Xの請求権は給付利得返還請求権である。

5　保　　証

(1)　保証契約の瑕疵

Zに対するYの債務をXが保証したが（446条），保証契約が無効で保証債務が存在しないにもかかわらず，XがZに給付した場合には，給付関係説・原因関係説のいずれによっても，XはZに対して給付利得返還請求権を取得する。ただし，Xは，この給付を第三者弁済とみなして効力を生じさせ，Yに対して求償することもできる。

(2)　対価関係の瑕疵

Zに対するYの債務をXが保証し，Xが保証債務を履行したが，YZ間の対価関係の瑕疵により主債務が存在しなかったときは，付従性により保証債務も存在しなかったことになる。このとき誰がZに対する債権者となるか。保証の場合，Xは自己の保証債務を弁済するために給付するのであり，保証債務はXZ間の保証契約に基づいて発生するから，給付関係説・原因関係説のいずれによってもXがZに対する債権者になりそうだが，Yの委託によりXが保証した場合には，第三者弁済の場合（**4**）と同じく，YをZに対する債権者とする説が有力である。

第6節　不当利得の周辺問題

本節で扱う諸事例は，前述の不当利得論を前提にするかぎり（ただし，**3**に関しては，金銭につき「占有＝所有権」理論をとることも前提である），いずれも「直接の因果関係」がないという理由で不当利得の成立が否定される事例である。しかし，公平説を基礎とする判例は，**1**・**3**については，一定の要件のもとで不当利得の成立を認めている。本節ではこれらの諸事例に分析を加えた後，不当利得の枠外で，あるいは前述の不当利得論に修正を加えることによって，判例の結論を正当化する可能性を探る。

1　転用物訴権

(1)　序　　説

XM間の**有効**な契約に基づくXのMに対する給付によって契約外の第三者Yが受益した場合におけるXのYに対する利得返還請求権を「転用物訴権（てんようぶつそけん）」と呼ぶ（XM間の契約が**無効**の場合は，通常の用語法では，転用物訴権の範疇に属さない）。判例は転用物訴権を不当利得として限定的に承認しているが，学説上はその可否・要件・法的性質等々について争いがある。

(2) 判例の展開

判例は，当初，広い範囲で転用物訴権を認めた。

〈判例 Ⅰ2-6〉最判昭和45・7・16民集24巻7号909頁（ブルドーザー事件）

【事案】 Xは，Mとの契約に基づき，Mが所有者Yより賃借したブルドーザーを修理したが，修理後間もなくMが倒産し，修理代金債権の回収がきわめて困難な状態になった。一方，YはブルドーザーをMより引き揚げた上で，他に売却している。XがYに対し修理代金相当額の不当利得の返還を訴求。第1審，第2審は受益と損失との間の因果関係を否定したのに対して，最高裁はつぎのように述べて不当利得の成立を認めた。

【判旨】「本件ブルドーザーの修理は，一面において，Xにこれに要した財産および労務の提供に相当する損失を生ぜしめ，他面において，Yに右に相当する利得を生ぜしめたもので，Xの損失とYの利得との間に直接の因果関係ありとすることができるのであって，本件において，Xのした給付（修理）を受領した者がYでなくMであることは，右の損失および利得の間に直接の因果関係を認めることの妨げとなるものではない。ただ，右の修理はMの依頼によるものであり，したがって，XはMに対して修理代金債権を取得するから，右修理によりYの受ける利得はいちおうMの財産に由来することとなり，XはYに対し右利得の返還請求権を有しないのを原則とする（自然損耗に対する修理の場合を含めて，その代金をMにおいて負担する旨の特約があるときは，MもYに対して不当利得返還請求権を有しない）が，Mの無資力のため，右修理代金債権の全部または一部が無価値であるときは，その限度において，Yの受けた利得はXの財産および労務に由来したものということができ，Xは，右修理（損失）によりYの受けた利得を，Mに対する代金債権が無価値である限度において，不当利得として，Yに返還を請求することができるものと解するのが相当である（修理費用をMにおいて負担する旨の特約がMとYとの間に存したとしても，XからYに対する不当利得返還請求の妨げとなるものではない）。」

この判決に対して，学説は，転用物訴権を広い範囲で認めたことなどに批判を加えたが，ここでは，つぎの〈判例 Ⅰ2-7〉に大きな影響を与えたとみられる批判のみを紹介する。すなわち，

判例は，Mの無資力を要件とするだけで，広く転用物訴権を承認したが，転用物訴権を承認した場合の各当事者の利害は，①MがYの利得保有に対応する反対債権をもっている場合，②Mがこのような反対債権をもたない場合

において，Ｙの利得保有がMY間の関係全体からみて有償と認められる場合，③無償と認められる場合で異なる。①の場合は，ＹがＭに対して債務を履行していればＹに利得はないので，転用物訴権が問題となるのはＹの債務が未履行であることが前提となる。しかし，この場合に転用物訴権を認めると，Ｍの一般債権者に対してＸが優先的に弁済を受けうるが，その合理的根拠はない。②の場合に転用物訴権を認めると，Ｙは修繕費に関し二重の経済的負担を被ることになる。したがって，転用物訴権が承認されうるのは③の場合のみであるが，有償契約と無償契約とでは契約保護の程度に差異が存してもやむをえないので，無償で利益を得たＹよりもＸを保護すべきである。

この批判を受け入れて，最高裁は，判例を実質的に変更した。

判例 Ⅰ 2-7　最判平成7・9・19民集49巻8号2805頁

【事案】 昭和57年2月1日，甲建物の所有者Ｙは甲をＭに賃貸したが，その際，ＹとＭは，本件賃貸借契約において，Ｍが権利金を支払わないことの代償として，甲に対してする修繕，造作の新設・変更等の工事はすべてＭの負担とし，Ｍは甲返還時に金銭的請求を一切しないとの特約を結んだ。11月4日，Ｘは，Ｍとの間で甲の改修・改装工事を代金合計5180万円で施工する旨の請負契約を締結し，12月初旬，工事を完成してＭに引き渡した。しかし，ＭがＹの承諾を受けずに甲建物中の店舗を転貸したため，12月24日，ＹはＭとの間の本件賃貸借契約を解除した。Ｍは，Ｘに対し本件工事代金中2430万円を支払ったが，残代金2750万円を支払わないまま昭和58年3月頃から所在不明となり，Ｍの財産も判明せず，Ｘの前記残代金は回収不能の状態にある。そこで，ＸはＹに対し不当利得返還請求権に基づき残代金相当額の支払を訴求。第1審は請求を認容したが，第2審は請求を棄却した。最高裁はつぎのように述べてＸの請求を斥けた。

【判旨】「Ｘが建物賃借人Ｍとの間の請負契約に基づき右建物の修繕工事をしたところ，その後Ｍが無資力になったため，ＸのＭに対する請負代金債権の全部又は一部が無価値である場合において，右建物の所有者Ｙが法律上の原因なくして右修繕工事に要した財産及び労務の提供に相当する利益を受けたということができるのは，ＹとＭとの間の賃貸借契約を全体としてみて，Ｙが対価関係なしに右利益を受けたときに限られるものと解するのが相当である。けだし，ＹがＭとの間の賃貸借契約において何らかの形で右利益に相応する出捐ないし負担をしたときは，Ｙの受けた右利益は法律上の原因に基づくものというべきであり，ＸがＹに対して右利益につき不当利得としてその返還を請求することができるとするのは，Yに二重の負担を強いる結果となるからである。」

(3) 分　析

ブルドーザー事件において，最高裁は，Xの損失とYの受益との間の「直接の因果関係」を肯定し，不当利得の成立を認めた。たしかに，Yの所有物にXの費用が投下されたという外形的事実のみを取り出せば，Yの受益とXの損失との間の「直接の因果関係」（X→Y）は肯定され，費用利得の成立が認められそうである。しかし，Xの費用投下（出捐）は，Mとの契約に基づくものであり，Mに対する給付と評価される（X→M）。したがって，Xの権利が実現したことによる利益は，Mの財産を迂回してYに流れ込んだ（X→M→Y）という評価を受ける（指図に関する第5節1(1)を参照。「転用」とは，XのMに対する給付がYのために利用されたことを意味し，XY間に「直接の因果関係」がないことを含意する）。それゆえ，XM間の契約が有効な場合には，Xの損失とYの受益との間には「直接の因果関係」がなく（Xは債務の弁済のために自己に割り当てられた権利を利用したのだから，Xの損失も正当化される〔第3節2(2)，第4節1(3)(b)〕），XはYに対し費用利得返還請求権をもたない。なお，「直接の因果関係」という要件は，沿革的には，転用物訴権の事例において不当利得の成立を否定するために導入されたものである（転用物訴権の事例につき「直接の因果関係」という要件を不要としながら，XM間，MY間に「法律上の原因」があるため不当利得は成立しないとする見解があるが，XY間での「法律上の原因」を直接問題にしないのは，利益がX→M→Yと流れたこと，つまり，XY間に「直接の因果関係」がないことを暗黙の前提とするものである）。

それに対して，XM間の契約に瑕疵がある場合には，Mに対する給付利得のほか，Yに対する費用利得が成立しうる（Column Ⅰ2-6）。もっとも，MY間の契約が有効な場合は，Xの費用投下がYの物に添付することにつき即時取得を類推して（物がX→M→Yと給付された後にYのもとで添付が生じた場合と同視する），XのYに対する請求は遮断される場合が多いだろう。

Column Ⅰ 2-10 信用供与の場面における「直接の因果関係」

転用物訴権の事例において，Xの損失とYの受益との間の「直接の因果関係」を否定することにより費用利得の成立を否定する主たる理由は，契約関係自律性の原則にある。

Xの給付がMとの間で目的を達したとしても，Yとの関係における不当利得が当然に排除されないことは，求償利得の場面をみればわかる。YのAに対する債務のXによる有効な第三者弁済は，XのYに対する求償を排除しない。Xは，Yに対する求償を予定して（Yに信用を供与して），Aに給付している。この場合，与信者Xの損失と受信者Yの受益との間には「直接の因果関係」が肯定される（第3節**3**(2)）。

転用物訴権の事例では，Xは債務弁済の目的を達したにもかかわらず反対給付を得られなかった（XのMに対する信用供与が裏切られた）点に問題の根源がある。このような場合，以下の諸理由に基づき，与信者は受信者のみにかかっていけるのが原則である（契約関係自律性の原則）。①まず，追加的に第三者にかかっていけるとするならば，その第三者ひいては取引の安全を害する（例えば，YにXとMへの二重払の危険が生じうる）ほか，債権の相対性にも反しそうである。②与信者の給付によって誰がどの程度受益したかは，通常与信者のあずかり知らぬ事情にかかっており，当該受益者と与信者との間の訴訟における事実の解明可能性に問題がある。③与信者は無資力の受信者に信用を供与したことを帰責されうる。④害意のある第三者に対しては，与信者は損害賠償を請求できる。

結局，信用供与の場面において「直接の因果関係」という要件は，与信者の受信者に対する請求を基礎づける一方で，与信者の受信者以外の第三者に対する請求を排除する機能を担っている。

(4) 転用物訴権の原理

以上の分析を前提にして，判例の結論を正当化する可能性を探る。

XM間の契約が有効な場合にXY間での不当利得（費用利得）の成立が否定されるのは，「直接の因果関係」とXの損失の不当性が否定される（正当化事由がある）からであった。したがって，XのYに対する利得返還請求を肯定するためには，両要件の緩和が必要となる。

(a) **不当性の拡大**　給付とは，「債務の弁済」という目的に向けられ，かつ，他人の財産を増大させる意識的行為であった（第4節**1**(2)）。しかし，給付の目的を「債務の弁済」だけでなく「反対給付の保持」にまで拡大するならば，XがMから給付を得ることができない場合には，Xは給付の目的を達しておらず，Xの私的自治が正しく機能しなかったため，Xによる権利の利用（費用の投下）は外形的な割当内容違反を正当化しないという可能性が開かれる（第4節1(3)(b)）。

(b)　**因果関係の延長**　無償行為の受益者の要保護性は，有償行為の場合よりも低くてよいと考えるのであれば，契約関係自律性の原則を後退させ，直接の因果関係のない無償行為の受益者にまで因果関係を延長することが考えられる。因果関係の延長が認められると，XはMY間の契約に介入でき，Yは無償で受けたと信じた利益に対する対価の支払を強いられることになる。

以上の2要件の緩和を是認すれば，判例の結論も正当化されうる。

2　無償行為による即時取得

無償行為の要保護性ということでは，X所有の動産をMがYに贈与した場合の法律関係も争われている。まず，無償行為が192条の「取引行為」に含まれるか，つぎに，その問いが肯定され，Yの即時取得が認められる場合に，XはYに対して利得返還請求権をもつか，が問題となる（Yの即時取得が成立しなかったが，XがMの処分を追完した場合にも，同様の問題が生じる）。

まず，XがMに対して所有権に基づく返還請求権を有する場面で，MがXの動産をYに贈与しYが即時取得したときは，権利の割当内容に従えばXに帰属すべき利益がMのもとで実現しているので，XはMに対し侵害利得返還請求権をもつ。Xの動産がMのために「利用（処分）されたこと」がMの「受益」であり，原則として，その客観的価値が返還されるべきである（第2節1，同2(1)，同3(2)(c)）。また，XM間の売買契約に瑕疵があることにより，XがMに対して占有の原状回復請求権を有する場面で，MがXの動産をYに贈与しYが即時取得したときも，Mは客観的価値の返還義務を負う（第4節3(2)(d)）。しかし，いずれの場合も，Mが善意であれば，贈与により利得が消滅しうる（第2節3(3)，第4節3(3)）。この場合にXはYに対して利得返還請求権をもつとする説が，有力に唱えられている（大判昭和11・1・17民集15巻101頁も抽象論で肯定説に立つ）。

この場合，Xの権利の利用による利益はMのもとで実現し，それがYに流れ込んでいるので，Xの損失とYの受益との間には「直接の因果関係」はない。しかし，判例と同じ要件のもとで転用物訴権を肯定するのであれば，この場合にも因果関係の延長が認められ，XのYに対する利得返還請求権が肯定されうる（転用物訴権の場合とは異なり，Xの損失が不当であることに問題はない）。

なお，贈与によってMの利得が当然に消滅するわけではない。まず，悪意のMには利得消滅の抗弁は認められない。また，善意のMにも「出費の節約」が認められうるし，XM間の売買契約に瑕疵がある場合には，Mは自己の給付の限度において利得消滅を主張できない（第4節3 (7)(a)(iii)(ウ)）。これらの場合には，Xは，Mに対する請求権を有する限度において，Yに対する請求権をもたない。しかし，このように解すると，善意者よりも悪意者からの受贈者のほうが有利な地位に立つ。したがって，XがMに対する請求権を有する場合も，Mの無資力などでXがMから満足を得ることができないときは，利得消滅と同視し，XはMから満足を得ることができない限度においてYに請求できる，と解すべきだろう。

3 騙取金銭による弁済

(1) 判例の解決

MがXから騙(だま)し取った金銭で，MのYに対する債務を弁済し（自己債務弁済型），またはYのAに対する債務を第三者弁済した場合（第三者受益型）に，XはYに対して不当利得返還請求権を有するか。公平説を基礎とする判例は，問題を，①因果関係の存否と，②法律上の原因の存否に分け，①については「社会通念上の因果関係」の有無を，②については受領者の善意・無重過失を問題にしている。

判例 I 2-8 最判昭和49・9・26民集28巻6号1243頁

【事案】 農林事務官Mは，X農業共済組合連合会から騙取(へんしゅ)または横領した金銭を，自己の金銭と混同（混和〔245条〕）させたり，両替したり，銀行に預け入れたり，一部を費消後に補填したりしてから，自己のY（国）に対する国庫金詐取による損害賠償債務の弁済に充てた。

【判旨】「およそ不当利得の制度は，ある人の財産的利得が法律上の原因ないし

> 正当な理由を欠く場合に，法律が，公平の観念に基づいて，利得者にその利得の返還義務を負担させるものであるが，いまMが，Xから金銭を騙取又は横領して，その金銭で自己の債権者Yに対する債務を弁済した場合に，XのYに対する不当利得返還請求が認められるかどうかについて考えるに，騙取又は横領された金銭の所有権がYに移転するまでの間そのままXの手中にとどまる場合にだけ，Xの損失とYの利得との間に因果関係があるとなすべきではなく，Mが騙取又は横領した金銭をそのままYの利益に使用しようと，あるいはこれを自己の金銭と混同させ又は両替し，あるいは銀行に預入れ，あるいはその一部を他の目的のため費消した後その費消した分を別途工面した金銭によって補填する等してから，Yのために使用しようと，社会通念上Xの金銭でYの利益をはかったと認められるだけの連結がある場合には，なお不当利得の成立に必要な因果関係がある」。
>
> 「YがMから右の金銭を受領するにつき悪意又は重大な過失がある場合には，Yの右金銭の取得は，被騙取者又は被横領者たるXに対する関係においては，法律上の原因がなく，不当利得となる」。

(2) 判例の結論の正当化可能性

公平説を基礎とする判例の判断枠組みに対する検討は，公平説自体の包括的・批判的検討に帰着するため，ここでは割愛せざるをえない。以下では，類型論を前提にして，判例の結論を正当化する可能性を探る。まず，金銭につき「占有＝所有権」理論（Column I 2-3）をとるか否かで本事例の解決にどのような相違が生じるかを分析し，そのあとで，学説による種々の試みを紹介する。

(a)「占有＝所有権」理論を前提にする場合　類型論の立場では，①自己債務弁済型については，XのYに対する不当利得返還請求権は成立しない。まず，XはYに給付していないので，給付利得は問題にならない。また，騙取により金銭所有権はXからMに移転するため，YはMの財産から弁済を受けたことになるので，Xの損失とYの受益との間には直接の因果関係がなく，侵害利得（広義）は成立しない。しかし，②第三者受益型については，Yは無償で受益しているので因果関係が延長され，XのYに対する利得返還請求権が肯定される可能性がある。

(b)「占有＝所有権」理論を否定する場合　①まず自己債務弁済型につい

て。Xの有体物甲をMが騙取し，甲でMがYに（代物）弁済したが，甲の所有権はXに帰属するという理由で弁済の効果が生じない場合（475条）には，XはYに対して所有権に基づく返還請求権をもつ。その後，Yが甲を消費・譲渡すると，Xの所有権に基づく返還請求権は侵害利得返還請求権に転化する。他方で，即時取得（192条）や96条3項などによってYが保護されることにより弁済の効果が生じる場合には，XのYに対する所有権に基づく返還請求権・不当利得返還請求権は否定される。②つぎに第三者受益型について。甲でMがYのAに対する債務を第三者弁済し，弁済の効果が生じる場合には，X所有の甲がYのために利用されたことになるから，XのYに対する侵害利得返還請求権が成立する（第三者侵害利得）。③騙取された有体物が金銭の場合も，基本的には同様の法律関係が生じるが，金銭には有価証券を超える高度の流通性の保護（取引安全）が与えられるべきだから，520条の5・520条の15，手形法16条2項，小切手法21条を類推適用して，悪意・重過失の場合を除き，即時取得を広く認める余地がある。

(c) **物権的価値返還請求権構成**　金銭につき「物」の帰属割当てと「価値」の帰属割当てとを別個に観念し「物」所有権のほかに「価値」所有権を認める説によると，MがXから金銭を騙取した場合，XはMに対して物権的価値返還請求権をもつ。その「価値」によってMがYに対する債務を弁済した場合であっても，Yに悪意・重過失があるときは，XはYに対して物権的価値返還請求権を追及しうる（Column I 2-3）。

(d) **詐害行為取消権・債権者代位権構成**　Mの騙取によりXはMに対し損害賠償請求権または不当利得返還請求権を有しているところ，XのYに対する請求において判例が要求する「悪意」とは，Mの弁済がXからの騙取金銭によることだけでなく，Mの無資力によりMのXに対する弁済が不可能となること，つまりXを詐害する事実をも対象とする。したがって，①自己債務弁済型においては，XのYに対する請求は，XのMに対する請求権を被保全債権としてMのYに対する弁済を詐害行為として取り消したことに基づくものである（424条の3第1項・424条の6第1項・424条の9第1項）。②第三者受益型においては，XのYに対する請求は，XのMに対する請求権を被保全債権として，MのYに対する求償権を代位行使したものである（423条・423条の

3)。しかし，この構成に対しては，判例の客観的理解として妥当でないという批判がある。

(e) **不法行為構成**　Xからの騙取にMとYが共謀している場合にはMとYとの共同不法行為（719条）が成立しうるし，Xからの騙取金銭であることを知りながらYがMから弁済を受ける行為は，盗品等有償譲受罪（刑256条2項）にあたる可能性があり，Xに対する不法行為となりうる。

練習問題

1　AはBに甲を100万円で売却し，引き渡したが，甲はBのもとで滅失した。その後，AB間の契約は取り消された。この場合における法律関係につき，以下の場合分けをしつつ，検討を加えなさい。

(1) Bの代金債務が，(a)既履行か，(b)未履行か。

(2) Bが，契約が取消可能なことにつき，(a)善意か，(b)悪意か。

(3) 甲の滅失が，(a)Bの帰責事由によるものか，(b)Aの帰責事由によるものか，(c)不可抗力によるものか。

(4) 甲の客観的価値が，(a)100万円か，(b)50万円か，(c)200万円か。

(5) 取消原因が，(a)Aの錯誤か，(b)Bの強迫か。

【⇨第4節3(7)】

2　AはBに，Aが所有する家の壁の塗装を依頼した。

(1) Bは，Aに対する債務を履行するために，Cからペンキを購入し，Aの家の壁を塗装した。この場合に，(a)Bからペンキの代金を回収できないCは，Aに何らかの請求をなしうるか。(b)BC間の契約が無効だった場合はどうか。

(2) Bは，Aに対する債務を履行するために，Cに塗装を下請けさせ，Cは自己所有のペンキを用いて，Aの家の壁を塗装した。この場合に，(a)Bから請負代金を回収できないCは，Aに何らかの請求をなしうるか。(b)BC間の契約が無効だった場合はどうか。

【⇨第6節1】

第2編
不法行為

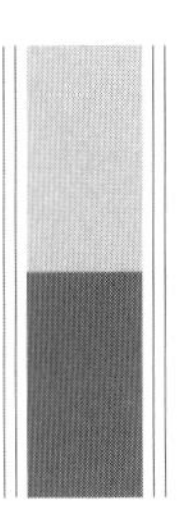

第1章 総　説

歩行者Xが，Yの運転する自動車にひかれて死亡した。企業Yの工場からの排煙が原因となって，周辺住民Xらがぜんそくを発症した。雑誌社Yが掲載した事実無根の記事のために，スポーツ選手Xの名誉が毀損された。──これらの場面は，すべて不法行為制度の対象となり，Xに対するYの不法行為責任が問題となる。本章では，不法行為制度の総論的事項を説明する。

第1節　不法行為制度

1 基本的な制度内容

(a)　**制度内容**　ある者Xが，自然災害等によって自己の権利・法益を侵害され損害を受けても，民法上，Xのためには何らの権利関係も発生しない。権利法益の侵害・それによる損害は，当然に，権利法益の主体たるXの負担となる（「所有者が損害を負う」）。

これに対して，侵害・損害がY（加害者）の不法行為による場合については，不法行為制度が介入し，X（被害者）のために法定債権関係を発生させる。すなわち，Yが責任を負うべき原因（故意・過失による行為）によってXの権利法益が侵害された場合には，Yにおいて不法行為責任が成立し，YはXに対し

Xの損害を賠償する義務を負う。この義務の履行（損害賠償金の支払）を通じて，Xに生じた損害は，経済上，Yへ移転されることになる（損害の転嫁）。

(b)　**機能場面**　　不法行為制度の実際的重要性は，いうまでもない。故意であれ過失であれ，ある人が自己の行為により他人の生命身体や各種財産を侵害する事態は，昔から存在する（他人に殴りかかる，他人の物を盗む，不注意で他人にぶつかり転倒させる，間違って他人の物を費消するなど）。これに加えて，現代の社会生活では，工業・技術社会化，都市化，大規模社会化を背景に，不法行為制度の機能場面が格段に拡大している。交通事故，公害・生活妨害，製品事故，医療過誤，名誉毀損・プライバシー侵害といった諸場面は，すべて，不法行為制度の規律対象にあたる。

2　制度の目的・性格・機能

(1)　権利保護・損害塡補の目的

(a)　**権利保護の目的**　　不法行為制度の目的は，各人の権利法益の保護にある。生命身体や各種財産が権利・法益として個々の法主体に帰属することは，まさに法が承認するところである。そのため，法は，当該権利法益が侵害された場合についても，不法行為制度をおいて権利法益の保護を実現している。

不法行為制度による権利法益保護（以下では単に権利保護とも表記する）は，権利法益の侵害によって権利主体に生じた損害の塡補という方法をとる点が，特徴的である。つまり，損害塡補の方法による事後的な権利保護であって，侵害を事前に阻止する方法での権利保護（差止め・正当防衛など）と一対をなす。

(b)　**損害塡補の目的**　　もっとも，従前の学説では，被害者が受けた損害の規律という観点から不法行為制度を捉え，その制度目的を損害の塡補に求める（権利保護の目的に言及しない）議論が，一般的であった。判例もまた，不法行為に基づく損害賠償制度の目的を，被害者が被った不利益を補塡して，不法行為がなかったときの状態に回復させることにみている（最大判平成5・3・24民集47巻4号3039頁参照）。

(2)　責任制度としての性格

(a)　**損害賠償による損害塡補**　　制度の組立ての面では，不法行為制度上，事後的な権利保護としての損害塡補は，損害賠償の方法による。すなわち，加害者をして，被害者に対し，被害者が受けた損害に対応する金銭（損害賠償金）を支払わせる方法である。

損害賠償の方法は，損害塡補を，加害者・被害者の二当事者間において実現するものである。そこでは，損害賠償金の支払を通じて，損害が，被害者個人から（不法行為責任を負うべき）加害者個人に移転される。このような方法での損害塡補は，私法上の法律関係や民事訴訟の二当事者性とも表裏している。

(b)　**損害賠償の責任**　　損害賠償の方法による損害塡補は，不法行為責任・損害賠償責任の名のとおり，責任の観点を基礎におく。被害者から加害者への損害移転（損害転嫁）は，被害者が加害者の責任を追及するものとして根拠づけられる。

加害者は，一定の責任原因（故意・過失による行為）に基づいて責任を課せられ，被害者における不利益の発生（権利法益侵害・それによる損害）を自己の責任に帰せられる。この責任の内容が損害賠償債務であり，加害者は，権利法益侵害によって被害者に生じた損害につき，損害賠償の義務を負う。

Column Ⅱ 1-1　類似の他制度との対比

不法行為制度を，制度の目的・性質が類似する他制度と対比しておく。

(i) 被害者救済制度　　各種の被害者救済制度（労働者災害補償保険制度，公害健康被害補償制度，医薬品副作用被害救済制度，犯罪被害者給付制度など）も，人身被害による損害につき，不法行為制度と同じく損害塡補を目的とする。しかし，これらの制度は，潜在的原因者集団が拠出する基金や国庫から損害を塡補するものであって，（損害賠償に対して）補償と呼ばれる。ここでは，損害が多数者（潜在的原因者や国民全体）へと分散されるのであり，また，結果発生に対する加害者の責任の追及という観点も意味を失う。

(ii) 刑事責任・刑罰制度　　不法行為制度・民事責任と刑罰制度・刑事責任とは，責任制度の性格において共通する。同一の行為につき民事・刑事責任の双方が問題となる場合も多い（殺人・窃盗，業務上過失致死傷など）。しかし，不法行為制度にいう責任は，加害者・被害者間で損害賠償債務を根拠づけることに狙いがある。そのため，責任原因面では，過失が故意と同列におかれ，さらには無過失責任も認められている。

(iii) 契約責任　　損害賠償の責任という次元では，契約（債務不履行）責任も不法行為責任と同列に並ぶ。両者は，権利保護の目的においても共通している。しかも，医療過誤や労働災害など，同一の事件で両責任が交錯する例も少なくない（第7章1参照）。しかし，契約責任制度が，契約当事者間で，当事者が契約によって設定した債権・契約利益が侵害される場合に関するのに対し，不法行為制度は，あくまで，法によって客観的に承認されている権利法益の侵害に関する。

(3)　制裁・抑止の機能

(i)　不法行為制度は，責任制度の側面において，不法行為者に対する制裁や将来の不法行為の抑止としても作用する。まず，故意・過失を責任原因とする責任追及は，行為・行為者に対する非難の要素を含んでおり，制裁としてはたらく。また，損害賠償責任を追及されないよう，各人は，他者の権利法益を侵害しないために合理的注意を払うことになる。

(ii)　もっとも，判例・通説の理解によれば，これら制裁・抑止の作用は，被害者が被った不利益を回復するために加害者に損害賠償義務を負わせたことの「反射的，副次的な効果」にすぎない（最判平成9・7・11民集51巻6号2573頁）。つまり，制度の本来的な目的ではなく，機能にとどまる。

こうした理解は，民事責任と刑事責任の分化・峻別を前提に，損害賠償を内容とする不法行為制度には損害塡補の目的を割り振り，制裁（応報）や抑止（一般予防）の目的については刑罰制度にゆだねるものである。不法行為による損害賠償義務は，被害者の受けた損害に制約されるために，制裁・抑止の目的には適合しない（前掲・最判平成9・7・11では，悪性の強い行為をした加害者に対し制裁・抑止の目的での賠償金を命じる懲罰的損害賠償が否定された）。

Column Ⅱ 1-2　利益吐出し型の損害賠償

学説上，制裁や抑止の作用については，より積極的な位置づけも有力である。近年の代表的議論として，「利益吐出し型の損害賠償」論は，Yが故意に他人Xの権利を無断行使して不正な利益をあげる類型の不法行為（利益追求型不法行為。特許権の無断実施など）につき，フリーライドの抑止・制裁のために，加害者が取得した利益をすべて吐き出させるかたちの損害賠償を提唱する。

もっとも，このような「損害賠償」は，被害者が受けた損害から切り離され（Yが自己の特殊の才覚・労力等によって利益を取得しても，Xが利益相当分の損害を受けたとはいえない），不正な利益の吐出しを本質とする点で，特異性を否定しがたい。さらに，第4章第4節**4**，第1編第1章第2節も参照。

第2節　不法行為責任の責任原因

(1)　総　　説

不法行為制度上，加害者は，一定の責任原因に基づいて不法行為責任を課せられ，被害者に生じた損害を賠償すべき義務を負う。

制定法上の責任原因をみたとき，まず，民法典は，一般的・基本的責任成立要件を定める709条において，加害者の故意・過失を責任原因としている。これは，過失責任主義（過失責任の原則）に基づき，過失責任を原則的な責任原理としたものである。

他方で，民法制定後に登場した特別法には，故意・過失をこえて責任原因を拡大する例も少なくない。鉱業法109条（旧鉱業法74条の2〔1939〔昭和14〕年追加〕），自動車損害賠償保障法3条（1955〔昭和30〕年制定），原子力損害賠償法3条（1961〔昭和36〕年制定），大気汚染防止法25条・水質汚濁防止法19条（1972〔昭和47〕年追加），製造物責任法3条（1994〔平成6〕年制定），宇宙活動法（2016〔平成28〕年制定）35条・53条などの諸規定が，故意過失を要件としない責任成立要件（無過失責任）を定めている。これらは，無過失責任による過失責任主義の修正にあたる。

以下では，責任原因をめぐる法発展に留意しつつ，①過失責任主義と②無過失責任によるその修正についてみていく。

(2)　過失責任主義

(a)　**責任原理としての過失責任**　　過失責任主義は，近代の民法典が広く採用する立場であり，日本民法もまたそれにならった。子細にみれば，過失責任主義には，「過失あれば責任あり」という積極的側面と「過失なければ責任なし」という消極的側面がある。

まず，「過失あれば責任あり」の側面から捉えれば，過失責任とは，故意過失をもって加害者に不法行為責任を課する責任原理にあたる。このような責任原理は，近代の法理論上，個人の意思をもって法的義務の根拠とする意思理論のあらわれである。契約上の債権債務（契約の拘束力）は，それを意欲する当事者の意思に由来する。同様に，加害者は，自らの非難されるべき意思，すなわち悪い意思（故意）ないし緊張を欠いた意思（過失）に基づき，損害賠償を義務づけられる。

(b)　**原因主義の克服としての過失責任**　　これに対し，法発展の観点からは，過失責任主義はその消極的側面こそが重要であった。古法では，他人に損害を与えればそれだけで損害賠償責任が発生するという結果責任・原因主義の立場もとられた。過失責任主義は，これを克服して「過失なければ責任なし」とする点に，歴史的意義があった。

近代法上，この意味での過失責任主義は，自由主義思想のあらわれとされ，個人の自由な活動の保障を担っている。過失責任のもとでは，各人は，必要な注意さえ払えば責任をおそれることなく自由に活動できるのである。さらに，社会経済的機能の面では，過失責任主義には，経済活動を活発化させて産業社会の発展を促すことが期待されていた。原因主義により一切の結果の責任を免れないとするならば，企業は，その活動から不測の損害賠償責任を負うおそれがあり，責任リスクを織り込んだ採算予測が不可能となってしまうからである。

(3)　無過失責任による修正

(a)　**無過失責任の導入・拡大**　　(i)　過失責任の限界　　ところが，20世紀に入って，産業の急速な拡大は，他面で過失責任主義の問題性を浮かび上がらせた。工業化・技術化の進展に伴って登場した危険な企業活動（交通事業，電気事業，鉱業，化学工業など）との関連で，過失責任が限界に直面したのである。企業が事故発生の危険を伴う事業活動を通じて大きな収益を上げている場面では，事故による損害を当該企業に負わせることが公平であろう。ところが，複雑・技術的な施設・設備を用い，多数人を組織して行われる事業活動の過程で生じた突発的な事故について，過失の存在・内容はしばしば明白でない。

(ii)　無過失責任，無過失責任論　　ここに登場したのが，一定の場面につき，加害者に故意過失がなくとも賠償責任を負わせる無過失責任である。現代の不法行為法では，無過失責任によって，過失責任主義（「過失なければ責任なし」の側面）が大幅な修正を受けている。日本法も例外ではなく，前記(1)のとおり，相当数の特別法が無過失責任を定めている。

このような動きは，理論面では，無過失責任論によって支えられた。同理論は，危険責任および報償責任の思想を根拠に，とくに危険性の多い企業（交通機関や危険な企業施設など）について無過失責任を認めるべきことを提唱する（この点で，原因主義への単純な回帰とは異なる）。危険責任は，危険物を管理する者はそこから生じる損害の賠償責任を負うという考え方であり，また，報償責任は，「利益あるところに損失もまた帰せしむべし」という考え方であるとされる。これら2つのうち，現在では，とくに危険責任の考え方が強調される。

(iii)　責任保険との結合　　なお，過失責任主義が強く意識した合理的な採算予測との関係では，企業は，無過失責任の拡大に対し，責任保険制度の利用をもって対処してきた。無過失責任の規律対象とされた企業は，責任保険に加入して，危険性の程度に応じた保険料を支払うことにより，不測の損害賠償義務を負うリスクに備えることができる（保険17条2項かっこ書参照）。

(b)　無過失責任（論）の課題　　(i)　こうした無過失責任やその理論にも，残された課題は少なくない。

第1に，無過失責任の特別法の現状は，無過失責任（とくに純粋の無過失責任〔第5章第1節**1**(2)(a)③〕）がふさわしい領域をすべてカバーするものではない。鉄道・航空機，送電線・パイプライン，危険物質の取扱施設，大規模な機械設備などは，民法典の規律にゆだねられている。第2に，理論の側でも，無過失責任の積極的内実（あるべき妥当領域や責任成立要件）を明瞭に示せておらず（無過失責任という消極的名称が象徴的である），抽象的に，危険責任・報償責任という責任思想を論じるにとどまる。第3に，無過失責任を過失責任主義の修正（「過失なければ責任なし」の例外）とみなす理解は，純粋の無過失責任を各種の技術的施設（前記の諸例など）に拡大することの妨げになりうる。

(ii)　これらの点を克服すべく無過失責任論を一歩進める試みとして，近年，危険責任論が提唱されている（詳しくは第5章第1節**2**）。同理論は，従来の無過失責任の領域に危険責任という新たな責任類型を構想した上，過失責任との対置を通じて，その積極的内実を浮き彫りにする。また，過失責任主義に関しても，「過失あれば責任あり」という責任原理の表明に尽き，「過失なければ責任なし」の原則までは含意しないと解する。

第3節　不法行為法の構造

(1)　法全体の構造

(a)　709条と他の諸規定の関係　不法行為法の規定は，民法第3編第5章「不法行為」におかれるほか，特別法にも多数の特別規定がある。このうちでは，709条が中核的地位を占めており，他は，709条の付随規定または特殊の不法行為の規定にあたる。

(i)　709条とその付随規定　709条は，不法行為責任の一般的・基本的規律として，一般的な責任成立要件と，損害賠償義務の発生という効果を定めている。さらに，同条の規律内容を補充する付随規定として，712条・713条・720条が責任成立を妨げる事由を，また，710条・711条および721条から724条が損害賠償の内容・方法等を定めている。

(ii)　一般的不法行為と特殊的不法行為　709条の責任成立要件は一般的・基本的性格を有するところ，特殊の不法行為の諸規定は，これと異なる特別の責任成立要件を定める。民法では，714条から719条の各条が特殊の不法行為にあたる。また，特別法の例としては，失火責任法，一般法人法78条・197条，国家賠償法1条・2条のほか，不正競争防止法4条・独占禁止法25条や，第2節(1)に言及した無過失責任立法（自動車損害賠償保障法3条・製造物責任法3条ほか）などがある。

(b)　叙述の順序　このような構造をふまえて，本編では，まず，709条・その付随規定を取り上げて，不法行為責任の一般的責任成立要件や損害賠償について説明する（第2章～第4章）。つぎに，特殊の不法行為から主要なものを取り上げて，特別の責任成立要件をみていく（第5章）。最後に，その他の関連問題を説明する（第6章・第7章）。

(2) 個別規定の構造

(a) 不法行為の要件・効果　709条をはじめ，一般的・特殊的不法行為を定める各条は，条文上，法律要件－法律効果の図式（不法行為の成立－損害賠償債務の発生）が明瞭である。そのため，従来，叙述の章立てにおいても，不法行為の要件－効果という区分がとられてきた。

もっとも，不法行為の要件－効果の線引き（どこまでを要件とみるか）には判断の微妙な部分があり，学説上も，とりわけ因果関係の区分をめぐって理解が分かれる（第3章第2節1(2)）。これは，不法行為責任については，その成否だけでなく範囲も問題となることに起因する。範囲問題は，責任の成否の判断から区別される点を捉えれば効果論に位置づけられるが，当該範囲の責任が発生するための要件という観点からは成立要件論にも位置づけうるのである。

(b) 責任の成立・範囲・内容　この点にかんがみ，本書では，不法行為責任の要件・効果の叙述にあたり，責任の成立・範囲・内容という3区分を基礎におく（第3章第1節(1)も参照）。この区分は責任判断の段階に対応しており，各段階ごとに判断内容・視点が異なる。

(i) 責任の成立（第2章）　不法行為責任に関しては，まず，ある行為において不法行為責任がそもそも成立するか否かが問われる。故意過失や権利法益侵害といった責任成立要件がこの次元に位置しており，行為に対する問責の可否を吟味する。

(ii) 責任の範囲（第3章）　つぎに，成立した不法行為責任がどれだけの範囲の結果にまで及ぶかが，問題となる。この次元では，広義の因果関係（相当因果関係）の判断が中心となり，行為に対する結果の帰属（結果帰属）・その範囲を吟味する。

(iii) 責任の内容（第4章）　最後に，当該範囲の結果に及ぶ不法行為責任がどのような内容において現実化するかが，判断される。この次元には，損害賠償額の決定など損害賠償それ自体に関する諸問題が属し，権利法益保護のための損害賠償のあり方を判断する。責任追及（問責や結果帰属）の視点は，ここでは完全に後退する。

練習問題

出版社Yの発行する週刊誌甲が，婚約間近と噂される皇族Xにつき，「X殿下ご結婚を語る」と題した独占インタビュー記事を掲載した。甲は通常の倍の部数が売れたが，このインタビューは，実は，Yにおいてでっちあげたものであった。

売上げが倍増した分のYの利益に関して，XY間の法律関係を検討しなさい。不法行為以外の観点にも留意すること。

【⇨第1節**2**(3)，第4章第4節**4**のほか，第1編第1章第2節，同第2章第2節**3**(2)(d)】

第2章 責任の成立

一般的・基本的な責任成立要件を定める709条によれば，不法行為責任が成立するためには，①被害者の権利・法益の侵害，②加害者の故意・過失，③加害者の行為と権利法益侵害との間の因果関係といった要件が満たされなければならない。本章では，責任の成否それ自体の判断に関わる要件として，権利・法益侵害要件と故意・過失要件を中心に説明する。

第1節　総　　説

1　709条の責任成立要件

(1)　基本的成立要件としての性格

不法行為法には各種の責任成立要件が含まれるところ，709条の特徴は，その一般的・基本的性格にある。第1に，709条の責任成立要件は，適用範囲を限定されない一般的成立要件にあたる。そのため，同条は，実際の訴訟上，交通事故・公害・製品事故・医療過誤・名誉毀損など，あらゆる事件類型の受け皿となっている。第2に，同条の責任成立要件は，内容・構造が単純であり，過失責任を直截に表現している。この点で，709条は，他の特殊的成立要件に対し，基本的成立要件の関係に立つ。

709条の一般的・基本的性格は，統一的（一般的）成立要件主義の採用と対応している。比較法上，不法行為法の形式的構造には複数のタイプがみられ，①多数の個別的な成立要件の集合からなるもの（ローマ法，英米法），②やや狭い基本的成立要件を複数組み合わせたもの（ドイツ法），③単一の一般的成立要件をおくもの（フランス法）がある。日本民法は，709条の一般的・基本的成立要件を通じて，③のタイプに与したのである。統一的成立要件主義は，不法行為法による保護が新たに要請されるに至った場面への対応にすぐれる反面，要件の内容が極めて抽象的であるため，判例・学説による具体化が課題となる。

Column Ⅱ 2-1　外国法における基本的成立要件

ドイツ民法・フランス民法の基本的成立要件にあたる条文は，以下のとおりである。日本民法との関係でも，これらの規定は709条の起草過程や制定後の解釈論に強い影響を及ぼした。

(i) ドイツ民法　　823条1項「故意または過失によって他人の生命，身体，健康，自由，所有権その他の権利を違法に侵害した者は，これによって生じた損害をその他人に賠償する義務を負う。」

823条2項「他人の保護を目的とする法規に違反した者も，同一の義務を負う。〔以下略〕」

826条「善良の風俗に反する態様で故意に他人に損害を加えた者は，その他人に対し損害賠償の義務を負う。」

(ii) フランス民法　　1240条（旧1382条）「他人に損害を生じさせる人の行為は，いかなるものであってもすべて，フォート〔過失〕によって損害をもたらした者に，それを賠償する義務を負わせる。」

(2) 責任成立要件の構成要素

709条の成立要件論をめぐっては学説の対立が激しく，何を責任成立要件の要素とすべきかが，すでに論争点となる。本書では，ひとまず条文の文言に沿って成立要件論を組み立てた上で，当該要件に関する判例・学説をそこに位置づけていくという叙述方法をとることにする。

(a)　**責任成立要件**　709条の前半部からは，責任成立要件として，以下の各要件が導かれる。第1は，①行為要件であり，民法第3編第5章の題号「不法行為」にも示されている。第2は，②権利・法益侵害要件であり，「他人の権利又は法律上保護される利益を侵害した」に対応する。現代語化改正までの709条の文言から，単に権利侵害要件とも呼ばれる。第3は，③因果関係要件（加害者の行為と権利法益侵害との間のそれ）であり，「によって」がこれを示す。第4は，④故意・過失要件であり，「故意又は過失」に対応する。

以上の順序は，客観的要件を先に取り上げ，伝統的に主観的要素と解されてきた故意過失要件を最後に回す趣旨である（第2節以下）。また，本書のように責任の成立・範囲・内容の3区分（第1章第3節(2)(b)）を前提にするとき，因果関係要件は責任範囲の問題でもある（第3章第2節）。

(b)　**責任の阻却事由**　他方で，責任成立を妨げる事由（責任の阻却事由）として，720条からは⑤正当防衛・緊急避難が，また，712条・713条からは⑥責任無能力が，導き出される。各条の「賠償の責任を負わない」という文言がこれを示す。

本書では，これらを，責任成立要件から区別して独立に位置づける（第8節）。この点は，訴訟上，責任成立要件（①から④）については責任追及する被害者の側が主張・証明責任を負うのに対し，責任の阻却事由（⑤⑥）については加害者の側が主張・証明責任を負うことによる。

(c)　**損害賠償債権の成立要件**　以上のほか，不法行為による損害賠償債権の成立要件としては，⑦損害の発生要件および⑧因果関係要件（侵害行為と損害との間のそれ）が，709条の後半部（「これによって生じた損害」）から導き出される。

これらの2要件は，もっぱら損害賠償のあり方に関わるため，本書では，責任の成立・範囲・内容のうちの，責任内容の項に位置づけている（第4章）。

Column Ⅱ 2-2　伝統的学説の成立要件論

伝統的学説は，不法行為の成立要件として，㋐自己の行為，㋑故意・過失，㋒加害の違法性，㋓責任能力，㋔何らかの損害の発生，㋕加害行為と損害との間の因果関係の各要件を立てていた。このうち，㋒加害の違法性要件は，「他人ノ権利ヲ侵害シタ」という文言（現代語化改正前）に対応させられ，また，正当防衛等の違法性阻却事由も含んでいた。(2)に述べた成立要件論は，②権利法益侵害要件のほか，(c)の分離および(a)(b)の区別においてこれと異なる。

2 成立要件論の基本構造

709条の責任成立要件のうち，責任成立判断の根幹を担うのは，権利法益侵害（権利侵害）―故意過失という2要件である。これら2要件については，両者の相互関係をふまえた総合的理解が重要となる。しかも，両要件・その関係をめぐっては，伝統的枠組みが支配的地位を失って以降，様々な理解が提唱されてきた。

そこで，2では，各要件の個別的説明に先立ち，権利法益侵害（権利侵害）―故意過失要件による責任判断の基本構造を概観しておくことにし，伝統的枠組みから現在までの変容を大まかに叙述する。

Column Ⅱ 2-3　709条の旧規定

以下での参照の便宜のため，709条の前身たる旧民法の規定および現行民法の原始規定（2004〔平成16〕年現代語化改正まで）の文言を掲げておく。

旧民法財産編370条1項「過失又ハ懈怠ニ因リテ他人ニ損害ヲ加ヘタル者ハ其賠償ヲ為ス責（せめ）ニ任ス」

民法709条の原始規定「故意又ハ過失ニ因リテ他人ノ権利ヲ侵害シタル者ハ之ニ因リテ生シタル損害ヲ賠償スル責ニ任ス」

(1) 成立要件をめぐる伝統的枠組み（第3節2，第6節1(1)）

(a) 2要件の古典的図式　権利侵害―故意過失の2要件につき，民法の起草者は，権利侵害要件が外部的行為に関するのに対し，故意過失要件は行為者の内心に関する，という理解であった。その後，大正期の学説が，ドイツ法学の影響のもと，ここに客観的違法性―主観的有責性の対置を重ね合わせたことにより，次のような古典的図式が成立した。

すなわち，権利侵害要件は，客観的要件として外部的行為を取り上げ，行為の違法性（行為が法規範に反すること）を吟味する。違法性の実質は，行為の結果面である権利侵害に見出される（結果不法論）。これに対し，故意過失要件は，主観的要件として行為者の内心を取り上げ，行為者の有責性（違法な行為につき，行為者・その意思決定を非難しうること）を吟味する。

この図式は，不法行為責任の実体を違法性・有責性に求めるものであり，そこでの違法－有責評価は刑法学の古典的体系と対応している。刑法学では，構成要件該当性・違法性・責任（有責性）の3分論がとられるところ，古典的刑法理論は，違法性を行為の客観的要素に，責任を主観的要素に対応させる。また，違法性の実質的根拠についても，法益の侵害または危殆（きたい）化に求めた（結果無価値論）。

(b)　**伝統的通説の確立**　　その後，学説は，先の古典的図式をさらに進めて，違法性－故意過失要件という成立要件論へと展開させた。ここでは，権利侵害要件が，まさに違法性要件として読みかえられる。

このような展開には，709条の保護法益の拡大が意図されていた。現代語化改正までの同条では，文言上，保護の範囲が「権利」に限定されていた。学説は，これを違法性要件に置き換えることにより，「権利」にあたらない法益であっても「違法」な侵害に対し保護されるとしたのである。

以上の伝統的成立要件論は，ドイツ民法学の圧倒的影響力とも相まって，長らく通説の地位を占め続けた。

(2)　伝統的枠組みの支配の崩壊（第3節**3**(1)，第6節**1**(2)）

(a)　**過失の客観化**　　しかし，1970年代に入り，議論状況は大きく動きはじめる。

当時，高度経済成長を背景に交通事故・公害・製造物訴訟などが急増するなかで，裁判所は，行為の客観的内容や行為義務違反の観点から過失を判断するようになった（過失の客観化）。ところが，このような過失判断は，過失を主観的有責性とする伝統的理解との緊張関係をはらむ。

(b)　**違法性と過失の接近・融合**　　また，過失の客観化のもとでは，過失要件の評価対象・評価内容が客観的行為や行為義務違反にまで及ぶことになる。しかも，伝統的通説は，権利侵害要件を違法性要件に置き換えて保護法益の範囲を拡大するにあたり，違法性の相関関係理論を通じて，侵害行為の態様（その非難性）を同要件の評価対象に取り込んでいた。そのため，違法性と過失の両要件は，その評価対象・評価内容が大きく重なり合うに至った（違法性と過失の接近・融合）。

(c)　**議論状況の変容**　このような事態は，伝統的枠組みが依拠する客観的違法性―主観的有責性の図式，さらには違法性―故意過失の２要件の峻別・対置に疑念を抱かせる。民法学説全般がドイツ民法理論の圧倒的影響からの転回を図る動きも付け加わって，ここに，伝統的通説は支配的地位を失い，議論状況が大きく変容することになった。

以後の学説では，違法―有責評価による責任判断のあり方や違法性―故意過失の二元的成立要件論をどのように修正・発展すべきかが争われたばかりでなく，違法―有責評価や二元的成立要件論それ自体に対する根本的反論も提起されている。

(3)　その後の理論展開

成立要件論の構造をめぐっては，これまで多数の論者が激しい論争を繰り広げており，しかも，いまだ議論の決着をみていない（不法行為法学の混迷）。本書では，諸学説のうちから，特徴的な３つの方向性にかぎって紹介する。

(a)　**第１の方向性――不法行為の類型化**（第３節3(2)，第６節1(3)）　伝統的枠組みから出発する立場は，行為の違法―有責評価および二元的成立要件論を維持しつつ，違法性・過失の各要件のもとで複数の不法行為類型を区別することを通じて，過失判断の変容や違法性要件の広がりを位置づけた。

具体的には，過失要件との関連では直接侵害型と間接侵害型を区別し，また，違法性要件との関連では絶対権侵害型とその他の法益侵害型を区別する。その際，直接侵害型と絶対権侵害型については，過失・違法性の各要件の古典的理解（主観的有責性，結果不法論）をそのまま妥当させている。

(b)　**第２の方向性――行為不法論への転換**（第３節3(3)，第６節1(4)）

他方では，伝統的枠組みから一歩踏み出し，結果不法論から行為不法論へ転換することによって違法性と過失の融合現象を受けとめる議論も，主張される。

この議論は，違法性の実質的根拠を行為無価値に（も）求める行為不法論に基づき，行為者の故意過失を広く一般的に違法性に組み込み，また，過失要件を結果回避義務違反（基準行為からの逸脱）として構成する。同時に，この立場は，違法性の位置づけを成立要件から違法評価に改めることを通じて，権利侵害―故意過失の二元的成立要件論を維持している。

(c)　**第3の方向性――伝統的枠組みの全部否定**（第3節❸(4)，第6節❶(5)）

これに対し，伝統的枠組みに対する根本的な反対論は，違法―有責評価による責任判断それ自体を排斥する。客観的違法性―主観的有責性の対置はドイツ法に特殊なものにすぎず，709条をめぐる判例の現実は，そのような対置から程遠い（違法性要件はそもそも実際的意義を失っている），との理解に基づく。

この立場は，成立要件論の組立てについても，二元的構成を離れて，故意過失要件への一元化に向かう傾向が強い。判例をふまえて，行為義務違反たる過失要件に，広く，不法行為責任の成否の判断を担わせるのである。

❸ 本書の方向性

次節以下の叙述の理解を容易にすべく，成立要件論の基本構造をめぐる本書の態度決定（第3節❸(2)，第4節❶，第6節❶(3)，第7節❷）にも，あらかじめ言及しておく。本書は，全体的には伝統的枠組みの発展という方向性をとっており，以下の3点が特徴的である。

(a)　**権利法益侵害―故意過失の二元的成立要件**　　第1に，本書は，709条の文言どおりに，権利法益侵害―故意過失の2要件を責任成立要件とする立場をとる。かつ，判例の全体的傾向と同じく，両要件を同等の重みでもって機能させる。

これら2要件の対置については，判断の主題面から，被侵害利益の保護法益性（有無・程度）の判断と加害者の責任原因の判断の区別と解する。権利法益侵害―故意過失要件を，それぞれ，不法行為制度の権利保護という制度目的および責任制度としての性格（第1章第1節❷(1)・(2)）に対応させるわけである。各要件の具体的内容についても，違法―有責の区分などによるのではなく，被侵害利益の保護法益性および加害者の責任原因という判断主題に沿って組み立てている。

(b)　**違法―有責評価による責任判断**　　第2に，本書では，伝統的枠組みの延長上に，行為の違法―有責評価を維持する。違法評価に関しても，結果不法論を基調とし，違法性の実質を権利法益の侵害または危殆化にみている。

その理論的狙いとして，違法一有責評価の枠組みによれば，加害者の責任原因の根底に有責性非難をおいて，不法行為責任の責任根拠を意思責任に求めることができる。さらに，権利法益の侵害行為に対する違法評価は，不法行為責任ならびに差止め・正当防衛といった，違法な侵害に対する権利保護の諸制度の相互連関を浮き彫りにすることができる。

なお，本書は，権利法益侵害一故意過失の2要件を違法性一有責性と単純に同視するものではない。違法一有責評価による責任判断は，むしろ，成立要件論全体の理論的・内面的支柱として位置づけられる。成立要件論は，権利法益侵害一故意過失要件および責任の阻却事由の判断の全体を通じて，「違法・有責な行為」を認定するものにほかならない。権利法益侵害一故意過失の2要件は，両者全体で，類型的な違法・有責評価を担い，違法・有責類型（類型的に違法・有責な行為）を記述している。また，責任の阻却事由の判断は，違法性・有責性の阻却事由に関する。

(c) 複数の責任類型への分化　第3に，本書では，加害構造面から複数の不法行為類型を区別することを通じて，709条の1か条を，複数の責任成立要件に分化させている。被侵害利益の保護法益性や加害者の責任原因の判断は，被侵害利益や加害行為の構造（加害構造）の相違・類型を反映せずにはおかないからである。

具体的には，前記**2**(3)(a)の立場（二元的成立要件論や違法一有責評価という前提を同じくする）にならって，権利法益侵害要件との関連では絶対権侵害型と非絶対権侵害型を，また，過失要件との関連では直接侵害型と間接侵害型を区別している。

第2節 行為要件

(1) 議論状況

伝統的学説は，行為要件を成立要件の1つとし，人の意識ある挙動として定式化していた（因果的行為論）。無意識中の動作や絶対的強制による動作は行為といえないが，他方で，不作為は行為に該当する。

これに対し，その後の学説では，違法性の実体に関する行為不法論とも関連して，他の行為概念も提唱される（行為該当性の判断を争うものではない）。意思による外界の支配操縦（目的的行為論）や，意思によって支配することの可能な人間の振る舞い（社会的行為論）といった定義が，それである。

さらに，近年の議論では，行為を独立の成立要件とせず，行為概念を論じない傾向も強まっている。

(2)　行為要件の要否

(i)　責任成立要件の次元では，行為要件は，（行為義務違反としての）過失要件もしくは権利法益侵害要件に吸収されて解消するとみてよい。その意味で，近年の議論傾向が支持される。

なぜなら，一方で，709条の文脈において，過失または権利法益侵害は，つねにいずれかが過失行為ないし権利法益侵害行為のかたちをとり，そのため，（行為義務違反としての）過失要件ないし権利法益侵害要件も，結局は行為までを要件内容に含む。他方で，無意識中の動作等の事例は，いずれにせよ故意過失または責任能力を欠き，必ず行為該当性の問題とすべきものでもない。これらの点に照らせば，行為を独立の責任成立要件とすべき理由は見当たらない。

(ii)　また，行為概念をめぐる争いについては，違法性の実体（行為不法論の採否）こそが本来的な問題であるといえる。

(3)　法人の行為

行為要件・概念との関連では，近年，「法人の行為」という新たな理論問題も提起される。

伝統的理解は，709条の不法行為につき，もっぱら自然人・その行為を想定してきた。これに対して，近年有力な「法人自体の不法行為（法人の709条責任）」論（Column Ⅱ 5-3）によれば，法人が多数の被用者を用いて行う組織的・一体的な事業活動が1個の「法人の行為」を構成しうるとされる。この構成は，709条の適用にあたり，法人による被用者の活動に対する事業支配の行使（「法人の行為」）を，自然人による自己の身体に対する意思支配の行使（自然人の行為）と同視することを意味する。

第3節　権利・法益侵害要件

1「権利」侵害要件の緩和

権利・法益侵害（権利侵害）要件につき，本節ではまず要件全般を説明した上，続いて次節で，個々の権利・法益ごとに具体的要件内容をみていく。

709条は「他人の権利又は法律上保護される利益」の侵害を要件とするところ，現代語化改正まで，当該部分は「他人ノ権利」の侵害となっていた（以下では，とくに「権利」侵害要件と表記する）。1では，この「権利」侵害要件が，判例による緩和を経て，権利・法益侵害要件に至るまでをたどる。

(1)「権利」侵害要件

(a) 起草者の説明　709条（原始規定）に「権利」侵害要件をおいた趣旨を，起草者は以下のように説明していた（旧民法財産編370条1項の「他人ニ損害ヲ加ヘタル」要件と対比されている）。「故意又ハ過失ニ因ッテ他人ニ直接間接ニ損害ヲ掛ケル」場合にも，「其権利ヲ侵スト云フ程度ニ至リマセヌ時ニ於テハ〔損害賠償〕債権ヲ生ゼシメナイ」。なぜなら，「権利ノ侵害ハナクシテ損害ヲ他人ニ及ボシタト云フ場合マデモ這入（はい）」るとするならば，「不法行為ニ依ル債権ト云フモノノ範囲ガ甚ダ不明瞭ニナ」る。そもそも「不法行為ト云フノハ……既ニアリマスル権利ヲ保護スル法デア」る。

他方で，起草者は，「権利」とは広い意味であるとし，財産権（債権を含む）と並べて，生命・身体・自由・名誉等を挙げていた（710条・711条も参照）。権利の侵害がなく損害賠償義務を生じないとされていたのは，例えば，得意先を失わせて商売上の損をさせた場合である（なお，現在の理解では，不正競争などがあればこの場合にも不法行為が成立する〔Column Ⅱ 2-9 参照〕）。

(b) 当初の判例　当初の判例も，起草趣旨に沿うかたちで，「権利」侵害要件を字義どおりに解し，法律体系上，現に承認されている具体的権利の侵害を要求していた。

この態度は，海賊版レコードが問題となった雲右衛門事件（Column Ⅱ 2-4）

において顕著となった。同事件において，大審院は，海賊版の製造・販売が「正義の観念に反する」ことを認めながらも，著作権その他いかなる権利も侵害されていないとの理由により，不法行為の成立を否定したのである。

Column Ⅱ 2-4　雲右衛門事件

雲右衛門事件（大判大正3・7・4刑録20輯1360頁）では，浪曲師A（桃中軒雲右衛門）が吹き込んだ浪花節のレコードを，他人Yが無断で複製して販売した。そこで，Aから権利を譲り受けていたXが，著作権法違反の刑事事件の附帯私訴として，Yに対し，著作権侵害を理由に損害賠償を請求した。

大審院によれば，「本件雲右衛門の創意に係る浪花節の作曲は，音楽的著作物として著作権法の保護を受くべきものにあら」ず。「従て，之が複製を為したるYの所為はXの有する著作権を侵害したるものにあら」ず。故に，著作権侵害を理由とする「Xの請求は失当なり」。

この判示はもっぱら著作権法に関するが，709条との関係でも，続く大判大正7・9・18民録24輯1710頁（同じく海賊版レコードの事件）が，「創製者の営業上に損失を被らしむるも，為めに複製者の行為を目して……創製者の人格権其他の権利を侵害する不法行為なりと云ふを得」ずとした。

なお，両判決の当時と異なり，現行の著作権法では，Yの無断複製行為はレコード製作者Xの著作隣接権の侵害となる（著作96条）。

(2)　判例による緩和

(i)　雲右衛門事件において「権利」の狭隘（きょうあい）さに直面した判例は，その後ほどなく，大学湯事件判決（判例Ⅱ 2-1）をもって態度を改めるに至る。

大学湯事件では老舗（しにせ）（得意関係・信用関係）の侵害が問題となったところ，原審は，老舗は「権利」でなく不法行為が成立しないとしていた。これに対し，大審院は，具体的権利の侵害に拘泥する従来の態度を捨てて，不法行為法による保護を受けるべき利益の侵害があれば足りるとの立場を打ち出したのである（ただし，当該事案での本来の問題点は，賃貸借終了時の法律関係にあった）。

判例の態度変更は，すぐさま，学説の広い支持を得た（2）。最高裁もまた，大学湯事件判決を踏襲し，「709条にいう『権利』は，厳密な意味で権利と云えなくても，法律上保護せられるべき利益があれば足りる」とした（最判昭和33・4・11民集12巻5号789頁〔内縁関係〕）。

〈判例 Ⅱ 2-1〉**大判大正 14・11・28 民集 4 巻 670 頁（大学湯事件）**

【事案】 X は，「大学湯」という風呂屋の建物を Y から賃借するとともに，「大学湯」の老舗を買い取って営業をはじめた。後に建物賃貸借が合意解除された際に，Y が当該建物を改めて第三者に賃貸し，結果，X は老舗を喪失した。そこで，X が老舗の侵害を理由として不法行為による損害賠償を請求した。

原審は，不法行為の成立を認めず，請求を棄却した。X が上告。

【判旨】 破棄差戻し。「709 条は，故意又は過失に因りて法規違反の行為に出て以て他人を侵害したる者は之に因りて生じたる損害を賠償する責に任ずと云ふが如き，広汎なる意味に外ならず。其の侵害の対象は，或は夫の所有権地上権債権無体財産権名誉権等，所謂(いわゆる)一の具体的権利なることあるべく，或は此と同一程度の厳密なる意味に於ては未だ目するに権利を以てすべからざるも，而も法律上保護せらるる一の利益なることあるべく，否，詳く云はば，吾人の法律観念上其の侵害に対し不法行為に基く救済を与ふることを必要とすと思惟する一の利益なることあるべし」。

「凡そ不法行為ありと云ふときは先づ其の侵害せられたるは何権なりやとの穿鑿(せんさく)に腐心し，吾人の法律観念に照して大局の上より考察するの用意を忘れ，求めて自ら不法行為の救済を局限するが如きは，思はざるも亦(また)甚し」。

(ii)　こうして，709 条の保護の対象は，権利概念（「既ニアリマスル権利」）を超えて拡大された。そもそも，不法行為法による利益保護は，侵害に対する消極的保護にとどまる。このような保護は，権利という法技術的構成のもとに積極的な利益享受・意思支配の力を付与する仕組みとは次元を異にしており，不法行為法が独自に判断してよい。

(3)　権利・法益侵害要件

(i)　その後，2004（平成 16）年の現代語化改正に際して，709 条の「権利」侵害要件に「法律上保護される利益」の文言が付加された。この改正は，大学湯事件判決以来の確定判例の立場を条文に織り込む趣旨であった。これにより，条文上も，「権利」侵害要件が権利・法益侵害要件に置き換えられたわけである。

(ii)「権利」侵害要件に関する起草趣旨（不法行為の成立の限定）からみたとき，この権利・法益侵害要件は，判例上，相当に緩やかである。現代社会では，都市化の進行，メディアの発達や取引活動の活発化をうけて，生命身体・

所有権といった有形的な権利法益以外に，生活環境，名誉・プライバシー，営業・総体財産等，無形の利益が侵害される場面が増大している。さらに，とりわけ人格的利益は，近年，様々な内容のものが主張される。こうしたなか，判例は，不法行為法の保護法益をますます拡大してきたのである。

これまで，判例が「法律上保護される利益」でないとした例は，若干にとどまる。例えば，①静謐（せいひつ）な宗教的環境の下で信仰生活を送るべき利益（最大判昭和63・6・1民集42巻5号277頁〔殉職自衛官合祀拒否訴訟〕），②政見放送において差別用語を使用した発言部分がそのまま放送される利益（最判平成2・4・17民集44巻3号547頁），③婚姻外の男女関係たる「パートナーシップ関係」の存続（最判平成16・11・18判時1881号83頁），④弁護士会が弁護士法23条の2第2項に基づく照会に対する報告を受ける利益（最判平成28・10・18民集70巻7号1725頁）などである。

2 伝統的学説――違法性説

「権利」侵害要件を緩和する判例の態度（1 (2)）は，違法性説を通じて，学説上も広く支持された。この違法性説は，長らく通説の地位を占めることにもなった。

(1) 違法性説の登場まで

違法性説の登場への伏線として，学説は，早くから，権利侵害要件を客観的行為・その違法性に対応させていた。不法行為は違法でなければならないところ，権利侵害行為はつねに違法である，などとする。

この点に関しては，すでに起草者の説明においても，権利侵害－故意過失の2要件が，「行為」と「行為ノ基トナ〔ル〕……意思」の関係，すなわち外部的行為－内心の関係として整理されていた。学説は，ここにドイツ法学流の客観的違法性－主観的有責性という図式を重ね合わせ，また，違法性の実体についても行為の結果面である権利侵害にみたのである（結果不法論）。

(2) 違法性説

この延長上に大学湯事件判決をうけて提唱されたのが，違法性説である。

(a)　**権利侵害から違法性へ**　　違法性説は，従前の学説をさらに進めて，権利侵害要件を「加害行為の違法性」に置き換えて読むべきだとした。

同説によれば，不法行為制度にとっては，権利侵害ではなく行為の違法性こそが本質的な要件である。709条は，行為の違法性を認識するための手掛かり（違法性の徴表）として，「権利」侵害を成立要件としたにすぎない。したがって，加害行為が違法であるならば，たとえ権利侵害がなくとも不法行為の成立を認めてよい。

このような理解を基礎に，違法性説は，大学湯事件判決が「権利」にこだわらなかった態度を支持し，「法規違反の行為に出て以て他人を侵害し」との判示は，まさに権利侵害から違法性へと移行する趣旨であると位置づけた。

(b)　**相関関係理論**　　もっとも，「権利」侵害に代わるべき違法性要件は，それ自体としてはいまだ抽象的である。違法性説において，この点は，相関関係理論を通じて具体化された。

相関関係理論によれば，違法性は，㋐被侵害利益の種類・性質と㋑侵害行為の態様との相関関係において判断される。つまり，加害行為の違法性は，㋐被侵害利益面での違法性の強弱と㋑侵害行為の態様面での違法性の強弱との相関的・総合的考察による。したがって，対世効が弱い権利や内容が漠然とした権利については，侵害行為の態様をとくに考慮しなければならない（債権・営業権・名誉など）。他方，刑罰・取締法規違反や公序良俗違反の行為については，侵害行為の態様のみで（被侵害利益がそもそも権利でなくとも）違法性を認めることができる（第4節 2 (3)(a)(i)参照）。

(c)　**伝統的成立要件論の確立**　　以上の違法性説（相関関係理論を含めて）は，広く学説に浸透するところとなり，これにより，違法性―故意過失要件という伝統的成立要件論が確立された。その影響は，国家賠償法1条の文言（「違法に」）にまで及んでいる。

(d)　**「権利」侵害要件の緩和との対比**　　なお， 1 にみた「権利」侵害要件の緩和の流れ（権利・法益侵害要件への移行）と対比するとき，違法性説には，単に「権利」の縛りを外すにとどまらない独自の積極的側面が含まれている。相関関係理論によれば，被侵害利益が弱いか漠然としている場面では，侵害行為の態様が違法性判断ひいては不法行為の成否を左右する。この点において，違法性要件は，権利侵害要件に代わる責任成立要件として，不法行為の成立範囲を画定する役割を担っているのである。

(3) 判例との対応関係

判例の位置づけにつき，違法性説は，判例も同説と立場を同じくするものとみた。最近でも，最判平成18・3・30民集60巻3号948頁（Column Ⅱ 2-14参照）における「ある行為が景観利益に対する違法な侵害に当たるといえるためには，少なくとも，その侵害行為が刑罰法規や行政法規の規制に違反するものであったり，公序良俗違反や権利の濫用に該当するものであるなど，侵害行為の態様や程度の面において社会的に容認された行為としての相当性を欠くことが求められる」との判示は，相関関係理論との対応関係が顕著である。

違法性説と判例の対応関係は，成立要件論の次元にもあてはまる。判例上，違法性は，無形的利益の侵害等の場面で，不法行為の成立範囲を画定する役割を果たしており（第4節**2** **3**に紹介する判例の多くは，行為・侵害の違法性をもって不法行為の成否を決している），まさに責任成立要件の地位にある。もっとも，裁判例には，709条の適用にあたって全く違法性に言及しない判決も数多く（とくに身体・物の物理的侵害の場面），さらには，違法性ではなく権利・法益侵害を問う例（**1**(3)(ii)参照）もみられる。

3 学説の展開

(1) 総　説

(i) その後，権利侵害（違法性）要件をめぐる議論状況は，1970年前後から大きな変化をみせる。

その最大の契機は，違法性と過失の接近・融合である（第1節**2**(2)(b)）。伝統的成立要件論は，客観的違法性－主観的有責性の図式に基づき，違法性要件と故意過失要件を峻別していた。しかし，一方では，過失の客観化の流れのなかで，行為義務違反が過失要件の中核を占めるに至った。他方で，違法性要件についても，相関関係理論を通じて侵害行為の態様が判断要素に取り込まれる。これにより，行為態様をめぐって，違法性と過失の交錯が顕著になったのである。しかも，そこでは，違法評価が行為態様面の非難性にも結び付けられており，結果不法論からのずれがみられる。

こうした状況のもとでは，違法性―故意過失という二元的成立要件論や違法―有責評価による責任判断それ自体に，疑念を向ける余地が出てくる。また，違法性評価・要件を前提とするときにも，結果不法論に依拠することの適否が問われうることになる。

(ii)　そのため，以後の学説では，権利侵害（違法性）要件をめぐって，以下にみるような3つの方向性の議論が提唱され，鋭く対立してきた。

なお，これらの学説の対立については，近年の現代語化改正もまた，何ら決着をつけていない。学説の対立は，究極的には，「権利」の縛りに代えて，いかなる枠組みをもって不法行為の成立範囲を画定すべきかという問題（違法性説のように違法性要件に依拠することの当否）に関わる。この点，現代語化改正は，「権利」侵害要件をいわば取り除いたにとどまり，それに代わるべき責任画定の枠組みについてはとくに手当てをせず，学説の議論（従前の対立状況）にゆだねたのである。

(2)　第1の方向性――権利法益の種別による類型化

(a)　内　容　違法性説をさらに発展させる立場は，違法性判断につき2類型を区別・対置するなかで，権利侵害という違法要素の特別な重要性を再確認する。具体的には，権利・法益の種類面から，絶対権侵害型とその他の法益侵害型が対置される。

(i)　絶対権侵害型　　この類型には，所有権に代表される絶対権（何人に対しても主張できる権利）や，生命・身体等の絶対的保護を受けるべき基本的法益が属する。これらの権利法益を侵害する行為は当然に違法であり，権利侵害において違法性が徴表される。つまり，この類型では，相関関係理論の定式化におけると異なり，侵害行為の態様が違法性の判断要素に含められない。

(ii)　その他の法益侵害型　　(i)で挙げた以外の権利法益は，この類型に属する。債権・営業，プライバシー等が，その例である。これらの権利法益の侵害は，それだけではいまだ違法といえず，侵害行為の態様との総合評価によってはじめて違法性が確定される。

なお，ここにいう「侵害行為の態様」としては，相関関係理論の伝統的内容と異なり，行為の手段・方法・規模や内心的要素（そこにおける非難性）が想定されている。刑罰法規・公序良俗等の規範違反は，違法性の形式にすぎず実質的な違法要素でない，という理解に基づく。

(b) **検　討**　(i) 絶対権侵害の類型は，生命身体・所有権の絶対的保護を狙うものであり，とくに，公害による健康被害の場面で，受忍限度論の発想（被害が受忍限度を超えるか否かを問う〔第4節**3**(2)(b)〕）を排除する意図がある。また，絶対権侵害が違法性の徴表となるとする点は，違法性説が登場した文脈（権利侵害要件を違法性の徴表とみていた〔**2**(2)(a)〕）にも沿う。

(ii) 本書も，2類型の対置の詳細はさておき，基本的にこの立場を支持している。もっとも，本書は，違法性説の主張と異なり，成立要件論の次元では，条文どおりに権利侵害（権利・法益侵害）要件を論じる（Column Ⅱ 2-5）。2類型の対置も，あくまで同要件のもとに位置づけることになる。

Column Ⅱ 2-5　違法性要件と権利法益侵害要件

(i) 違法性要件の回避　本書が違法性をもって責任成立要件と構成しない理由として，過失の客観化が進んだ現在では，違法性―故意過失という伝統的成立要件論は，客観的違法性―主観的有責性（違法―有責評価）の対置とのずれを避けがたい。過失が違法要素（行為義務違反）を含むことにも顕著なように，違法性要件は，もはや，違法評価と一対一の対応関係に立つとはいいがたいのである。違法性要件を支持する学説や判例において，同要件は，むしろ，不法行為となるべき権利・法益侵害を画定するための抽象的・規範的要件の役割を果たしている。

(ii) 権利法益侵害要件の判断主題　他方，権利法益侵害をもって責任成立要件と構成する本書の立場では，同要件の理論的意味づけが改めて問い直される。この点，不法行為制度が権利保護を目的とすることに照らせば，権利法益侵害要件は，被侵害利益の保護法益性を判断主題とするものと解される（第1節**3**(a)）。同要件の判断内容には，保護法益性の有無（当該利益につき不法行為法の保護がそもそもありうるか〔**1**(3)(ii)参照〕）だけでなく，その程度（当該利益がいかなる範囲の侵害に対して保護されるか）の問題も含まれる（第4節参照）。なお，保護法益性の程度の判断との関連では，当該利益を特定の行為態様により侵害する場合にはじめて，権利法益侵害要件に該当するものとみなされる。

(iii) 侵害行為の違法評価との関係　被侵害利益の保護法益性の有無・程度

は，加害行為の側から，侵害行為の違法評価（権利法益の違法な侵害）として表現することもできる。従来いわれてきた違法性要件（前記(i)末尾の役割を担うそれ）は，この側面を捉えるものといえる。ここで，保護法益性の判断と侵害行為の違法評価とは，侵害禁止規範によって媒介される（第4節1参照）。

(3) 第2の方向性――行為不法論への転換

(a) **内　容**　伝統的枠組みを一歩踏み出す論者は，違法性理論に関して，結果不法論から行為不法論へと転換するとともに，成立要件論については，権利侵害（権利・法益侵害）―故意過失要件という二元的構成を提唱する。

(i) 行為不法論への転換　この立場は，違法性と過失の融合現象（過失の行為義務違反化や違法性の相関関係理論）をふまえて，違法性理論に関して，違法性の実質的根拠を行為無価値に（も）求める行為不法論へと転換する。

行為不法論に立つとき，故意過失という加害行為の態様は，まさに行為無価値を左右するものであって，違法性の問題となる。また，この意味での過失要件は，結果回避義務の違反として構成すべきことになる（それに違反して権利侵害を生じさせた場合にかぎって，行為を違法とする〔第6節1(4)(a)〕）。

(ii) 権利侵害―故意過失要件と違法評価　成立要件論との関連では，この立場は，709条の文言どおりに，権利侵害（権利・法益侵害）―故意過失という二元的要件論をとる。その上で，両要件を満たす行為につき，さらに違法性の有無・程度を判断（評価）して，不法行為責任の有無・範囲が最終決定されるとする。

このような違法性判断がおかれる狙いは，権利侵害要件と故意過失要件を，違法性という共通の次元において総合評価する点にある。例えば，債権侵害や日照・景観利益の侵害では，被害者の権利・法益に示される結果不法の程度が低いため，加害者の故意過失に示される行為不法の程度が高い場合にはじめて不法行為責任が成立する。

(b) **検　討**　この立場は，違法性と過失の融合現象や条文の文言に沿うものの，責任判断枠組みの面で，つぎの2点に限界を残している。

(i) 行為不法論への転換は，違法性判断に関して，権利法益の種別による類型化を困難にする。行為無価値に違法性の重点をおくかぎり，ある行為から絶対権侵害が生じた場合にも，当該行為を当然に違法とみなすこと（受忍限度的発想の排除〔(2)(b)(i)〕を含む）はできない。

(ii)　また，前記の違法性判断は，権利侵害―故意過失という成立要件論の意義を大幅に減殺する。違法性判断により不法行為責任の成否を最終決定するかぎりで，権利侵害―故意過失要件ではなく違法性が，最重要の要件として機能することになる。

(4)　第3の方向性――違法性概念の排除

(a)　**内　容**　伝統的学説に対する根本的な反対論は，違法性概念そのものを退け，違法性（権利侵害）―故意過失という二元的成立要件論にも反対する。

(i)　違法性概念の排除　この立場は，条文にない違法性概念を709条の解釈に持ち込むことを強く批判する。

それによれば，伝統的成立要件論が依拠する客観的違法性―主観的有責性の対置は，ドイツ法に由来している。ところが，比較法的にみて，このような対置はドイツ法に特殊な構成にすぎない。しかも，日本の不法行為法は，統一的成立要件主義をとる点で，むしろ，フランス法の系譜に属する。

また，判例をみても，違法性概念を用いる例は少ない。違法性概念が用いられる場合にも，主観的要件たる故意過失に対比されるべき客観的要件という位置づけ（ドイツ法的意味での違法性）ではない。

(ii)　二元的成立要件論への反対　この立場は，さらに，成立要件論の二元的構成に対しても疑念を向ける。そこでは，成立要件論を故意過失要件に一元化すべきこと（違法性・権利侵害要件の解消）が，有力に主張された。

その理由として，違法性要件は，法技術上，「権利」侵害要件を緩和する役割を担ってきたにとどまる。この役割が達成されて以後，違法性ないし権利侵害要件は，不法行為の成立を限定する機能を何ら果たしていない。判例では，むしろ，過失要件こそが，違法性の内容とも重複しつつ，不法行為の成否を決する高度の規範的判断を引き受けてきた。

(b)　**検　討**　以上の構成は，判例との整合性を強く意識しており，また，ドイツ法流の解釈に再考を促す。もっとも，この立場にも，つぎのような反論を向けうる。

(i)　違法性概念批判への反論として，法典上も，民法第3編第5章の題号「不法行為」は，ドイツ民法に由来し，違法な行為を指している。また，違法な侵害を論じることは，違法な侵害に対する権利保護の諸制度（不法行為責任と差止め・正当防衛など）の横断的理解にも資する。

(ii)　また，二元的成立要件論批判への反論として，違法性要件は，判例上も，身体・物の物理的侵害以外の局面を中心に現実に機能してきた（第4節■2■3参照）。加えて，違法性概念に反対する論者の間でも，709条の文言との整合性や現に権利・法益侵害該当性を否定した判例（■1(3)(ii)）を意識して，権利侵害要件の全面解消にまで進むべきかは争われている。

Column Ⅱ 2-6　権利侵害要件の再評価

同じく違法性概念を排除する立場からは，近年，権利侵害要件の理論的意義を再評価し，同要件を不法行為制度の中核に位置づける議論も，登場している。権利侵害要件の位置づけの点で，(4)(a)(ii)の主張と対照的である。

この立場は，不法行為制度の目的は個人の権利・自由の保障にあるとした上で，不法行為法による権利保護を，憲法を頂点とする全法秩序（基本権保護秩序）のなかに位置づける。このとき，権利侵害要件は，憲法がいかなる権利を個人に保障しているかをふまえて，権利に割り当てられた内容と権利の外延を判断するものとなる。この判断には，被害者・加害者の権利が相互衝突する場面（営業権・人格権の侵害など）における権利間の衡量・調整も含まれている。

第4節　権利・法益侵害（各論）

■1 総　　説

(1)　権利・法益侵害要件の具体化

本節では，権利・法益侵害要件につき，個々の権利・法益ごとに，具体的な要件内容を叙述する。この作業は，権利・法益侵害要件のもとで，刑法各論に対応する多数の各則的構成要件を作り出すという実質を有する。

権利法益侵害要件は，被侵害利益の保護法益性の有無・程度，すなわち，ある利益がいかなる範囲の侵害に対して保護されるかを判断主題としている

（Column II 2-5 (ii)）。以下では，この判断主題に沿って，各種の権利・法益につき，当該利益をどのようなかたちで侵害する場合が権利法益侵害要件に該当するかを，順次みていく。侵害行為の違法評価の面からいえば，当該利益をどのようなかたちで侵害する行為が侵害禁止規範違反として違法評価を受けるか（権利法益の違法な侵害となるか），という問題である（Column II 2-5 (iii)）。

(2) 権利法益の種別による類型化

各論的検討の手法については，権利法益の種別による類型化論（第3節 **3** (2)）を基礎におく。2類型の対置の詳細は，以下のようになる。

(a) **絶対権侵害型**　(i) 該当例　絶対権侵害型には，絶対権のように，直接支配性ないし独占排他性を備えた権利法益の侵害が該当する。有体的存在（物や身体）に対する排他独占的支配を内容とする権利法益がそれである。所有権および生命身体が典型例となる。

(ii) 保護法益性の程度　この種の権利法益は，他者によるその権利内容の侵害に対し絶対的に（すべての人の，あらゆる態様の侵害に対し）保護される。その理由として，一方で，所有権や生命身体は，人の生存に不可欠であって，絶対的保護を要請する。他方では，権利法益の支配領域が，物や身体それ自体によって外形的に明確に，かつ，狭い範囲に画定されているため，絶対的保護によって他者（加害者）の活動自由を阻害するおそれもない。

(iii) 法技術的構成　法律構成としては，前記の権利法益の権利内容を侵害する行為は，すべて（何人の，いかなる態様による侵害であれ），侵害禁止規範違反として違法評価を受け，また，権利法益侵害要件を充足する。例えば，所有権は，目的物の有形的支配を排他独占的に所有者へと割り当てる。これに伴い，その物の有形的支配は，他者による侵害が全面的に禁じられる。そのため，この物支配に他者が干渉する行為は，すべて，違法評価を受け，また，権利法益侵害要件を充足する。

(b) **非絶対権侵害型**　(i) 該当例　絶対権侵害型となる権利法益の侵害以外は，すべて，非絶対権侵害型に該当する。排他独占的支配を内容としない権利法益が，それである。債権，生活利益，名誉・プライバシーなどが，代表例となる。

(ii)　保護法益性の程度　　この種の権利法益は，侵害行為に対し絶対的保護を受けず，むしろ，特定の行為態様による侵害に対してのみ保護される（競合取引による債権侵害や表現行為による名誉毀損の場合を考えよ）。なぜなら，これらの権利法益は，前記(a)(ii)の特性（とくに第2点）を欠くため，加害者側の活動の自由（取引活動の自由や表現の自由などの個別的な活動自由）との比較衡量にさらされる。その際，侵害行為をめぐる個別的活動自由と（被侵害）権利法益との調整は，侵害態様による線引きのかたちをとるのである（その線をこえるまでは加害者側の個別的活動自由を優先し，こえた先では権利法益の保護を優先する）。

(iii)　法技術的構成　　法律構成としては，前記の権利法益を侵害する行為は，特定の行為態様による侵害にかぎり，侵害禁止規範違反として違法評価を受け，また，権利法益侵害要件を充足する。これらの権利法益につき，侵害禁止規範は，特定の行為態様による侵害を禁じるにとどまる。

(iv)　侵害行為の態様　　ここにいう「特定の行為態様」は，権利法益ごとにその具体的内容が異なり，個別に明らかにする必要がある。行為態様の要素としては，侵害行為の手段・方法，行為状況，作用の種類・強弱などが重要であるが，例外的に，一部の権利法益侵害との関連では，行為者の認識・目的などの内心的要素が決定的意味をもちうる（二重譲渡による所有権侵害〔2(1)(a)(ii)〕，競合取引による債権侵害〔2(2)(b)〕，不当訴訟の提起〔2(3)(d)〕，不貞相手方による未成熟子の利益の侵害〔3(4)(c)〕など）。

なお，これらの「特定の行為態様」は，前記(ii)のような比較衡量に基づいて権利法益の保護の範囲を線引きするものであって，行為態様の非難性を捉えているわけではない（侵害禁止規範違反における違法性の実質も，あくまで権利法益の侵害に存する）。

(3)　叙述の順序

他方，叙述の順序との関係では，利益内容に応じて権利・法益を分類することが便宜である。以下の説明では，まず，(a)財産的利益と(b)人格的利益に大別した上で，(a)財産的利益については，①物権，②債権，③総体財産の3つを区分する。つぎに，(b)人格的利益については，④生命・身体，⑤生活環境，⑥名誉・プライバシー等，⑦家族関係の4つに細分している。

なお，このような分類は，あくまで一覧の便宜のためのものであり，権利法益の種別による類型化とは観点・次元を異にする。絶対権侵害型・非絶対権侵害型の区別は，各グループにつき一律に定めうるものではなく，むしろ，個別の権利法益侵害ごとにみていく必要がある。

2 財産的利益

財産的利益については，物権と債権の対置を軸に，(1)物権，(2)債権，(3)総体財産に分けて論じる。最後のものは，具体的な権利法益の侵害がないとされる場面を指す。

(1) 物　権

(a) 所有権　(i) 通常の所有権侵害　所有権は，有体物に対する排他独占的支配を権利内容としており，他者による侵害に対し絶対的に保護される（絶対権侵害型）。物の有形的・事実的支配に対する干渉（滅失・損傷，占有の妨害・侵奪，使用・消費など）はすべて，違法評価を受けて権利法益侵害要件を充足する。

さらに，所有権は，帰属面でも排他性がある。そのため，所有権は，その排他的帰属への干渉に対しても，絶対的保護を受ける（YがX所有の動産をAに即時取得させるなど）。

(ii) 二重譲渡による所有権侵害　これらと区別すべきは，二重譲渡による所有権侵害の場面，例えば，Xが所有者Aから不動産甲を買い受けて所有権を取得したが所有権移転登記を経ない間に，YもAから甲を買い受けて登記を経由した場合である（この場面は，(2)(b)のとおり，債権侵害の問題ともいえる）。第一譲受人Xは，たしかに，Yの第二譲受行為によって所有権を失う（帰属の侵害）ものの，Xは，登記がなく，所有権の排他的帰属を第二譲受人Yに対抗できない地位にあった。そのため，Yの行為は，それ自体としてはXの所有権の侵害とみなしがたい（非絶対権侵害型）。

伝統的理解によれば，Yの譲受行為は，むしろ，背信的悪意による場合にかぎり違法性を帯びる。判例上も，YがXA間の売買の事実を知っていた場合であっても不法行為責任は成立しないとされている（最判昭和30・5・31民集9

巻6号774頁)。このような取扱いは，177条の「第三者」に関する背信的悪意者排除論とも対応しており，自由競争の思想を基礎におく。

これに対して，近年の学説では，悪意で足りるとするなど，より広く不法行為の成立を認める立場も有力である（(2)(b)(iii)参照)。なお，177条の「第三者」の解釈との関係では，このような立場は，悪意者排除論だけでなく背信的悪意者排除論とも結び付きうる（177条は，所有権の帰属秩序に関わるため)。

(b)　**他物権**　　他物権の保護に関しては，所有権との異同を中心に説明するにとどめる。

(i)　用益物権　　用益物権は，限定された範囲での物支配を権利内容とするので，当該範囲の物支配の妨害に対し絶対的保護を受ける（絶対権侵害型)。

不動産賃借権の保護も，用益物権に準じる。賃借権の物権化が理由である。

(ii)　担保物権（抵当権）　　抵当権は，目的不動産の交換価値の支配を権利内容とする。抵当不動産が損傷または一部分離された場合は，そのような価値支配の侵害として，抵当権侵害の不法行為が成立する（大判昭和3・8・1民集7巻671頁参照)。これに対して，第三者が抵当不動産を不法占有する行為は，一定の要件のもとで，抵当権に基づく優先弁済権の行使に対する侵害となるにとどまる（大判昭和9・6・15民集13巻1164頁，最大判平成11・11・24民集53巻8号1899頁参照)。

抵当権侵害の不法行為に関しては，物上代位との関係も含め，LQ民法Ⅱ〔第10章第4節〕も参照のこと。

(iii)　占有権　　本権に基づかない占有の侵害に関しては，学説上，使用収益の利益が不法行為法による保護に値しないとの議論が有力である。判例は，この場合にも保護を肯定している（大判大正13・5・22民集3巻224頁)。

なお，占有権侵害の不法行為による損害賠償請求は，占有の訴えの規定（198条以下）によることになる（LQ民法Ⅱ・第6章第5節参照)。

Column Ⅱ 2-7　知的財産権

特許権・著作権や実用新案権・意匠権・商標権などの知的財産権は，排他独占的支配の権利として所有権に類似する面があり，所有権類似の保護を受ける。

すなわち，知的財産権における支配は，特定の無形財の特定の利用行為（特許発明の実施や著作物の複製など）を対象とする。権利者は，法律に基づき，特定の無形財の特定の利用行為の権利を専有し（特許68条，著作21条など），当該無形財の当該利用行為の可能性を独占する。そのため，知的財産権は，他者によるこの独占的地位への干渉に対し絶対的に保護されることになる（絶対権侵害型）。

(2) 債　権

(a) 総　説　債権は，債務者の給付行為を介して将来に財産的利益を獲得することができる法的地位（財産価値獲得の可能力）であって，それ自体が財産価値・財貨性を帯びる。債権は，そのような1個の法的財貨として，不法行為法による保護を受ける。

債権が不法行為により侵害される局面には様々な場合がありうるところ，従来の議論は，主として，つぎの3つの場面を念頭においていた。第1は，Yが（Xの債権の）債務者Aとの競合取引により，Xの債権の実現を妨げる場面である。第2は，Yが債権の目的物や債務者Aの身体に対し加害をして，結果，Xの債権が履行不能になる場面である。第3は，YがXの債権の排他的帰属を侵害する場面である。

このうち，第1・第2の類型では，債権における財産価値獲得の可能力が侵害されている（当該債権に基づいて本来の給付を請求することができなくなる）のに対し，第3の類型では，債権者における債権の排他的帰属が侵害される。また，第1の類型では，債権侵害が取引行為のかたちで行われるのに対し，第2の類型は，物・人身に対する物理的加害行為による。

以下では，類型ごとに，権利法益侵害要件の判断をみていく。なお，債権侵害の不法行為の問題は，講学上，これまで債権総論において詳論されることが多かったので，債権総論の教科書の記述も参照されたい。

Column Ⅱ 2-8　債権侵害の不法行為の理論構成

債権に関しては，かつて，債権の相対性の観点から，第三者による債権侵害の不法行為をそもそも観念することができるのかが争われた。債権は，債務者に対し給付を請求する権利であって，これを侵害するのは債務者（債務不履行）のみではないか，という問題である。

この点につき，判例や伝統的学説は，「権利の通有性」としての「対世的権利不可侵の効力」をもって，債権侵害の不法行為の成立を基礎づけた（大判大正4・3・10刑録21輯279頁)。これは，債権の効力として，権利不可侵効という対世的効力を承認し，第三者によるその侵害を論じるものである。

もっとも，ここにいう不可侵性の意味は，不法行為法における権利・法益（その1つである債権）の保護に尽きており，これを債権の効力として構成すべき必然性はない。債権の権利内容が債務者に対する請求権に尽きるとしても，不法行為法の次元では，(a)に述べたとおりに保護法益性が肯定される。

(b)　競合取引による債権実現の妨害の類型　(i)　総　説　第1の，債務者との競合取引により債権の実現を妨げる類型とは，Yが，すでにXとの間で契約を締結しているAにはたらきかけて，Xの契約と競合するような契約を締結させた上で，Aに当該契約を履行させる（XA間の契約については債務不履行をさせる）ことにより，Xの債権の実現を妨げる場合をいう。例えば，Yが，Xに雇用・委任されているAを重ねて雇用・委任する事例や，不動産売主Aに二重の売買契約を締結させて先に登記を経由する事例である。

この類型で，債権は，債務者Aの給付に対する排他独占的支配を伴わないため，第三者Yの特定の行為態様による侵害に対してのみ保護される（非絶対権侵害型)。Xの債権の保護の範囲は，Yの側の取引活動の自由（Aに対する取引勧誘の自由）との比較衡量によって画定されることになる。

(ii)　伝統的学説　伝統的学説は，債権という権利の性質と自由競争の原理を基礎に，本類型における不法行為の成立範囲を相当狭く画してきた。それによれば，Yが，Xの債権の存在を知りながら同一内容の債権を取得して履行を受けた場合にも，Yの行為は原則として適法である。なぜなら，債権には排他性がなく，同一内容の債権が時間的に相前後して成立しうる上，それら複数の債権の効力は互いに平等である（いずれの債務を履行するかは債務者の意思にゆだねられる)。それらの債権ないし債権者は，債務者の給付をめぐって自由競争の関係に立っている。

この立場からは，YがAの債務不履行に積極的に加担し（教唆・通謀)，かつ，その行為が公序良俗違反となる場合にはじめて，違法性が認められて不法行為が成立するとされる。なお，公序良俗違反への着眼は，相関関係理論に基づく。

(iii)　近年の学説　伝統的議論に対しては，近年，債権保護の範囲が狭すぎるとの批判が高まっている。この批判説は，本類型でもYに債権（契約関係）の存在の認識（故意）があれば，広く不法行為の成立を認めてよいとする（とくに二重売買事例）。その理由として，自由競争の思想は，先行する他人の契約を侵害しての競争まで含むものではない。むしろ，契約関係の存在を認識した者（Y）は，当該契約を尊重し，それを侵害するような取引を慎むべきである。

(c)　**目的物等に対する加害による履行不能の類型**　　第2の，債権の目的物等に対する加害の結果，債権が履行不能になる類型について，本書では，別途，間接被害の観点から取り上げる（第3章第4節(3)）。この類型は，Aの所有物や身体に対する加害行為から，XA間の債権関係を介して（間接的に）Xの債権の侵害が生じるという加害構造をとり，また，不法行為責任の成否にとっても，この加害構造が決定的な意味をもつ。

(d)　**債権の排他的帰属の侵害の類型**　　第3の，債権の排他的帰属を侵害する類型とは，①YがXの有価証券を毀滅したり，Aに善意取得させる事例や，②Yが受領権者としての外観を有する者（478条）として債権の弁済を受け，Xをして債権を失わせる事例を指す。債権者の地位を㋐債権それ自体と㋑当該権利の債権者への帰属関係とに分解するとき，これらの事例では，もっぱら㋑帰属関係が侵害されている。

伝統的学説は，債権侵害のうちでも，帰属の侵害の類型だけは所有物の侵害と同視できるとしてきた。この点の論理は，つぎのようになる。すなわち，債権といえども，権利帰属の次元では排他性があり，債権者（債権の帰属主体）は，当該債権の法的処分・行使の可能性を独占している。そのため，債権の帰属は，この排他独占的地位への干渉に対し絶対的保護を受け（絶対権侵害型），第三者の権利処分行為（事例①）や権利行使行為（事例②）はすべて不法行為が成立する。

Column Ⅱ 2-9　営　業

(i) 営業は，顧客との取引行為の反復・継続を通じて収益を獲得することに向けられ，一定の収益力を備える。この点で，営業（現に存立しているか，それに準じるもの）も，債権と同じく不法行為法の保護を受ける。「権利」侵害要件を緩和した大学湯事件判決（判例Ⅱ 2-1）も，老舗（営業上の得意関係）

の侵害に関する。

営業の法主体は，営業収益や顧客圏に対し排他独占的支配を有するものではない。そのため，営業は，特定の行為態様による侵害に対してのみ保護される（非絶対権侵害型）。真実でない事実を告知・流布して営業上の信用を毀損する場合や偽計・威力を用いて営業を妨害する場合（大判大正3・4・23民録20輯336頁〔脅迫による販売停止〕ほか）などが，その例である。

(ii) 営業の侵害は，しばしば，競業関係にある者相互間で問題となる。そこでは，Yの競業行為・その手段によってXの営業が侵害されるかたちになるため，Xの営業の保護は，競業者Yの営業の自由との比較衡量を通じてその範囲を画定される。結果として，判例の表現でいえば，「許される自由競争の範囲を逸脱」する行為による営業の侵害だけが，違法性を帯びて不法行為を構成する（最判平成19・3・20判時1968号124頁〔風営法の規制を利用したパチンコ店の出店妨害〕参照）。その際，自由競争の範囲の具体的判断については，競争法の詳細な規律が手掛かりとなる。不正競争防止法2条1項が定める「不正競争」のほか，独占禁止法2条9項・一般指定が定める「不公正な取引方法」などが重要である（これらの行為については，不正競争4条や独禁25条にも，特別の責任成立要件がおかれている）。

(3) 総体財産

(a) 総　説　いわゆる総体財産の減少場面から，主要な類型を取り上げる。

(i) 一般的理解によれば，(b)以下に述べる諸事例は，具体的な権利法益の侵害がないまま財産損害だけが生じる場面であるとされ，純粋経済損失や総体財産の減少の名で呼ばれる。このような理解については，条文上，権利法益侵害要件との整合性が問われるだけでなく，権利法益の侵害に代わって何が不法行為評価を基礎づけるかも問題になるところ，伝統的学説では，この点の説明を違法性説・相関関係理論が担ってきた。それによれば，権利侵害要件は違法性要件に置き換えて読むべきであり，かつ，加害行為の違法性は，何ら権利侵害がなくても，侵害行為の態様（非難性）だけでこれを認めてよい場合がある。

(ii) これに対して，本書の以下の叙述は，そもそも，総体財産の減少場面としての位置づけに反対するものである。その理由として，順次みるとおり，いずれの事例でも，単なる総体財産ではなく具体的法益（個別的財産権など）の侵害が問題となっている。また，不法行為の成否の判断においても，あくまで当該法益・その侵害が基礎におかれ，行為態様それ自体の非難性が決定的なわけではない。

(b)　**詐欺による取引行為**　(i)　総体財産の減少の古典的類型は，詐欺による取引行為においてYがXから金銭や物を騙取（へんしゅ）する場面である。伝統的理解は，このような場面では権利侵害がないが，Yの詐欺行為は侵害行為の態様面（刑罰法規・公序良俗違反）から違法性を帯びる，としてきた。

(ii)　前記(a)(ii)の視角によれば，この場面では，相手方Yによる動機づけ行為に対し，Xに帰属する金銭・物所有権（当該権利のXにおける権利帰属）の保護が問われる。もっとも，YがXの意思にはたらきかけて金銭・物を処分させる行為は，当該処分がXの自由な意思決定に基づくかぎり，Xにおける権利帰属を侵害したことにはならない。さらに，取引行為については，各自（取引主体X）の自己責任の原則が妥当し，Yの側にも取引活動の自由が広く認められている。その結果，Xにおける金銭・物所有権の権利帰属は，まずは詐欺による取引行為に対し保護されたのである。

(c)　**契約締結の不当勧誘**　(i)　近年では，詐欺による取引行為の枠を超えて，Yが不実告知により誤認を生じさせる等の方法でXを勧誘して，Xに損失をもたらしうる契約を締結させ，結果としてXが取引上の損失を被った場面でも，不法行為の成立が肯定される。

この類型は，下級審の裁判例を通じて金融・投資商品の販売勧誘を中心に発展し（後に金販5条がおかれた），最高裁判決にも，説明義務を尽くさない変額保険の勧誘を「違法な勧誘行為」とした例（最判平成8・10・28金法1469号51頁〔相続税対策で加入した変額保険が元本割れした〕）や，信義則上の説明義務に違反した出資契約の勧誘を不法行為とみている例（最判平成23・4・22民集65巻3号1405頁〔経営破綻の現実的なおそれについて説明せずに出資を勧誘した〕）がある。他には，不動産取引の勧誘が多い（最判平成18・6・12判時1941号94頁参照）。

契約の勧誘が不法行為（不当勧誘）とされるのは，具体的には，つぎの2つの場合である。第1は，不実告知によって，相手方の事実誤認を積極的に惹起して契約締結をさせる行為である。第2は，情報収集・分析能力に構造的格差がある当事者間（事業者・消費者間など）で，優位に立つ側が，説明義務に違反して相手方の事実誤認を放置したまま契約締結をさせる行為である。

(ii)　前記(b)(ii)と対比するとき，契約締結の不当勧誘による責任は，つぎの観点から自己責任の原則を再吟味して，取引主体Xに帰属する金銭・物所有権（当該権利のXにおける権利帰属）の保護をより強化するものにあたる。すなわち，自己決定による自己責任の原則からも，不実告知等の結果，事実誤認のもとでされた金銭・物の処分は，Xの自由な意思決定に基づかないとする余地がある。また，自己責任による情報収集・分析の原則は，Xに対する不実告知等の方法による勧誘行為までをも，取引活動の自由とするものではない。

Column Ⅱ 2-10　契約締結の不当勧誘による不法行為責任の機能

契約締結の不当勧誘による不法行為責任は，判例上，詐欺取消制度（96条）の狭隘さを回避する手段として重要な役割を果たしてきた。要件面をみたとき，契約締結の不当勧誘による責任は，勧誘者に詐欺の故意がない場面にまで及び，勧誘行為が違法とされる範囲も広い。また，損害賠償の内容も，当該契約に基づく出捐・債務負担の塡補に向けられ，実質的に契約関係の巻き戻し（取消しの効果）と等しいのである。なお，現在までに，意思表示の取消原因は特別法を通じて大幅に拡大されているものの（消費契約4条，特定商取引9条の3・24条の3など），契約締結の不当勧誘による責任が機能すべき場面はなお残されている。

(d)　**不当訴訟の提起**　(i)　Yが，Xに対し，事実的・法的根拠のない訴訟を提起して敗訴したが，Xは応訴のために訴訟追行費用（弁護士費用など）の支出を強いられたという場面も，学説上，総体財産の減少の問題とみなされてきた。

判例によれば，このような訴えの提起は，「提訴者の主張した権利……が事実的，法律的根拠を欠くものであるうえ，提訴者が，そのことを知りながら又は通常人であれば容易にそのことを知りえたといえるのにあえて訴えを提起したなど，訴えの提起が裁判制度の趣旨目的に照らして著しく相当性を欠くと認められるときに限」り，相手方に対する違法な行為となる（最判昭和63・1・26民集42巻1号1頁）。

(ii)　前記(a)(ii)の視角によれば，この場面では，訴訟提起行為に対し，Xの被告たる法的地位（その不発生）の保護が問われている。もっとも，「裁判を受ける権利」（紛争の終局的解決を裁判所に求めうる権利）をふまえて，提訴者における裁判制度の利用の自由とXの応訴負担を比較衡量するとき，Xの法益の保護は，判例のように狭く局限されることになる。

(e)　**建物の基本的安全性を損なう瑕疵**　(i)　Yが設計・施工した建物に瑕(か)疵(し)があり，当該建物の取得者Xが瑕疵による損失に関してYの不法行為責任を追及する場面でも，総体財産の減少の問題が登場する。後掲の〈判例Ⅱ 2-2〉およびその再上告審判決（最判平成23・7・21判時2129号36頁）によれば，建物の設計・施工者Yは，「建物としての基本的な安全性を損なう瑕疵」，すなわち，「居住者の生命，身体又は財産を危険にさらすような瑕疵」がある場合にかぎり，瑕疵修補費用相当額について不法行為による賠償責任を負うとされる。

(ii)　前記(a)(ii)の視角によれば，判例の想定する状況では，建物の基本的安全性を損なう瑕疵に対し，建物取得者Xを含む居住者等の生命身体の保護が問われている。そして，生命身体が現実の侵害に対し絶対的保護を受けることに照らせば，侵害のおそれ（「放置するといずれは……危険が現実化する」〔前掲・最判平成23・7・21〕という程度のそれ）の段階でも，生命身体に対する危険の除去のために，瑕疵修補費用の賠償が認められてよい。契約目的物の瑕疵の問題は，本来，契約法の規律領域に属する（美観や快適さを損なう瑕疵など）ものの，この場合にかぎっては，生命身体の保護のために不法行為法が介入することになる。

〈判例Ⅱ 2-2〉最判平成19・7・6民集61巻5号1769頁

【事案】 建築主Aは，建築士事務所Y_1に設計・工事監理を委託し，建設会社Y_2に施工を請け負わせて，マンション甲を建築した。完成後の甲をXがAから買い受けたところ，後になって瑕疵（ひび割れ，鉄筋の耐力低下等）が判明した。そこで，Xが，Yらに対し，不法行為に基づく損害賠償を請求した。

請求を棄却した原判決に対し，Xが上告受理申立て。

【判旨】 破棄差戻し。「設計者，施工者及び工事監理者……は，建物の建築に当たり，契約関係にない居住者等に対する関係でも，当該建物に建物としての基本的な安全性〔居住者等の生命，身体又は財産を危険にさらすことがないような安全性〕が欠けることがないように配慮すべき注意義務を負う」。「設計・施工者等がこの義務を怠ったために建築された建物に建物としての基本的な安全性を損なう瑕疵があり，それにより居住者等の生命，身体又は財産が侵害された場合には，設計・施工者等は……不法行為による賠償責任を負う」。

3 人格的利益

人格的利益は，身体的利益とそれ以外の人格的利益（狭義の人格的利益）とに大別される。以下の叙述では，この対置を軸に，(1)生命・身体，(2)生活環境，(3)名誉・プライバシー等，(4)家族関係の4つを区別している。生命・身体以外は，いずれも狭義の人格的利益にあたる。

なお，不法行為法の保護を受ける人格的利益は，これら4類型に尽きるものではなく，狭義の人格的利益の例は(2)以下のほかにも存する。

Column Ⅱ 2-11　人格権論

学説上，各種の人格的法益を包括する存在として「人格権」を構想する議論も，広くみられる。人格権という権利の提唱は，人格的利益の重要性と法的保護の拡大・強化の要請を認識させる点で，重要な実践的意義が認められる。

もっとも，純粋に法技術的観点からいえば，権利法益侵害要件の文脈において，人格権か否かは何らの意味ももたない（絶対権性が特別の意味をもちうるにとどまる）。なお，差止めの文脈での「人格権に基づく差止め」構成については，第6章2(1)参照。

(1) 生命・身体

生命・身体や身体の自由といった身体的利益は，人身それ自体の保護に関わる。

(a) **生命・身体・健康**　(i) 人は自己の身体の支配者であり，他者による身体侵害に対して絶対的保護を受ける（絶対権侵害型）。身体の保護には，当然，生命の保護も含まれる。

身体侵害は，有形力を行使して身体の外部的完全性を損なう場合のほかに，身体への作用の方法が無形的である場合や，作用の結果が身体内部での機能低下である場合も含む。内部的な機能低下だけを生じた場面は健康侵害と呼ばれるが，これも身体侵害の一場合とみなしうる。これらすべての場合に，身体侵害行為は，身体の排他独占的支配を妨げる行為として，違法評価を受けて権利法益侵害要件を充足する。生活妨害の場面（生活利益の侵害行為）におけるような受忍限度論（(2)(b)）は，ここにはあてはまらない。

(ii)　なお，生命侵害の局面では，死亡による損害賠償請求権の法律構成に関連して，遺族の固有利益（扶養利益など）の侵害を論じる学説が有力である（第4章第2節**3**(1)(b)）。しかし，この立場でも，責任成立要件の判断は，（遺族の固有利益を被害者本人の生命の転移・投影とみて）生命侵害を捉えて行われる。

Column Ⅱ 2-12　身体的自己決定権

(i) 身体に関しては，身体侵襲を伴う医療行為の局面で，身体的利益の側面（肉体の保護）とは別に，身体的自己決定の保護が問題となる。

医療の高度の専門性ゆえ，医師・患者関係において，（医学的観点から最善とみられる）治療行為の選択・決定は医師の専権に属するようにもみえる。しかし，治療行為は患者の身体に対する重大な干渉であり，患者は，それを自ら決断することに正当な利益を有する。この利益は，学説・判例上，身体に関する自己決定権（身体的自己決定権）として構成されてきた。

身体的自己決定権の侵害と評価されるのは，医師が患者の同意を得ないで治療行為を行った場合（専断的治療行為）や，同意を得るにあたり十分な説明を怠っていた場合（説明義務違反）である。医師には，手術にあたって「疾患の診断（病名と病状），実施予定の手術の内容，手術に付随する危険性，他に選択可能な治療方法があれば，その内容と利害得失，予後などについて説明すべき義務がある」（最判平成13・11・27民集55巻6号1154頁）。これらの説明が尽くされてはじめて，患者は，実質的な意味で，手術を受けるか否かの意思決定をすることができる。

その際，身体的自己決定権の侵害は，手術に手技ミスがあったか否かを問わない。さらには，手術が首尾よく治療目的を達した場合にもなお，その侵害が成立することがある。例えば，最判平成12・2・29民集54巻2号582頁は，宗教上の信念から輸血を拒否する意思を明確に表明している患者に，「輸血を伴う可能性のあった本件手術を受けるか否かについて意思決定をする権利」を認めた上で，救命に成功した本件手術につき，当該権利の侵害による不法行為を肯定した。

(ii) なお，同じく身体的自己決定の保護の観点からは，専断的治療や説明義務違反の場面につき，（手術それ自体またはそれに付随する合併症等において）身体侵害の不法行為を肯定する構成も成り立つ（第8節**2**(2)(b)）。

(b)　**身体の自由**　(i)　身体の自由とは，身体的拘束を受けない自由（場所的移動の自由）を指す。この自由も，身体支配の一局面（身体的利益）として，絶対的保護を受ける（絶対権侵害型）。

(ii)　なお，人格的利益としての「自由」（710条参照）には，身体の自由のほかに，関連判例こそ少ないものの，各種の精神的自由（信教の自由など）も含まれる。もっとも，身体の自由と精神的自由とでは法的性格が大きく異なり，各種の精神的自由は，非絶対権侵害型に該当する。

(2)　生活環境

人の身体を取り囲んで存在する環境（生活環境など）も，人格的利益の1つとなる。

(a)　**生活利益（総説）**　一定の生活環境のもとで快適な生活を享受しうる利益（生活利益）については，生活妨害に対する保護が要請される。

生活妨害とは，騒音・振動・粉じん・ばい煙・臭気の放散や日照・通風妨害によって，周辺の他人の生活に妨害・悪影響を与える類型の不法行為を指す。不可量物の放散による場合は積極的生活妨害，奪取の場合（日照・通風妨害）は消極的生活妨害と呼ばれる。積極的生活妨害は，（不可量物による）被害者の身体への物理的侵入を伴う点で，身体侵害とも連続する。

(b)　**受忍限度論**　生活利益は，生活妨害に対する絶対的保護がなじまない（非絶対権侵害型）。都市化・工業化が進展した現在では，社会共同生活上，他者の生活利益への相互的干渉は避けがたいからである。積極的生活妨害の場面でいえば，被害者側の生活利益には，妨害者側の生活・営業自由が対立する。また，消極的生活妨害の場面では，日照・通風利益は，妨害者側の土地所有権の権利内容（土地上の空間の支配）と衝突することになる。

判例・学説上，生活利益の保護の範囲は，受忍限度論によって画定されてきた。この理論は，不可量物の放散等による生活利益の侵害が社会生活上受忍すべき限度を超えているか否かを，侵害行為の違法性の判断基準とするものである。具体的な受忍限度は，公法上の規制基準違反の有無，当該地域の性格，加害者側の立地と被害者側の居住の先後関係，侵害行為の継続性の有無などの諸事情を考慮して設定される。

近年の最高裁判決にも，つぎのような判示がみられる。「工場等の操業に伴う騒音，粉じんによる被害が……違法な権利侵害ないし利益侵害になるかどうかは，侵害行為の態様，侵害の程度，被侵害利益の性質と内容，当該工場等の所在地の地域環境，侵害行為の開始とその後の継続の経過及び状況，その間に採られた被害の防止に関する措置の有無及びその内容，効果等の諸般の事情を総合的に考察して，被害が一般社会生活上受忍すべき程度を超えるものかどうかによって決すべきである」（最判平成6・3・24判時1501号96頁）。

Column Ⅱ 2-13　受忍限度と公共性

公益上の必要性が高い施設による生活妨害の場面では，受忍限度の判断にあたり公共性を考慮に含めるべきかという特有の問題が生じる。

この問題は，一般に，営造物責任（国賠2条）の文脈で議論されてきた。そこでの判例は，「侵害行為の態様と侵害の程度，被侵害利益の性質と内容，侵害行為のもつ公共性ないし公益上の必要性の内容と程度等を比較検討」した上で，受忍限度を超えた違法な法益侵害の有無を判断している（最大判昭和56・12・16民集35巻10号1369頁〔大阪国際空港訴訟。航空機騒音〕，最判平成7・7・7民集49巻7号1870頁〔国道43号線訴訟。自動車騒音・排ガス被害〕など）。これに対し，学説は，公共性を理由に受忍限度を高めることに対し批判的である（第6節**4**(1)(b)(ii)も参照）。引用判例も，結論的には，公益上の必要性をみてなお損害賠償責任を肯定している。

なお，差止めの局面での公共性の考慮につき，第6章**4**(1)。

(c)　**権利濫用構成**　なお，受忍限度を超える不可量物の放散を違法な侵害行為とみなすにあたり，判例は，かつて，権利濫用論に依拠した。大審院は，汽車のばい煙により松が枯死した事件において，ばい煙の放散を加害者側の権利行使と捉えた上で，その行為が被害者の認容すべき範囲を超える場合には，権利の濫用であって不法行為になるという論理構成をとった（大判大正8・3・3民録25輯356頁〔信玄公旗掛松事件〕）。最高裁でも，日照・通風妨害に関する最初の判決が同様の論理を展開した（最判昭和47・6・27民集26巻5号1067頁）。

しかしながら，積極的生活妨害において，不可量物を所有地の外に放散する行為は，そもそも土地所有権の範囲を超えている。また，消極的生活妨害の場面では，権利濫用法理を通じて，隣接地の日照・通風利益のために土地所有権それ自体の内容を制限する相隣関係規範（建築制限）が，新たに創設されたといえる。その後の判例では，権利濫用（土地所有権の濫用）構成を介することなく，端的に受忍限度が論じられるようになっている。

Column Ⅱ 2-14　景観利益

生活環境のさらに外側には，社会的・自然的な地域環境が位置している。

近年の国立景観訴訟では，景観利益の保護の問題が取り上げられた（「大学通り」周辺の，調和がとれた良好な景観が，高層マンションの建築によって高さの調和を乱された）。最高裁判決は，良好な景観に近接する地域内に居住する者において良好な景観の恵沢を享受する利益（景観利益）が法律上保護される利益にあたるとしながらも，その違法な侵害となる場合を，刑罰法規・行政規制の違反や，公序良俗違反，権利濫用などに限定した（最判平成18・3・30民集60巻3号948頁〔第3節2(3)参照〕）。

判決が慎重な態度をとる理由として，景観保護の本質は，良好な地域景観という公共的利益のために土地所有権の権利内容を制限するところにある。この点の決定は，本来，行政法規・条例の制定や地域住民の相互合意によるべきものである。

(3) 名誉・プライバシー等

名誉・プライバシーや氏名・肖像は，狭義の人格的利益（身体的利益以外の人格的利益）の典型例である。これらの法益は，いずれも，社会との関係における人格像の保護に関わる。

(a) **名　誉**　(i) 総　説　不法行為法上，名誉とは，人の品性，徳行，名声，信用等の人格的価値について社会から受ける客観的評価を指す（最判昭和45・12・18民集24巻13号2151頁参照）。

名誉は社会の評価に依存し，また，その侵害（名誉毀損）は表現行為（典型的には新聞・出版・放送など）によってなされる。そのため，名誉は，侵害に対し絶対的保護を受けず（非絶対権侵害型），表現の自由との比較衡量にさらされる。もっとも，この場面の法技術的特異性として，判例準則上，名誉の侵害行為の違法評価（名誉の保護と表現の自由との具体的な衡量・調整）は，権利法益侵害要件だけでなく，名誉毀損に特有の免責事由（特別の違法性阻却事由）の次元でもなされる。以下の説明も，こうした免責事由に重点をおいている。

(ii) 事実摘示による名誉毀損　名誉は，多くの場合，人の社会的評価を低下させるような事実を公然と摘示する行為（政治家Xがヤミ献金を受け取った旨の報道など）により侵害される。

事実摘示による名誉毀損については，判例上，刑法230条の2の規律をもふまえて，以下の免責事由が認められている。①当該行為が公共の利害に関する事項に係り，かつ，その目的がもっぱら公益を図ることにあった場合に，摘示事実が真実であることが証明されたときは，当該行為には違法性がなく不法行為が成立しない。②仮に摘示事実が真実であることが証明されなくとも，行為者において摘示事実を真実と信じるについて相当の理由があるときには，故意または過失が否定されて不法行為が成立しない（最判昭和41・6・23民集20巻5号1118頁〔国会議員立候補者の前科を指摘する新聞記事〕）。

これらの免責事由は，行為者側に主張・証明責任があり，①真実性の抗弁，②相当性の抗弁と呼ばれる。前記の判例は，違法―有責評価による責任判断を前提に，①を違法性阻却事由，②を有責性阻却事由としていることになる。②による有責性阻却は，①による違法性阻却が有責性に投影されたものにあたる（違法性阻却事由の不存在の事実が認識不可能であるために，有責性を欠く）。

名誉保護と表現の自由（真実伝達のそれ）の調整という観点からいえば，判例準則（①）は，公共的事項に関しては，真実の伝達を虚名（その人の真価を上回る名誉）の保護よりも優先し，他方，公共性のない言説に関しては，真実の伝達よりも名誉（虚名を含む）の保護を優先するものである。後者の点は，プライバシー保護のためにも機能する（プライバシー侵害の事例は，訴訟上，しばしば，名誉毀損として法律構成される）。

(iii)　論評による名誉毀損　　名誉は，人の社会的評価を低下させるような侮辱的な意見ないし論評（「知事Xは有害無能だ」など）を公然と表明する行為によって侵害されることもある。

ある事実を基礎としての意見・論評の表明（特定の根拠事実を示して行う論評）による名誉毀損については，判例上，つぎのような免責事由が認められている。①当該行為が公共の利害に関する事項に係り，かつ，その目的がもっぱら公益を図ることにあった場合に，意見・論評の前提としている事実が真実であることの証明があったときは，当該行為は違法性を欠く。②仮に当該事実が真実であることが証明されなくとも，行為者において当該事実を真実と信じるについて相当の理由があれば，故意または過失が否定される。③ただし，人身攻撃に及ぶなど，意見・論評としての域を逸脱している場合は，以上の例外となる（最判平成9・9・9民集51巻8号3804頁〔ロス疑惑の新聞報道における「極悪人」等の見出し〕）。

こうした判例準則は，公正な論評の法理と呼ばれる。表面的には真実性・相当性の抗弁と平行的だが，公正な論評の法理は，意見内容それ自体の正当性・合理性の有無を問わない点が特徴的である（最判平成16・7・15民集58巻5号1615頁参照）。そのため，この法理による免責範囲は広範に及ぶ。

名誉と表現の自由（意見表明のそれ）の調整という観点からいえば，判例準則（①）は，公共的事項に関して，真実を基礎とする論評全般を名誉の保護よりも優先するものである。当該意見の正当性・合理性を問わない点は，公共的事項をめぐる自由な批評・論議の重要性と，論評それ自体の内容が不合理ならば他人の名誉を低下させる危険も低いこととが，考慮されている。

(b)　プライバシー　　(i)　総　説　　伝統的理解によれば，プライバシーとは，私生活上の事実の公開や私的生活領域への侵入に対する保護（私生活の平穏・自由）を指す。わが国ではじめて「プライバシー権」を論じた裁判例も，これを「私生活をみだりに公開されないという法的保障ないし権利」（東京地判昭和39・9・28下民集15巻9号2317頁〔『宴のあと』事件〕）として定式化していた。

プライバシーは，侵害に対し絶対的保護を受けない（非絶対権侵害型）。

(ii)　私的領域の事実の秘匿　　プライバシー侵害の主要類型は，私的領域の事実（夫婦生活・異性関係，医療情報，前科など）の秘匿が，それを公表する表現行為によって侵害される場面である。ここでのプライバシー保護は，表現の自由との比較衡量にさらされる。

表現の自由との調整方法に関して，判例は，「プライバシーの侵害については，その事実を公表されない法的利益とこれを公表する理由とを比較衡量し，前者が後者に優越する場合に不法行為が成立する」としている（〈判例Ⅱ 2-3〉，最判平成15・3・14民集57巻3号229頁。引用は後者による）。例えば，前科は，当人が秘匿を欲する履歴であると同時に，社会が公共的な関心を抱き，表現の自由の対象となるべき事項でもありうるので，〈判例Ⅱ 2-3〉【判旨】のような個別具体的な衡量判断が必要となる。

ところで，同じく表現の自由と人格的利益との調整問題でありながら，プライバシー侵害に関する判例の判断枠組みは，事実摘示による名誉毀損の場面での真実性の抗弁（(a)(ii)①）とは全く異なっている。その理由として，公表された私的領域の事実が真実であれば，プライバシーの侵害は一層深刻となる。また，プライバシー侵害をめぐっては，まさに「公共の利害に関する事項」といえるか否かが争われるのである。

判例 Ⅱ 2-3　最判平成6・2・8民集48巻2号149頁（『逆転』事件）

【事案】 昭和39年，Xは，アメリカ統治下の沖縄で，米兵死傷事件に関して陪審評議を経て実刑判決を受けた。Xは，2年間の服役後，上京し，前科を秘匿して生活していた。ところが，昭和52年に，この裁判の陪審員であったYが，当該事件・裁判を題材とするノンフィクション『逆転』を執筆・公表し，そのなかでXの実名を用いた。そこで，Xが，Yに対し，プライバシー侵害を理由に慰謝料を請求した。

Xの請求を認容した原審判決に対し，Yから上告。

【判旨】 上告棄却。「前科等にかかわる事実については，これを公表されない利益が法的保護に値する場合があると同時に，その公表が許されるべき場合もあるのであって，ある者の前科等にかかわる事実を実名を使用して著作物で公表したことが不法行為を構成するか否かは，その者のその後の生活状況のみならず，事件それ自体の歴史的又は社会的な意義，その当事者の重要性，その者の社会的活動及びその影響力について，その著作物の目的，性格等に照らした実名使用の意義及び必要性をも併せて判断すべきもので，その結果，前科等にかかわる事実を公表されない法的利益が優越するとされる場合には，その公表によって被った精神的苦痛の賠償を求めることができる」。

(iii)　個人情報の適正な取扱い　　近年は，プライバシー権として，自己に関する情報をコントロールする権利を構想する立場が有力化している。この議論によれば，前記(ii)の類型とともに，個人情報の不適正な収集・管理・利用という高度情報化社会に特有の問題も，プライバシー侵害の一類型として捉えることができる。

個人情報の収集・管理・利用に対する関係で，自己情報コントロールとしてのプライバシーは，秘匿性の高い情報はもちろん，単純な個人情報（氏名・住所等）をも対象に含む。プライバシー侵害の不法行為となりうるのは，これらの個人情報の①不正手段による取得，②漏えい，③本人の同意がない第三者提供などである。その具体的判断にあたっては，個人情報保護法15条以下の規律が参考になる。

近時の判例には，②個人情報の漏えい（最判平成29・10・23判時2351号7頁〔通信教育会社Yの顧客の氏名・生年月日・住所・電話番号等の個人情報が不正に持ち出されて名簿業者に流出した〕）や，③無断での第三者提供（最判平成15・9・12民集57巻8号973頁〔外国国賓講演会を主催した大学Yが，参加者を募る際に，参加申込者Xらに学籍番号・氏名・住所・電話番号を名簿へ記入させ，Xらの同意を得ないままこの名簿を警察に提出した〕につき，プライバシー侵害による不法行為の成立を認めたものがある。

Column Ⅱ 2-15　肖　像

自己の肖像を無断で撮影・公表されない利益は，肖像権と呼ばれる。自己情報コントロール権論によれば，肖像権もまた，プライバシーの一環として位置づけられる。

判例では，無断撮影行為に対する保護が問題となった。ここでも，肖像の保護は，撮影者側の法益（報道・取材の自由など）との比較衡量にさらされ，その調整方法は(b)(ii)の場面に類似してくる。最判平成17・11・10民集59巻9号2428頁（週刊誌カメラマンが，写真撮影が禁止された刑事事件の法廷で，手錠腰縄姿の被疑者を隠し撮りした。違法性肯定）によれば，ある者の容ぼう，姿態をその承諾なく撮影する行為は，「被撮影者の社会的地位，撮影された活動内容，撮影の目的，撮影の態様，撮影の必要性等を総合考慮して，被撮影者の上記〔みだりに自己の容ぼう，姿態を撮影されないという〕人格的利益の侵害が社会生活上受忍の限度を超える」場合に，不法行為法上違法となる。

(c)　氏　名　氏名は個人を特定する機能を担っているので，氏名を使用する権利は本人のみが有する（氏名権）。この権利は，他人による冒用に対し絶対的保護を受ける（絶対権侵害型）。

これに対し，他人から「氏名を正確に呼称される利益」の侵害は，害意による等の場合にかぎり違法性を帯びる（最判昭和63・2・16民集42巻2号27頁〔昭和50年当時の慣用に従い，放送局が在日韓国人の氏名を日本語読みした。違法性否定〕）。

Column Ⅱ 2-16　**パブリシティ権**

著名人（芸能人・スポーツ選手など）の氏名・肖像等は，商品の販売を促進する顧客吸引力を備え，人格的利益よりもむしろ財産的利益の性格が強い。パブリシティ権は，氏名・肖像のこの側面をとくに抽出したものであり，氏名・肖像等が有する「顧客吸引力を排他的に利用する権利」を指す（最判平成24・2・2民集66巻2号89頁）。判例によれば，著名人の氏名・肖像等を無断で使用する行為は，「専ら……顧客吸引力の利用を目的とするといえる場合」に，パブリシティ侵害として違法となる（前掲・最判平成24・2・2）。例えば，ブロマイド，キャラクター商品，商品広告への無断使用が該当する。

(4) 家族関係

家族関係・家庭は，個人にとって最も基本的な人的結合関係として，不法行為法の保護を受ける。なお，以下の諸問題は，家族法との関わりが深いので，LQ民法Ⅵ（とくに第1編第2章第4節**1**(3)・第6節**3**(2)）も参照のこと。

(a) **婚姻・内縁関係**　婚姻関係の侵害に関しては，まず，他方配偶者の有責不法な行為のために婚姻関係が破綻して離婚に至った場合が，不法行為とされる（最判昭和31・2・21民集10巻2号124頁参照）。また，内縁を正当の理由なく破棄する行為も，不法行為となる（最判昭和33・4・11民集12巻5号789頁）。

ただし，婚姻関係の当事者でない第三者が不法行為責任を負うのは，夫婦を離婚させることを意図して婚姻関係に対する不当な干渉をするなどして当該夫婦を離婚のやむなきに至らしめた場合に限られる。婚姻の解消は，本来，夫婦間で決められるべき事柄だからである（最判平成31・2・19民集73巻2号187頁〔YがXの妻Aと不貞行為に及んだ。責任否定〕。最判昭和38・2・1民集17巻1号160頁〔父Yが息子Aの内縁の妻Xをいびって追い出した。責任肯定〕参照）。

(b) **「夫又は妻としての権利」**　一方の配偶者AがYと不貞行為をする場面では，他方配偶者Xの「夫又は妻としての権利」（貞操要求権とする学説や「婚姻共同生活の平和の維持」の権利法益とする判例もある）の保護が問われる。実際の訴訟では，Xは，不貞配偶者Aを被告とせず，もっぱら不貞の相手方Yにおける不法行為を取り上げる。

この場面につき，判例は，Yによる不法行為を広く肯定する（**判例Ⅱ 2-4**【判旨】①）。ただし，不貞行為時にすでにXA間の婚姻関係が破綻していた場合は，不法行為としない（最判平成8・3・26民集50巻4号993頁）。

これに対し，学説では，原則として（あるいは全面的に）不法行為の成立を否定する立場が有力である。Xの前記権利・法益の実現は，終局的にAの意思（不貞行為をしないこと）にかかっているところ，Yは，Aが自由意思で行った不貞行為につき，その相手方となったにすぎないことによる。

(c)　**未成熟子の利益**　夫婦の一方AがYと不貞行為をして家庭を放置する場面では，さらに，未成熟子の利益（監護教育を受ける権利など）の保護も問題となりうる。

判例は，この局面では，不貞相手方Yにおける不法行為の成立を原則として否定しており（判例Ⅱ 2-4【判旨】②），学説もこれを支持する。

判例Ⅱ 2-4　最判昭和54・3・30民集33巻2号303頁

【事案】 Aには妻X_1と未成年の子X_2がいるところ，Y女が，Aに妻子のあることを知りながらAと肉体関係を結び，Aの子供を出産した。その後，Aは，Yと同棲するに至っている。そこで，XらがYに対し慰謝料を請求した。

請求をすべて棄却した原判決に対し，Xらが上告。X_1に関する部分につき，破棄差戻し（判旨①），X_2に関する部分につき，上告棄却（判旨②）。

【判旨】 ①「夫婦の一方の配偶者と肉体関係を持った第三者は，故意又は過失がある限り，右配偶者を誘惑するなどして肉体関係を持つに至らせたかどうか，両名の関係が自然の愛情によって生じたかどうかにかかわらず，他方の配偶者の夫又は妻としての権利を侵害し，その行為は違法性を帯び，右他方の配偶者の被った精神上の苦痛を慰謝すべき義務がある」。

②「妻及び未成年の子のある男性と肉体関係を持った女性が妻子のもとを去った右男性と同棲するに至った結果，その子が日常生活において父親から愛情を注がれ，その監護，教育を受けることができなくなったとしても，その女性が害意をもって父親の子に対する監護等を積極的に阻止するなど特段の事情のない限り，右女性の行為は未成年の子に対して不法行為を構成するものではない……。けだし，父親がその未成年の子に対し愛情を注ぎ，監護，教育を行うことは，他の女性と同棲するかどうかにかかわりなく，父親自らの意思によって行うことができる」からである。

第5節　因果関係要件

(1) 要件内容

責任成立のためには，加害者の行為と被害者に生じた権利法益侵害との間に因果関係がなければならない。因果関係（責任成立の因果関係）要件は，つぎのとおり，行為義務違反の意味での過失行為と第一次侵害との間の因果関係を内容とする。709条の文言では，「(過失に）よって」がこれに対応する。

(i) 因果関係の始点　過失の客観化を前提とするとき，因果関係要件の始点には，行為義務違反の意味での過失行為が該当する。

(ii) 因果関係の終点　因果関係要件の終点には，一連の加害過程において被害者に最初に生じた権利法益侵害，すなわち，第一次侵害が該当する。因果関係それ自体は当該の権利法益侵害を超えてさらに展開するにせよ，責任成立の判断（責任成立の因果関係）にとって，第一次侵害以降の因果的展開は重要でない。

例えば，Yが猛スピードで自動車を運転中，交差点で右折車両に接触し，歩道に突っ込んで歩行者Xをひいた事例でいえば，Yの当該高速走行行為とXに生じた身体侵害との間の因果関係が，責任成立の因果関係にあたる。

Column Ⅱ 2-17　**加害段階による類型化論から**

過失不法行為につき，本書では，直接侵害型と間接侵害型の2類型を区別する（第6節 1 (3)）。両類型は，それぞれ異なる加害段階の行為を捉えて不法行為責任を追及するため，因果関係要件の登場の仕方も大きく異なってくる。

(i) 直接侵害（侵害段階）型　この類型は，権利法益を直接侵害する行為（直接侵害行為）を捉えて不法行為責任を追及するものである。ここでの因果関係の要求は，成立要件論上，権利法益侵害要件（直接侵害行為）の一内容として位置づけることで足りる。直接侵害行為は，原因行為と行為結果（第一次侵害）の両要素から構成され，かつ，両者が表裏一体の関係にあるからである。

(ii) 間接侵害（危殆化段階）型　この類型は，権利法益を危殆化する行為（危殆化段階の行為）を捉えて不法行為責任を追及するものである。そのため，因果関係要件として，加害者の危殆化行為（行為義務違反の意味での過失行為）と第一次侵害との間の因果関係が要求される。

(2) 本書での叙述

因果関係要件について，本書では，責任範囲の項で詳細を説明する（第3章第2節〔とくに1(3)(b)参照〕）。因果関係要件は，責任成立だけでなく責任範囲の次元でも登場し，かつ，後者の問題ともみなしうる場面が多いことによる。

第6節　故意・過失要件

1 過失論の展開

はじめに，故意・過失要件のうちの過失要件を取り上げ，現在までの変容・展開をたどる。過失要件をめぐっては，過失の現代的変容との関連で，学説上，著しい理論展開がみられる。

(1) 伝統的理論

(a) 起草者の説明　民法の起草者は，権利侵害－故意過失の2要件につき，「行為ガ権利侵害ニナラナケレバ行カヌ」，「行為ノ基トナリマスル意思ノ有様ト云フモノハ，積極的ニ消極的ニ故意又ハ過失デナケラネバ行カヌ」としていた。これは，2要件を行為と内心の対置として整理し，故意過失要件では行為者の内心（「心ノ有様」）を捉える趣旨であった。

もっとも，起草者の説明には揺らぎもみられ，「為スベキコトヲ為サヌトカ或ハ為シ得ベカラザル事ヲ為ス」行為を捉えて「過失」ともしている。この点は，旧民法財産編370条1項の「過失又ハ懈怠」要件が内心と行為の双方にまたがっていたことが影響している。

(b) 伝統的学説　(i) 伝統的学説も，故意過失要件を，加害者の心理状態を捉える主観的要件として位置づけた。

それによれば，故意とは，権利侵害という結果（違法な事実）が発生すべきことを認識しながら，それを認容して，ある行為をするという心理状態を指す。また，過失とは，そのような結果の発生することを認識すべきでありながら，不注意のためそれを知りえないで，ある行為をするという心理状態を指す。

この理解は，権利侵害－故意過失の2要件に，客観的違法性－主観的有責性の対置を重ね合わせ，故意過失要件を有責性（違法な行為につき行為者の意思決定を非難しうること）の意味に解するものにほかならない。また，過失責任の帰責根拠に関しても，意思非難（有責性）に基づく意思責任とみていることになる。過失でいえば，意思の緊張を欠いて，違法評価を受けるべき行為事実を認識しないで当該行為を決意したことに対し，意思非難を向けるのである。

(ii)　過失要件の伝統的理解は，それを基礎におく伝統的成立要件論（違法性―故意過失要件）とともに，学説上，長らく支配的な地位を占めた。

この間，判例上は，行為に「缺(か)くる所」があることを過失とする判決（大判明治32・12・7民録5輯11巻32頁）も少なくなかったが，伝統的学説からは，これらの判決は前記のような心理状態を外部的行為に基づいて事実認定したものという位置づけになる。

(2)　過失の客観化

(a)　過失の現代的変容　その後，1960年代から1970年代にかけて，高速度交通や産業活動の急速な拡大・発展に伴い，交通事故・公害・製造物事故などの不法行為訴訟が急増した。そこには，事故・被害発生の抽象的危険をはらむ活動が行われる過程で，その危険が（不運にも）現実化して生命身体の侵害に至るという，特徴的な加害構造がみられる。

そして，これらの事件を通じて，判例では，過失の客観化・行為義務違反化の動きが顕著になった。裁判所は，加害者が何々すべき注意義務を負うにもかかわらずその注意義務を怠ったことをもって，過失としたのである。ここでは，主に加害者の客観的行為の次元で過失を捉えて，加害者がなした行為の内容が期待される行為基準（行為義務）に違反したか否かにより，過失の有無が判断されている。

例えば，トラック運転手Yが飛び出してきた児童Xをひいた事例につき，ある判決によれば，「自動車運転者は，前方道路上に遊戯中の児童を認めた場合，……児童に対し警笛等により自動車の接近を知らせ，児童の避譲を確認した後その側方を徐行して通過し，もって危険の発生を未然に防止すべき業務上の注意義務がある」ところ，本件でのYには，「前記注意義務を怠り，警笛を吹鳴(すいめい)することも，徐行することもせず，漫然進行し」た過失がある（神戸地判

昭和39・7・15民集21巻1号66頁)。

(b) **過失の客観化の背景**　こうした過失の変容には，前記の特徴的な加害構造が深く関わっている。

第1に，事故発生の抽象的危険性が現実化して結果発生に至る場面で，伝統的な過失理解がいう結果発生の認識（予見）可能性は，有用な判断基準となりえない。認識可能性の判断は，個別具体的内容の認識を問うか抽象的内容のそれを問うかにより，両極端にぶれてしまう。

第2に，事故発生の危険が内在する活動については，危険の程度を一定の水準（社会相当程度）に制御することが課題となる（当該の活動全般をそもそも差し控えることは，非現実的であるため）。そして，この意味での危険制御にとっては，意思の緊張よりもむしろ，事故防止のための適切な行為基準を定めてそれを遵守することが重要なのである。

第3に，そのような行為基準の設定に際しては，実現すべき危険制御の水準をめぐって，加害者側の活動自由と権利法益保護の要請との調整が必要となる。行為義務違反という構成は，こうした規範的判断を位置づけるにふさわしい。

(c) **伝統的枠組みとの緊張関係**　ところが，理論面では，過失の客観化現象は，成立要件論の伝統的枠組みと緊張関係に立つことになる。

まず，過失の重点が外部的行為におかれている点は，違法－有責評価による責任判断との整合性が問われうる。また，加害者の行為態様を捉えて行為義務違反と構成する点は，違法性の実質を権利法益侵害に求める結果不法論からのずれをはらみうる。さらに，過失の客観化・行為義務違反化は違法性と過失の接近・融合現象をもたらすところ（第1節 2 (2)(b)），この点は，違法性－故意過失要件の峻別を前提とする二元的構成それ自体の適否にまで関わってくる。

そのため，過失要件をめぐる議論状況は，以後大きく変化するところとなり，学説上，3つの方向性が対立している。

(3) 第1の方向性――加害段階による類型化

(a) **内　容**　伝統的学説の延長上にある立場は，過失要件のもとで2類型の過失不法行為責任を構想することを通じて，過失の客観化への理論的対応を図る。具体的には，加害行為の構造面から，直接侵害型と間接侵害型の2類型が対置される。

(b)　**直接侵害（侵害段階）型**　　直接侵害型は，いわば古典的な不法行為類型であって，侵害段階の行為につき過失不法行為責任を追及する。

(i)　規律対象　　この類型は，他人の権利・法益を直接侵害する行為（行為とその結果たる権利法益侵害が表裏一体の関係にある場合）を対象とする。加害段階面からいえば，直接侵害行為とは，侵害段階の行為にほかならない。例えば，（考え事をしながら）自転車をこいでいて歩行者にぶつかる行為や，（ドッグフードと勘違いして）ネズミ駆除用の毒餌を他人の犬に与えて死なせる行為が，本類型の規律対象となる。

(ii)　過失要件の内容　　この類型では，伝統的な過失理解がそのままあてはまる。違法性要件が直接侵害行為（その結果面たる権利法益侵害）を取り上げるのに対して，過失要件は，権利法益の直接侵害の認識可能性を内容とし，有責性に対応する。

(c)　**間接侵害（危殆化段階）型**　　間接侵害型は，判例が新たに創出した現代的な不法行為類型であって，過失不法行為責任の追及を危殆（きたい）化行為の段階まで前倒ししている。

(i)　規律対象　　この類型は，他人の権利法益を社会相当程度を超えて危殆化する行為（これが不運にも権利法益の侵害に至った場合）を対象とする。例えば，自動車の運転者がスピードを出して住宅地を走行する行為（その結果，突然前方にあらわれた子供に衝突した場合）や，工場が許容量を超える汚染物質を河川に排出する行為（その結果，他の不利な条件も重なって下流域の魚を死滅させた場合）である。

なお，危険たるものの性質上，危殆化段階の行為は，何らかの中間原因を介在してはじめて危険が現実化し，権利法益侵害に至る。間接侵害の名称は，この点に対応している。

(ii)　過失要件の内容　　この類型では，過失要件の内容が伝統的理解から大幅に変容している。ここでの過失判断は，行為義務違反の観点から，社会相当程度を超える危殆化行為（スピードを出して住宅地を走行する行為など）の有無を吟味することが，中心的内容となる（過失の客観化）。他方，認識可能性（有責性）の要求は切り下げられ，当該行為による社会相当程度を超える危殆化についての認識可能性で足りる（危殆化行為は，通例，これを伴う）。

結果，この類型での過失要件は，有責要素とともに違法要素を含み，かつ，後者の比重が大きい（違法性と過失の融合）。

(d) **検　討**　(i) 間接侵害型の過失不法行為の構想は，過失の行為義務違反化の本質を浮き彫りにする。抽象的危険を内包する諸活動の広まりは，間接侵害という新たな構造の加害行為を出現させた。過失判断でいわれる行為義務は，この規律課題に対応すべく，過失不法行為責任を危殆化段階まで前進させるものである。

しかも，行為の違法―有責評価の前倒しという整理（Column Ⅱ 2-18(ii)）は，このような間接侵害型の過失不法行為（過失の行為義務違反化）を，なお意思責任の文脈におくことを可能にする。

(ii) これらの点にかんがみ，本書も，この立場を支持している。

Column Ⅱ 2-18　各類型における違法―有責評価

各類型における行為の違法―有責評価の詳細は，以下のとおりである。

(i) 直接侵害型　　この類型では，直接侵害行為（侵害段階の行為）を捉えて違法性・有責性が吟味される。まず，直接侵害行為は，侵害禁止規範（直接侵害の一般的禁止）を通じて，一般的に違法評価を受ける（ここでの違法性の実質は，権利法益の侵害に存する）。他方，有責評価の観点からは，当該行為による直接侵害（違法評価を受けるべき行為事実にあたる）の認識可能性が，この直接侵害行為に関する意思非難を基礎づける。

(ii) 間接侵害型　　この類型では，違法―有責評価の対象が危殆化行為にまで前倒しされる。まず，危殆化行為は，危殆化禁止規範を通じて違法評価を受ける（ここでの違法性の実質は，権利法益の危殆化に存する）。侵害禁止規範の外側には，危殆化禁止規範が広がっており，他者の権利法益を社会相当程度を超えて危殆化する行為を禁止しているのである。他方，有責評価の観点からは，この違法な危殆化行為に関する意思非難として，当該行為による社会相当程度を超える危殆化の認識可能性が問われる。

(4) 第2の方向性――行為不法論への転換

(a) **内　容**　　伝統的枠組みから一歩踏み出す論者は，結果不法論から行為不法論への転換をもって過失の客観化を受けとめ，過失要件と行為義務違反・違法評価との間に必然的な結合関係を見出す。

(i)　行為不法論と過失　　この立場は，違法性に関して以下のように説く。現代の高度技術化社会では，しばしば，社会相当程度の危険にとどまる行為（交通規則どおりの自動車運転など）からも権利侵害という結果が発生する。結果不法論からは，これらの行為も当然に違法とみなされることになるが，それは不当である。むしろ，行為不法論へと転換することにより，故意によるか結果回避の行為義務に違反して権利侵害を生じさせた場合にかぎって，加害者の行為を違法と評価すべきである。この点で，過失不法行為については，過失要件を通じて結果回避義務違反を吟味する必要がある。過失の客観化現象も，そのあらわれである。

(ii)　有責性の不問　　さらに，この立場からは，過失要件に関する前記の理解を押し進めて，過失要件は，通常人を基準とする結果回避義務の違反（違法性）に尽きるという見解も提唱された。この見解では，有責性としての過失を全く要求しないことになる。抽象的過失論を前提とするかぎり，過失は有責性非難の問題とみなしがたい（**2**(3)(c)(i)参照），との理由が挙げられる。

(b)　検　討　　この立場は，行為不法論で一貫しているものの，理論体系面ではつぎの2点に留意すべきである。

(i)　行為不法論への転換は，もっぱら不法行為責任が想定されており，正当防衛・差止めの局面（故意・過失による侵害を要件とするのでない事前の権利保護制度）には適合しない。例えば，猟師Xに随行したYが特別に視力がよく，Xが構えた銃の前方にいる動物が人間（A）であることに気付いて，Xの銃を叩き落とした場合に，Yの行為（Xの権利法益の侵害）がAの身体のための正当防衛に該当するか否か（Aの身体に対する違法な侵害の急迫〔第8節**2**(1)(b)(i)〕の有無）は，結果不法を基礎に判断すべきである。

(ii)　また，有責性としての過失を要求しない見解は，過失不法行為の責任根拠にまで波及することになり，意思責任と並ぶべき新たな責任根拠を構想しなければならない（**2**(3)(c)(ii)参照）。

(5)　第3の方向性――過失要件による一元的判断

(a)　内　容　　これに対し，根本的な反対論は，成立要件論の伝統的枠組みを全面的に排斥した上で，行為義務違反たる過失要件に責任判断の大部分を担わせる。

(i) 判例に沿った定式化　この立場は，ドイツ法学流の違法－有責評価による責任判断を退けた上で，過失を，主観的有責性ではなく，予見可能性を前提とする損害回避義務に違反する行為として定式化する。

論者によれば，709条は，ドイツ法ではなくフランス法の系譜に属するところ，フランス法でのフォート（過失）要件は，主観的要素とともに客観的な義務違反の要素を含む。また，判例も，過失を意思の緊張の欠如として捉えているわけではなく，むしろ，前記の定式化こそが実際の裁判例とも合致する。

(ii) 過失要件への一元化　同時に，この立場は，成立要件論の構造に関しても，裁判例の現実をふまえて，過失要件への一元化に向かう傾向が強い。すなわち，フランス法のフォート要件に類似した一元的構成である。

その理由として，論者によれば，709条の成立要件において，不法行為の成立を限定する機能は，権利侵害ないし違法性要件によっては果たされず，すべて過失要件にゆだねられてきた。そのため，過失要件は，判例上，不法行為が成立したかどうかという判断全般を含む高度の規範的概念として機能している（過失が行為義務違反のかたちをとるのも，この点のあらわれである）。その際，過失の具体的判断については，㋐損害発生の危険の程度と㋑被侵害利益の重大さ，および，㋒損害回避義務によって犠牲にされる利益の3つが，判断因子となっている（4(1)(a)）。

(b) **検　討**　この立場は，判例との整合性を強く志向し，また，成立要件論としても一貫するものの，つぎのような問題点が指摘されうる。

(i) 過失要件を違法－有責評価による責任判断から完全に切り離して組み立てる点は，他面で，名誉毀損の免責事由に関する判例の構成（第4節3(3)(a)）と明らかに齟齬することになる。

(ii) また，成立要件を過失要件に一元化する立場では，同要件の判断内容が大きく膨らみ，加害者の責任原因の判断だけでなく，保護法益性の程度の判断まで含むことになる。例えば，被侵害利益の重大さの程度が低い場合に加害行為の具体的状況を顧慮して責任の成否を決する判断まで，前記㋑の因子を通じて過失要件に位置づけられている（伝統的学説では，これは違法性の問題とされた）。

2 故意と過失

続いて，2では，故意および過失の意義と両者の関係に関わる事項を中心に概説する。

(1) 故意・過失の関係

(i) 709条は，故意と過失を同じく取り扱う。「故意又は過失」要件は単なる過失によっても充足され，また，故意でも過失でも「損害を賠償する責任」が効果となる。

こうした態度は，刑法が故意犯を原則とし（刑38条1項），また，故意犯により重い刑を科するのとは，対照的である。この点は，不法行為制度が損害塡補の方法による権利保護を目的とし，不法行為責任の内容も損害賠償義務にとどまることによる（Column Ⅱ 1-1 (ii)）。

(ii) 学説上も，伝統的に，故意・過失は同質のものと理解されてきた。故意・過失のいずれもが，主観的有責性の観点から定式化されており（1 (1)(b)），両者の相違は意思非難の程度の大小にとどまる。そのため，故意不法行為と過失不法行為とが別個の不法行為類型とされることもなかった。

これに対し，近年では，故意不法行為と過失不法行為の異質性を指摘して，両類型を区別して論じる立場も，有力である。故意の場合の責任加重や，過失不法行為と意思責任論の不整合が論拠とされる（(2)(b)(ii)，(3)(c)(ii)）。

(2) 故　意

(a) **故意の意義と責任根拠**　伝統的説明によれば，故意とは，権利侵害という結果（違法な事実）が発生すべきことを認識しながら，それを認容して，ある行為をするという心理状態を指す。この定式化は，違法―有責の評価枠組みを前提に，故意を有責性の一場合として理解するものである。また，故意の不法行為責任は，違法な結果に向けられた悪い意思に対する意思非難に基づく（意思責任）。

なお，違法―有責評価による責任判断を退ける立場（1 (5)）からは，故意は，加害の意思（損害を加えようとする意思）として定義されている。

(b) **責任の加重**　(i) 709条は故意と過失を同列におくものの，判例・学説を子細にみれば，具体的場面によっては，故意不法行為の責任のほうが過失よりも若干加重されている。

まず，競合取引による債権実現の妨害の場面（第4節2(2)(b)）では，不法行為の成立のために故意以上の内心的要素が要求されてきた。また，間接被害としての営業・債権侵害の場面（第3章第4節(2)(a)(i)，同(3)(i)）でも，加害者は，営業・債権侵害に関する故意がある場合にかぎって責任を負うとされている。さらに，精神的損害に対する慰謝料も，故意のほうがより容易に肯定され（物の滅失による精神的損害を考えよ），慰謝料額も高い（Column Ⅱ 4-9 ①参照）。

(ii) 伝統的理解は，これらの諸場面は，故意の非難性の程度の反映にすぎないとみる。さらに，間接被害との関連では，目的的行為という観点からの説明もなされる（Xの営業を妨害すべく従業員Aの身体を害する故意行為は，その目的性のゆえに営業侵害行為とみなされ，営業侵害の責任を基礎づける）。

これに対し，近年の有力説は，責任加重の諸場面を1つの理由として，故意不法行為と過失不法行為の本質的相違を説いている。

(3) 過　失

(a) **過失の意義（注意の内容）**　過失とは，注意（注意義務）の怠りを指すところ，そこでの注意の内容は，1で過失論の展開をみたとおり，大きく変容してきた。

伝統的理解によれば，過失とは，権利侵害という結果（違法な事実）が発生することを認識すべきでありながら，不注意のためそれを知りえないで，ある行為をするという心理状態を指す。そこでの注意の内容は，意思を緊張させて違法な結果の発生を認識することにある。

しかし，その後，過失の客観化現象（行為義務違反化）を通じて，過失における注意は，客観的行為の次元へと重点を移すに至った。近年の支配的理解によれば，過失とは，結果の発生を予見して回避すべき注意義務の違反であるとされ，とくに結果回避義務違反の要素が重視されている。

(b) **抽象的過失**　民法上の過失概念に関しては，誰に期待される注意を基準とするかにより，抽象的過失と具体的過失の区別がある。前者は，通常人に期待される注意を怠ることを指し（400条の「善良な管理者の注意」），後者は，当該行為者に期待される注意を怠る場合をいう（659条の「自己の財産に対するのと同一の注意」など）。

709条の過失は，このうち，抽象的過失にあたる。その実際的帰結として，加害者個人の注意能力が通常人より低い場合（特別の疲労状態，初心者，生来の粗忽者など）でも，通常人がなすべき注意を怠れば過失とされる。このような取扱いは，被害者側に，通常人に期待される注意水準での権利保護を確保するという意味をもつ。

(c)　**責任根拠**　(i)　意思責任論批判　伝統的には，過失の不法行為責任も，故意の場合と同じく意思責任とみなされてきた。意思の緊張を欠いて違法な結果の発生を認識しなかったことに対する意思非難に基づく責任とされる。

ところが，近年の議論は，以下の理由をもって意思責任論に反対する。第1に，過失の客観化のため，過失は，いまや主観的有責性ではなく行為義務違反に存する。第2に，行為者の意思を非難するには，本来，抽象的過失だけでは足りず，行為者本人の注意能力を基準とする具体的過失が必要なはずである。

(ii)　信頼責任論　反対説によれば，過失不法行為の帰責根拠は，むしろ，信頼責任にある。社会共同生活では，互いに，他の社会構成員が通常人と同じ注意をする（法が命じる行為義務を遵守する）ことを信頼できるのでなければならない。過失（注意義務違反）のある加害者は，この信頼を裏切ったことにより責任を負うのである。

このような理解からは，故意不法行為と過失不法行為の関係についても，両者の異質性が強調されることになる。

(iii)　検　討　加害段階による類型化論（**1**(3)）からは，過失不法行為についても意思責任論をとることでよい。なぜなら，第1に，過失の行為義務違反化（間接侵害型）を前提とするときにも，依然，過失要件には有責性の要素が含まれている（**1**(3)(c)(ii)）。第2に，有責評価・意思非難にあたって通常人を基準とすることも，変則的ではあるが許される。このような有責評価は，行為者個人の能力が通常人よりも劣後する例外的場面のかぎりで，信頼責任をふまえた擬制的な意思非難を行うにすぎない（意思責任論の部分的制限）。

3 過失の構成要素

3と4では，過失の構成要素および判断基準について，詳しくみていく。

(1) 総　　説

近年の支配的理解によれば，過失（注意義務の怠り）は，(a)予見可能性（予見義務違反）と(b)結果回避義務違反という2要素からなる（本書の理解に関して，Column Ⅱ 2-19）。

(a) **予見可能性（予見義務違反）**　予見可能性とは，権利法益侵害という結果の発生に関するそれを指す。予見すべきであったという規範的要請を示す意味で，予見義務ともいわれる。結果発生を予見してはじめて当該結果の回避が可能になるとの理由から，この予見可能性の要素は，結果回避義務の論理的前提という位置づけがなされる。

(b) **結果回避義務違反**　結果回避義務とは，権利法益侵害の発生を防止する作為・不作為の行為義務を指す。不文の義務であって，義務の成否・程度の判断は裁判所にゆだねられている。過失の重点をなすのは，この結果回避義務違反の要素である。

Column Ⅱ 2-19　加害段階による類型化論から

加害段階による類型化論（1(3)）から，直接侵害型・間接侵害型の各類型での過失要件の内容につき，(a)(b)の2要素との対応関係を示しておく。

(i) 直接侵害（侵害段階）型　この類型での過失は，もっぱら当該行為による権利法益の直接侵害の認識可能性に存し，これは，(a)予見可能性と対応する。他方，(b)結果回避義務違反の要素との関連では，むしろ，権利法益侵害要件のもとで，直接侵害が一般的に禁止されている（侵害禁止規範）。

(ii) 間接侵害（危殆化段階）型　この類型での過失は，①危殆化禁止規範に違反する危殆化行為と，②当該行為による権利法益の危殆化の認識可能性からなる。前者は，(b)結果回避義務違反に対応し，後者も，実質的に(a)予見可能性と等しい。なお，後者は，危殆化禁止規範の論理的前提としてではなく，有責評価の観点から要求される。

(2) 予見可能性と調査研究義務

予見可能性の要素については，判例・学説上，一定の場面で，調査研究義務の導入を通じて要求が緩和されている。とくに，公害・薬害事件では，被害発生の当時，健康への悪影響や副作用の存在がいまだ知られていなかった場合も少なくないところ，調査研究義務の承認を通じて，このような場面でも過失が肯定されてきた（〈判例 Ⅱ 2-5〉，〈判例 Ⅱ 2-7〉）。

すなわち，化学工場の操業や新薬の製造販売等，予想外の重大な危険が潜在する可能性がある活動をはじめるにあたって，行為者は，積極的にそのような危険を疑い，可能な調査研究を尽くすよう求められる（調査研究義務）。そして，調査研究をすれば実質的危険の存在が判明した（これにより結果発生が予見可能になった）であろう場合には，予見可能性があったものとして取り扱われるのである。

なお，薬害事件に関しては，製造者の無過失責任を定める製造物責任法の立法によって，予見可能性（過失）をめぐる実務的問題はすでに解消されている。

〈判例 Ⅱ 2-5〉**東京地判昭和53・8・3判時899号48頁（東京スモン訴訟）**

【事案】 Xらは，整腸剤として服用したキノホルム製剤の副作用によって，歩行障害・視力障害等の重篤な神経障害（スモン）を発症した。判決は，同剤を製造・販売した製薬会社Yらの過失を認め，Xらの損害賠償請求を認容した。

【判旨】「製薬会社に要求される予見義務の内容は，(1)当該医薬品が新薬である場合には，発売以前にその時点における最高の技術水準をもってする試験管内実験，動物実験，臨床試験などを行なうことであり，また，(2)すでに販売が開始され，ヒトや動物での臨床使用に供されている場合には，類縁化合物をも含めて，医学・薬学その他関連諸科学の分野での文献と情報の収集を常時行ない，もしこれにより副作用の存在につき疑惑を生じたときは……動物実験あるいは当該医薬品の症歴調査，追跡調査などを行なうことにより，できるだけ早期に当該医薬品の副作用の有無および程度を確認することである。」

(3) 結果回避義務の内容

(i) 予見可能性がある場合でも，結果回避義務違反がなければ過失ありとされない。この結果回避義務は，通例，結果発生を防止するような措置をとりつつ，ある活動を行うことに向けられる（交通規則を遵守した自動車運転など）。

裏返せば，結果発生の危険をはらむ活動全般をそもそも差し控えるべき義務ではない。なぜなら，そのような内容の結果回避義務は非現実的であり，また，結果回避義務違反を要求することの法技術的意義も失われてしまう（予見可能性があればつねに結果回避義務違反ありとなるため）。

(ii)　もっとも，とりわけ公害事件との関係では，結果回避義務の内容にも幅がありうる。

工場操業に伴う公害被害に関して，大正期の大阪アルカリ事件判決では，結果発生の防止のために「相当なる設備を施し」たかぎり過失がないとされていた（〈判例Ⅱ 2-6〉）。ところが，深刻な公害被害が社会問題化して以後，同判決の論理に対しては，不当な産業保護という批判が強い。工場操業に伴う健康被害が予見・認識された場合にも，相当な防止措置を講じてさえいれば過失責任を免れることになりかねないからである。

そのため，現在の学説では，公害事件での結果回避義務は，状況に応じて操業それ自体の停止を含みうるとされている（〈判例Ⅱ 2-7〉も参照）。結果発生の防止のために各種の措置を講じてもなお，工場操業が不相当な危険を伴う場面では，まさにそのゆえに，操業それ自体の停止（活動そのものの取り止め）という方法での結果回避を義務づけられうるのである。

〈判例Ⅱ 2-6〉大判大正5・12・22民録22輯2474頁（大阪アルカリ事件）

【事案】 Y会社（大阪アルカリ）の硫酸製造・精銅工場から放出される亜硫酸ガスのために，付近の地主・小作人Xらが農作物の減収被害を受けた。

Xらの損害賠償請求を認容した原判決に対し，Yが上告。破棄差戻し。なお，差戻審（大阪控判大正8・12・27新聞1659号11頁）では，Yが高煙筒等の「適当の方法を尽したりと云ふを得ず」として，Xの請求が認容された。

【判旨】「化学工業に従事する会社其他の者が，其目的たる事業に因りて生ずることあるべき損害を予防するが為め右事業の性質に従ひ相当なる設備を施したる以上は，偶々（たまたま）他人に損害を被らしめたるも，之を以て不法行為者として其損害賠償の責に任ぜしむることを得ざるものとす。何となれば，斯（かか）る場合に在りては，右工業に従事する者に民法第709条に所謂故意又は過失ありと云ふことを得ざればなり」。それゆえ，「Y会社に於て硫煙の遁逃（とんとう）を防止するに相当なる設備を為したるや否やを審究せずして漫然Y会社を不法行為者と断じたる」原判決は，破棄を免れない。

〈判例 Ⅱ 2-7〉新潟地判昭和46・9・29下民集22巻9＝10号別冊1頁（新潟水俣病訴訟）

【事案】Y会社の工場ではアセトアルデヒドを化学合成していたところ，その製造工程でメチル水銀化合物が副生され，工場排水とともに阿賀野川に放出されてしまった。その結果，沿岸住民Xらが有機水銀中毒症を発症した。

判決は，Yの過失を認め，Xらの損害賠償請求を認容した。

【判旨】「化学企業が製造工程から生ずる排水を一般の河川等に放出して処理しようとする場合においては，最高の分析検知の技術を用い，排水中の有害物質〔生物，人体等に重大な危害を加えるおそれのある副生物〕の有無，その性質，程度等を調査し，これが結果に基づいて，いやしくもこれがため，生物，人体に危害を加えることのないよう万全の措置をとるべきである。そして，右結果回避のための具体的方法は，その有害物質の性質，排出程度等から予測される実害との関連で相対的に決められるべきであるが，最高技術の設備をもってしてもなお人の生命，身体に危害が及ぶおそれがあるような場合には，企業の操業短縮はもちろん操業停止までが要請されることもあると解する。」

4 過失の判断基準

(1) 基本的判断枠組み

(a) 行為義務の判断因子　(i) 過失における行為義務（結果の発生を予見して回避すべき行為義務）の判断に関しては，有力学説が，アメリカ法の議論（ハンド判事の定式）を参考に以下の3因子を提示して，議論の土台を築いた。

すなわち，有力説によれば，行為義務の成否・程度は，㋐当該行為から生じる結果発生の危険の程度および㋑当該行為によって侵害されるであろう利益（被侵害利益）の重大さに対し，㋒行為義務を課すことによって犠牲にされる利益を比較衡量することによって決せられる。

(ii) これら3因子による判断を敷衍（ふえん）すれば，つぎのようになる。

まず，行為義務の成否・程度は，基本的に，因子㋐と㋑にかかっている。両因子は相関関係的評価を受け，一方が大きければ他方が小さくともよい。後掲の〈判例 Ⅱ 2-8〉では，病原感染のリスクとそれによる健康被害の重大さのゆえに，慎重な問診により当該給血者を排除すべき高度の行為義務が導かれている。

もっとも，因子㋐と㋑だけをみれば行為義務を肯定すべき場面でも，例外的に，因子㋒との比較衡量をもって行為義務が否定される場合がある。該当場面としては，医療行為・医薬品供給行為（治療効果との比較衡量），企業の生産活動での「相当な設備」論（判例Ⅱ 2-6，商品需要との比較衡量）や，道路交通での行為義務の分配（(2)(d)，交通の円滑との比較衡量）が例示される。

(iii)　なお，図式的整理では，3因子による判断は，「Probability（㋐）× Loss（㋑）＞ Burden（㋒）」とも定式化される。

判例Ⅱ 2-8 最判昭和36・2・16民集15巻2号244頁（輸血梅毒事件）

【事案】 東大病院の医師Aが，入院患者Xの体力補強のため，職業的給血者Bから血液を採血してXに輸血した。採血時，Bは，血清反応陰性の検査証明書を持参していたが，実際には売春婦を通じて梅毒に感染して陰性期間にあったため，Xも梅毒に感染するに至った。

Xは，Aの過失を主張して国Yの使用者責任を追及した。Xの請求を認容した原判決に対し，Yから上告。

【判旨】 上告棄却。「いやしくも人の生命及び健康を管理すべき業務（医業）に従事する者は，その業務の性質に照し，危険防止のために実験上必要とされる最善の注意義務を要求される」。然るに，本件では，A医師が，梅毒感染の危険の有無を推知するに足る「問診をすれば結果の発生を予見し得たであろうと推測されるのに，敢てそれをなさず，ただ単に『からだは丈夫か』と尋ねただけで直ちに輸血を行ない，以って本件の如き事態をひき起こすに至ったというのであるから，原判決が……注意義務違背による過失の責ありとしたのは相当であ」る。

(b)　犠牲利益との比較衡量に対する批判　(i)　このような有力説の分析に関して，学説上，行為義務の成否・程度が諸因子の衡量によること，㋐と㋑が重要な判断因子であることの2点は，広く支持されている。

(ii)　しかし，因子㋒に関しては，公害の場面での考慮（判例Ⅱ 2-6の産業保護的な態度）に対し，強い批判が向けられる。生命・身体侵害の危険をはらむ企業活動につき，①社会的有用性・公共性や②結果回避措置のコストとの比較衡量をもって企業側の行為義務を軽減する（「相当な設備」で足るとする）ことの是非に関する。

まず，①社会的有用性・公共性は，当該活動を直接に停止させる差止請求において公共的利益への影響を考慮すべき場合があるにとどまる（第6章4(1)参照）。損害賠償請求との関連では，公共的利益のために被害者個人に犠牲を強いて，損害賠償の権利すら与えないことは正義に反する，と批判される。

つぎに，②当該加害者における結果回避コストの負担（公害防止費用など）に関しても，生命・身体との比較衡量にあたってこれを過大視すべきではないとされる。多大な結果回避コストのために事業の採算性が疑われるならば，そもそも工場操業を開始しなければ足りたのである。

Column Ⅱ 2-20　加害段階による類型化論から

加害段階による類型化論の立場（1(3)）からは，間接侵害（危殆化段階）型における危殆化禁止規範が，ここでいう行為義務に対応する。

危殆化禁止規範は，侵害禁止規範をいわば前倒しして，一定程度を超えて他者の権利法益を危殆化する行為を禁止するものである。こうした禁止規範の前倒しは，権利保護の制度目的に資する反面，加害者側の活動自由の制約を伴う。そのため，禁止規範の前倒しの程度は，権利法益侵害の危険に対する権利保護の要請と活動自由の確保の要請との調整にかかってくる。ある具体的行為（自動車の高速走行や工場操業の開始）が危殆化禁止規範違反となるか否か・その範囲については，当該行為における権利法益侵害の危険性の程度と当該行為における具体的活動自由とを比較衡量すべきことになる。

なお，(a)に述べた有力説との対比でいえば，権利法益侵害の危険性（因子㋐にあたる）との比較衡量にあたって，具体的活動自由の重みには，当該行為の社会的有用性（因子㋒の問題）も反映されうる。他方，因子㋑は，むしろ，権利法益侵害要件（侵害禁止規範）のもとで考慮される（第4節1(2)参照）。

(2)　その他の諸原則・視点

過失における行為義務の成否・程度については，さらに，以下の原則・視点が妥当する。

(a)　**通常人の類型化**　　行為義務は，通常人の知識・技能・経験（能力）を基準に，その範囲内で設定される（抽象的過失〔2(3)(b)〕）。

その際，ここにいう通常人は，一般的・抽象的にではなく，職業・地位・立場等の社会生活上の役割ごとに類型化して観念される（通常人の類型化）。社会の専門化・分業化（より広くは社会生活領域の分化）を反映して，行為義務は，社会生活上の役割ごとに類型化された通常人の能力，つまりは各自の職業・地位・立場等に応じた，より高度の知識・技能・経験を基準とするのである。

例えば，医療行為・訴訟追行等，高度の専門的能力を求められる活動では，専門家（医師や弁護士）としての標準的能力が行為義務の基準となる。また，医療の例でいえば，行為義務の水準は医療機関の性質（一般開業医か大学病院・専門病院か）によっても左右されうる（最判平成7・6・9民集49巻6号1499頁参照）。

(b) 行為慣行との切断　行為義務は，あくまで規範的に設定されるため，社会で現に行われている注意の程度を超えることがある。例えば，医師は，平均的医師が現に行っている医療慣行に従った医療行為をしただけでは，必ずしも注意義務を尽くしたことにはならない（最判平成8・1・23民集50巻1号1頁〔麻酔時になすべき血圧測定の頻度が問題となった〕）。過失判断の基準とすべきは，現実社会での平均人ではなく，法規範が観念するあるべき通常人である。

(c) 取締法規の参照　事故発生の危険性が内在している活動については，取締法規に多数の行為規範がおかれている場合も多い。道路交通法・労働安全衛生法・食品衛生法・医薬品医療機器法などが，その例である。

これらの取締法規は，行政上の目的から一定の行為を制限・禁止するものであって，過失判断を趣旨として設定されたわけではない。しかし，取締法規の目的が安全確保・事故防止に存する場合には，取締法規上の行為規範は，結果的に，不法行為法上の行為義務と重なることになり，過失判断を大いに助ける。とはいえ，この場合にも，過失判断がつねに取締法規の内容に縛られるものではない（とくに，取締法規上の行為規範が危険制御のために不十分であるとき）。

(d) 行為義務の分配　1つの危険状況に複数人が関与する社会生活領域では，時として，行為義務の設定についても複数関与者による危険制御という観点が取り込まれ，行為義務の分配がなされる。これは，当該生活領域全体の円滑な進行・展開を確保すべく，危険制御のための行為義務の負担を，関与者全体で合目的的に分配するものである。各関与者は，自己に割り当てられた行為義務を遵守することで足りる。

行為義務の分配の典型場面は道路交通であって，信頼の原則として具体化されている。それによれば，交通関与者は，他の交通関与者が交通規則を遵守することを信頼してよい場合があり，この場合には，他の関与者が当該規則に違反する事態まで予想した行為をとるべき義務を負わない。例えば，信号機がなく見通しの悪い交差点でも，優先通行権を有する側の自動車は徐行義務を負わない（最判昭和45・1・27民集24巻1号56頁参照）。

Column Ⅱ 2-21　医師の行為義務と医療水準論

医師の行為義務に関しては，判例上，さらに，医療水準も基準とされる。医師は「危険防止のため実験上必要とされる最善の注意義務を要求されるが……（最高裁昭和36年2月16日第1小法廷判決〔判例Ⅱ 2-8〕参照），右注意義務の基準となるべきものは，診療当時のいわゆる臨床医学の実践における医療水準である」（最判昭和57・3・30下民集31巻9〜12号1547頁）。

医療水準論は，とりわけ，新規に開発された治療法が問題となっている局面で重要な意味を有する。いまだ医療水準として確立されていない段階の治療法については，医師は，実施に向けた義務を負わない。判例では，未熟児網膜症に対する光凝固法（1975年に厚生省研究班報告が公表されるまでの時期における施術・検査等の義務）がとくに問題となった。

5 訴訟上の取扱い

(1) 主張・証明の原則論

(i)　主張・証明責任　　訴訟上，故意過失要件に関しては，他の責任成立要件と同様，被害者の側に主張・証明責任がある。

(ii)　過失要件の主要事実　　過失要件については，過失（過失評価）それ自体ではなく，過失評価を基礎づける具体的事実が，主張・証明責任の対象（主要事実）となる。

その理由として，過失概念は，他の要件と比べて抽象性・不特定性が著しいため，弁論主義の観点からは，過失を構成する具体的事実までを主要事実として扱い，当事者に攻撃防御を尽くさせる（とくに相手方の不意打ちを防ぐ）必要がある。また，過失の有無は，裁判所による法的判断（規範的評価）の問題であり，直接の証明になじまない。証明の対象とすべきは，むしろ，そのような規範的評価を基礎づける具体的事実である。

(iii)　実際的帰結　　行為義務違反としての過失（過失の構成要素たる結果回避義務違反）でいえば，被害者の訴訟上の負担は以下のようになる。

被害者は，まず，（責任追及の対象となるべき）加害者の行為の内容を，具体的に特定しなければならない。さらに，当該行為が行為義務に違反すること（行為義務の存在・内容）を基礎づける事実についても，主張立証しなければならない。後者には，主として，当該行為がはらむ権利法益侵害の危険性に関わる諸事実が該当する（Column Ⅱ 2-20 参照）。

被害者は，例えば，加害者が自動車を運転して，見通しが悪く道幅も狭い生活道路を時速70キロで走行した事実を，主張立証すべきことになる。

Column Ⅱ 2-22　医師責任の債務不履行構成との対比

医療過誤事件において医師の責任を追及するための法律構成としては，不法行為構成以外にも，債務不履行（診療契約）構成がある。そして，債務不履行による損害賠償（415条）は，伝統的理解によれば，①債務の不履行とともに②債務者の帰責事由を要件とするところ，②債務者の帰責事由とは故意過失を指し，債務者の側がその不存在の主張・証明責任を負う。この点だけを取り上げれば，医師（債務者）の過失の主張・証明に関して，不法行為構成よりも債務不履行構成のほうが，患者にとって有利であるかにみえる。

しかしながら，債務不履行責任の要件全体を視野に入れれば，患者側の主張・証明の負担は，不法行為構成の場合と実質的に相違しない。債務不履行構成をとる場合にも，結局は，診療債務の特性（手段債務）のために，709条の過失に対応する問題が債務内容・不履行の次元で登場するのである。

つまり，診療債務は，患者の身体保護のため最善の治療措置を講じることを内容としており，診療債務の不履行（要件①）には，医師がした治療措置が適切でなかったという事実が該当する。これは，まさに709条の過失要件（行為義務違反としての過失）の内容と重なる。しかも，当該事実については，債権者たる患者の側に，具体的に特定して主張・証明すべき責任があると解される。

(2)　主張立証の負担の軽減

過失要件の主張立証は，因果関係の証明（第3章第2節 3 (4)(b)）と同様に，訴訟上，被害者に多大な困難をもたらすことがある。とりわけ，公害事件や医療過誤事件では，加害者の行為が工場や手術室の内部で行われる上，当該行為の適否も専門的知見に頼らなければわからない。こうした被害者の困難を（多少なりとも）軽減しうる手段としては，過失の基礎となる行為義務の高度化（それを通じた無過失責任への接近）のほかに，実務上，「過失の一応の推定」が認められている。

Column Ⅱ 2-23　**過失の一応の推定**

過失の一応の推定といわれる判例理論によれば，被害者側で，何らかの過失がなければ生じないような事実を証明した場合には，加害者側で，特段の事情があることの主張立証がされないかぎり，裁判所は，具体的に過失行為を特定することなく概括的に，過失の存在を推認してよい（大判大正 9・4・8 民録 26 輯 482 頁参照）。学説上，このような取扱いは，事実上の推定のうち，とくに蓋然性の高い強力な経験則に基づくものとして位置づけられている。

例えば，他人所有の山林の樹木を伐採した場合には，故意または過失によるとの推定を受ける（大判大正 7・2・25 民録 24 輯 282 頁）。また，注射直後に注射部位が化膿した場合には，注射液の不良または注射器の消毒不完全のいずれかであると推断して過失を認定してよい（最判昭和 32・5・10 民集 11 巻 5 号 715 頁）。

第７節　類型別の責任成立要件

1 不作為不法行為

(1) 総　　説

不法行為は，作為でなく不作為のかたちをとることがある。例えば，交通事故にあって病院に運び込まれた X につき，医師 Y が頭部 CT 検査をしなかった（そのため X が脳内出血により死亡した）場合である。1では，このような不作為不法行為を取り上げて，そこでの責任成立要件の組立てをみる。

(a) 従来の議論状況　(i) 伝統的学説は，作為と不作為の対置に基づき，不作為不法行為について，作為不法行為と異なる特別の責任成立要件を議論してきた。作為義務違反要件（(2)）や不作為の因果関係の問題（第 3 章第 2 節4）が，それである。

(ii) これに対し，近年は，不作為不法行為の特別視に反対し，作為義務や不作為の因果関係は特別の問題を生じないとする議論も有力である。この立場からは，作為と不作為の区別の困難も指摘される。例えば，消毒不十分なままでの注射行為は，一般に作為不法行為とされるが，消毒の不作為の問題ともいえる。

(b)　**独自の責任類型の構想**　本書では，(a)(i)の伝統的理解を進めて，①作為不法行為と②不作為不法行為という別個の責任類型を構想する立場をとっている。これら2つの責任類型は，2種類の対極的な加害構造（加害類型）を想定し，各々につき，当該構造にそくした独自の責任判断枠組みをおくものとして，位置づけられる。

すなわち，①作為不法行為という責任類型は，加害者が自らの作為により，当該作為から権利法益侵害に向かう因果系列を新たに設定するという加害類型（権利法益の侵害・危殆化）を，規律するものである。これに対し，②不作為不法行為という責任類型は，何らかの原因（自然力，第三者の行為，被害者の行為など）から権利法益侵害に向かう因果系列を，不作為によりそのまま放置するという加害類型（権利法益侵害・その危険の放置）を，規律するものである。この責任類型では，当該の因果系列につき，それを放置する不作為をもって責任が追及される。そのため，責任成立判断のあり方も，作為不法行為の責任類型とは大きく異なってくる。

(2)　作為義務違反要件

(a)　**伝統的理解**　不作為不法行為に関して，伝統的理解は，特別の責任成立要件として作為義務違反を要求する。これは，不作為不法行為の責任主体を限定することを狙っている。例えば，Xが川で溺れた場合に，それを傍観していたすべての者が責任主体となりうるわけではなく，救助義務を負う両親等に限られる。

理論構成面では，作為義務違反の要求は，違法性の観点から説明されてきた。それによれば，不作為による権利侵害は，消極的態様の侵害行為であるため，作為義務が存在する場合にはじめて違法性を肯定される（不作為の違法性）。また，ここでの作為義務は，法令・契約・条理慣習を成立根拠とする。

(b)　**過失要件との接近**　しかし，特別の責任成立要件としての作為義務違反の地位は，その後，過失の現代的変容（第6節1(2)）のために大きく揺らいでいる。過失の行為義務違反化（違法性と過失の接近現象）のもとでは，作為義務違反（不作為の違法性）の問題は過失要件と重なってくるからである。裁判例をみても，作為義務違反の問題を過失要件のもとで取り上げる例が多い。

不作為不法行為の特別視に反対する立場（(1)(a)(ii)）は，この点を指摘して，作為義務の問題は過失要件（過失における行為義務）の一般論に解消されてしまうと主張する。

(3) 作為義務の独自性

(a) **独自性の所在**　過失要件との接近に照らせば，作為義務違反要件は，成立要件論上，過失要件に位置づけることでよい。しかしながら，この場合にもなお，作為義務の名宛人の判断は，作為義務に特有の問題として残らざるをえない。すなわち，「他人を損害から保護せよ」という一般的な作為義務は認めがたいところ，果たして誰に作為義務が賦課されるのか，という問題である。

(b) **作為義務者の判断基準**　この問題につき，伝統的理解は，法令・契約・条理慣習という形式的根拠（法源）を挙げるにとどまる。実質的基準の次元では，作為義務は，どのような基準によって誰に賦課されることになるか。

この点，不作為不法行為の構造（(1)(b)②）に照らせば，作為義務判断の実質問題は，何らかの原因から権利法益侵害に向かう因果系列をめぐる負担・リスクを誰に割り当てるべきかにある。したがって，作為義務の名宛人については，当該因果系列との「近さ」が基準となろう。

①先行行為基準　まず，後掲の〈判例 II 2-9〉のように，当該因果系列を自己の先行行為によって始動させた者は，因果系列に介入してその進行を阻止すべき作為義務を負う。

②支配領域基準　当該因果系列（その始点たる危険源や終点たる被侵害権利・法益）を自己の支配領域に有する者もまた，作為義務を課せられる。とりわけ，㋐危険源を自己の支配領域内に有する者は，その危険の制御を命じられ（714条・715条や717条・718条が予定する監督・管理義務など），また，㋑自己の支配領域内に有する他人の権利法益に侵害が差し迫っている場合には，その救助等を命じられる（(1)冒頭の設例など）。

(c) **過失要件**　不作為不法行為における過失（作為義務違反）要件は，特別に，これら先行行為・支配領域基準を判断内容に含むことになる。

判例Ⅱ 2-9　最判昭和62・1・22民集41巻1号17頁

【事案】 線路脇の道路上で，中学生5名（ABCDY）がレール上に物を置くいたずらの話に興じているうち，ABCが線路内に侵入し，Aが2個の置石（甲と乙）をした。その直後，列車が甲を踏んで脱線転覆した。DとYは，線路に侵入したわけではないが，乙を見ていた。

鉄道会社Xが，Yに対し訴訟を提起し，損害賠償を請求した（ABCDとの間では示談が成立した）。請求棄却の原判決に対し，Xが上告。

【判旨】 破棄差戻し。「置石行為がされた場合には，その実行行為者と右行為をするにつき共同の認識ないし共謀がない者であっても，この者が，仲間の関係にある実行行為者と共に事前に右行為の動機となった話合いをしたのみでなく，これに引き続いてされた実行行為の現場において，右行為を現に知り，事故の発生についても予見可能であったといえるときには，右の者は，実行行為と関連する自己の右のような先行行為に基づく義務として，当該置石の存否を点検確認し，これがあるときにはその除去等事故回避のための措置……を講じて事故の発生を未然に防止すべき義務を負う」。

2 複数の責任類型の分化

(1) 責任類型の役割

本書のこれまでの叙述では，①絶対権侵害・非絶対権侵害，②直接侵害・間接侵害，③作為不法行為・不作為不法行為という3つの軸により不法行為の類型を区分し，類型ごとに異なるかたちで，権利法益侵害―故意過失要件の内容を定式化してきた（責任類型の分化）。不法行為法の規律対象は，多様な加害構造（被侵害利益や侵害行為の構造）を備えており，当該構造にそくした独自の責任判断（保護法益性や責任原因の判断）を要請する。複数の責任類型への分化は，この要請に応えるものである。

それぞれの責任類型での権利法益侵害―故意過失要件の具体的内容を対比すればわかるように，責任類型の分化は，実質的にみれば，709条の1か条を複数の責任成立要件に分化させるもの（いわば709条の2以下の創設）にほかならない。加害者は，分化された責任成立要件のいずれか（いずれかの責任類型の責任成立要件）に該当するかぎりで，不法行為責任を負うことになる。

(2) 各種の責任類型

責任類型の分化に関する全体的把握を助けるため，以下に，各種の責任類型を整理し，各類型の責任成立要件をまとめて示しておく（第1節**3**(a)・(b)も参照）。

叙述の順序としては，最初に，前記の3つの区分軸が交差する類型である「③作為による①絶対権の②直接侵害」型を取り上げる。続いて，①絶対権侵害，②直接侵害，③作為不法行為の各要素を順次反転させて，他の責任類型を叙述していく。なお，便宜上，故意を除いて過失不法行為を想定する。

(a) 作為による・絶対権の・直接侵害型　権利法益侵害要件での絶対権侵害型と過失要件での直接侵害（侵害段階）型とが，重なり合う類型である（第4節**1**(2)(a)，第6節**1**(3)(b)）。ぼんやり自転車をこいでいて歩行者にぶつかった事例などが，該当する。以下のとおり，伝統的枠組みが最も適合する。

(i) この類型では，権利法益侵害要件の内容が，直接支配性ないし排他独占性を備えた権利法益を直接侵害する行為（絶対権の直接侵害）として具体化される。行為の違法—有責評価との関係では，この要件内容は違法要素にあたる。絶対権の直接侵害は，侵害禁止規範により一般的に禁止されており，一般的に違法評価を受けるのである。

(ii) 他方，過失要件は，当該行為による絶対権の直接侵害の認識可能性を内容とする。これは，違法評価を受けるべき行為事実の認識可能性として，有責要素にあたる。

(b) 作為による・非絶対権の・直接侵害型　権利侵害要件との関連で非絶対権侵害型とした類型である（第4節**1**(2)(b)）。不正な手段で他人の営業を妨害するような事例を考えればよい。

(i) この類型では，権利法益侵害要件の内容が，侵害禁止規範に違反して，特定の行為態様により非絶対権（排他独占的支配を内容としない権利法益）を直接侵害する行為として，具体化される（ここにいう「特定の行為態様」の内容は，多数の各則的構成要件の形成を通じて，権利法益ごとにさらに具体化される）。非絶対権については，侵害禁止規範が特定の行為態様による直接侵害を禁じており，これに違反するかぎりでのみ違法評価を受けることになる。違法要素の点は，類型(a)と同様である。

(ii)　他方，過失要件は，当該行為による当該態様の直接侵害の認識可能性を内容とし，有責評価に関する。この点も，類型(a)と大差ない。

(c)　**作為による・(絶対権・非絶対権の)・間接侵害型**　過失要件との関連で間接侵害（危殆化段階）型とした類型である（第6節1(3)(c)）。自動車運転者がスピードを出して市街地を走行した（その結果，急に前方を横断した子供をひいた）事例が，典型例となる。

(i)　この類型では，過失要件の内容が，①危殆化禁止規範に違反して，他者の権利法益を社会相当程度を超えて危殆化する行為，ならびに，②当該行為による社会相当程度を超える危殆化の認識可能性として，具体化される。要素①の危殆化禁止規範は，侵害禁止規範を前倒しするものであり，社会相当程度を超える危殆化行為を禁じる。また，要素②は，通例，要素①に随伴する。

行為の違法－有責評価との関係では，要素①は違法要素にあたり，要素②が有責要素となる。

(ii)　他方，権利法益侵害要件は，絶対権の侵害または特定の態様による非絶対権侵害を内容とする。なお，厳密にいえば，この類型での権利法益侵害要件は，もはや行為の違法評価を担わない（体系上，責任成立ではなく責任範囲の次元に位置づけることもできる〔第3章第1節(2)(ii)〕）。

(d)　**不作為による・(絶対権・非絶対権の)・(直接・間接侵害）型**　不作為不法行為として取り上げた類型である（本節1）。

(i)　この類型では，過失要件の内容が，①作為義務を負う者が作為義務に違反して，何らかの原因から権利法益侵害に向かう因果系列をそのまま放置する行為（不作為），ならびに，②当該の行為事実の認識可能性として，具体化される。

要素①の作為義務は，当該因果系列を自己の先行行為により始動させた者や，当該因果系列（その始点たる危険源や終点たる被侵害権利・法益）を自己の支配領域内に有する者に課せられ，当該因果系列に介入してその進行を阻止するよう命じる。要素②では，とくに，作為義務を基礎づけるべき事実（支配領域内の危険源が社会相当程度を超える危険をはらむことなど）の認識可能性が問われる。

要素①②と行為の違法－有責評価との関係は，類型(c)と同じである。

(ii)　権利法益侵害要件については，類型(c)と同様である。

第8節　責任の阻却事由

1 総　　説

権利法益侵害，故意過失といった責任成立要件がすべて充足された場合には，不法行為責任が成立すべきところ，責任の阻却事由があるときは，責任の成立が妨げられる。民法典は，正当防衛・緊急避難と責任無能力に関して明文規定をおいている（720条，712条・713条）。

(a) **責任成立要件との区別**　責任の阻却事由は，責任成立要件とともに責任成立判断を担い，いわば，責任成立のための消極的要件にあたる。この点で，責任の阻却事由については，それがないことをもって責任成立の要件とする構成も成り立ちうる（Column Ⅱ 2-2 ㋒参照）。

しかし，責任の阻却事由は，つぎの理由から，体系上，責任成立要件と区別して位置づけることがふさわしい。すなわち，責任成立要件を満たせば不法行為責任が成立するのが原則であって，阻却事由は例外的にしか問題とならない。また，この点とも関係して，訴訟上も，責任成立要件については被害者の側が主張・証明責任を負うのに対し，阻却事由については加害者の側が主張・証明責任を負う。

(b) **違法─有責評価との関係**　不法行為責任の実体を違法性・有責性に求める伝統的枠組みのもとでは，責任の阻却事由は，理論上，違法性・有責性阻却という位置づけになる。すなわち，権利法益侵害─故意過失の2要件を充足する行為は原則として違法─有責評価を受けるところ（第1節3(b)参照），阻却事由がある場合には，例外的に当該評価が排除されて責任成立が妨げられるのである。また，阻却事由は違法性阻却事由と有責性阻却事由とに区分され，正当防衛・緊急避難は前者の，責任無能力は後者の例である。

なお，成立要件論の伝統的枠組みを全部否定する立場（第1節2(3)(c)）は，こうした整序に与せず，不法行為の阻却事由という位置づけにとどめる。

2 正当防衛・緊急避難，被害者の同意など

伝統的理解が違法性阻却事由としてきた阻却事由には，以下のものがある。

(1) 正当防衛・緊急避難（720条）

(a) **総　説**　正当防衛と緊急避難については，720条が明文で阻却事由としている。違法性阻却の範囲は刑法36条・37条とやや異なり，720条には，刑法上の正当防衛（対物防衛を含む）と一部の緊急避難が該当する。

Yが A の権利利益を侵害する行為は，本来，違法であるところ，急迫状況のもとでYの権利防衛のための反撃として行うなどの場合には，正当防衛・緊急避難として違法性が阻却される。このような権利防衛行為の適法化は，権利の事前的保護の機能を果たす。

(b) **正当防衛（1項）**　「他人の不法行為に対し，自己又は第三者の権利又は法律上保護される利益を防衛するため，やむを得ず」した「加害行為」については，正当防衛が成立する（1項）。すなわち，A（他人）によるY（自己）またはC（第三者）の権利法益の侵害に直面して，YがAに反撃するかBに危難を転嫁する場合には，Yの加害行為は違法性を阻却され，AまたはBに対する不法行為責任が成立しない。

正当防衛の要件は，(i)正当防衛状況と(ii)正当防衛行為に大別できる。

(i)　正当防衛状況　「他人〔A〕の不法行為」要件は，もっぱら権利法益侵害の面から判断され，Aによる違法な権利法益侵害が急迫していることで足りる。故意過失の有無は問われない（とりわけ反撃行為は，Aが無過失でも許すべきであるため）。「不法行為」は，「自己〔Y〕」でなく「第三者〔C〕」の権利法益に対するものでもよい。

(ii)　正当防衛行為　Yの「加害行為」は，A本人に対する反撃行為が主だが，別人Bに危難を転嫁する行為も含まれる。いずれの場合も，「防衛」の意思により「やむを得」ない範囲でされたことを要する。

(c) **緊急避難（2項）**　「他人の物から生じた急迫の危難を避けるためその物を損傷した」行為については，緊急避難が成立する（2項）。すなわち，Aの物による権利法益侵害のおそれに直面して，Yがその物に反撃する場合（刑法

上の対物防衛）には，Yの所有権侵害行為は違法性を阻却され，Aに対する不法行為責任が成立しない。

(d)　刑法との相違　　以上にみた720条の規律は，刑法36条・37条との相違が小さくない。

第1に，民法と刑法では，正当防衛・緊急避難を区分する視点が異なる。刑法は，防衛・避難行為の方向を基準としており，正当防衛は不正の侵害者に対する反撃を，緊急避難は第三者への避難を捉える。これに対し，720条1項・2項は，危難の原因（他人の行為か物か）による区分をとる。

第2に，刑法37条（緊急避難）の局面につき，720条は違法性阻却に制限的である。民法上，物・自然現象に起因する危難を第三者Bに転嫁する行為は，緊急避難に該当せず，違法性を阻却されない（大判大正3・10・2刑録20輯1764頁〔洪水が迫った集落の住民YがXの堤防を他所で決壊させた〕参照）。危難と無関係なBの権利法益の保護を図る趣旨である。なお，危難が「他人〔A〕の不法行為」による場合には，民法上もYの危難転嫁行為の違法性が阻却されるが（720条1項），ここでのBは，Aに過失があるかぎり，Aの不法行為責任を追及することができる（1項ただし書）。

(2)　被害者の同意（承諾）

(a)　総　説　　被害者の同意（承諾）も，明文の規定はないが，不法行為責任の成立を妨げる（不文の違法性阻却事由）。権利・法益は主体の自由な処分にゆだねられているので，主体（被害者）の同意に基づいてこれを侵害する行為は，違法性を阻却される。

同意による違法性阻却は，権利法益侵害に対する被害者の事前の同意を要件とする。この同意は，黙示的にされる場合もある。他方，事前の同意があっても，①被害者が同意の能力を欠く場合，②同意の意思に瑕疵がある場合，③同意の内容が公序良俗に反する場合（生命侵害に対する同意など）には，違法性阻却の効力を生じない。

なお，事後にされた「同意」は，損害賠償請求権の放棄の問題となる。

(b)　治療行為に対する同意　　被害者の同意は，治療行為による身体侵襲との関連で重要となる。注射・手術などの治療行為は，たとえ当該治療方法の選択が医学的にみて妥当であり，かつ，注射・手術が適切な手技によって行われたとしても，その行為内容だけを取り出せば，身体侵害として違法性を帯びる。さらに，副作用や合併症による健康被害・死亡の危険を伴う点では，危殆化行為としての違法性も付け加わる。身体的自己決定の理念（Column Ⅱ 2-12(i)）に照らせば，治療行為が患者の健康の回復（優越的利益の実現）のためにされるという事情は，これらの違法性を減少させるにとどまる。

これを前提に，治療行為に対する患者の同意は，治療行為に伴う身体侵害・危殆化の違法性を阻却し，不法行為責任の成立を妨げる効果をもつ。その際，身体的自己決定の理念のもと，患者の同意は，十分な説明に基づかなければならない。患者に対し当該治療方法に内在するリスク（副作用・合併症の発生）を説明していなかった（仮に説明されていれば患者が同意しなかったであろう）場合には，患者の同意は，当該リスクが現実化した結果についての違法性を阻却しない。

Column Ⅱ 2-24　危険の引受け

身体的接触を伴うスポーツ・遊戯では，通常の進行過程で他の参加者を偶発的に負傷させたとしても，身体侵害の違法性が阻却される。これは，同意による違法性阻却ではなく（身体侵害の同意は存在しない），危険の引受けに基づく。一方で，スポーツや遊戯は，参加者にとって負傷の危険だけでなく健康・精神面での有用性を伴う。他方で，参加者は，負傷の危険を認識した上で，自らの意思により当該活動に参加している。そのため，通常想定される範囲の危険を引き受けたものとして，その範囲内の危殆化行為および身体侵害の違法性が阻却されるのである。

なお，間接侵害型の過失不法行為（第6節1(3)(c)）において，危殆化行為の違法性阻却は，違法要素である過失の阻却事由（過失評価を妨げる例外的事由）として構成することでよい。

(3)　その他の阻却事由

違法性を阻却して不法行為責任の成立を妨げる事由には，さらに，以下のものがある。

(i)　適法な自力救済　　私人が実力で自己の権利を実現する行為（自力救済）は，原則として違法であるが，緊急状況では，例外的に適法とされる場合がある（最判昭和40・12・7民集19巻9号2101頁〔抽象論〕参照）。主に，Xに物の占有を奪われたYがただちに占有を奪回する局面（占有の自力救済）で，問題となる。

(ii)　事務管理　　事務管理の行為が本人の権利法益の侵害にあたる場合には，事務管理の効果として，違法性が阻却される（第1編第1章第1節3A(1)）。

(iii)　正当行為　　正当行為（刑35条参照）も，明文の規定はないが違法性を阻却するとされる。具体的には，①司法上の強制（現行犯逮捕〔刑訴213条〕・死刑の執行〔刑11条〕など），②懲戒権の行使（822条，学教11条），③事務管理，④医療行為，⑤スポーツ・遊戯に伴う負傷（最判昭和37・2・27民集16巻2号407頁〔鬼ごっこ中の負傷〕参照），⑥労働争議行為に伴う使用者に対する加害，⑦名誉毀損の表現行為における真実性の抗弁などが，想定されてきた。

もっとも，正当行為論は，違法性阻却の実質的根拠を示さない点で課題を残す。既出のとおり，③④⑤⑦の事例も，むしろ他の位置づけがふさわしい。

3 責任能力制度（712条・713条）

712条・713条によれば，加害者が「自己の行為の責任を弁識する」能力（責任能力）を欠く場合には，不法行為責任が成立しない。これは，責任弁識能力の欠如（責任無能力）をもって，責任の阻却事由とするものである。

(1) 制度理解

(i)　伝統的理解によれば，責任能力制度は過失責任主義の論理的帰結・前提であるとされる。両者の論理的関連性を突き詰めれば，責任能力は，過失と並ぶ有責性の一要素として位置づけられよう（Column II 2-25）。過失により違法な行為に出た場合にも，行為者が責任弁識能力（責任能力）を欠いている例外的場合には，行為者が違法な行為を決意した点に意思非難を向けることができない。そのため，有責性が否定されて（有責性阻却事由），責任成立に至らないのである。

(ii)　これに対し，成立要件論の伝統的枠組み（違法―有責評価による責任判断）に反対する立場では，責任能力制度の理解も全く異なってくる。責任能力制度は，弱者保護のための政策的規定であって，過失との間に論理的関連性はないとされる。

Column Ⅱ 2-25　過失・責任能力と有責性

違法－有責の評価枠組みを前提とするとき，過失と責任能力は，有責性を軸に，つぎのような関係に立つ。

有責評価（違法な行為に関する意思非難）のためには，①行為の違法性を基礎づける事実が認識可能であることと，②行為者が違法性を弁識しうるだけの精神的能力を有することが，必要となる。このうち，要素①は過失要件の判断内容とされており，他方，後述(2)(a)(i)のとおり，要素②は責任能力にほかならない。このように，過失と責任能力は，別個独立の存在ではあるものの，体系上，有責要素として同列に並ぶ。

なお，抽象的過失の判断（第6節2(3)(b)）が示すように，不法行為法上の有責評価は，一般に，通常人を基準とする。その意味で，責任能力を当該行為者について吟味することは，若干の特殊性をはらむ。この点は，精神の発達の遅れや精神障害のために責任規範を了解しえない者に対し，あえてそのような属性を捨象してまで意思非難を向けることはしない，という態度決定（ある種の弱者保護）に基づく。

(2) 制 度 内 容

(a) 責任無能力　(i)「自己の行為の責任を弁識する」能力（責任能力）とは，自己の行為から何らかの法的な責任が生じることを認識しうるだけの精神的能力を指す。

責任能力は，行為に対する「責任」の弁識（突き詰めれば行為の違法性の弁識）に関わるため，法律行為における意思能力（7～10歳程度の精神能力）よりも高度の能力が要求される。12歳（小学校卒業）程度の精神能力が，一応の目安になる。なお，要求される能力の程度は，加害行為の内容によっても異なりうる。

(ii)　このような能力を欠く行為者は，712条・713条により不法行為責任を免れる。両条は責任能力の欠如（責任無能力）をもって責任の阻却事由としており，主張・証明責任は，加害者側が負う。人は責任能力を具備するのが通例であることによる。

(iii)　なお，責任無能力の加害者が不法行為責任を免れる場合につき，被害者の権利法益の保護のためには，714条が監督義務者の責任を定めている（第

5章第2節**1**(1))。

(b)　**責任無能力者の類型**　　民法上，責任無能力者は，能力欠如の原因面から2類型に区別されている。

(i)　712条　　本条の類型では，行為者が，年少さのゆえに精神的に未成熟で，責任弁識能力にあたる「知能」を備えるに至っていない（本条の適用上，「未成年者は」という字句は，責任弁識能力を備えない原因が年少さにあることを指す以上の意味をもたない)。責任能力の有無については，年齢（12歳程度に達しているか）が重要な判断材料となるが，当該行為者の発達状況や当該行為の内容にも左右される。

(ii)　713条　　本条の類型では，行為者が，「精神上の障害」によって責任弁識能力を欠く状態にある。精神的な疾患・障害のために責任弁識能力を欠く者（認知症による場合もある）のほか，正常人の一時的な意識障害の場合（飲酒泥酔，薬物の影響など）も含まれる。ただし，後者につき，いわゆる「原因において自由な行為」の事例は除外される（同条ただし書)。

(c)　**制度の妥当範囲**　　712条・713条は，解釈上，無過失責任の領域では適用が排除される。責任無能力者といえども，工作物責任（717条〔所有者の責任〕）や運行供用者責任（自賠3条)・製造物責任（製造物3条)，さらには使用者責任（715条）を免れない。なぜなら，責任能力制度は，元来，過失責任を想定したものであり，とくに，伝統的理解によれば過失責任と不可分である。

Column Ⅱ 2-26　責任能力の登場場面

責任能力は，712条・713条の関連でしか登場しないものではない。714条では被監督者（子）の責任無能力が，また，715条では被用者の責任能力が，責任成立要件の1つとされている（第5章第2節**2**(1)(a)，同第3節**2**(2)(a))。責任能力の判断の実情は，これらの局面ごとに異なっており，とくに，714条との関係では，監督義務者の責任を肯定するために能力要求が高められる傾向にある。例えば，大判大正10・2・3民録27輯193頁は，12歳7か月の少年（加害者）を責任無能力として，714条による親の責任を認めた。

練習問題

1　709条の権利法益侵害（違法性）—故意過失要件について，各要件の内容や両者の関係に関する代表的理解（判例の立場を含む）を整理した上で，つぎの2つの事例において両要件がどのように充足されるかを説明しなさい。

(1) 自転車に乗ったXが，見通しの悪い交差点で，交差道路を右方から直進してきたY運転の自動車と出合い頭に衝突し，重傷を負った。Y側の道路には一時停止の標識があったが，Yは，これを見落として交差点に進入していた。

(2) Xは，長年，甲土地上の木造2階建て家屋に住んできたが，Yが南側の隣接地乙に地上2階・地下1階の邸宅を新築したため，Xの居宅の日当たりが大幅に悪化し，甲土地での日照時間は1日5時間分も減少した。条例では，当該地域（低層住居専用地域）に地上3階以上の建築物を建てる場合には，隣地に4時間以上の日影を生じさせてはならないとされている。

【⇨第1節2，第3節2・3，第6節1，第7節2のほか，第4節1・3(2)，第6節3(1)・4(1)(a)】

2　Aは，全国に多数の信者を擁する有数の宗教団体であり，相当な政治的影響力を有する。出版社Y_1では，雑誌編集部の総力を挙げた綿密な取材をもとに，Aのあり方を批判する記事を，週刊誌甲（編集長Y_2）に連載した。そこには，A批判の一材料として，Aの象徴的存在である代表者Xが，10年来，色欲に溺れて愛人女性のマンションに通い詰め，多額の金品を貢いでいる旨が記載されている。

名誉毀損およびプライバシー侵害の観点から，YらのXに対する不法行為責任（709条・715条）の成否を検討しなさい。

【⇨第4節3(3)のほか，第5章第3節2(2)(a)】

3　Yが，倉庫業者Z_1に対し国産大豆1トンを寄託したところ，Z_1の従業員Z_2が，手違いから「20トン」と記載された倉荷証券（甲）を発行した。これをうけて，Yは，甲を悪用して金融業者から金員を騙取することを思い立った。Yは，貸金業者Xに対し，大豆20トンを担保に100万円の融資を受けたい旨を申し込み，甲を交付して貸付金100万円を受け取った。

(1) Yについて，Xに対する709条の責任が成立することを説明しなさい。

(2) Z_2においてもXに対する709条の責任が成立するか，検討しなさい。

【⇨第4節2(3)(a)・(b)，第6節1(3)(c)。さらに，第3章第3節2(3)(b)，第5章第6節5(2)も参照】

4　化学企業 Y_1（製造部門の責任者 Y_2）の工場では，10年前から，農薬の原料に用いられる物質甲を製造し，製造工程で発生する廃液を河川に放出してきた。廃液の放出量・濃度は，国や県の環境規制を遵守している。

近年，同河川の河口付近の住民らが多数，重度の神経障害を発症するようになった（発症者X）。そこで研究機関が調査を行ったところ，以下の事実が判明した。Y_1 の工場廃液には，有害物質乙が少量含まれる。河川に放出された乙は，いったん高度希釈されるが，乙には長期残留性があるため，食物連鎖の過程で生体濃縮されて，河口付近の魚貝を汚染してきた。Xらは，それらの魚貝を毎日摂取し続けたため，乙の作用で神経障害を生じるに至った。

Y_1 においては，調査で判明するまで，工場廃液が乙を含有して長期毒性があることを認識していなかった。もっとも，学界では，甲の製造工程から乙が副生する可能性を示唆する研究や，乙の長期残留性を指摘する研究が，すでに15年前に公表されていた。

なお，廃液から乙を除去する除害設備の設置は，技術的には可能だが，甲の製造コストが倍加して採算が見込めない。

以上の事例で，工場操業（過去の操業を含む）における Y_2 の過失の有無をめぐっては，どのような点が問題となりうるか。

【⇨第6節**3**・**4**(1)】

5　8月のある日に，A市サッカー連盟 Y_1 が主催する中学生サッカー大会が開催された。第3試合の終了8分前頃，突然，大きな入道雲が生じて空が暗くなり，遠くに雷鳴が聞こえ，かすかに雷光も見えた。しかし，Y_1 の会場責任者 Y_2 は，現時点では落雷のおそれはないと判断して，試合の中止や屋内待避を指示しなかった。その後の空模様も，降雨がなく，雷鳴・雷光は遠いままだったが，試合終了の直前，落雷がプレー中の中学生Xを直撃し，Xは重傷を負った。

俗説では，雷鳴が遠い間は落雷しないともいわれるが，文献には（一般向けを含む），かすかにでも雷鳴が聞こえた場合にはただちに屋内に避難すべき旨が，記載されている。

この事例で，Y_2 のXに対する709条の責任が成立するか，検討しなさい。

【⇨第7節**1**，第6節**4**(2)。さらに，第3章第2節**4**も参照】

6　医師Yが，重篤な結核に罹患している患者Xに対し，標準治療法どおりに抗結核薬の甲剤を投与した（本件投与）。甲剤は，極めて殺菌力が強い反面，5% 程度の確率で難聴の副作用を生じる。Xは，本件投与の結果，結核は完治

したが難聴になった。

Yは，本件投与にあたり，Xに対し副作用のリスクを何ら説明していなかった。音楽家であるXは，仮に難聴の副作用について説明されていれば，治療効果は半減するが副作用を伴わない乙剤の投与を希望したとみられる。

YのXに対する709条の責任の成否について，被侵害権利・法益にも留意しつつ検討しなさい。

【⇨第8節2(2)，第4節3(1)(a)。さらに，第6節4(1)も参照】

第3章 責任の範囲

加害者の行為と権利法益侵害との間の因果関係は，責任の成立要件である以上に，責任範囲の判断で問題となる。被害者に生じた様々な権利法益侵害に関して，因果関係はどのように判断され，加害者の不法行為責任はどれだけの範囲にまで及ぶのか。本章では，広く因果関係に関係する問題を取り上げる。

第1節　総　　説

(1)　責任範囲の判断

本章で取り上げる責任範囲の判断は，ある行為において不法行為責任が成立することを前提に，当該責任がどれだけの範囲の結果にまで及ぶかを，決するものである。

従来の学説は，法律要件－法律効果の図式に基づき，責任範囲の領域に属すべき諸問題を，要件論・効果論のいずれかに割り振ってきた。これに対し，本書では，責任の成立・範囲・内容という3区分（第1章第3節(2)(b)）に基づいて，責任範囲の問題領域を画する。具体的には，①成立要件論を責任の成否それ自体の判断（責任成立）に純化して，責任が及ぶ結果の範囲の問題（責任範囲）を切り離すと同時に，②従来の効果論を損害賠償の問題（責任内容）に純化して，生じた結果をどの範囲まで当該行為に帰属させるかという判断内容（責任範囲）を，そこから分離する。

(2)　責任範囲の諸問題

(i)　次節以下で順次取り上げるように，責任範囲の問題領域には，①因果関係要件，②責任範囲の画定，③間接被害，④原因競合による割合的責任限定といった諸問題が属する。これらはいずれも，広い意味で因果関係と関連している。中心は，判例上，相当因果関係要件とされる①と②の問題である。

(ii)　ところで，これらの因果関係の問題は，第一次侵害（一連の加害過程において最初に生じた権利法益侵害）にも関わりうる。そして，権利法益侵害要件に忠実に，不法行為責任は何らかの権利法益侵害の発生によって成立するとみれば，第一次侵害の場面は（責任範囲ではなく）責任成立の問題となる。

しかし，本章の叙述では，それらの場面もとくに除外していない。これは，叙述の便宜だけでなく，理論上の理由にも基づく。不法行為責任の実体を違法性・有責性に求めるかぎり，間接侵害型の過失不法行為（第２章第６節 1 (3)(c)）における第一次侵害は，責任範囲の次元にも位置づけうるからである。間接侵害型では，危殆化段階の行為がすでに違法一有責評価の対象となり，その結果，危殆化行為それ自体において不法行為責任が成立する。このとき，危殆化行為に起因する権利法益侵害の発生は，第一次侵害も含め，責任範囲の問題とみなす余地がある。

第２節　因果関係要件

成立した不法行為責任の範囲が，被害者に生じた各種の権利法益侵害に及ぶためには，加害者の不法行為と権利法益侵害との間に因果関係がなければならない（因果関係要件）。

1　責任範囲の因果関係

まず，責任範囲の次元での因果関係要件につき，その範囲（始点・終点）を確認しておく。

(1) 不法行為法上の因果関係

前提として，不法行為責任の文脈での因果関係は，両端を最大限に拡大すれば，加害者の原因行為から，被害者における各種の損害の発生にまでわたる。

因果的展開の態様という面では，加害者の行為にはじまる因果関係は，権利法益侵害の発生という中間項を介して，各種の損害に至る（身体侵害を通じて入院治療費という損害が発生するなど）。その際，権利法益侵害の発生は，複数のものが順次に連鎖する場合もありうる。最初に生じた何らかの権利法益侵害（第一次侵害）から因果的に波及してさらなる権利法益侵害（後続侵害）が続く場合が，それである（事故により複雑骨折という身体侵害を生じたところ，細菌感染や医療ミスが重なって最終的に生命侵害に至ったなど）。

(2) 責任成立・責任範囲の因果関係の区別

(a) 2つの因果関係の区別　学説の多くは，このような範囲・態様の因果関係を，責任成立（責任設定）の因果関係と責任範囲（責任充足）の因果関係とに2分してきた。この2区分は，法律要件―法律効果の図式を基礎におくものであって，成立要件論では責任成立の因果関係が要件となり，効果論では責任範囲の因果関係が吟味されるとする。条文上も，709条には「よって」が2度登場し，要件面・効果面のそれぞれで因果関係を要求している。

(b) 因果関係の区分点　因果関係の2区分にあたり，多くの見解は，第一次侵害を区分点とする。これによれば，加害者の行為から第一次侵害までが責任成立の因果関係となり，第一次侵害から後続侵害や各種の損害までが責任範囲の因果関係となる。この区分は，第一次侵害の前後で責任画定基準が異なる点（第3節3 (2)参照）を，重視している。

これに対しては，権利法益侵害か損害かという区分も提唱される。この立場では，権利法益侵害（第一次侵害であれ後続侵害であれ）までが責任成立の因果関係とされ，権利侵害から損害（第4章第1節3 (3)にいう損害項目）までが責任範囲の因果関係とされる。この区分は，後者がもっぱら損害賠償のあり方に関わる点（第4章第3節2 (2)(b)）に着眼するものである。

(c)　**区別否定論**　なお，学説では，責任成立・責任範囲という2つの因果関係の区分それ自体に反対する立場も，有力である（第3節3(3)参照）。

(3)　責任成立・範囲・内容の3分論から

(a)　**因果関係の3区分**　責任の成立・範囲・内容を区分する本書の立場からは，因果関係についても3区分がふさわしい。(2)(b)にみた議論でいえば，第一次侵害の前後での区分と，権利法益侵害と損害の区分とを組み合わせるかたちになる。

このとき，①加害者の行為から第一次侵害までの因果関係が責任成立の問題となり（責任成立の因果関係），②第一次侵害から後続侵害までの因果関係が責任範囲の問題となる（責任範囲の因果関係）。このほかさらに，③各々の権利法益侵害から各種の損害（損害項目）に至る因果関係が観念され，責任内容の次元に位置づけられる。

(b)　**本章における因果関係要件**　以上を前提に，本章では，因果関係要件として，加害者の行為（過失行為または権利法益侵害行為）から各種の権利法益侵害（後続侵害）の発生に至るまでの因果関係を取り上げる。

(i)　責任成立の因果関係の取り込み　本章にいう因果関係要件には，②責任範囲の因果関係（第一次侵害から後続侵害まで）だけでなく，①責任成立の因果関係（加害者の行為から第一次侵害まで）も取り込んでいる（第2章第5節(2)）。同じく因果関係の問題なのでまとめて叙述するのが便宜であること，また，間接侵害型の過失不法行為では第一次侵害についても責任範囲の次元に位置づける余地があること（第1節(2)(ii)）の，2点を考慮したものである。

(ii)　因果関係の始点・終点　因果関係要件の始点（加害者の行為）の2種類は，過失不法行為の2類型に対応しており，直接侵害型では権利法益侵害行為（直接侵害行為）が始点となり，また，間接侵害型では過失行為（危殆化行為）が始点となる（Column Ⅱ 2-17 参照）。他方，因果関係要件の終点としては，損害ではなく権利法益侵害をとる。因果関係それ自体は，各種の損害の発生まで続くところ，この点は責任内容の問題となる（第4章第3節1）。

2 因果関係要件の判断内容

(1) 相当因果関係の3分論

(i) 因果関係要件は，判例上，（加害行為と損害との間の）相当因果関係を内容とする。伝統的学説も，同様の理解をとっていた（第3節2(2)）。

(ii) しかしながら，現在の学説では，このような構成に反対する立場が支配的である。相当因果関係の3分論の登場が，その転機となった。

3分論を提唱した代表的論者の分析によれば，判例・伝統的学説にいう相当因果関係の問題には，損害賠償に関して，①事実的因果関係，②保護範囲，③損害の金銭的評価という3つの判断が含まれている。

まず，①事実的因果関係の判断は，加害者の行為と損害（死傷などの事実が想定されている〔第4章第1節3(2)(c)参照〕）との間の因果関係を，事実の平面で確定するものである。つぎに，②保護範囲の判断は，事実的因果関係がある損害のうち，加害者がどの範囲までを賠償しなければならないか（賠償すべき損害の範囲）を画定する。最後に，③損害の金銭的評価は，金銭賠償のために，保護範囲内にあるとされた損害を金銭に評価する作業である。

その際，これらの判断は，法的性質も異なっている。①事実的因果関係が事実認定の問題であるのに対し，②保護範囲の画定は，どの範囲の損害まで賠償されるべきかという規範的判断による。さらに，③損害の金銭的評価は，裁判官の創造的・裁量的判断である。

(iii) 以上の分析を基礎に，3分論は，このような3段階の判断を法律構成上も明確に区別して位置づけること，ならびに，因果関係要件を事実的因果関係として構成することを，提唱したのである。

この議論は，事実的因果関係と他の規範的・評価的要素の峻別や因果関係要件の法律構成に関して，学説上，広い支持を得た。

(2) 因果関係要件の構成

本書でも，3分論にならって，因果関係要件（本節）ではもっぱら事実的因果関係の問題を取り上げ，他方，保護範囲や損害の金銭的評価に対応する問題は，責任範囲の画定（第3節）と賠償範囲の画定（第4章第3節）に位置づけている。なお，(1)に紹介した3分論は事実的因果関係の終点を損害にとるが（ただし，その内実は権利法益侵害にほかならない。違法性・権利侵害要件の解消の主張〔第2章第3節3(4)〕と連動している），本書の枠組みによれば，責任範囲の次元では（損害ではなく）権利法益侵害までの因果関係を取り上げることになる。

3 事実的因果関係

(1) 総　　説

相当因果関係の3分論によれば，因果関係要件は，もっぱら，加害者の行為（過失行為ないし権利法益侵害行為）と権利法益侵害との間の事実的因果関係を判断内容とする。

この意味での因果関係要件は，法的価値判断の要素を含まないとはいえ，責任判断にとって重要な理論的意義を有する。事実的因果関係は行為への結果帰属の基盤となるべきものであり，この点で，因果関係要件における事実的因果関係の判断は，責任の基本的判断にあたる。

(2) 条件公式（「あれなければこれなし」公式）

(a) 条件公式による因果関係判断　事実的因果関係とは，事実の平面で「特定の事実が特定の結果発生を招来した関係」をいう（判例Ⅱ 3-1参照）。

事実的因果関係のより詳細な内実について，学説は，条件公式をもって説明することが多い。それによれば，事実的因果関係の存否は，条件公式（「あれなければこれなし」公式）によって判断される。もし当該の行為がなかったならば，当該の（当該の時点・場所・態様での）結果が発生しなかったであろう場合には，当該行為と当該結果との間には事実的因果関係が存在する。

こうした理解は，多数の支持を得ている。その理由として，条件公式は，簡明でわかりよいほか，規範的評価を含まない点で事実的因果関係の判断に適する。さらに，条件公式によれば，加害者の行為が結果発生の必要条件の1つとなったことで足り（(b)①），それを唯一の原因として結果が発生したという関係までは要求されない（そのような関係がある場面は，現実にも想定しがたい）。

(b) 条件公式の具体的適用　複数の原因A・Bが競合して結果が発生した

場面（工場A・Bからの排水に含まれる汚染物質のために下流で被害が生じた場合を例にとり，汚染物質の最大許容量〔それを超えてはじめて被害が発生する量〕をPとする）について，条件公式の具体的適用をみておく。

① AまたはB単独では当該結果が生じない場合（必要的競合。A<P，B<P，A+B>Pの場合）　A・Bともに，「当該行為がなければ当該結果の発生なし」となり，特段の問題なく事実的因果関係が肯定される。

② AもBも，単独で当該結果を生じさせるものであった場合（重畳的競合。A>P，B>Pの場合）　条件公式を機械的に適用すれば，A・Bいずれも事実的因果関係を否定されてしまう（もし一方がなくても，他方によって当該被害が発生した）。しかし，単独であれば事実的因果関係が認められることとの均衡上，この場合も，条件公式の適用の例外として事実的因果関係が肯定される。

③ A単独でも当該結果が生じるが，B単独では生じない場合（A>P，B<Pの場合）　条件公式を機械的に適用すればBの事実的因果関係が否定されてしまうが，この場合もやはり，条件公式の適用の例外とみなされている。

(3)　外界変化の因果的連鎖

(i)　これに対し，条件公式の適用・その例外という説明に満足せず，因果関係の内実をさらに追究する議論も，学説上，有力に主張される。この見解は，事実的因果関係の本質を，①当該の原因行為から当該結果に至る諸事象の継起（外界変化の連鎖）と，②そこにおける法則的連関（因果法則）とに見出す。

この立場によれば，因果関係の存否は，現実に生じた事象経過を解明し，それを因果法則と照合する方法によって確定するほかない。条件公式は，そのようにして確定された因果関係を前提に，「あれなければこれなし」という思考操作を行っているにすぎない。

(ii)　現実の訴訟における因果関係の認定方法は，以上の反対説が主張するとおりであろう。さらに，反対説による因果関係理解は，行為への結果帰属という視角（(1)）にも適合的である。外界に生起した事象（ある結果）を人（行為者）の意思の所産とみて，ある行為に帰属させるためには，外界を支配操縦する意思の力が当該事象にまで及んでいなければならない。そして，行為から結果に至る外界変化の因果的連鎖は，まさに，意思的行為による外界の支配操縦を当該結果まで媒介するものにあたる。

もっとも，(i)の内容の因果関係は，それを要求することが構造的に適さない場面もありうる。とりわけ，加害者の行為が不作為による場面では，当該不作為から結果に至る外界変化の連鎖が存在しえない（不作為それ自体は外界変化をもたらさないため）。ここでは，責任判断における事実的因果関係の役割に立ち戻って，端的に，行為への結果帰属を基礎づけるべき関係の有無を，因果関係要件として吟味すべきことになる（4）。

(4) 訴訟上の取扱い

(a) **主張・証明の原則論**　訴訟上，因果関係要件については，他の責任成立要件と同じく，被害者の側に主張・証明責任がある。主張・証明責任の対象となる事実（因果関係要件における主要事実）は，加害者の行為から権利法益侵害に至る外界変化の連鎖と，それを支える因果法則である（(3)(i)）。

因果関係の証明については，後掲の〈判例 Ⅱ 3-1〉のとおり，通常人が疑いを差し挟まない程度の高度の蓋然性が，必要かつ十分な心証の程度（証明度）となる。なお，本判決は訴訟上の証明全般に関する判例とみなされており，高度の蓋然性とは，証明度の一般的基準にほかならない。

(b) **立証負担の軽減**　現実の訴訟では，因果関係の証明の負担が被害者にとって過大となる場合も，少なくない。とりわけ，公害訴訟や医療過誤訴訟における因果関係の証明は，自然科学的証明との相違（〈判例 Ⅱ 3-1〉）をふまえてもなお，多大な困難を伴う。なぜなら，公害事件や医療事件では，因果経過の特性（複雑多様な要因の関与，事象経過の空間的・時間的広がり，生体内部での進行）や自然科学的知見の制約（新種の物質や生体機構に関するそれ）のゆえに，因果連鎖の解明が容易でない。のみならず，被害者は，証拠との距離や科学知識の点で，加害者側よりも不利な地位にある。

そのため，これらの場面では，判例・学説上，被害者のために立証負担の軽減が図られてきた。裁判実務では，とくに，経験則を用いて間接事実から因果関係の存在を推認する「事実上の推定」の手法が活用されている。〈判例 Ⅱ 3-1〉**【判旨】**の後半部も，事実上の推定の好例である。なお，学説では，証明度の引下げを提唱する議論（蓋然性説）も，有力である。

判例 Ⅱ 3-1 **最判昭和 50・10・24 民集 29 巻 9 号 1417 頁（ルンバール事件）**

【事案】 化膿性髄膜炎に罹患して入院治療を受けていた幼児 X に対し，医師 A がルンバール（腰椎穿刺(せんし)による髄液採取とペニシリンの髄腔内注入）を施術したところ，15 分から 20 分後，X が嘔吐・けいれんの発作等を起こし，続いて不全麻痺等の病変を生じた。

施術の当時，X の化膿性髄膜炎は一貫して軽快しつつあり，これが再燃すべき事情はなかった。他方で，施術にあたっては，血管の脆(ぜい)弱な X の身体を看護婦が馬乗りになって押さえつけ，何度も穿刺をやり直して 30 分を要した。

X が，病院設置者である国 Y に対し，国賠法 1 条による損害賠償を請求したところ，原審判決は，認定事実だけでは発作がルンバールによるものとは断定しがたいとして，請求を棄却した。X が上告。

【判旨】 破棄差戻し。「訴訟上の因果関係の立証は，一点の疑義も許されない自然科学的証明ではなく，経験則に照らして全証拠を総合検討し，特定の事実が特定の結果発生を招来した関係を是認しうる高度の蓋然性を証明することであり，その判定は，通常人が疑を差し挟まない程度に真実性の確信を持ちうるものであることを必要とし，かつ，それで足りる」。

この見地にたって原審確定の事実を総合検討すると，「他に特段の事情が認められないかぎり，経験則上本件発作とその後の病変の原因は脳出血であり，これが本件ルンバールに因って発生したものというべ」きである。

Column Ⅱ 3-1　**事実上の推定の応用例**

公害による集団的疾患との関連では，因果関係の疫学的証明が，実務上重要な役割を果たしている（津地四日市支判昭和 47・7・24 判時 672 号 30 頁など多数）。この手法においては，まず，疾病発生の分布を集団現象として観察し，ある因子と疾病との間に特定の関連性（当該因子の量が高まれば発症率が高まるなど）があるかを検証するという疫学的方法によって，集団的疾病に対する原因因子（集団的因果関係）を究明する。つぎに，この集団的因果関係を基礎にして，個別の患者についても，当該因子による発症率の高いグループに属する場合に，当該因子との間の因果関係（個別的因果関係）を推認するのである。

4 不作為不法行為の場合

加害者の行為が不作為による場面では，不作為から結果に至る外界変化の連鎖が存在しえないために，事実的因果関係をめぐって特別の問題が生じうる

(3 (3)(ii))。4では，不作為不法行為を取り上げて，因果関係要件の判断内容をみておく。

(1) 不作為の因果関係

(a) 学説の理解　従来の学説は，不作為不法行為における因果関係判断の内実を，作為義務どおりの作為があれば（つまり当該不作為がなければ）当該結果が生じなかったという条件関係に求めてきた。この点の理論構成は，2つに大別される（第2章第7節1(1)(a)参照）。

まず，①不作為不法行為につき特別の責任成立要件を組み立てる立場からは，不作為と結果との間には事実的因果関係が存在しないとする議論も，有力である。不作為不法行為での因果関係判断は，むしろ，前記の条件関係をもって事実的因果関係になぞらえ，結果を不作為に帰属させるものであると解する。

この立場に対しては，②作為であれ不作為であれ，因果関係の内容は何ら相違しないという理解が対立する。いずれの場合も条件公式により事実的因果関係が判断されることに変わりない，との理由による。

(b) 判例による定式化　条件関係への着眼は，判例においても顕著である。近年の判例（〈判例Ⅱ 3-2〉）では，医師の不作為と患者の死亡との間の因果関係が，「医師が注意義務を尽くして診療行為を行っていたならば患者がその死亡の時点においてなお生存していたであろうこと」と定式化されている。この定式化は，診療行為の不作為がなければ当該時点での患者の死亡という結果が生じなかったという「あれなければこれなし」の関係を，言い換えたものにほかならない。

〈判例Ⅱ 3-2〉最判平成11・2・25民集53巻2号235頁

【事案】 肝硬変に罹患して開業医Yに通院していた患者A（相続人X）が，肝細胞がんにより死亡した。YはAに対し肝細胞がんの検査を実施していなかったが，仮に実施していれば，死亡の6か月前にがんを発見することができ，適切な治療によりAの延命が可能であったとみられる。

XがYに対し，不法行為による損害賠償を請求した。原審は，Yの注意義務違反を認めつつ，「どの程度の延命が期待できたかは確認できない」との理由により，死亡との間の因果関係を否定した。Xから上告。

【判旨】破棄差戻し。「医師が注意義務に従って行うべき診療行為を行わなかった不作為と患者の死亡との間の因果関係の存否の判断において」は，「医師の右不作為が患者の当該時点における死亡を招来したこと，換言すると，医師が注意義務を尽くして診療行為を行っていたならば患者がその死亡の時点においてなお生存していたであろうことを是認し得る高度の蓋然性が証明されれば，医師の右不作為と患者の死亡との間の因果関係は肯定される……。患者が右時点の後いかほどの期間生存し得たかは，主に得べかりし利益その他の損害の額の算定に当たって考慮されるべき事由であ」る。

(2)　因果関係要件の判断内容

(a)　不作為への結果帰属の判断　　有力説（(1)(a)①）の指摘にもあるように，不作為不法行為における因果関係判断は，不作為への結果帰属の問題として把握すべきである（**3** (3)(ii)）。ところが，結果帰属の観点からは，従来の学説・判例のように，条件公式をもって不作為不法行為の因果関係を判断することが妥当であるかは疑わしい。不作為と結果との間の条件関係は，思考上の論理的関係にすぎず，外界を支配操縦する意思の力を媒介することができないからである。とくに，判例の定式化によれば，当該不作為がなければ（作為があったならば）結果の発生時点が多少とも遅れたであろうという関係しかなくても，結果帰属の面で，作為による結果惹起と同視されてしまうことになる。

(b)　因果系列に対する支配操縦力　　むしろ，不作為不法行為の構造（第2章第7節**1** (1)(b)②）に照らせば，ここでの結果帰属は，何らかの原因（自然力，第三者の行為，被害者の行為など）から権利法益侵害に向かう因果系列を，当該因果系列を放置する不作為（作為義務違反）に帰属させるかたちになる。不作為不法行為における因果関係判断では，このような結果帰属の成否こそが吟味されなければならない。

したがって，因果関係要件は，そのような因果系列の存在とともに，当該因果系列の進行に対して不作為による支配操縦（義務内容たる作為における支配操縦力）が及ぶか否か，すなわち，仮に作為義務を遵守して介入していれば当該因果系列の進行を阻止することができたか否かを，判断内容とすべきである。医師の不作為責任の例でいえば，適切な診療行為が行われていれば患者が当該疾病により死亡しないで健康を回復したであろう場合にはじめて，生命侵害に対する因果関係が肯定される。なお，単に一定期間延命しえたであろう場合には，延命利益侵害に対する因果関係が成立するにとどまる。

Column Ⅱ 3-2　医師の不作為責任の拡大

医師の不作為責任との関連では，〈判例Ⅱ 3-2〉に続いて，「医療水準にかなった医療が行われていたならば患者がその死亡の時点においてなお生存していた相当程度の可能性」がある場合に，当該可能性の侵害に対する責任を肯定する判例が登場している（最判平成12・9・22民集54巻7号2574頁〔心筋梗塞の事案〕）。この判決は，新たな権利法益として生存の相当程度の可能性を承認し，これを因果関係の終点におくという操作を通じて，医師の不作為と患者の死亡との間に〈判例Ⅱ 3-2〉の定式化のような因果関係を肯定しがたい場面にまで，医師の（何らかの）不作為責任の成立を拡大するものである。

第3節　責任範囲（保護範囲）の画定

1 問題の所在

(i)　加害者の行為（過失行為ないし権利法益侵害行為）から各種の権利法益侵害の発生に至る因果関係が肯定される場合には，つぎに，それらの権利法益侵害のうちのどの範囲にまで不法行為責任が及ぶのかが問われる（責任範囲の画定）。相当因果関係の3分論（第2節2(1)）にいう保護範囲の問題である。

加害者の行為を始点とする因果関係は，偶然的事情（他原因）の介入によって予想外の展開をたどりうる。XがYの過失による交通事故で負傷した場面でいえば，一刻も早く病院に搬送するため，Xを乗せた救急車がスピードを出して緊急走行して他車と衝突し，Xが死亡する場合や，病院で治療を受けたXが全快退院してタクシーで帰宅する途中，再び交通事故にあい死亡する場合などである。ここには，因果関係に立つ権利法益侵害のうち加害者が責任を負うべき範囲を，一定の基準で画定することが要請される。ところが，民法上，第3編第5章「不法行為」には，416条のような「損害賠償の範囲」の規定がない（722条参照）ため，いかなる画定基準によるべきかが問題となる。

(ii)　なお，本書では，責任範囲と責任内容の区分に基づき，責任範囲の画定（本節）と賠償範囲の画定（第4章第3節）とを区別して論じる（第1節(1)②）。これに対し，判例や伝統的学説は，相当因果関係（416条類推適用）説のもとで，両者をとくに区別してこなかった（**2**(2)，第4章第3節**2**(1)参照）。伝統的学説では，責任範囲・賠償範囲の両者が「損害賠償の範囲」の項でまとめて取り上げられる。

2 伝統的枠組み

(1) 起草者の構想

責任範囲の問題に関する起草者の構想は，加害者に「結果ノ全部」の損害賠償責任を負わせる立場（完全賠償主義）に基づき，416条の規律の適用（範囲の制限）を排除するというものであった。起草者の説明によれば，「元トガ不正ノモノデアル以上ハ……原因結果ノ関係ガ証明セラレサヘスレバ其原因ヲ致シタ者ガ其結果ヲ補フト云フコトハ当然」であるので，「制限ヲ附サナカッタ」。

416条を適用しない理由については，さらに，債務不履行との相違も指摘された。すなわち，416条の精神は「予見シ又ハ予見スルコトヲ得ベカリシ」損害ということだが，「不法行為ハ千態万状ノ有様ニ於テ生ズルモノ」なので，「如斯（かくのごとく）権利ノ侵害ヲ為セバドレ丈（だ）ケノ損害ヲ生ズルカ」を「予見シナイ場合又ハ……予見ノ出来ヌコト」もある。むしろ，「裁判官ニ原因結果ノ関係ガアルカナイカト云フコトヲ任セテ置ク方ガ穏当デア」る。

(2) 相当因果関係（416条類推適用）説

(a) **判例法理**　判例は，当初こそ，起草者の構想どおり，不法行為による損害賠償に416条を適用しない立場をとっていたものの（大判大正6・6・4民録23輯1026頁），学説の影響もあって，ほどなく態度を翻した。富喜丸事件判決（後出・大連判大正15・5・22〔判例Ⅱ 4-7〕）が，416条を相当因果関係と同視することを通じて，同条を不法行為法に持ち込んだのである。

同判決によれば，「民法第416条の規定は……人の行為と其の結果との間に存する相当因果関係の範囲を明にしたるものに過ぎずして，独り債務不履行の場合にのみ限定せらるべきものに非ざるを以て，不法行為に基く損害賠償の範囲を定むるに付ても同条の規定を類推して其の因果律を定むべき」である（なお，同判決の事案では，賠償範囲の画定が問題となった）。

その後，最高裁も，同判決に従い，「不法行為による損害賠償についても，民法416条が類推適用され，特別の事情によって生じた損害については，加害者において，右事情を予見しまたは予見することを得べかりしときにかぎり，これを賠償する責を負う」としている（最判昭和48・6・7民集27巻6号681頁〔本判決の事案も，賠償範囲の画定に関する〕）。

(b)　**伝統的学説**　　富喜丸事件判決と同様の理論構成は，学説上も先立って提唱されていたところ，同判決の登場を契機に通説化するに至った。

伝統的通説によれば，損害賠償の範囲は，不法行為であれ債務不履行であれ，理論上，相当因果関係の範囲，すなわち当該行為から通常生じるであろうと予想される範囲の損害に限るべきである。ところで，416条では，債務不履行による損害賠償の範囲が，まさに相当因果関係の範囲に画されている（同条1項が，相当因果関係の原則を立言し，2項は，その判断に加えるべき特別の事情の範囲を定める）。したがって，不法行為による損害賠償についても，同条によることができる。

なお，416条をめぐる伝統的理解については，債権総論の教科書の記述も参照のこと。

Column Ⅱ 3-3　相当因果関係概念

伝統的枠組みにおける相当因果関係概念は，ドイツの相当因果関係理論に由来する。ドイツ民法は，完全賠償原則に基づき，いったん責任原因が肯定されれば，因果関係のあるすべての損害を賠償すべきものとしている。しかし，そのままでは損害賠償の範囲が無限に広がりうるため，判例・学説は，法的な因果関係概念を通じてこれを画したのである。相当因果関係（相当条件）理論によれば，ある結果と条件関係にある行為が，同種の結果の発生を一般的に助勢する事情（結果発生の客観的可能性を高める事情）であるとき，当該行為はその結果の相当条件にあたる。

(3)　具体的場面での判断

相当因果関係（416条類推適用）説につき，具体的な問題場面の解決をみたとき，判例上，責任範囲（損害賠償の範囲）の絞りはかなり緩やかである。この点では，416条の適用を排除した起草者の構想どおりに，完全賠償主義に近い立場がとられているといえる。

(a)　**責任範囲の相当因果関係**　　例えば，以下の判例は，いずれも，後続侵害に関し相当因果関係ありとしたものである（②は第一次侵害の問題でもある）。

①交通事故の被害者が医療過誤により死亡した場合につき，最判平成13・3・13民集55巻2号328頁（軽過失にあたる医療過誤の事案。また，判旨は719条に関する）は，傍論ながら，交通事故と被害者の死亡との間の相当因果関係を肯定した。

②身体に対する加害行為が被害者の素因（心因的要因や疾患）と競合して損害が発生・拡大した場合につき，722条2項の類推適用を認める判例準則（最判昭和63・4・21民集42巻4号243頁など〔第4章第5節**1**(5)〕）は，相当因果関係の存在を前提としている。

③交通事故によって重度でない受傷をした被害者がその後に自殺した場合について，〈判例Ⅱ 3-3〉では，事例判決ながら相当因果関係が肯定されている。

〈判例Ⅱ 3-3〉最判平成5・9・9判時1477号42頁

【事案】 Aは，自動車を運転中，中央線を越えて進入してきた対向車（Y運転）に衝突されて比較的軽微な傷害を負った。その後，Aが，判旨のような経緯をたどって事故から3年6か月後に自殺したため，Aの相続人Xらが死亡による損害の賠償を請求した。

【判旨】「本件事故の態様がAに大きな精神的衝撃を与え，しかもその衝撃が長い年月にわたって残るようなものであったこと，その後の補償交渉が円滑に進行しなかったことなどが原因となって，Aが災害神経症状態に陥り，更にその状態から抜け出せないままうつ病になり，その改善をみないまま自殺に至ったこと，自らに責任のない事故で傷害を受けた場合には災害神経症状態を経てうつ病に発展しやすく，うつ病にり患した者の自殺率は全人口の自殺率と比較してはるかに高いなど〔の〕……事実関係を総合すると，本件事故とAの自殺との間に相当因果関係があるとした上，自殺には同人の心因的要因も寄与しているとして相応の減額をして死亡による損害額を定めた原審の判断は，正当として是認」される。

(b)　**責任成立の相当因果関係**　　なお，相当因果関係説は，元々，損害賠償の範囲の問題との関連で登場したところ，判例は，これを責任成立要件としての因果関係（責任成立の因果関係）にも及ぼしている。一例として，最判昭和43・6・27民集22巻6号1339頁は，地面師が偽造の登記済証を用いて無効の所有権移転登記を経由した上で，これを信頼して登記名義人と取引したXから土地売買代金を騙取した事案（国賠1条により国の責任が追及された）で，登記官吏の違法行為〔過失行為〕とXの損害との間には「通常生ずべき相当因果関係がある」とした。

3 学説の展開

(1) 相当因果関係（416条類推適用）説批判

(i) しかしながら，2にみた伝統的枠組みは，その後，比較法・沿革的研究の進展を背景に，学説から鋭い批判を浴びせられた。現在の学説では，相当因果関係（416条類推適用）説に反対する立場が支配的となっている。

まず，実質面からの批判は，416条を不法行為に持ち込むことの不当性を突く。債務不履行（契約責任）の場合と異なり，不法行為は互いに無関係な者の間で突発的に生起するため，特別事情（例えば当該被害者の素因）に関する当該加害者の予見可能性をもって損害賠償の基準とすることには合理性がない。起草趣旨に照らしても，416条は，あくまで債務不履行による損害賠償を想定した規律である。

また，理論面からは，相当因果関係概念がここでの問題の所在を不明確にしていると批判される（第2節2(1)参照）。責任範囲の画定は，因果関係がある結果をどの範囲まで加害者の責任に帰するか（どのような基準で責任を限界づけるか）という法的価値判断の問題であって，因果関係概念のもとで論じるべきものではない。

さらに，相当因果関係を416条と同視する前提理解にも，根本的な批判が向けられている（416条に関する近年の学説の理解も参照）。相当因果関係概念がドイツ法に由来し，完全賠償原則と結び付いている（Column Ⅱ 3-3）のに対して，416条は，当事者の予見可能性の限度で損害賠償の範囲を制限する趣旨であり，制限賠償主義に立つ。そのため，両者は，本来，同内容ではありえない。

(ii) このような批判を加える学説は，責任範囲の問題に関して相当因果関係ないし416条に代わる画定基準を提唱するところ，以下のように，完全賠償原則を基調とするか否かにより，大きく２つの方向性が対立している。

(2)　「高められた危険の現実化」基準（危険範囲説）

多数説は，完全賠償原則を基調とし，加害者の責任の範囲を故意過失という責任原因が及ぶ範囲を超えて拡大する。このような方向性は，伝統的枠組みを受け継ぐものであり，起草者の構想にも沿う（**2**(3)参照。判例の具体的結論にも賛成する）。

この立場では，加害者は，(i)故意過失が及ぶ第一次侵害に加えて，(ii)第一次侵害により高められた危険が現実化した後続侵害についても責任を負うとされる。

(i)　第一次侵害　　まず，第一次侵害との関連では，責任成立の判断として，加害者の故意過失が当該の権利法益侵害に及ぶことが要求される。責任成立のためには，故意過失と権利法益侵害があるだけでなく，両者の間に対応関係が存在しなければならないからである。この点は，実際には，もっぱら行為義務違反の意味での過失（間接侵害型の過失不法行為〔第２章第６節**1**(3)(c)〕）において問題となり（Column Ⅱ 3-4），当該の権利法益侵害の発生が義務規範の保護目的の範囲に含まれることを要する。

(ii)　後続侵害　　これに対して，第一次侵害から波及した後続侵害との関連では，故意過失との対応関係までは要求されない。ここでは，当該の後続侵害が第一次侵害により高められた危険の範囲に含まれるか・それとも一般生活上の危険にとどまるかが，責任の基準となる。前記**1**(i)の例では，救急車が緊急走行中の衝突事故は当初の負傷により高められた危険の範囲に含まれるが，退院帰宅時の事故は一般生活上の危険にとどまる。

後続侵害の局面において高められた危険の現実化（危険範囲）基準によるべき理由として，後続侵害はすでに成立した不法行為責任の範囲の問題であるので，責任原因（故意過失との対応関係）を超えて責任が拡大されてよい。そして，高められた危険は，加害者が自己の違法・有責な行為（故意過失による第一次侵害）によって被害者に押し付けたものであるから，加害者に引き取らせることがふさわしい。

Column Ⅱ 3-4　故意・過失と第一次侵害との間の対応関係

故意過失と第一次侵害との間の対応関係の必要性（(i)）に関して，故意不法行為では，故意がまさに権利法益侵害の認識・認容を内容とするため，第一次侵害との対応関係を改めて問うまでもない。直接侵害型の過失不法行為における過失についても，同様のことがいえる。

他方，間接侵害型の過失不法行為においても，義務規範の保護目的という意味での対応関係は，通例，とくに問題なく肯定される。具体的には，危殆化禁止規範の違反によって当該の権利法益侵害の可能性が現に高められたこと，および，危殆化禁止規範が当該の権利法益侵害の阻止をその目的に含むことの，2点が認められればよい。

(3)　義務射程基準

(i)　反対説は，制限賠償主義を基調とし，責任原因が及ぶ範囲をもって責任範囲（保護範囲）とする。裁判例上，不法行為責任についても，416条の類推適用を通じて（債務不履行と同様の）制限賠償主義の構造が作り出されているとの認識が，基礎にある。

この立場は，責任原因の相違にかんがみ，過失不法行為と故意不法行為とで責任範囲の判断を区別する。制限賠償主義は，過失不法行為で顕著となる。

①　過失不法行為　　過失不法行為における責任範囲は，過失の存否の判断基準である行為義務が及ぶ範囲に画される（義務射程基準）。すなわち，加害者の違反した行為義務が，当該結果を義務射程内に含まなければならない。義務射程が及ぶ範囲は，具体的には，㋐被侵害利益の重大さと㋑行為から生じる危険の程度を判断因子として決定される（行為義務の存否・程度に関する判断因子〔第2章第6節4(1)(a)〕のうちの2つである）。なお，前記(2)の立場と異なり，この立場は，第一次侵害・後続侵害という理論的区別を退けて（第2節1(2)(c)参照），すべての結果に義務射程基準をあてはめる。

②　故意不法行為　　故意不法行為については，責任範囲を制限せず，事実的因果関係がある結果をすべて含める（異常な事態が介入した場合だけを除外する）。

(ii)　この立場に対しては，つぎのような疑念を向けることができる。すなわち，制限賠償主義を強調して責任範囲を責任原因（過失）により画することが，価値判断の面で妥当であるか。また，過失不法行為における義務射程基準は，後続侵害の諸事例（2(3)(a)）について有用な判断基準となりうるのか。

第4節 間接被害

(1) 総　説

(a) **問題場面**　Xの権利・法益がAの活動・所有物に依存している状況では，Aの身体や所有物に対する加害行為から，この依存関係を介してXの権利法益の侵害が生じることがある（間接被害）。このとき，加害者Yが，Aの身体・所有権の侵害だけでなく，Xの権利法益の侵害に対しても不法行為責任を負うのかが，問題となる。

① 経営者等に対する加害を通じた営業侵害　間接被害の主要場面は，経営者・従業員の身体や送電線・通信回線等の公共設備に対する加害の結果，企業Xが営業活動を妨げられる場合である。Xにとって代替性がない経営者ないし従業員Aが交通事故等によって負傷・死亡したために企業収益が減少する事例は，とくに企業損害と呼ばれる。

② 目的物・債務者に対する加害を通じた債権侵害　間接被害の構造は，債権侵害のうち，債権の目的物や債務者の身体に対する加害の結果，Xの債権（特定物債権・行為債権）が履行不能となる類型にもあてはまる。YがA所有の甲を滅失させたためにXがAに対する甲の引渡請求権を失った場合や，YがAを監禁したためにXがAに対する行為請求権を失った場合が，その例である。

なお，本節にいう間接被害（とりわけ企業損害）は，従来，間接被害者の問題（第4章第2節1参照）として，他の諸事例と一括して効果論（損害賠償請求権の主体の項）におかれてきた。本書では，前記の諸場合が責任成立ないし責任範囲の判断に関わること（いずれも，間接的な権利法益侵害に対する責任の有無が問題となっているため）を考慮して，本節に位置づけている。また，本節の叙述は，責任範囲の次元を超えて，責任成立の判断にまたがる部分が大きい。

(b) **検討視角**　(i) 支配的学説　支配的見解は，Xの営業・債権侵害に関する責任の有無を，あくまでYのXに対する不法行為という観点から吟味する。そして，YのXに対する不法行為責任を，責任成立の判断の次元で原則的に否定する。

ここで，責任の原則否定という解決は，Yの責任範囲の適切な画定が意図されている。身体・物に対する加害行為につき，身体・所有権侵害による責任に重ねて（間接的な）営業・債権侵害による責任まで問うことは，加害者Yにとって過大な責任負担となりうる。他方，被侵害権利・法益の側からみても，Xの営業・債権は，他人Aの活動・所有物に依存している点で不安定さをはらむ。そのため，まさに依存関係を介したYによる侵害に対し，強固な法的保護を望みえないのである。

つぎに，責任否定の法律構成は，権利法益侵害要件による。Yの行為は身体・物に向けられているので，法的評価上も，もっぱら身体侵害・所有権侵害行為として扱い，営業・債権侵害行為とはみないのである（ただし，第2章第6節**2**(2)(b)(ii)参照）。

(ii)　有力説　　これに対し，近年の有力説は，Yの過失行為（身体・物の加害）において不法行為責任の成立を捉え，Xの間接被害を責任の人的範囲の次元に位置づける。責任範囲という視角への転換は，実際的帰結の面でも，間接被害に対する責任をより広く認める方向にはたらきうる。

(2)　企業損害

(a)　準則の内容　　(i)　企業損害の事例については，現在の判例・学説上，営業侵害（営業収益の喪失）に対する責任を否定する取扱いが確立している。例外として，Yが企業Xの営業を害する意図でAに加害した場合には，営業侵害の責任が肯定される。

責任否定の理由として，一方で，営業侵害による企業の損害は，身体侵害によって個人に生じうる損害をはるかに上回り，予測可能性も乏しいため，責任限定の要請がとくに強い。他方，企業の側でも，代替性がない経営者や従業員が労務不能となるリスクは，企業経営上，あらかじめ計算に織り込んでおくべきといえる。

(ii)　なお，極めて小規模な個人会社にかぎっては，判例上，(i)の準則とは別個に，企業Xからの損害賠償請求が肯定されている（〈判例Ⅱ3-4〉）。これは，Xの営業収益の減少が身体侵害によりA個人に生じた逸失利益と実質的に重なり合うことから，便宜的に，Xによる損害賠償請求を許したものと解される。

判例Ⅱ 3-4　最判昭和43・11・15民集22巻12号2614頁

【事案】 X会社（代表取締役A）は，Aの個人経営の薬局が法人成りした個人会社である。X会社の唯一の薬剤師であるAが，Y運転のスクーターに衝突されて眼に受傷し，労働能力が低下した。そのためX会社の営業利益が減少したので，X会社がYに対し逸失利益の損害賠償を請求した。

【判旨】「X会社は法人とは名ばかりの，俗にいう個人会社であり，その実権は従前同様A個人に集中して，同人にはX会社の機関としての代替性がなく，経済的に同人とX会社とは一体をなす関係にある」。このような事実関係のもとにおいては，原審がX会社の本訴請求を認容した判断は，正当である。

(b)　**法律構成**　　責任の原則否定という取扱いは，つぎのような法律構成による。

(i)　権利法益侵害要件　　多数説によれば，Xは，YのAに対する不法行為によって損害を受けた間接被害者にすぎないので，損害賠償請求権者とならない（第4章第2節**1**参照）。この構成は，Xとの関係で不法行為責任がそもそも成立しないこと（(1)(b)(i)）を，別の角度から表現したものにあたる。Yは，Aの身体を害してXの営業を阻害したのではあるが，侵害禁止規範は，そのような行為（客観的にはAの身体を加害対象とする）まで営業侵害行為とみなして禁じているわけではない。そのため，Xとの関係で，Yの加害行為は権利法益侵害要件を充足しないことになる。

(ii)　責任範囲の画定　　これに対し，有力説によれば，前記の取扱いは損害賠償の範囲に関する一般理論（第3節**3**(3)）の応用であって，例えば，自動車運転者の行為義務の義務射程はAの勤務する企業Xに及ばない。この構成は，Yの過失行為（身体の加害）において不法行為責任が成立するとみることにより，Xの営業侵害を責任範囲の次元に位置づけるものである（(1)(b)(ii)）。

(3)　目的物・債務者に対する加害を通じた債権侵害

(i)　目的物・債務者に対する加害を通じた債権侵害の事例について，伝統的議論は，これを債権侵害の一類型として，権利侵害（違法性）要件のもとで取り上げてきた（第2章第4節**2**(2)(a)）。支配的見解は，加害者が債権の存在を認識していた（債権の侵害について故意がある）場合にかぎって同要件の充足を肯定する。このような絞りの必要性については，債権はその外部的認識が困難であることも理由とされたが，現在では，むしろ間接被害の構造が指摘される。なお，加害者に債権の認識があった場合については，判例でも，債権侵害の不法行為責任が肯定されている（大判大正11・8・7刑集1巻410頁など）。

(ii)　これに対し，近年の有力説は，この類型の債権侵害を，人身・物に対する不法行為における損害賠償の範囲の問題として捉える（(1)(b)(ii)）。その際には，加害者における債権の認識という絞りも必然ではないとされる。

第5節　原因競合による割合的責任限定

(1) 総　　説

加害者の行為にはじまる因果関係が第一次侵害さらには後続侵害の発生に至る過程では，しばしば，重要な他原因が競合する（自動車事故でいえば，被害者の飛び出し，路面の凍結，他車の信号無視など）。このような場面で，行為と結果との間の事実的因果関係は，他原因の競合によっても何ら妨げられない。また，責任範囲の画定基準との関連でも，他原因との競合による権利法益侵害は，義務規範の保護目的の範囲（第一次侵害の場合）ないし高められた危険の範囲（後続侵害の場合）に含まれていることが通例である（第3節**2**(3)も参照）。

しかし，他原因の競合場面は，さらに，責任範囲の割合的限定の可否という観点からも取り上げる必要がある。すなわち，競合原因が存在するにもかかわらず権利法益侵害を全面的に加害者の責任に帰する（加害者の行為に帰属させる）ことでよいか，他原因の競合を考慮に入れて責任の量を割合的に減じるべき場合はないか，という問題である。

(2) 問 題 場 面

競合原因は，①被害者側の事由，②第三者の過失行為，③自然力の3類型に大別されるところ，割合的責任限定の可否やその具体的な要件・効果は，競合原因の類型ごとに異なっている。現在の法状況の概略は，以下のとおりである。

(i)　被害者側の原因の競合　　被害者の過失が競合した場合については，722条2項が過失相殺による賠償額の減額を定める（第4章第5節**1**）。さらに，判例は，被害者の素因の競合にも，同条を類推適用する（同(5)）。これら被害者側の競合原因は，被害者との近さ（被害者の支配領域内にある）ゆえに，そのリスクを被害者に割り当てやすい。

(ii)　第三者の過失行為の競合　　Yの過失行為がAの過失行為と競合してXの権利法益侵害に至った場合（2台の自動車の衝突など）について，判例・多数説はYAの全部連帯責任とするが，一部連帯責任論も有力である（第5章第6節**2**(3)）。

(iii)　自然力の競合　　特別法上の無過失責任には，「天災その他の不可抗力」の競合を減額事由とする例がある（大気汚染25条の3，水質汚濁20条の2，宇宙活動37条・54条など）。また，飛騨川バス転落事故訴訟の第1審判決も，不可抗力と目すべき原因〔土石流〕が寄与した割合分を賠償範囲から除いて，注目を集めた（名古屋地判昭和48・3・30判時700号3頁）。

なお，原因競合による割合的責任限定の体系的地位は，すべての類型に共通であり，過失相殺に準じる。責任成立要件とは区別された責任限定事由として，加害者の側に主張・証明責任がある（責任の阻却事由の位置づけに近づく）。

(3)　反 対 説

学説上は，結論として，原因競合による割合的責任限定の適用場面をごく狭く解する（722条2項の適用場面に局限する）立場も，有力である。このような立場では，前記(1)の問題設定はそもそも実際的意味をもたないことになる。

練習問題

1　Y運転のミニバンが中学生Xの自転車を追い越す際に，サイドミラーを自転車のハンドルに接触させてしまい，Xが自転車ごと転倒した。Xは，頭部を強く地面に打ちつけたので，病院に救急搬送されて医師Zの診察を受けた。

Zは，Xの頭部CT検査を行ったが，検査画像に特に異状を認めず，また，Xの様子も普通だったので，Xを，駆けつけた両親と一緒に帰宅させた。ところが，Xは，帰宅後に容態が急変して，数日後に死亡するに至った。Xの死因は，頭部打撲による脳内出血であり，Zが撮影した検査画像にも，よく見るとわずかに出血の徴候があらわれており，本来はすぐに血腫除去手術が必要であった。

(1) Yは，Xに対し，生命侵害に関しても709条の責任を負うか。因果関係要件を中心に検討しなさい。

【⇨第2節**2**，第3節のほか，第2章第5節。さらに，第5章第6節**2**も参照】

(2) Zは，自己の行為とXの死亡との間にどのような関係が存在する場合に，Xの**生命**侵害に対する709条の責任を負うことになるか。また，そのような関係が存在しない場合には，Zは，**全く**責任を負わないのか。

【⇨第2節**4**。さらに，第2章第7節**1**も参照】

2　小学生X_1が自転車に乗って自宅近くの道路を走っていたところ，Y運転のトラックが20センチメートルの間隔しか空けずにX_1を追い越したため，X_1は，びっくりしてハンドル操作を誤り，パン屋のガラス扉に自転車ごと突っ込んだ。この事故で，X_1は深い裂傷を負い，病院に救急搬送されて医師Zの処置を受けた。

Zは，X_1の出血が大量であるので輸血を行うこととしたが，血液型検査の結果を別の急患のものと取り違えるという初歩的ミスを犯し，本当はO型であるX_1に対しB型の血液を輸血してしまった。1時間後，Zが取り違えに気付いた時にはもはや手遅れであり，X_1は異型輸血反応により死亡した。

ところで，X_1は，芸能プロダクションX_2に所属する人気の子役俳優であり，Zもそのことに気付いていた。X_1はX_2の稼ぎ頭であったことから，X_1の死亡によってX_2の営業収益が激減した。

(1) Yは，X_1に対し，生命侵害に関しても709条の責任を負うか。因果関係要件を中心に検討しなさい。

(2) Zは，X_2に対しても，営業利益の侵害による709条の責任を負うか。

【⇨第2節**2**・**3**，第3節，第4節(1)・(2)のほか，第2章第5節】

第4章 責任の内容

709条は，不法行為の効果として，損害賠償債権の発生を定めている。本章では，誰が，どのような不利益について，どれだけの額の損害賠償を請求することができるのか，といった損害賠償に関わる問題を扱う。これらは，一般的には，不法行為の効果として論じられるものであるが，本書では，不法行為責任の内容として説明する。

第1節　総　　説

1 序

不法行為責任の一般的内容は，損害賠償請求権の発生である。損害賠償の目的は，不法行為による権利・法益の侵害から生じた被害者の不利益を塡補することによって，権利・法益の保護を図ることにある。例えば，身体傷害の不法行為であれば，傷害の治療に要した費用，傷害のために生じた減収，精神的苦痛といった不利益を塡補することで，身体という法益の事後的な保護が実現されるのである。

本章の主な対象は，権利・法益の侵害という事態から出発して「○○円を支払え」という損害賠償債権を導き出す過程である。具体的には，①権利・法益の侵害によって生じた不利益を損害と把握し（賠償対象の確定），②それが賠償範囲に含まれるか否かを検討した上で（賠償範囲の画定），③これらを金額に置き換える（賠償額の算定），という作業をみていく。

まず，本節では，損害賠償の方法，そして賠償対象の確定に関わる損害概念を説明する。つぎに，損害賠償債権の主体（第2節）を扱った上で，賠償すべき不利益の範囲の画定（第3節），損害額の算定（第4節），賠償額の減額事由（第5節）の順で，損害賠償債権を具体化する過程で問題となる点を検討していく。最後に，損害賠償債権の期間制限について述べる（第6節）。

なお，本章で述べる責任の内容は，特殊の不法行為（第5章）の場合にもあてはまる。

2 損害賠償の方法

(1) 金銭賠償と原状回復

(a) **金銭賠償の原則**　損害賠償の方法には金銭賠償と原状回復があり，現行法は金銭賠償を原則とする（722条1項→417条）。よって，損害賠償の具体的内容は，「○○円を支払え」という債権である。すなわち，権利・法益の保護という不法行為制度の目的は，金銭債権の付与という手段によって達成されることになる。

(b) **原状回復**　(i) 内　容　賠償方法としての原状回復とは，身体の侵害であればその治療，物の損傷であればその修理というように，侵害された権利・法益それ自体の回復を求める方法である。

起草者は，原状回復は事柄を複雑にして不便なのに対して，金銭は損害を測定するのに最も便利であるとして，金銭賠償の原則を採用した。このため，原状回復の方法による損害賠償が認められるのは，名誉毀損の場合に名誉回復処分を定める723条，著作権法115条（氏名表示権侵害に対する氏名の表示など），不正競争防止法14条（信用毀損に対する虚偽事実の訂正広告など）など，特別の規定がある場合に限られることになる。

(ii) 名誉回復処分（723条）　名誉回復処分の具体的方法には，取消し・訂正の記事・広告や謝罪広告の掲載，被害者勝訴判決の新聞への掲載など，様々な方法がある。このうち，謝罪広告については，被告の意に反して謝罪・陳謝を裁判所が命ずる点で，憲法19条の保障する良心の自由の侵害となるかが議論されている（最大判昭和31・7・4民集10巻7号785頁は，「単に事態の真相を告白し陳謝の意を表明するに止まる程度」の謝罪広告を新聞紙に掲載すべきことを命ずる判決は，良心の自由の侵害とはならない，としている）。

(2)　金銭賠償の方式

(a)　一時金方式と定期金方式　　将来定期的に生じると予測される不利益について金銭賠償を行う場合には，これらの不利益すべてを現在の価額に換算して一度に支払う方法（一時金方式）と，一定期間ごとに区切って当該時期にそのつど賠償金を支払う方法（定期金方式）とがある。

定期金方式には，①所得喪失や費用支出といった将来生じることが予想される不利益について，賠償を認める判決において将来予想の基礎とした事情に変更があれば，それに合わせて額を修正することができる（民訴117条を参照），という長所がある。また，②一時金方式においてなされる民事法定利率（404条）での中間利息控除（417条の2第1項）も回避できる。しかし他方で，①債務者が任意に履行しなければそのたびに執行の手間がかかることや，②債務者が無資力となるリスクを被害者が負担することになるなど，賠償債務の履行確保の点で短所もある。そのため，被害者救済の観点からは一時金方式が優れており，一般的にも一時金方式によっている。

(b)　方式選択と処分権主義　　方式の選択に関して，将来の逸失利益や介護費用について原告が一時金による賠償を求めている場合に，定期金賠償を認める判決を下すことが処分権主義（民訴246条）違反となるか，という訴訟法上の問題がある。判例は，「損害賠償請求権者が訴訟上一時金による賠償の支払を求める旨の申立をしている場合に，定期金による支払を命ずる判決をすることはできない」としている（最判昭和62・2・6判時1232号100頁）。

Column Ⅱ 4-1　**将来に生じる不利益の賠償と定期金方式**

人身被害では，将来の逸失利益・介護費用が賠償総額に占める割合は非常に大きい。これらはいずれも将来の一定期間ごとに生じることが予定される不利益であって，かなり不確実な予測に基づいて賠償額を算定せざるをえない。そのため，将来の逸失利益が賠償額の中心であった1960年代後半から1970年代前半にかけて，これについて定期金方式によるべきことが有力に主張されたが，(a)で述べた短所もあって支持されなかった。

しかし，近時，職業付添人による介護費用の高額化に伴い将来の介護費用の賠償総額に占める割合が大きくなるにつれて，定期金方式が再評価されつつある。その背景には，将来の介護費用が平均余命を基礎に算出されて高額になる一方で，被害者が植物状態にある場合の現実の余命はそれよりはるかに短い（実際には事故後の生存期間が10年に満たない場合が多い），という現実がある。そのため，平均余命に至る期間の介護費用の賠償を認める下級審裁判例の傾向に対して，死亡後実際には支出されることのない介護費用の賠償を被害者の遺族に保持させることの妥当性が問われるようになってきたのである（なお，この状況の解決策としては，介護費用の算定にあたり余命認定を妥当な範囲に縮める，という方法もある）。

3 損害の意義

(1) 「権利・法益の侵害」との区別

不法行為責任は，「故意・過失」「権利・法益の侵害」「因果関係」といった要件の充足により成立し，これに損害が加われば損害賠償債権が生じる。この意味で，「損害の発生」は損害賠償債権の成立要件である。損害という語は最広義では単に不利益を意味する。不法行為が成立している場合には，権利・法益の侵害から様々な不利益が生じるのが通常である。よって，「損害の発生」の要件が問題となることはほとんどない。

709条は，「権利・法益の侵害」から「損害」が生じるとしており，侵害と損害を区別している。本書の枠組み（第1章第3節(2)(b)）からも，この区別は意味を持つ。これは以下の理由による。権利・法益の侵害は責任の成立の問題であり，そこでは加害者への帰責の可否が問われる。これに対して，損害は責任の内容の問題であり，ここでの主題は損害賠償の内容を具体化して，侵害された権利・法益の事後的な保護を図ることにある。そして，権利・法益の侵害という不利益だけでなく，侵害からさらに権利・法益の主体に生じた様々な不利益をも損害に含めて賠償の対象としなければ，事後的な保護として十分とはいえないのである。

(2) 定　義

(a) 序　損害の定義については，賠償範囲の画定や額の算定という作業において一定の意義をもつ内容にすべきか，という観点から議論されてきた。とりわけ，不利益が金額で表されていることまで定義に含めるかが，問題となった。これは以下の事情による。

金銭賠償の原則のもとでは，損害賠償は金銭債権として具体化されなければならない。この点にかんがみると，金額を含めて損害と把握するのが便宜といえる。事実，不利益の中には，治療費や休業による所得喪失のように金額を伴って存在するものが多い。しかし，身体傷害そのものや精神的苦痛など，市場価格が存在せず金額への換算が容易でないものも存在する。この場合には，不利益という事実を確定することとそれに一定の法的評価を加えて金額に引き直すこととは，明確に区別できる。このように，実体法上の損害の定義に額を含めるか否かは，不利益事実の確定とその金銭化を区別するか否かに関わる。この点は，賠償額の算定という作業の性質をどのようなものと把握するか（事実認定か法的評価か）を左右する。以下では，2つの立場に分けて説明する。

(b) 損害金銭説　判例・伝統的理解で採用されてきたのは，金銭化された段階で損害を把握する立場である。その代表的なものが差額説である。差額説は，不法行為後の被害者の現実の財産状態と不法行為がなかったとした場合の被害者の仮定的な財産状態とを比較して，その差を金額で表したものを損害と定義する（なお，差額説は財産的損害を定義するものであり，非財産的損害はその対象外である。財産的損害・非財産的損害については，Column Ⅱ 4-2 参照）。このような定義の仕方は，不法行為がなかったのと同じ状態を被害者に回復させる，という完全賠償の理念を実現する意味をもっている。

金額を損害の定義に含める差額説では，不法行為によって被害者に生じた不利益事実の確定とその額の算定とは区別されない。これは，消費貸借契約の貸付額が過去の事実として認定できるのと同様に，損害の額も事実認定によって示される，という理解になじむ考え方である。

(c) 損害事実説　これに対して，損害の定義から額を排除し，金額を付される以前の不利益事実そのものを損害と定義する立場がある。ここでは，損害とされる不利益事実の確定とその金銭への換算（金銭的評価と呼ぶ）が峻別される。これは以下の理由による。まず，損害を金額で表すことが必要となるのは賠償方法が金銭賠償を原則とするからにすぎず，額を含めて損害と把握することに必然性はない。さらに，損害事実の有無の確定が事実認定によってなされるのに対して，額の算定は法的評価に基づく作業であり，両者は性格が異なる。また，判例の個別損害項目積み上げ方式（Column Ⅱ 4-2）が事実認定として額を算出するかのような外観を備えており，それ以外の算定方法がありえないかのように思われていた事態を批判して，別の算定の可能性を認める，という実践的な狙いもあった。

損害事実説のなかでも，不法行為によって被害者に生じた不利益のうち何を損害と把握するかについては，権利・法益の侵害それ自体とするもの（人身被害の場合に死傷そのものを損害と把握する立場を，死傷損害説と呼ぶ）や，不法行為がなかったとした場合と実際の状態との事実的な差とするものなど，包括的に不利益を把握するものがある。

本書は，不法行為によって生じた不利益事実を損害と定義する。この定義は，損害賠償の対象を示すにすぎない。これは，損害を定義する段階で，賠償範囲の画定および額の算定に対して一定の指針を示す必要はないと考えるからである。これらの作業の指針は，不法行為制度の目的（権利・法益の事後的な保護）から直接に導くことができる。損害の定義は，これらの作業がしやすいように不利益を把握するものであれば十分である。そして，実際にも，範囲画定と額算定で問題とされるのは，権利・法益の侵害から生じた個別の不利益である。

(3) 損害項目

損害の定義では，差額説にせよ損害事実説にせよ，不利益を包括的に把握する考えが多い（本書の定義はこれらとは異なる。(2)(c)参照）。しかし，賠償範囲の画定および額の算定という損害賠償債権を具体化する作業では，個別の不利益（これを損害項目という）を対象としており，また，そうせざるをえない。

例えば，差額説に立つとされる判例は，「現実の財産状態と仮定的財産状態の差額」を導くにあたり，2つの財産状態の総額を出して差引計算をするのではなく，積極的損害や消極的損害という損害の種類で分けた上で，各々について治療費や所得喪失といった損害項目ごとに損害額を算定し，それを合算している（Column Ⅱ 4-2）。差額説が，損害を包括的に定義しながらも，金額の算出にあたって個別の不利益を問題とせざるをえないのは，被害者の財産状態の全体を直接に把握してそれを額に換算することができないことによる。この事情は，損害事実説でも，包括的に不利益を把握する場合には，同じである（もっとも，死傷損害説は，死傷をそのまま金額に算定すべき，と主張する）。

以上のように，不利益を包括的に損害と定義する場合には，損害項目は損害そのものとは別の概念であって，損害の有無の判断にも関係しない。しかし，損害項目は，損害賠償債権の具体化作業（範囲画定・額算定）の対象として，重要な役割を担っている。また，訴訟においても，当事者の攻撃・防御の対象とすべきであることから，主要事実と同様の扱いを受けている。

Column Ⅱ 4-2　個別損害項目積み上げ方式

判例上，損害額の算定にあたっては，権利・法益の侵害によって被害者に生じた不利益を財産的損害と非財産的損害とに区別した上で，前者をさらに積極的損害と消極的損害（逸失利益）に分け，各々に含まれる損害項目について額を算出し，それらの総計を賠償額とする方式が確立している。これを個別損害項目積み上げ方式と呼ぶ。財産的損害と非財産的損害は，不利益が財産的な性質をもつか否かという観点からの分類であり，両者では算定の規律が異なる（第4節**2**(3)(b)）。積極的損害は，不法行為を原因としてなした支出を損害と把握する概念であり，消極的損害とは，不法行為のために利益を取得できなくなったことを損害と把握するものである。

第2節　損害賠償債権の主体

1 序

損害賠償債権の主体となるのは，被害者本人，すなわち不法行為によって権利・法益を侵害された者である。もっとも，被害者自身が権利主体となることができないため，損害賠償債権の主体としての適格性が問題となる場合がある。本節では被害者が胎児の場合と被害者死亡の場合について検討する（**2**・**3**）

つぎに，主体の範囲の問題がある。通常，不法行為によってAの権利・法益が侵害された場合には，これによってAに損害が生じ，賠償請求権者となるのもAである。しかし，①Aの権利・法益の侵害を介して，さらにBの権利・法益が侵害される場合，②（Aの生命が侵害されたため損害賠償債権の主体としての適格性に問題が生じる場合に）Bの権利・法益だけが侵害されたとみることができる場合，③Aの権利・法益の侵害を介して，さらにBに損害だけが生じている場合，なども考えられる。これらの場合に，Bが損害賠償債権を有するかが議論されている（間接被害者の問題）。このうち，①については責任の成立およびその範囲の問題として，すでに取り上げた（第3章第4節）。以下では，生命侵害の場合（②）について，主体としての適格性の問題に位置づけて検討し（3），残る③については身体侵害の場合を中心に説明する（4）。

2 胎　　児

(a)　**721条の意義**　権利能力は出生に始まる以上（3条1項），胎児は権利主体とならない。しかし，民法は，損害賠償について出生を擬制して，胎児も不法行為に基づく損害賠償請求権を取得できることにしている（721条）。例えば，胎児の間に不法行為による傷害を受けて出生した場合，胎児は賠償請求権を取得する（最判平成18・3・28民集60巻3号875頁）。

721条は，文言こそ賠償請求権の取得に関して出生を擬制するにすぎないが，さらに，胎児に不法行為法上保護される権利法益が帰属しうることを前提とした規定といえる。これは，不法行為制度が権利法益の事後的な保護を目的としており，権利法益はその侵害後は賠償債権に形を変えて存続する，という理解にも対応する。判例にも，「親から扶養を受ける」という利益を胎児が有するとして，その侵害に対する不法行為の成立を認めたものがある（〈判例Ⅱ 4-1〉）。

〈判例Ⅱ 4-1〉大判昭和7・10・6民集11巻2023頁

【事案】電車にひかれて死亡した被害者Aに内縁の妻X_1がいて事故当時Aの子X_2を懐胎していたところ，Aの父が親族を代表して加害者である電鉄会社Yとの間で「YがAの父に千円を支払い，事後一切の請求をしない」旨の示談をまとめた後に，X_1と出生したX_2がYに扶養料の賠償と慰謝料を求めた。原審がいずれも認めなかったため，Xらが上告。X_2の請求部分について破棄差戻し。
【判旨】「X_2は少くもAの収入に依り生計を維持するを得可かりし者にして，X_2はAの死亡に因り如上の利益を喪失したるものと云ふを得可し。……X_2がAの生存に因り有したる右利益は，民法第709条に依り保護を受く可き利益なりと認むるを相当とするのみならず，他人を傷害したる場合に於て其の者に妻子或（あるい）は之と同視すべき関係に在る者の存し，如上行為の結果此等の者の利益を侵害すべきことあるは，当然之を予想すべき」である。

(b)　**死体で生まれた場合**　　相続が問題となる場面では，死体で生まれたときは出生擬制をしないことになっている（886条2項）。他方，721条にはこれに対応する規定がないが，同様に考えるべきである。すなわち，胎児の法益主体性も出生擬制のかぎりで承認されるにとどまる。もっとも不法行為が原因で死産した場合は，少なくとも母親に対する不法行為が成立する。

3　被害者死亡の場合

生命侵害によって不法行為が成立する場合，被害者本人は死亡により権利能力を失う以上，損害賠償債権の主体にはなれないはずである。しかし，賠償債権の帰属先が存在しないことを理由に加害者を免責するならば，生命という法益の保護に欠ける。この事態を回避するには，死亡被害者とは別の賠償請求権者を用意する必要がある。これには，①人が死亡した場合にその権利・義務の承継先を決めている相続制度を利用して，相続人に損害賠償請求権を承継させる方法（相続説）と，②被害者に対して扶養（を期待できるという）利益をもつ者や被害者の死亡によって精神的苦痛を受ける者など，被害者の死亡を通じて固有の利益を害された者（間接被害者の一種である）に損害賠償請求権を認める方法（固有被害説）が考えられる。

非財産的損害の賠償請求権については法がとくに規定を設けていること（711条）にかんがみ，以下では，財産的損害と非財産的損害に分けて検討する。

(1)　財産的損害

(a)　**相続説**　　(i)　内　容　　相続説は，死亡被害者本人が損害賠償請求権を取得して，相続人がそれを承継する（896条本文），という2つの部分からなる。前半は，不法行為法が生命という法益を保護している，という命題を，生命侵害に基づく損害賠償請求権の発生を認めることで貫徹するものである。固有被害説が生命侵害自体についての不法行為の成立を問題としないのに対して，相続説は，生命という本人にしか帰属しえない法益の侵害について不法行為の成立を認める。この点は，社会一般の感覚にも適合するものといえる。判例は，相続説に立つ（大判大正15・2・16民集5巻150頁）。

死亡被害者が生命侵害による損害賠償請求権を取得することの説明には，2つの方法がある。まず，生命侵害を身体侵害に引きつけて説明する方法がある。これによれば，生命侵害は身体侵害の概念の極限に位置するものであって，身体侵害と同様に考えることができる，または，身体侵害から死亡までの間に時間的間隔を観念でき，その間に被害者が損害賠償請求権を取得する，と説明される。次に，死者の権利主体性を拡張する説明の仕方がある。これによれば，死亡による損害賠償請求に関して被害者本人は権利主体性を失わない，または，死亡被害者本人の生命を有するという地位は相続によって相続人に承継されている，と説明されることになる。

Column Ⅱ 4-3　近親者の固有の賠償請求の可能性

相続説は，死亡被害者から一定の利益を得ていた者がそれを侵害された場合に固有の賠償請求権を取得することを，一律に否定するものではない。当該利益が不法行為法による保護に値するのであれば，その侵害に対して不法行為は成立する。判例も，生命侵害の不法行為の事案で，死亡被害者の相続人が相続放棄をしても，被害者から得ていた扶養利益の賠償を求めることができる，としている（最判平成12・9・7判時1728号29頁）。

もっとも，死亡被害者から得られる扶養利益の賠償と相続により取得する逸失利益の賠償とは，いずれも死者の所得に由来し，両者とも認めると同じ利益を二重に賠償することになるから，調整が必要となる。この点については，配偶者Aと内縁配偶者Bのいる者の死亡事故に関して自賠法72条1項の政府に対する請求が問題となった事案で，Bは将来の扶養利益の喪失を損害としてその塡補を求めることができるとした上で，死亡被害者の相続人（A）は政府がBに支払った額を控除した分を請求できるにとどまる，という調整を試みた判例が参考になる（最判平成5・4・6民集47巻6号4505頁）。

(ii)　批　判　　相続説に対しては，以下のような批判がある。①生命侵害の不法行為における賠償請求権者の立て方としては比較法上特異であり，そもそも710条に生命侵害を挙げず，他方で扶養利益を709条の権利に含めていた点で，起草者の立場は固有被害説であった。②「死亡により権利主体性を喪失した者が賠償請求権を取得する」というのは論理的に成り立たない。③例えば18歳の子が不法行為で死亡して60歳の親が子の賠償請求権を相続したような場合に，子が67歳（親が109歳）になるまでの期間に対応する逸失利益の賠償を認めると，平均寿命にかんがみてすでに親自身が死亡しているであろう期間についても親が賠償を得ることになって不当である。④被害者とは疎遠な関係にあって，その死亡によって何の財産的・精神的不利益も受けないような者も，相続人であるというだけで賠償請求権を取得してしまう（笑う相続人と呼ばれる）のは妥当でない。

(b) **固有被害説**　(i) 内　容　固有被害説は，不法行為によって生命が侵害された場合には，被害者本人は死亡により権利能力を失う以上，死亡による賠償請求権を取得できないが，固有の利益を侵害された別の者が賠償請求権を取得する，と考える。この立場は，被害者からの扶養を期待できるという利益を喪失した者に，固有の賠償請求権があるとする。すなわち，死者が生存していれば受けられたはずの扶養利益ないしその期待が失われたことを権利・法益の侵害と評価する。そして，誰が賠償請求権を取得するか，その額はいくらか，などの点については，つぎのように考えられている。①死亡被害者の配偶者は，死者の逸失利益から死者自身の生活費と他の被扶養者に対する扶養費を控除した残額について賠償を求めることができる。②死亡被害者の子（未成熟子）は，扶養を期待できる年数に対応する期間について賠償請求できる。③死亡被害者の親は，死亡被害者に扶養されていた場合にかぎり賠償請求できる。④内縁配偶者など，死亡被害者の相続人以外の者も賠償請求権者となりうる。

(ii) 批　判　固有被害説では，つぎに挙げる理由から，相続説に比べて賠償額が低くなる可能性があることが批判されている。①死亡被害者の収入のうちのどれだけが被扶養者に配分されるかの判断にあたり死亡被害者の現実の扶養能力が考慮されるため，例えば莫大な借金があった場合は扶養に充てる割合もそれだけ小さくなる。②親が死亡被害者でその未成熟子が扶養利益の賠償請求をする場合，親の稼働可能期間終了前に子が要扶養状態を脱することが多い。判例も，扶養利益の賠償額を算定するにあたってはこれらの事情を考慮すべきものとしている（前掲・最判平成12・9・7）。以上の他に，請求権者の範囲の画定および額の算定が，相続説のように簡単・明瞭でない点にも，批判がある。

(2)　非財産的損害

非財産的損害については，711条が死亡被害者の近親者に固有の慰謝料請求権を与えているため，さらに死亡被害者自身に慰謝料請求権を認める必要があるかが問題となる。

(a)　711条の内容・趣旨　起草者は，生命侵害に基づく慰謝料請求権は本人に生じず，また，他人の生命について権利を有しているとはいえないために遺族固有の慰謝料請求権も709条を根拠としては生じないという前提に立ち，生命侵害の場合に限って一定範囲の者に固有の慰謝料請求権を認めるため，711条を設けた。これによれば，生命侵害の場合の非財産的損害については，死亡被害者の父母・配偶者・子が賠償請求権者となる。

そして，財産的損害の場合の固有被害説の立場（(1)(b)）からは，711条が賠償債権の主体について手当をしている以上これに従えばよく，死者本人による慰謝料請求権の取得を認めた上でその相続を考える必要はない。なお，711条に列挙されていない者に慰謝料請求権を認める可能性については，本条の趣旨の理解に応じて立場が分かれる（(c)を参照）。

(b)　死亡被害者本人の慰謝料請求権の相続　財産的損害の場合の相続説（(1)(a)）では，非財産的損害についての賠償請求権の相続に関して，一身専属性（896条ただし書）の観点から慰謝料請求権の承継が認められないのではないか，という問題が生じる。判例は，当初，被害者が慰謝料請求の意思を表明すれば一身専属性を失って相続されるとして，慰謝料の相続可能性を被害者の意思表明の有無で判断していた。しかし，意思表明の有無の認定は微妙であって事案ごとに判断が揺れる点に問題があった。その後，最高裁は判例を変更して当然に相続されるという立場を採用した（〈判例 II 4-2〉）。なお，被害者が受傷後一定の間隔を経て死亡した場合には，被害者自身の取得した慰謝料請求権が相続されることになるため，固有被害説においても同様の問題が生じる。

相続説のもとでは，711条所掲の者で死亡被害者の相続人でもある者は，死亡被害者の取得する慰謝料請求権を相続する（890条）一方で，固有の慰謝料請求権も取得することになる（711条）。

判例Ⅱ 4-2　最大判昭和42・11・1民集21巻9号2249頁

【事案】 自動車に追突されて重傷を負い12日後に死亡した被害者の妹が，慰謝料を請求したところ，原審が生命侵害による慰謝料請求権の行使は一身専属的であるとして棄却したため，上告。

【判旨】 破棄差戻し。「ある者が他人の故意過失によって財産以外の損害を被った場合には，その者は，財産上の損害を被った場合と同様，損害の発生と同時にその賠償を請求する権利すなわち慰藉（いしゃ）料請求権を取得し，右請求権を放棄したものと解しうる特別の事情がないかぎり，これを行使することができ，その損害の賠償を請求する意思を表明するなど格別の行為をすることを必要とするものではない。そして，当該被害者が死亡したときは，その相続人は当然に慰藉料請求権を相続するものと解するのが相当である」。

(c) 711条に列挙されていない者の慰謝料請求　相続説・固有被害説の対立とは別に，711条に列挙されていない者についても本条による慰謝料請求を認めることができないかが問題となる。

711条は，その趣旨からすれば，本来認められないはずの賠償請求権を例外的に認めた規定であって，その拡張は難しい。他方で，711条は一定の範囲の近親者について，精神的損害が発生したことの証明なしに，当然に慰謝料を請求できるとしたにすぎないとする理解もある。これによれば，本条列挙者以外の者もその類推適用または709条・710条により固有の慰謝料請求権を取得しうることになる（もっとも，709条・710条による場合，死亡被害者とは別の者にいかなる権利・法益の侵害があるか，という点の説明が必要となる）。

判例は，死亡被害者の夫の妹のように，711条に列挙されていない者にも，本条を類推適用して固有の慰謝料請求権を認めることがある（最判昭和49・12・17民集28巻10号2040頁）。もっとも，妹が重度の身体障害者で死亡被害者と長年にわたり同居してその庇護を受けていた事案についてのものであって，限界事例といえる。

4 主体の範囲に関するその他の問題

(1) 身体侵害の場合

(a) 財産的損害　被害者が負傷したため近親者が治療費・看護費等を肩代わりして支払った場合には，当該近親者は支出した費用について損害賠償請求できる（なお，〈判例 Ⅱ 4-3〉も参照）。もっとも，この場合は，被害者本人がその分を含めて加害者に賠償請求すれば当然に認められるものであって，肩代わりした者が直接に損害賠償債権を取得するのは，便宜的な扱いといえる。

これに対して，被害者の看護のために休業したことから生じた不利益についての賠償は認められない。

(b) 非財産的損害　判例には，被害者が受傷したにすぎないが，それが生命侵害に比すべきものである場合について，709条・710条の解釈により，その親に固有の慰謝料請求権を認めたもの（最判昭和33・8・5民集12巻12号1901頁），さらに受傷被害者の配偶者・子にもその可能性があるとしたもの（最判昭和42・6・13民集21巻6号1447頁〔ただし事案については否定〕）がある。711条の類推適用でこれらの場合に対応しようとする学説もあるが，被害者が生存して自ら賠償請求権を取得できる場合にまで，711条を用いて賠償請求権者を拡張する必要はない。ここでの問題は，死亡により不在となる賠償請求権者を用意することではないからである。判例も例外的なものと位置づけるべきであろう。

(2) 生命侵害における葬儀費用等の支出

被害者死亡の場合に，葬儀費用等の賠償が認められている（第4節 2 (1)(a)）。このような支出を治療費のように死亡した被害者が負担すべきものと考えるなら，すでに述べた肩代わりの場合（(1)(a)）と同じことになる。しかし，そう考えない場合には，被害者以外の者が賠償請求できる場合の例と位置づけられる。

第3節　損害賠償の範囲の画定

1 序

本節では，従来，賠償範囲の問題として論じられてきたもののうち，損害賠償それ自体（責任の内容）の問題を扱う（第3章第1節(1)。加害者の責任が及ぶべき権利・法益の侵害の範囲の画定については，責任範囲の画定の問題としてすでに取り上げた〔第3章第3節〕)。ここでは，損害賠償の範囲の画定，すなわち権利・法益侵害から当該権利・法益の主体に生じた不利益のうちどこまでを賠償すべきかが問われる。範囲画定の対象として問題となるのは，包括的に定義された損害ではなく，権利・法益の侵害から生じた個別の不利益（損害項目）である。

2 損害賠償の範囲を画定するための基準

(1) 相当因果関係説

判例は，416条の類推適用という法律構成のもとで，相当因果関係説によって賠償範囲を画している（判例Ⅱ 4-7。第3章第3節も参照)。これによれば，通常損害か特別損害か，特別事情の予見可能性の有無に応じて，問題となる損害項目が賠償範囲に含まれるかが判断される。なお，2017（平成29）年の改正により，416条2項の文言が「予見し，又は予見することができた」から「予見すべきであった」に変更されている。

最高裁では，①不法伐採された立木について適正伐採期の時価で評価した額（最判昭和39・6・23民集18巻5号842頁。第4節3 (1)(b)(ii)も参照)，②不法行為被害者の親族が付添看護のために海外から帰国した場合の交通費（判例Ⅱ 4-3)，③不当な仮処分による営業利益の喪失（最判昭和48・6・7民集27巻6号681頁)，④違法な仮差押えの執行を回避するために用意した仮差押解放金の借入にかかる利息（最判平成8・5・28民集50巻6号1301頁）などについて，「通常生ずべき損害」といえるか（②④とも通常生ずべき損害として肯定)，「特別の事情によって生じた損害」にあたるか（特別の事情の予見可能性について①は肯定，③は否定)，に応じて判断を下したものがある。

判例Ⅱ 4-3 最判昭和49・4・25民集28巻3号447頁

【事案】 交通事故で傷害を受けて入院したXは，加害者Yに対する損害賠償請求訴訟において，ウィーン留学のために事故の数日前に出国してモスクワに到達していた娘がXの付添看護にあたる目的で帰国したことから，無駄になった往路の旅費と帰国のために要した旅費についても賠償を求めた。原審が事故との相当因果関係があるとしてこれを認めたので，Yが上告。

【判旨】 上告棄却。「交通事故等の不法行為によって被害者が重傷を負ったため，被害者の現在地から遠隔の地に居住又は滞在している被害者の近親者が，被害者の看護等のために被害者の許に赴くことを余儀なくされ，それに要する旅費を出捐した場合，当該近親者において看護等のため被害者の許に赴くことが，被害者の傷害の程度，当該近親者が看護に当たることの必要性等の諸般の事情からみて社会通念上相当であり，被害者が近親者に対し右旅費を返還又は償還すべきものと認められるときには，右旅費は，近親者が被害者の許に往復するために通常利用される交通機関の普通運賃の限度内においては，当該不法行為により通常生ずべき損害に該当するものと解すべきである。そして，国際交流が発達した今日，家族の一員が外国に赴いていることはしばしば見られる事態であり，また，日本にいるその家族の他の構成員が傷病のため看護を要する状態となった場合，外国に滞在する者が，右の者の看護等のために一時帰国し，再び外国に赴くことも容易であるといえるから，前示の解釈は，被害者の近親者が外国に居住又は滞在している場合であっても妥当するものというべきである。」

Column Ⅱ 4-4　弁護士費用

弁護士費用は，不当訴訟による不法行為の場合（第2章第4節2(3)(d)）は別として，不法行為に基づく損害賠償請求権を行使する段階で生じる費用であり，日本では弁護士強制主義はとられていない以上，不法行為によって被害者が当然に弁護士費用を負担することになるとはいえない。

判例は，弁護士費用についても，「事案の難易，請求額，認容された額その他諸般の事情を斟酌して相当と認められる額の範囲内のものに限り」不法行為と相当因果関係に立つ損害といえる，とする（最判昭和44・2・27民集23巻2号441頁）。額の算定は裁量的判断によるが，一般的には認容額の10%程度が目安となるとされている。

(2) 検　　討

(a) **相当因果関係説の問題点**　相当因果関係説を不法行為における賠償範囲の画定基準とすることに対しては，すでに述べたような批判がある（第3章第3節3）。とりわけ，賠償範囲の画定は賠償目的に照らした法的評価によって判断されるべきものであるにもかかわらず，因果関係の性質の問題にすぎないかのような表現はこの点を曖昧にしてしまうため，妥当といえない。また，契約責任と異なって見知らぬ者の間で問題となる不法行為責任の場合に，当事者の予見可能性を基準とすることは適切でない，という批判もある。

(b) **範囲画定の基準**　不法行為責任の成立およびその範囲の判断において，加害者に責任を負わせるべきかという観点からの検討はすでに行われている以上，賠償範囲の画定にあたっては，侵害された権利・法益の事後的保護をいかに図るかという損害賠償の目的に照らして判断することが必要であり，またそれで十分といえる。もっとも，権利・法益侵害から生じた個々の不利益について賠償範囲に含まれるかが問題とされること，そして，実際に賠償範囲外とされることは，あまり多くない。

権利・法益侵害から生じた不利益は，財産的損害と非財産的損害，そして前者について積極的損害（(1)の②④）と消極的損害（(1)の①③），に分けることができるが，このうち範囲画定が問題となるのは財産的損害に該当する不利益についてである。そして，判例の実質的な画定基準は，財産的損害のうち，積極的損害については当該権利侵害からの財産減少の不可避性，消極的損害については被害者による当該利益の取得の確実性であるという指摘もある。このように，支出についてその必要性（不可避性），逸失利益についてその取得の確実性を基準に判断することは，権利・法益の事後的保護の観点からも，十分に支持できる。

第4節　損害額の算定

本節では，まず，損害額の算定の手法一般について説明し（1），各論として，生命・身体侵害の場合（2），物の所有権の侵害（3）と名誉毀損・プライバシー侵害の場合を取り上げる（4）。

1 損害額の算定方法

(1) 金銭化の必要性

不法行為に基づく損害賠償債権は,「○○円を支払え」という内容の金銭債権である。したがって,権利・法益の侵害およびそこから派生した不利益は,最終的には金額に換算されなければならない。これを行うのが,賠償額の算定という作業である。もっとも,賠償すべき不利益は,すでに市場価格があるものから,市場価格を付すことが通常は考えられないものまで,様々なものを含んでいる。そこで,いかにして不利益を金額に換算するかが問題となる。その際には,賠償範囲の画定の場合と同様に,算定された額が,不法行為によって侵害された権利・法益の事後的な保護としてふさわしい額となっていることが要請される。

(2) 算定方法

以下では,事実として存在する額の有無で分けて算定方法を説明する。

(a) **現実に存在する額に基づく算定**　(i) 算定方法　現実に支出した治療費の額や修理費用の額,休業したために得られなかった利益の額は,不法行為がなければ支出しなかった,または取得できたはずの金額である。不利益を具体的金額で示せる場合には,それをそのまま賠償額と認めてよい。それらが塡補されてはじめて「権利・法益の侵害がなかったのと同じ状態」が回復されることになり,それを通じて権利の事後的保護を実現できるからである。

このように,被害者が現実にいくら支出したか,または取得できたかなど,事実として存在する金額を基礎にして算定する方法では,額算定の作業は事実認定とほとんど同じことになる。もっとも,人身被害における将来の逸失利益の算定は,過去に存在する事実ではなく将来の予測に基づくため,証明度の点で事実認定といいにくい面が残る。この点について,判例は,「相当程度の蓋然性をもって推定される当該被害者の将来の収入等の状況を基礎として算定せざるを得ない」と述べている(最判平成9・1・28民集51巻1号78頁)。

(ii) 額に対する相当性判断　現実の支出額が高額にすぎる場合など,相当性という法的観点から,そのまま賠償額と認めず,一定の額に限定されることがある。

(iii)　便宜上の定額化　　現実の額が存在するときでも，あえてそれを利用せずに算定する場合がある。例えば，判例上，傷害によって生じた入院雑費については「1日あたり○○円」というような定額化がされている。これは，細かい日用品の一々について膨大な領収書などの証拠に基づいて項目・額の妥当性を判断するのでは手続が過度に煩雑となるため，それを回避して迅速かつ公平な事件処理を図る，という手続上の必要性から認められたものである。

(b)　現実の額が存在しない場合の算定

不利益に市場価格がないなど，現実の額が存在しない場合は，法的評価を加えて金額を算定せざるをえない。ここでは，被害者に対する事後的権利保護という賠償目的に照らしていくらと評価するのが妥当か，という観点から額を算定することになる。

さらに，精神的苦痛などおよそ市場価値の考えられない不利益の算定は，裁判官が裁量的に額を判断するという性格が強く，法的判断によって金額が創造されているともいえる。

(3)　額の主張・証明

損害賠償を求める訴えにおいて，原告は金額を示して請求をしなければならず，また，額は当事者の争いの対象となりうる。そして，判例は，「損害賠償を請求する者は損害発生の事実だけでなく損害の数額をも立証すべき責任を負うものであることは当然である」としている（最判昭和28・11・20民集7巻11号1229頁〔債務不履行に基づく損害賠償の事案〕）。なお，損害の発生が認められる場合で，その額を立証することが極めて困難なときは，裁判所が相当な損害額を認定できる（民訴248条。Column Ⅱ 4-5）。

Column Ⅱ 4-5　民事訴訟法248条

民訴248条については，損害額の立証に関して証明度の軽減を認めたにすぎないものか，（それに加えて）額の認定について裁判官の裁量による評価を認めたものか，民訴学説でも対立がある。実体法上の算定方法には，事実認定に近似したものと法的評価によるものとがあり（(2)(a)・(b)），それぞれについて，損害は発生しているが額の算定は困難であるという場合が生じうる（将来予測の不確実性から生じる事実の証明の困難，算定方法の未確立から生じる法的評価の困難など)。その意味では，民訴248条の活用が望まれる場合は多い。

2 生命・身体・健康侵害の場合

人の生命・身体・健康に対する侵害（人身被害）の場合，賠償すべき個別の不利益の項目立ておよびその額の算定については，判例上，個別損害項目積み上げ方式（Column Ⅱ 4-2）が確立している。以下では，この方式にそくして，財産的損害の算定について生命侵害と身体・健康侵害の場合に分けて説明し（(1)・(2)），非財産的損害についてはまとめて述べる（(3)）。また，個別損害項目積み上げ方式は交通事故訴訟を通じて形成されたものだが，同じく人身被害が問題となる場合でも，公害・薬害のように多数の原告からなる訴訟では異なる算定方法も用いられるので，これについても触れる（(4)）。

(1) 生命侵害による財産的損害

(a) **積極的損害**　受傷後死亡までにかかった治療費は，不法行為による出費であり，原則として実費が賠償される。さらに，葬儀費用・墓碑建立費用なども，支出が社会通念上相当と認められる限度で，通常生ずべき損害として賠償請求できる（最判昭和43・10・3判時540号38頁，最判昭和44・2・28民集23巻2号525頁。下級審裁判例では，葬儀費用は定額化されている。第2節4(2)も参照）。

(b) **消極的損害**　(i) 算定式　被害者死亡の場合は，将来の消極的損害（逸失利益）が賠償総額の大部分を占めるのが通常である。将来の消極的損害とは，不法行為がなく被害者が生きたとした場合に，将来得られたはずの利益である。これは，次の式を用いて算定される。

（基礎収入 − 生活費）× 稼働可能年数 − 中間利息

この式の意味は以下のとおりである。まず，被害者の収入（算定の基礎にするという意味で，基礎収入と呼ぶ）の喪失を把握する。そして，①被害者は働くことのできた期間について当該収入を取得し続けられると想定して，その総額を計算する。もっとも，②死亡被害者は，自己の生活費の支出を免れることになるので，収入を得るために必要な支出と認められる範囲で生活費を控除する（第5節**2**(2)）。さらに，③一時金方式による損害賠償の場合，将来の収入を現在の時点で一括して受け取ることになるので，本来受け取るべき時点までに生じる利息（中間利息）を控除して，これを現在価額に引き直す。

式の各項に入る数値は個別の事案によるのが原則となるが，判例上，以下のようにある程度は定型的に処理されている（基礎収入については，(c)で改めて説明する）。

(ii)　稼働可能年数　　これは，不法行為がなかったとした場合に死亡被害者が収入を得ることができた期間である。本来は，被害者の年齢・経歴・職業・健康状態その他具体的事情を考慮して判断すべきだが，通常は18歳から67歳までを稼働可能期間として，死亡時5歳なら49年間，死亡時45歳なら22年間など，定型的に判断している。

(iii)　生活費の控除　　生活費の控除については，被害者の家庭の個別事情にそくして細かい計算をするのではなく，年間収入の一定割合（生活費控除率）が生活費に充てられるものと考える。具体的には，被害者の家族構成，性別，年齢などによる区分に応じて定められた控除率（一家の支柱および女性は30～40%，その他は50%など）を用いる。事案に応じて微調整をすることもある。

(iv)　中間利息の控除　　中間利息の控除は，将来に取得する予定の金銭を現時点で取得するとしたらいくらになるか（現在価値）を導くために行われる。これは，控除の利率と稼働可能年数に応じて一定の係数として示される。この係数の定め方にはいくつかの方法がある。現在の下級審裁判例は，控え目な額になるライプニッツ方式にほぼ統一されているが，最高裁は，ライプニッツ方式・ホフマン方式のいずれも認めている（最近でも，最判平成22・1・26判時2076号47頁は，ホフマン方式も不合理とはいえない，とした）。現在取得する額を本来受け取るはずの時点まで運用して得られる利息を控除するにあたり，ライプニッツ方式は各期に生じる利息がさらに利息を生むものとして計算する（複利計算）のに対して，ホフマン方式は利息について利息は生じないものとして計算する（単利計算）。

利率は，民事法定利率（404条）による。

2017（平成29）年改正前の5%という利率に対しては，市場の低金利との比較で批判が多かったものの，判例は是認していた（最判平成17・6・14民集59巻5号983頁）。改正により，民事法定利率は3％に引き下げられた（404条2項）。さらに変動制が採用されたため，中間利息の控除に用いるのは「損害賠償の請求権が生じた時点における法定利率」とする規律が設けられている（417条の2第1項）。

(c)　**基礎収入について**　(i)　現実の収入がある場合　　基礎収入の項は，現実に収入を得ていればそれを用いる。給与所得者なら死亡当時の給与額，事業所得者なら原則として確定申告での申告所得額である。

なお，日本に永住する権利をもたず一時的に就労しているにすぎない外国人の場合，日本で得ていた賃金（または日本の賃金センサスの数値）を基礎収入とすべきか，いずれ帰国すべき身分である以上は母国で得られる賃金で算定すべきか，が問題となる。最高裁は，「予測される我が国での就労可能期間ないし滞在可能期間内は我が国での収入等を基礎とし，その後は想定される出国先（多くは母国）での収入等を基礎として逸失利益を算定するのが合理的」とした（前掲・最判平成9・1・28）。

Column Ⅱ 4-6　年金受給権の逸失利益性

年金受給者が死亡した場合，不法行為がなければ年金を受給し続けたはずであるという点では，年金喪失も逸失利益といいうる。判例も，老齢・退職年金および障害年金について逸失利益性を認めている（最大判平成5・3・24民集47巻4号3039頁〔退職年金〕，最判平成11・10・22民集53巻7号1211頁〔障害厚生年金〕など）。それらは，死亡被害者の相続人に相続されることになる。しかし，社会保障法学の側からは，年金受給権は受給者の死亡により将来に向かって消滅するものであって相続は予定されておらず，また，被用者年金制度のもとでは，受給権者が死亡した場合に，生活保障の観点から一定の範囲の遺族に遺族年金の受給権を認めるなど，受給利益の帰趨について独自の処理がなされている以上，不法行為法がその手当をする必要はない，と批判されている。

他方，遺族年金については，もっぱら受給権者自身の生計の維持を目的とした給付であるという性格，および，受給権者自身が保険料を拠出していないことなどを理由として，逸失利益性が否定されている（最判平成12・11・14民集54巻9号2683頁）。

(ii)　現実の収入がない場合　　(ア)　将来の予測に基づく算定　　死亡被害

者が現に収入を得ていない無職者の場合でも，将来就職できた可能性はある。そこで，被害者の年齢・職歴，勤労能力や意欲を考慮して，就職の蓋然性があると判断される場合には，将来の逸失利益の賠償が認められる。その場合の基礎収入は，被害者の年齢や失業前の実収入額などを考慮した上で，蓋然性のある額が設定される。もっとも，45歳で2人の子をもつ無職の死亡被害者について，事故前の数か月間不定期に日当を得るにすぎず，勤労意欲も乏しいため，将来の逸失利益の存在ないし金額を認定できないとした原審の判断を是認した例がある（最判昭和44・12・23判時584号69頁）。

幼児・学生などの未就労者の場合も，将来は収入を得ることが見込まれる。不法行為がなく生存していたとして，いつからどの程度の収入を得るかを予測することは困難であるが，判例は，できるかぎり蓋然性のある額を算出することを求めている。すなわち，「年少者死亡の場合における右消極的損害の賠償請求については，一般の場合に比し不正確さが伴うにしても，裁判所は被害者側が提出するあらゆる証拠資料に基づき，経験則とその良識を十分に活用して，できうるかぎり蓋然性のある額を算出するよう努め，ことに右蓋然性に疑がもたれるときは，被害者側にとって控え目な算定方法（たとえば，収入額につき疑があるときはその額を少な目に，支出額につき疑があるときはその額を多めに計算し，また遠い将来の収支の額に懸念があるときは算出の基礎たる期間を短縮する等の方法）を採用することにすれば，慰藉料制度に依存する場合に比較してより客観性のある額を算出することができ，被害者側の救済に資する反面，不法行為者に過当な責任を負わせることともならず，損失の公平な分担を窮極の目的とする損害賠償制度の理念にも副（そ）うのではないかと考えられる」，と（最判昭和39・6・24民集18巻5号874頁。8歳の死亡被害者の逸失利益の算定が問題となったもので，事案は〈判例Ⅱ 4-8〉を参照）。そして，現在では，『賃金センサス』（厚生労働省）の第1巻第1表の産業計・企業規模計・学歴計・全年齢平均賃金を，男女の別に応じて，基礎収入としている。

(イ) 市場価格のない活動に従事する者の場合　　専業主婦は，家事・育児のための労働によって収入を得ているわけではない。しかし，同様の役務提供を第三者に依頼すれば対価が必要となることにかんがみると，家事労働にも財産的価値を認めた上で，その額を算定すべきである。判例も，「家事労働に専念する妻は，平均的労働不能年令に達するまで，女子雇用労働者の平均的賃金に相当する財産上の収益を挙げるものと推定するのが適当である」，とする（最判昭和49・7・19民集28巻5号872頁）。現在の下級審裁判例では，『賃金センサス』の数値（第1巻第1表の産業計・企業規模計・学歴計で，女性の全年齢〔または対応年齢〕の平均賃金）が用いられている。

Column Ⅱ 4-7　将来の逸失利益の算定における男女格差

現実の収入を基礎にして将来の逸失利益を算定する場合には，同じ程度の人身被害であっても，額にはかなりの差が生じうる。しかし，そもそも就労する段階に達していない年少者について，『賃金センサス』を用いて将来の逸失利益を算定し，社会に存在する賃金の男女間格差をそのまま反映させることには，かねてから批判があった。未就労年少者の将来の逸失利益の男女間格差を是正する試みとして，以下のものがある。

① 家事労働分を考慮する方法　　この方法は，『賃金センサス』の示す女子労働者の平均給与額に家事労働分を加算して得べかりし利益を算定するものである。しかし，判例はこの方法を認めていない（判例Ⅱ 4-4）。

② 全労働者の平均賃金を基礎収入とする方法　　近時の下級審裁判例では，この方法が採用されている。なお，女児について全労働者の平均賃金を用いても，男児が男性労働者の平均賃金による以上，差は残らざるをえない。

③ 生活費控除率を操作する方法　　下級審裁判例は，算定式中の生活費控除率について，年少女子は30%，年少男子は50% などと差をつけて，総額を調整している。

判例Ⅱ 4-4　最判昭和62・1・19民集41巻1号1頁

【事案】 事故当時14歳の中学生Aの将来の得べかりし利益の算定について，『賃金センサス』第1巻第1表中の女子労働者，旧中・新高卒，企業規模計の平均給与額を基準として算定した原審に対して，女子労働者と男子労働者の平均賃金との間にある格差を是正するため，女子についてはさらに家事労働分を加算すべき，として上告（なお，1審は加算を認めていた）。

【判旨】 上告棄却。Aが「専業として職業に就いて受けるべき給与額を基準として将来の得べかりし利益を算定するときには，Aが将来労働によって取得しうる利益は右の算定によって評価し尽くされることになると解するのが相当であり，したがって，これに家事労働分を加算することは，将来労働によって取得し得る利益を二重に評価計算することに帰するから相当ではない。」

(2)　身体・健康侵害による財産的損害

(a)　積極的損害　(i)　該当する不利益　　治療関係費（治療費・入院費），入院雑費（入院中の日用雑貨費など），入退院および通院のための交通費，付添看護費，将来の介護費用などがある。医師の指示のない温泉治療など，不必要な出費は相当性を欠くとして賠償の範囲外とされる。

(ii)　額の算定　　①原則として実費で算定される。ただし，その額が過大なら相当な範囲の額に限定される。例えば，治療費について，自由診療により，社会保険診療と比べて著しく高額な単価で報酬が設定された場合は，単価が減額されることがある。

②交通事故賠償では，実際の出費額にかかわらず，入院1日あたり，付添看護費1日あたり，入院雑費1日あたりいくら，などと定額で処理されている。これは，金額的に大きくなく立証が煩雑なものについて，定額化によって適正かつ迅速な審理を実現する，という手続上の要請（1 (2)(a)(iii)）に基づく取扱いである。

さらに，③被害者の入通院に近親者や職業付添人が付き添う必要がある場合には，付添看護費用の賠償が認められる。その際，近親者による付添看護の事実はあるが，被害者が対価を支払っておらず，また近親者から請求されていない場合でも，付添看護料相当額の損害を被ったものとして賠償が認められる（最判昭和46・6・29民集25巻4号650頁）。

④将来の介護費用の算定にあたっては，将来の逸失利益の場合と同様，中間利息を控除する必要がある（その利率は「損害賠償の請求権が生じた時点」の法定利率による。417条の2第2項）。

(b)　消極的損害　　消極的損害としては，休業損害と後遺障害による将来の逸失利益がある。

(i)　休業損害　　治療で休業したために生じた収入喪失については，現実の喪失額の賠償が認められる。不法行為時に収入を得ていなかった場合や，家事など報酬の得られない仕事に従事していた場合については，生命侵害の場合と同様である。

(ii)　将来の逸失利益の算定式　　症状固定後に後遺障害が残存したために収入が減少した場合，将来の（予測される）減収分の賠償額はつぎの式で算出される。

(事故時の年収－症状固定時の年収)×減収期間－中間利息

この式は，不法行為時の収入が今後も継続すると仮定し，症状固定時の収入との差額分が減収期間にわたって失われるとみた上で，これを一時金で受け取るために中間利息を控除する，ということを表すものである。

もっとも，このような考え方によると，後遺障害は残ったものの加害行為後に減収が生じなかったような場合には，第1項がゼロとなって後遺障害による逸失利益の賠償は認められないことになる（判例Ⅱ 4-5）。

これに対して，下級審裁判例では労働能力喪失説（(iii)）が浸透していったものの，最高裁は事故後に減収のない事案で将来の逸失利益の賠償を認めないとする態度を堅持している（最判昭和56・12・22民集35巻9号1350頁）。ただし，この判決は，特段の事情がある場合には労働能力の一部喪失を理由とする財産上の損害を認める余地があるとして，「事故の前後を通じて収入に変更がないことが本人において労働能力低下による収入の減少を回復すべく特別の努力をしているなど事故以外の要因に基づくものであって，かかる要因がなければ収入の減少を来たしている」場合や，「本人が現に従事し又は将来従事すべき職業の性質に照らし，特に昇給，昇任，転職等に際して不利益な取扱を受けるおそれがある」場合などをその例として挙げている。

判例Ⅱ 4-5 最判昭和42・11・10民集21巻9号2352頁

【事案】 被害者（A）が自動車事故により左膝関節部と左足関節の機能喪失および左大腿部下腿短縮などの障害を残すに至った事案である。休業補償費，療養補償費，障害補償費等の労災給付をした国（X）が代位により加害者に対して損害賠償請求権を行使したところ，原審が，労働能力の減少による損害についてAに収入減のないことを理由に否定したため，Xが上告。

【判旨】 上告棄却。「交通事故による傷害のため，労働力の喪失・減退を来たしたことを理由として，将来得べかりし利益喪失による損害を算定するにあたって，Xの援用する労働能力喪失率が有力な資料となることは否定できない。しかし，損害賠償制度は，被害者に生じた現実の損害を塡補することを目的とするものであるから，労働能力の喪失・減退にもかかわらず損害が発生しなかった場合には，それを理由とする賠償請求ができないことはいうまでもない。

> ……A は本件交通事故により左大腿複雑骨折の傷害をうけたが，その後従来どおり会社に勤務し，従来の作業に従事し，本件事故による労働能力の減少によって格別の収入減を生じていないというのであるから，労働能力減少による損害賠償を認めなかった原判決の判断は正当」である。

(iii)　労働能力喪失説による場合の算定式　　下級審裁判例は，将来の逸失利益の算定について，後遺障害を労働能力の喪失という観点から評価して，それを金額に算定している（労働能力喪失説）。これは，生命・身体の侵害から生じる逸失利益について，現実の所得の喪失ではなく，被害者が潜在的に有していた稼ぐ能力の喪失と理解して，それを算定する考え方である（労働能力を算定の対象とする点では，損害事実説の立場にあるといえるが，この説が念頭におくのは逸失利益の算定場面に限定されている）。労働能力喪失説による将来の逸失利益の算定は，つぎの式による（基礎収入，労働能力喪失期間，中間利息の控除については，死亡の場合の算定式と同じことが妥当する）。

基礎収入×労働能力喪失率×労働能力喪失期間 − 中間利息

労働能力喪失率は，自動車損害賠償責任保険の後遺障害別等級表（自賠法施行令別表第二）に対応する労働能力喪失率（労働省労働基準局長通牒昭和 32・7・2 基発第 551 号別表）を参考として，障害の部位・程度，被害者の性別・年齢・職業，減収の程度などを総合的に判断して決められる。この方法によると，事故後に減収がない場合でも，将来の逸失利益の賠償を認めることができる。

(c)　**不法行為とは無関係の事由で死亡した場合**　　(i)　将来の逸失利益の算定　　交通事故で足を切断した者が不法行為に基づく損害賠償を求める訴訟を提起したところ，事実審の口頭弁論終結前に天災など事故と無関係の原因で死亡した，とする。この場合，将来の逸失利益の算定にあたり，その期間について，負傷時から稼働可能期間の満了時までとすべきか，それとも実際に死亡した時点までで打ち切るべきかが問題となる。

判例は，身体侵害における将来の逸失利益の算定にあたり口頭弁論終結前の死亡事実は考慮しないことを原則としつつ，ただし，事故の時点で死亡の原因となる具体的事由が存在し，近い将来の死亡が客観的に予測される場合には考慮できる，とした（最判平成8・4・25民集50巻5号1221頁，最判平成8・5・31民集50巻6号1323頁）。その理由としては，労働能力の一部喪失による損害が不法行為時に一定の内容のものとして発生すること，事故後の死亡という偶然の事情によって加害者の賠償義務が軽減される一方で被害者・遺族が損害の塡補を受けられなくなるのは衡平の理念に反すること，が挙げられている。

(ii)　将来の介護費用の算定　　同様の問題は将来の介護費用についても生じる。判例は，ここでは，死亡事実を考慮して死亡時点までの介護費用しか請求できない，とする（判例Ⅱ 4-6）。これによると，不法行為で後遺障害を残した被害者が不法行為と無関係の原因によって死亡した場合，それが事実審の口頭弁論終結時の前か後かによって賠償額が大きく異なる結果になる（定期金方式によるなら，この帰結を回避できる。Column Ⅱ 4-1 を参照）。

判例Ⅱ 4-6 最判平成11・12・20民集53巻9号2038頁

【事案】 交通事故で後遺障害を負い，寝たきりで他人の介護を必要とする状態になった被害者が，損害賠償訴訟の係属中に胃がんで死亡した事案である。原審は，就労可能期間および介護を要する期間について死亡事実を考慮せずに逸失利益（約1300万円）および将来の介護費用（約5200万円）を認容した（なお，慰謝料は2800万円を認容している）。被告加害者は，死亡後の介護費用の支出は不要であるとして上告。

【判旨】 破棄差戻し。「㈠介護費用の賠償は，被害者において現実に支出すべき費用を補てんするものであり，判決において将来の介護費用の支払を命ずるのは，引き続き被害者の介護を必要とする蓋然性が認められるからにほかならない。ところが，被害者が死亡すれば，その時点以降の介護は不要となるのであるから，もはや介護費用の賠償を命ずべき理由はなく，その費用をなお加害者に負担させることは，被害者ないしその遺族に根拠のない利得を与える結果となり，かえって衡平の理念に反することになる。㈡交通事故による損害賠償請求訴訟において一時金賠償方式を採る場合には，損害は交通事故の時に一定の内容のものとして発生したと観念され，交通事故後に生じた事由によって損害の内容に消長を来さないものとされるのであるが，右のように衡平性の裏付けが欠ける場合にまで，このような法的な擬制を及ぼすことは相当ではない。㈢被害者死亡後の介護費用が損害に当たらないとすると，被害者が事実審の口頭弁論終結前に死亡した場合とその後に死亡した場合とで賠償すべき損害額が異なることがあり得るが，このことは被害者死亡後の介護費用を損害として認める理由になるものではない。以上によれば，交通事故の被害者が事故後に別の原因により死亡した場合には，死亡後に要したであろう介護費用を右交通事故による損害として請求することはできないと解するのが相当である。」

(iii)　検　討　　この問題は，損害概念の理解と関連づけて議論されることがある。すなわち，差額説の場合は将来の一定期間ごとに生じる所得喪失（額）を損害と把握する以上，死亡事実は当然に考慮される（もっとも，差額説でも，いつの時点を基準にして仮定的財産状態を予測するかは，定義から一義的に定まるわけではない）のに対して，労働能力喪失説では症状固定により能力喪失という損害は確定的に発生しており（それが算定式によって金銭化される），死亡事実は考慮されない，と。しかし，いずれの立場であれ，損害の把握または額算定の時点で将来予測をする以上，その際に不法行為後の事情をどこまで考慮すべきか，という問題は生じる。それゆえ，損害概念からこの問題に対する結論が直接に導かれるわけではない。

むしろ，将来の逸失利益については，それが侵害された法益を具体化したものであり，死亡時点で時的範囲を画することは法益保護として過少となってその分の加害者の免責は不当であるという評価が，また，将来の介護費用については，支出されないことが明確となった費用の賠償を認めることが過剰な権利保護になるという評価が，決定的といえる。

Column Ⅱ 4-8　判決確定後に後遺症が顕在化した場合

不法行為に基づく損害賠償を認める判決が確定した後に，当該不法行為に起因する後遺症が生じた場合，改めて損害賠償を求めることができるか。判決によってすでに損害賠償債権が確定されている以上，後遺症による損害の賠償は前訴の判決の既判力によって遮断されるはずである。しかし，前訴においておよそ予見もできなかった後遺症が顕在化する場合もある。そこで判例は，一部請求という法律構成を用いて，後遺症に関する賠償請求の余地を認めているが（最判昭和42・7・18民集21巻6号1559頁），民訴学説はこの構成には批判的である（訴訟物は同一であるとした上で，既判力の根拠が妥当するかという観点から再訴を許す，といった構成も有力である）。

なお，定期金賠償を認める判決については，事実審の口頭弁論終結後に，損害額の算定の基礎となった事情に著しい変更があった場合は，当該判決の既判力を排除して新たな事情に応じた損害賠償義務を確定することができる（民訴117条）。

(3) 慰謝料

(a) **内　容**　不法行為責任を負う者は，権利・法益の侵害から生じた財産以外の損害についても賠償をしなければならない（710条）。この「財産以外の損害」に対する賠償を慰謝料と呼んでいる。そして，人身被害によって生じた精神的苦痛に対する慰謝料としては，死亡慰謝料，後遺障害慰謝料，入通院慰謝料などがある。慰謝料はその性質上金銭に置き換えにくい不利益に対する賠償であって，事実として存在する額はなく，その算定は法的評価によらざるをえない。交通事故事例では，判例上，目安となる基準額が設定されている。

(b) **算定の手続規律**　人身被害での慰謝料にかぎらず，慰謝料額の算定については，判例上，つぎのように処理されている。慰謝料額の認定は，事実審の裁量に属する事実認定の問題である。そして，認定が違法となりうるのは，認定額が著しく不相当であって経験則または条理に反するような事情がある場合にかぎられる（最判昭和38・3・26集民65号241頁）。もっとも，慰謝料額は証拠に基づいて判断される性質のものではないから，金額の証明は問題とならない。結局，事実認定の問題とはいっても，額の認定は裁判官の裁量により，公平の観念に従って諸般の事情を総合的に斟酌（しんしゃく）して定められることになる。その際，裁判所は，算定の基礎事情となる事実を示す必要はあるが，当該額にした根拠は示さなくてよい。

(c) **補完的機能**　以上のような算定手続の特性を利用して，財産的損害の存在は明らかだがその証明が難しい場合に，それを慰謝料で補完することが行われていた（慰謝料の補完的機能と呼ばれる）。例えば，交通事故被害者の将来の逸失利益は証明されていないとして認定しなかったが，経済的な不利益を受けていること自体は認定できるとして，これを慰謝料算定にあたって考慮する，としたものもあった（東京地判昭和42・10・18下民集18巻9＝10号1017頁）。もっとも，現在では民訴法248条が存在する以上（Column Ⅱ 4-5），財産的損害の算定困難に慰謝料で対応する必要はなくなっている。

Column Ⅱ 4-9　慰謝料の機能・性質

慰謝料一般については，その機能・性質に関して以下のような議論がある。

① 損害の塡補　　慰謝料も，損害を塡補するものである。もっとも，ここでの塡補は被害者が金銭を得て満足することで苦痛が和らぐという程度の意味にすぎず，また，額の算定にあたり加害行為の動機・目的など加害者側の事情が広く考慮される点で，財産的損害の塡補と異なる性格をもつ。なお，判例は，710条は精神的苦痛だけでなく「無形の損害」も含むとする（最判昭和39・1・28民集18巻1号136頁〔法人に対する名誉毀損の事案〕。もっとも，この判決は無形の損害の具体的内容を明らかにしていない）。

② 慰謝料請求権の一身専属性　　慰謝料を「精神的苦痛を塡補するもの」と理解する場合，被害者本人が受けとらなければ意味がない以上，一身専属性をもつとみる余地がある。一身専属性の有無は，慰謝料請求権の相続可能性（896条ただし書）・譲渡可能性（466条1項ただし書），債権者代位の対象（423条1項ただし書），について問題となる。名誉・プライバシーなどの人格権侵害に基づく慰謝料については一身専属性を認め，少なくとも被害者本人による明確な請求の意思表示がない場合には，相続・譲渡・代位行使の対象にならない，とする見解も有力である（死亡慰謝料に関する議論については，第2節**3**(2)(b)を参照）。

③ 制裁的慰謝料　　慰謝料が加害者に対する制裁としてはたらくこともあるが，それはあくまでも損害塡補に付随する機能にすぎない。慰謝料の制裁的機能が強調される背景には，違法な行為の予防およびそれに対する制裁を刑事法・行政法にゆだねている現状は不十分であるとの認識がある。しかし，慰謝料に別の法秩序の課題を担わせることは，政策的判断としてはありうるとしても，不法行為法の内在的な要請とはいえない。

(4)　包括請求と一律請求

大規模な公害・薬害による人身被害については，以上と異なり，包括請求・一律請求と呼ばれる算定方法も用いられている。

包括請求とは，財産的損害に対応する不利益を慰謝料算定の考慮事由にとどめた上で，被害者の不利益すべてについて慰謝料で請求する方式である。その特徴は，被害者が受けた肉体的・経済的・生活的・家族的・社会的・環境的な不利益など，個別の不利益がすべて慰謝料のもとに包括される点にある。また，一律請求とは，被害者たる原告が多数の訴訟において，原告がその権利・法益の侵害の程度に応じて一律に同一金額または同一の基準額による損害賠償を請求する方式である。これは，同程度の被害を受けた者には同程度の賠償額が認められるべき，という考えに基づく。

包括請求・一律請求には，被害者が多数に及ぶ公害・薬害事件において，被害者各自について個別の立証にかかる時間を節約すること（包括請求），同一訴訟の原告間で類似の人身被害にもかかわらず格差が生じるのを避けること（一律請求），といった訴訟戦略上の狙いがある。実際にも，公害・薬害事件において包括請求・一律請求を認める下級審裁判例は多い（包括請求につき熊本地判昭和48・3・20判時696号15頁，一律請求につき富山地判昭和46・6・30判時635号17頁など）。最高裁も，一律請求について，空港の騒音被害が問題となった事案で，被害者（X）らは「それぞれさまざまな被害を受けているけれども，本件においては各自が受けた具体的被害の全部について賠償を求めるのではなく，それらの被害の中には本件航空機の騒音等によってXら全員が最小限度この程度まではひとしく被っていると認められるものがあり，このような被害をXらに共通する損害として，各自につきその限度で慰藉料という形でその賠償を求める」ものであり，「同一と認められる性質・程度の被害をX全員に共通する損害としてとらえて，各自につき一律にその賠償を求めることも許されないではない」としている（最大判昭和56・12・16民集35巻10号1369頁）。

3 物の所有権侵害の場合

(1) 物の滅失による所有権侵害の場合

(a) **賠償すべき不利益の項目**　物の滅失の場合，原則として，その物の価値を賠償すれば十分といえる。これは，物の価値を塡補すれば不法行為がなかった場合と同じ状態を回復できるのが通常だからである。また，物が存在していれば得られたはずの利益のうち，物の使用利益の代償については，原則として物の価値に含まれると考えられている（判例Ⅱ 4-7参照。転売利益については(b)(ii)で扱う）。さらに，住み慣れた居宅の滅失，獣医療過誤におけるペットの生命侵害など，特別な場合には慰謝料も認められる。

(b) **額の算定**　(i) 算定方法　侵害された物の価値の額は，市場で当該物を取得するために必要な価格で算定するのが原則である（当該物を市場で売却した場合の価格ではない）。

火災などにより家屋内の家財道具がすべて焼失したような場合，その一つ一つについて滅失時の価格を算定するのは困難なため，概算によることも可能である（民訴248条を適用してこのような処理をした例として，東京地判平成14・4・22判時1801号97頁などがある）。

(ii)　算定の基準時　　物の市場価格は変動するため，いつの時点を基準に算定するかが問題となる。原則は侵害時の調達価格であり，これに遅延利息が付される。

もっとも，侵害後に市場価格が変動する場合には，詳細な検討が必要になる。例えば，物の滅失後，その市場価格が高騰していた場合，上記の原則によれば，滅失時の市場価格とその時点からの遅延利息しか得られず，遅延利息が価格高騰分を下回るときは，被害者は賠償金を得ても滅失物と同等の物を市場から入手できない。これでは不法行為による所有権侵害がなかったのと同じ状態にするという事後的な権利保護の観点に照らして十分とはいえないので，市場価格の高騰を考慮して額を算定すべき，とする立場が多い（事実審の口頭弁論終結時の価格で算定することになる）。これに対して，物の市場価格が下落していた場合は，上記の原則に従う。

さらに，侵害後に価格が上下に変動した場合，その間に達した最高価格（中間最高価格）で算定できるか，という問題もある。この点について，判例は，賠償範囲の問題とみた上で特別の事情（転売などにより騰貴価格に相当する利益を確実に取得できたという事情）の予見可能性があれば賠償範囲に含まれる，としている（〈判例Ⅱ 4-7〉。判示は価格騰貴の場合一般についてのものだが，事案では中間最高価格が問題となっている）。これに対して，学説は額算定の問題と位置づけて，権利保護の観点から最もふさわしい時点を基準時とすべきとしている。もっとも，いずれにせよ中間最高価格に相当する利益の取得が確実か否かが問題となる点で，賠償範囲の画定か額の算定かという問題の位置づけの違いは，実質的な差をもたらさないと考えられる。

〈判例Ⅱ 4-7〉大連判大正15・5・22民集5巻386頁（富喜丸事件判決）

【事案】 船舶の衝突事故で沈没した船の所有者が，商法544条（現在の690条）に基づいて相手方船舶の所有者に対して損害賠償を求めた事案である。原告の求めた，船の価格の賠償，および，滅失後に賃貸して得られたはずの利益の喪失の賠償について，①船舶価格が滅失後に上昇していた場合（当時，第1次世界大戦の影響から大幅な変動をみせていた）に，船舶の価格をいつの時点で算定するのか，②物の滅失の場合に，当該物の価値に加えて，滅失後の利用によって得られる利益をも賠償請求できるか，という点が問題となった。②の点に関して，判決は，物の滅失当時の交換価格は滅失後の使用利益をも含む以上，滅失後の使用利益の賠償は原則として認められないが，「特殊の使用収益に依り異常の利益を得べかりし特別の事情ある場合」は当該利益を確実に取得できることの予見可能性があれば，賠償を求めることができる，とした。そして，①については，賠償範囲の問題と把握して，相当因果関係論（第3章第3節2(2)(a)参照）をあてはめて，中間最高価格での賠償を求める原告の主張を退けている。

【判旨】 不法行為による物の滅失・損傷の場合の賠償範囲は「其の滅失毀損の当時を標準として之を定むることを要し，其の損害は滅失毀損の当時に於ける交換価格に依りて定まるべき」である。さらに，「不法行為に因り滅失毀損したる物が後に価額騰貴し，被害者が之に因りて得べかりし利益を喪失したるときは，尚之に基（もと）づく損害即消極的損害の賠償を請求」できる。ただし，「其の騰貴が縦（よ）し自然の趨勢に因りたるものとするも，被害者に於て不法行為微（なか）りせば其の騰貴したる価額を以て転売其の他の処分を為し若（もし）くは其の他の方法に依り該価額に相当する利益を確実に取得したるべき特別の事情ありて，其の事情が不法行為当時予見し又は予見し得べかりし場合に非ざれば，斯る損害賠償の請求を為すことを得ざるものとす」。

(2) 物の損傷による所有権侵害の場合

物の損傷の場合は，まず，①修理費用が実費で賠償されるべきである。加えて，②修理してもなおその物の価値が低下した場合にはその分の賠償が必要になる。さらに，③物の使用から得られる利益の喪失について，営業車両の損傷の事案で休車による営業利益の喪失を通常損害と認めて賠償範囲に含めた判例がある（最判昭和33・7・17民集12巻12号1751頁）。

(3) 物の使用収益の妨害による所有権侵害の場合

建物賃貸借契約終了後に賃借人が建物を使用し続けるといった不法占拠の場合，被害者たる所有者には物を使用・収益できないという不利益が生じている。

これについては，使用料の賠償が認められる。その額は，原則として，従前の約定賃料や相場の使用料で算定される。

4 名誉毀損・プライバシー侵害の場合

名誉毀損では，通常は慰謝料の賠償が中心となる。慰謝料額に関しては，基準の作成も試みられつつある。なお，営業上の利益の喪失が生じる場合，その証明ができれば財産的損害として賠償を認めるべきだが，慰謝料の算定要素に含めて処理されるのが通常であろう。

プライバシー侵害についても，慰謝料が認められる。個人情報の違法な提供について，訴訟で違法性が認められれば精神的損害のほとんどは回復されるとして，1万円の「名目的な損害賠償」を認めた例があるが（東京高判平成14・1・16判時1772号17頁），ここでは侵害も損害もある以上，名目的な賠償ではなく，通常の損害賠償というべきである。

また，メディアによる名誉毀損・プライバシー侵害の場合，雑誌の売上げ増など，当該不法行為によってメディアが得た利益を賠償額算定に考慮すべきかが議論されている。仮にこれを認めれば，加害行為の抑止・予防に資するのはたしかである。しかし，加害者が不法行為によって得た利益を損害賠償によって被害者に移転することは不法行為法の機能を超えているとして，これに消極的な立場が強い。もっとも，雑誌の売上げは侵害行為の拡大の程度を示すものであって被害の大きさを意味するから，額の算定にあたってその点を考慮することは許される（違法な利得の剝奪につき，Column Ⅱ 1-2 も参照）。

第5節　賠償額の減額事由

本節では，賠償額の減額事由として，過失相殺と損益相殺を扱う。もっとも，両者はともに減額という効果をもつものの，その内実は異なる。過失相殺は競合原因が存在する場合に他原因を考慮して減額できるかという問題の1つの例でもあり，加害者の責任がどの範囲まで及ぶか，という責任の範囲の問題に関わる。これに対して，損益相殺は，不法行為によって被害者の得た利益がある場合に，損害賠償による事後的な権利保護が過大にならないよう，これを額の算定で考慮すべきかという問題であり，責任の内容に固有の問題といえる。

1 過失相殺

(1) 序

(a) **過失相殺の意義**　722条2項は，被害者の過失を考慮して賠償額を減額できることを定める。これは加害者と被害者の間の公平を図るという観点に基づくものであり，過失相殺と呼ばれる。

ここでいう相殺とは，相対する債権が対当額で消滅すること（505条1項参照）ではなく，被害者の過失を考慮して賠償額を減らす，という意味にすぎない。また，土地工作物の所有者の責任（717条1項ただし書）のように加害者の責任が過失に基づかない場合でも，過失相殺により減額をすることができる。

(b) **減額の根拠**　過失相殺による減額の根拠については，着眼点の違いから，次の2つの理解の仕方がある。

まず，①被害者の過失という要件の存在を重視して，被害者自身に責任を負担する根拠があるから減額できる，という理解がある。伝統的にも，加害者が過失に基づいて責任を負うのと同じ意味で，被害者の過失責任である，と考えられていた。これに対して，②判例が要件を緩和して過失相殺制度を拡大する傾向にあることを背景として，原因競合の場合には加害者の責任を割合的に限定しうることの一例とみる理解もある。これによれば，被害者の過失という競合原因の存在によって，加害者への損害転嫁の根拠が量的に減少するため，減額できることになる（この立場では，被害者の過失だけでなく，自然力・第三者の不法行為・素因の競合の場合も含めて，加害者の責任の縮減が問題とされることになる〔第3章第5節も参照〕）。このような理解の仕方の違いは，被害者の能力の要否（(2)(b)）および素因斟酌の当否（(5)）をめぐる議論にも反映される（①・②を併用する理解の仕方もある）。

(2) 被害者の過失

(a) **過失の内容**　過失相殺における過失には，交通事故で被害者が飛び出した場合のような損害の発生に関わるものだけでなく，受傷後の治療過程で軽率な行動をとったために悪化した場合など，損害の拡大に関わるものも含まれる（債務不履行による損害賠償の場合の過失相殺では，損害の拡大に関する債権者の過失が考慮されることが明記された〔418条〕）。また，被害者自身による脇見運転など，他者の法益を保護すべきという要請に反するもの（これは加害者の過失と同じである）だけでなく，シートベルトの不着用といった自己の法益を危険にさらさないように行動すべきであるという要請に反する場合も，被害者の過失として斟酌される。

(b)　被害者の能力の要否　被害者の過失を考慮するにあたっては，加害者の過失の場合と同様に責任能力を要するかが議論されていた。判例は，当初，過失相殺をするには被害者に責任能力がなければならないとしていたが（最判昭和31・7・20民集10巻8号1079頁），後に見解を改めて，過失相殺をするには事理弁識能力で足りる，とした（〈判例Ⅱ 4-8〉）。

責任能力が自己の行為から法的責任が生じることを認識するのに必要な能力であるのに対して，事理弁識能力は自らに損害が生じることを避けるのに必要な注意をする能力であり，通常は5～6歳程度で具備するものとされている。よって，この立場では，3歳児が車道に飛び出して車にひかれても過失相殺はできない。もっとも，被害者側の過失（(3)）によって減額できる場合がある。

被害者の能力の要否をめぐる学説は，過失相殺制度の理解に応じて様々である。被害者自身に責任を負担する根拠があるために減額される，という理解のもとでも，加害者にいったん転嫁された損害を被害者に再転嫁するだけの根拠が必要であると考える場合には，加害者と同じ程度の過失および責任能力が必要となる。しかし，現在では，自己の権利・法益に関する不注意が問題となる以上，事理弁識能力があれば足りると考えられている。さらには，「自己の権利領域内の特別の損害危険から生じた結果について保証責任を負う」という損害負担の根拠（領域原理）を用いて，能力不問を導く考え方もある。以上に対して，原因競合における割合的責任限定の一場面として過失相殺制度を理解する場合には，被害者の過失が競合していれば足り，能力にかぎらず被害者の主観的事情を考慮する必要はない。

〈判例Ⅱ 4-8〉最大判昭和39・6・24民集18巻5号854頁

【事案】8歳の児童が自転車の二人乗りで前後左右に注意せず交差点に進入して車と衝突して死亡したため，被害者の親が賠償請求をした事案で，原審は過失相殺をして減額した。そこで，責任能力のない者について722条2項の適用はできない，として，上告した。

【判旨】 上告棄却。過失相殺は「不法行為者に対し積極的に損害賠償責任を負わせる問題とは趣を異にし，不法行為〔者〕が責任を負うべき損害賠償の額を定めるにつき，公平の見地から，損害発生についての被害者の不注意をいかにしんしゃくするかの問題に過ぎないのであるから，被害者たる未成年者の過失をしんしゃくする場合においても，未成年者に事理を弁識するに足る知能が具わっていれば足り，未成年者に対し不法行為責任を負わせる場合のごとく，行為の責任を弁識するに足る知能が具わっていることを要しないものと解するのが相当である」。

(3) 被害者側の過失

722条2項の文言は「被害者に過失があったとき」とあるが，判例上，被害者以外の過失についても減額事由とされることがある。これを「被害者側の過失」といい，以下のような場合に認められている。

(a) 被害幼児の監督義務者の過失　車道に飛び出して車にひかれた幼児からの損害賠償請求について，被害者に付き添っていた監督義務者の過失を考慮して減額できるか。判例は，被害者が幼児である場合は，「被害者に対する監督者である父母ないしはその被用者である家事使用人などのように，被害者と身分上ないしは生活関係上一体をなすとみられるような関係にある者の過失」（最判昭和42・6・27民集21巻6号1507頁）を722条2項の「被害者の過失」に含めている。具体的には，監督義務者である親につき肯定したもの（最判昭和34・11・26民集13巻12号1573頁），引率していた保育園の保母（現在の保育士）につき否定したもの（前掲・最判昭和42・6・27）がある。

ここでの被害者側の過失は，被害者に事理弁識能力がない場合についても，過失相殺による減額を認めたのと同じ結果をもたらす。しかし，この場面で減額を認めるのであれば，過失相殺に被害者の能力を要しないとしたほうが，付添人の有無や被害幼児と付添人の関係という偶然の事情によって賠償額が左右されるという不都合を回避できる点で，妥当であろう。

(b) 同乗運転者の過失　自動車の衝突事故でAの運転する車両に同乗していた被害者Xが相手方車両運転者Yに賠償請求する場合に，乗車車両の運転者Aの過失を斟酌して減額できるか。判例は，ここでも，斟酌されるべき過失が問題となる者Aと被害者Xの関係に着眼する。すなわち，AがXと婚姻関係（〈判例Ⅱ 4-9〉）・内縁関係（最判平成19・4・24判時1970号54頁）にある場合に被害者側の過失として斟酌を肯定する一方で，AがXの恋人（最判平成9・9・9判時1618号63頁）・職場の同僚（最判昭和56・2・17判時996号65頁）である場合については斟酌を否定している。

この場面では，AとYの不法行為が競合している。競合不法行為に関する判例（第5章第6節**2**）によれば，全額についてAとYが連帯して責任を負うことになるはずだが，被害者側の過失は，Yに対してその過失に対応した分割責任を認める結果をもたらす。〈判例Ⅱ 4-9〉が被害者側の過失を斟酌する理由として，求償関係を含めて紛争を1回で解決できることを指摘するのも，この点に対応するものといえる。しかし，同判決に対しては，夫婦であっても財産関係は独立しているというのが民法の考えであって（夫婦別産制〔762条1項参照〕），加害配偶者Aの無資力の危険を被害配偶者Xに負担させるのは妥当でない，また，婚姻関係の破綻といった内部事情を考慮要素とするのは不当である，といった批判がある。

〈判例Ⅱ 4-9〉最判昭和51・3・25民集30巻2号160頁

【事案】 X_1は，夫X_2の運転する車の助手席に同乗していたところ，Y_1が所有しその従業員であるY_2の運転する車と衝突して骨折などの傷害を被った。1審は，この事故はX_2とY_2の過失によるものであるとして，Y_1・Y_2に対するX_1の賠償請求についてもX_2の過失を考慮して過失相殺をしたが，原審は減額を認めなかったため，Y_1・Y_2が上告した。

【判旨】 破棄差戻し。「夫が妻を同乗させて運転する自動車と第三者が運転する自動車とが，右第三者と夫との双方の過失の競合により衝突したため，傷害を被った妻が右第三者に対し損害賠償を請求する場合の損害額を算定するについては，右夫婦の婚姻関係が既に破綻にひんしているなど特段の事情のない限り，夫の過失を被害者側の過失として斟酌することができるものと解するのを相当とする。このように解するときは，加害者が，いったん被害者である妻に対して全損害を賠償した後，夫にその過失に応じた負担部分を求償するという求償関係をも一挙に解決し，紛争を1回で処理することができるという合理性もある。」

(c)　**その他**　①使用者が被害者である場合，使用者の損害の発生・拡大に寄与した被用者の過失は考慮される（大判昭和12・11・30民集16号1896頁）。②生命侵害の不法行為で，被害者の近親者が固有の慰謝料請求（711条）をする場合，死亡被害者の過失が考慮される（前掲・最判昭和31・7・20〔ただし傍論〕）。③交代してバイクを運転しながら共同で暴走行為をしていてパトカーに衝突したが，そのとき被害者は運転しておらず後部座席にいた場合，運転者の過失を考慮できる（最判平成20・7・4判時2018号16頁）。

以上において減額が認められる理由は，つぎのとおりである。①では，被用者の惹起した損害について一定の場合に使用者が負担するという使用者責任（715条）の考え方，②では，そもそも不法行為の直接の被害者と一定の関係にあるがゆえに慰謝料請求が認められていること，③では，被害者自身が被害者側とされる者と共同不法行為（719条1項前段）を行っていたとみうること，である。

(4)　過失相殺の効果

(a)　**内　容**　過失相殺により，賠償額を減額することができる（722条2項）。債務不履行に基づく損害賠償の場合の過失相殺を定める418条の文言と比べると，不法行為での過失相殺には，①賠償責任を否定することまでは許されない，②減額するか否かは裁判所の裁量にゆだねられている，という特徴がある。

減額は，加害者と被害者の過失割合を基準になされる。例えば，加害者と被害者の過失割合が4：1であれば，賠償額は2割減額される。減額割合の判断は裁量によって行われ，判断の理由を挙げる必要はなく，どの過失を考慮してどの程度減額したかを個別に述べる必要もないとされている。もっとも，裁量にも一定の限界はあり，それを超えれば裁量の逸脱となる（最判平成2・3・6判時1354号96頁）。交通事故訴訟では，加害者と被害者の過失の関与を定型的に把握しやすいことから，判断の目安となる基準が作成されている。

なお，加害者が過失相殺を主張していなくても，裁判所は過失相殺できる。もっとも，被害者の過失を基礎づける事実については弁論主義の適用があり，当事者のいずれかによって主張されていなければならない。

(b)　**一部請求の場合**　1個の損害賠償請求権の一部が訴えによって請求さ

れている場合（一部請求），過失相殺は損害の全額について行われる。そして，減額後に残る損害額が請求額を超えない場合は残った損害額が，超える場合は請求額が認容される（最判昭和48・4・5民集27巻3号419頁）。

(5) 被害者の素因

(a) 素因減額の可能性　素因とは，損害を誘発または拡大する被害者の身体的・精神的性質をいう。加害者の不法行為とともに，被害者の素因が損害の発生・拡大に関わることは多いが，素因の存在それ自体は722条2項の「被害者の過失」といえず，過失相殺による減額はできない。

しかし，判例上，被害者の素因が競合して損害が発生した場合において，当該素因の態様，程度などに照らし，加害者に損害の全部を賠償させるのが公平を失するときは，損害賠償の額を定めるにあたり，722条2項を類推適用して，素因を斟酌することが認められている。そして，最高裁判例では，①心因的要因（最判昭和63・4・21民集42巻4号243頁），②疾患的要因（最判平成4・6・25民集46巻4号400頁，最判平成8・10・29交民29巻5号1272頁，最判平成20・3・27判時2003号155頁）について減額を認めた例，③身体的特徴（判例Ⅱ 4-10）について減額を否定した例，がある。

判例Ⅱ 4-10　最判平成8・10・29民集50巻9号2474頁

【事案】 Xは，自動車を運転中にY_1所有でY_2が運転する車に追突され，頸(けい)椎捻挫を負い，頸部・後頭部疼痛(とうつう)，視力低下の症状がある。Xは，平均的体格に比して首が長く多少の頸椎の不安定症があるという身体的特徴を有していた。首が長いという素因および心因的要素を斟酌し，722条2項の類推適用により賠償額を4割減額した原審の判断を不服として，Xが上告。

【判旨】 破棄差戻し。「被害者が平均的な体格ないし通常の体質と異なる身体的特徴を有していたとしても，それが疾患に当たらない場合には，特段の事情の存しない限り，被害者の右身体的特徴を損害賠償の額を定めるに当たり斟酌することはできないと解すべきである。けだし，人の体格ないし体質は，すべての人が均一同質なものということはできないものであり，極端な肥満など通常人の平均値から著しくかけ離れた身体的特徴を有する者が，転倒などにより重大な傷害を被りかねないことから日常生活において通常人に比べてより慎重な行動をとることが求められるような場合は格別，その程度に至らない身体的特

> 徴は，個々人の個体差の範囲として当然にその存在が予定されているものというべきだからである。」そして，「Xの身体的特徴は首が長くこれに伴う多少の頸椎不安定症があるということであり，これが疾患に当たらないことはもちろん，このような身体的特徴を有する者が一般的に負傷しやすいものとして慎重な行動を要請されているといった事情は認めれらないから，前記特段の事情が存するということはでき」ない，とした。

(b)　**素因減額の当否**　素因斟酌にあたって，判例は，722条2項の類推適用という法律構成を用いるが，実質的根拠としては「公平」を挙げるにとどまる。素因斟酌を認める判例に対して，学説の多くは批判的である。その根拠としては，素因があること自体について被害者に落ち度はない，素因の斟酌は被害者の行動の自由を過度に制限しかねない，素因の発現は加害者の不法行為によって強いられたものである，といった点が挙げられている。そして，被害者が素因の存在を認識していながら軽率に行動した場合にかぎり，本来の過失相殺を認めるにとどめるべき，という見解が有力である。

これに対して，原因競合による割合的責任限定の観点から，過失相殺を加害者の責任を縮減する制度の1つとみる場合は，加害者が通常人に対して同様の加害行為をしたのと同じ程度の責任にとどめる結果をもたらすことからも妥当であるとして，素因斟酌を認める余地がある。また，過失相殺を被害者自身に責任の負担根拠がある場合に減額するものと理解する場合でも，通常人よりも高い損害危険を有する者はそのかぎりで自己負担すべきであるという考え方（領域原理）によれば，過失相殺の類推適用による素因減額を正当化しうる。

2　損益相殺・損益相殺的調整

(1)　序

(a)　**意　義**　不法行為の被害者は，加害者から損害賠償を受けるのとは別に，不法行為による被害を原因として利益を得ることがある。例えば，自動車事故で被害者が死亡した場合には，その者にかかる生活費は支出されることがなくなり，また，受傷による後遺症が残った場合には，社会保険給付を受ける可能性がある。額の算定にあたりこれらの事情を減額事由として考慮することを，損益相殺または損益相殺的調整と呼ぶ。判例は，損益相殺的調整について，

「被害者が不法行為によって損害を被ると同時に，同一の原因によって利益を受ける場合には，損害と利益との間に同質性がある限り，公平の見地から，その利益の額を被害者が加害者に対して賠償を求める損害額から控除することによって損益相殺的な調整を図る必要があ」る，としている（最大判平成5・3・24民集47巻4号3039頁）。

(b)　減額の根拠――利得禁止原則　損益相殺で減額する根拠として，差額説の定義が挙げられることがある。それによれば，損害を把握する段階で不法行為がなかったとした場合の財産状態と現実の財産状態とを比較する以上，不法行為後の財産の増加があればそれは当然に損害を減少させる，と説明される。しかし，差額説は，財産の増減をそのまま損害額に反映させるような単純な財産比較をしているわけではない。そこで，実質的な根拠として，公平の観念が援用されてきたが，近時は利得禁止原則で説明する考え方も有力である。利得禁止原則は，不法行為法においては，「被害者は損害賠償給付により利益を得ることになってはならない」という要請を意味する。これは，被害者が，損害賠償によって不法行為がなかったのと同じ状態よりも有利な地位に立つことのないようにする，という点で，権利・法益の事後的保護の上限を画すものといえる。

損益相殺（的調整）は，2つの場面で問題となる。1つは，損害賠償の内容を権利・法益の事後的保護という目的に従って具体化する場面である（(2)）。この場面では，利得禁止原則が不法行為に基づく損害賠償制度に内在的な要請として働き，損害賠償が被害者に生じた損害の塡補以上になってはならないことが要請される。もう1つは，被害者または賠償請求権者が，損害賠償とは別に，損害塡補を目的とする給付を受け取る，またはその可能性をもつ場面である（(3)）。この場面では，不法行為制度と他の給付制度の調整のための要請として働き，保険給付の側で制度化された代位や，不法行為の側では判例が認めた損益相殺的調整を通じて，被害者に生じた同一の損害について重複して塡補が行われないようにする場合がある。

(2)　損害賠償の内容を具体化する場面

賠償内容を具体化する際に利得禁止原則がはたらくのは，とりわけ，将来の逸失利益の算定の場面である。ここでは，不法行為により免れることとなった支出をどの範囲で控除できるかが問題となる。この点について，被害者死亡の場合の将来の逸失利益の算定式では，不法行為によって支出を免れるものとして，生活費のみを控除している（第4節2(1)(b)(i)）。なお，後遺障害における将来の逸失利益の算定では，事実審の口頭弁論終結前に被害者が死亡しても，死亡後の生活費は控除されない（前掲・最判平成8・5・31。第4節2(2)(c)(i)を参照）。

他方，所得税（最判昭和45・7・24民集24巻7号1177頁。なお，基礎収入で利用される賃金センサスの額は，所得税控除前のものである），未成年子の死亡事件で子の逸失利益の賠償を親が請求した場合の子の養育費用（最判昭和53・10・20民集32巻7号1500頁）は，いずれも控除されない。もっとも，高額所得者の逸失利益の算定にあたっては，所得税を控除して賠償額の高額化を避けるべき，という主張もある。

(3)　損害賠償とは別に被害者が給付を得る場面

(a)　損害賠償給付と保険給付の調整　　被害者や損害賠償請求権者は，不法行為による被害を原因として，生命保険・損害保険契約や社会保険制度に基づく給付を受けることがある。とりわけ，人身被害については，健康保険・介護保険・年金保険などからの，医療費用・介護費用の支給や所得喪失（の一部）の塡補など，損害賠償における損害項目と重複する給付を受けることが多い。

これらの給付の目的が損害賠償と同じく損害の塡補にある場合，損害賠償給付と保険給付の双方を受け取れば，1つの不利益が二重に塡補される事態が生じる。そして，利得禁止の原則にかんがみて二重取りの回避が要請される場合には，複数の給付による損害の重複塡補をいかに調整するかが問題となる。

もっとも，私保険・社会保険を問わず，保険制度には，請求権代位という調整の仕組みが用意されている場合がある（健保57条1項，介保21条1項，厚年40条1項，保険25条1項など）。利得禁止原則は，私保険の分野でも妥当しており，「保険給付は被保険利益について生じた損害額を超えないようにすべきである」（狭義）と「保険給付は，公益の観点から容認されないような著しい利得をもたらすものであってはならない」（広義）という2つの要請に分かれる。

請求権代位は，狭義の利得禁止原則のあらわれであり，保険給付が現実になされた限度で，被害者が加害者に対して有する賠償請求権を保険者に移転させる制度である（社会保険でも，狭義の利得禁止原則は妥当するとみてよい）。これにより，被害者が行使できる賠償請求権の範囲はそのかぎりで縮小する。その結果として，被害者が加害者に賠償請求する場合，保険給付分が控除される。保険者が代位の範囲で賠償請求権を取得する点で，加害者の責任自体は全体として縮減していないことになる（もっとも，保険者が加害者に現実に請求しない場合には，事実上，加害者が免責される結果となる。また，一部代位の場合，被害者と保険者の加害者に対する損害賠償請求権が競合することになるが，加害者の賠償資力が十分でないときは，被害者の権利を保険者のそれに優先させる必要があろう。保険25条2項も参照）。さらに，請求権代位に加えて，損害賠償給付が先になされたときは被害者に対して保険給付を行わない，とする扱いがなされることもある（健保57条2項，介保21条2項，厚年40条2項参照）。

以上から，損害賠償給付と保険給付とが並存する状況において，損益相殺を用いて損害賠償の側から二重取りを回避する必要が生じるのは，請求権代位が機能しない場合（請求権代位の制度が用意されていない場合や請求権代位の要件を充たさない場合）といえる。

(b)　**損益相殺の要件**　　第三者からの給付を損益相殺によって控除するにあたり，判例は，「損害と利益取得の原因の同一性」および「損害と利益の間の同質性」を要求している（前掲・最大判平成5・3・24）。前者は，同一の不法行為によって生じた利益といえれば充足される。これに対して，後者の同質性の有無は，第三者からの給付が損害塡補を目的とするものか（当該給付を基礎づける制度の目的は何か）によって判断される。

これらの要件に関しては，以下の問題がある。①損害塡補目的の給付であることに加えて，塡補される不利益が同じ性質であることも必要である。例えば，損害賠償給付において休業補償給付に対応するのは逸失利益であるから，これを積極的損害や慰謝料から控除してはならない。また，遺族が死亡被害者から相続した損害賠償請求権のうち，遺族年金分を控除されるのは逸失利益に関する部分のみである（最判平成11・10・22民集53巻7号1211頁）。②社会保険給付が定期金方式による場合に，将来の給付分を控除できるかも問題となる。判例は，調整の時間的範囲に関して，将来の給付分は現実に履行されたのと同視できる程度に履行が確実であるといえるものにかぎって控除される，とした（前掲・最大判平成5・3・24）。これによると，事実審の口頭弁論終結後の直近の期に支給される分のみが控除される。

Column Ⅱ 4-10　私保険給付と損害賠償給付の調整

被害者が私保険に基づいて受けた給付の損益相殺については，定額保険と損害保険という，保険金の決定方法の違いに着眼した保険の類型区分が意味をもつ。定額保険は保険事故の結果による損害の有無・額と無関係に約定した金額を支払うものであるのに対して，損害保険は被保険者が保険事故により被った損害の額を塡補するものであり，両者では利得禁止原則の要請に程度の差がある。

判例は，①定額保険である生命保険に基づく保険給付を賠償額の算定にあたって考慮せず（最判昭和39・9・25民集18巻7号1528頁），②損害保険についても同様に損益相殺ではなく請求権代位によるとしている（最判昭和50・1・31民集29巻1号68頁）。いずれの判例も，保険金が保険料の対価であることを論拠の1つに挙げ，また，利益取得の原因は保険契約にあるのであって不法行為と同一ではないとしている。しかし，後者の点は，社会保険給付も社会保険制度に基づく給付であって控除不要という帰結を導くことになり，妥当でない。むしろ，定額保険では保険給付の性格が実損の塡補でなく重複塡補を許容するものであること，損害保険では重複塡補は回避されるべきだが請求権代位によって実現すべきこと（保険25条1項），という観点から説明すべきであろう。

(4)　損害塡補を目的としない給付の場合

被害者が利益を得ていても，それが損害塡補と無関係なら，損益相殺で考慮する必要はない。例えば，取引的不法行為では，契約に基づいて加害者から被害者に給付がなされる場合があり，これを損益相殺の対象とすべきかが問題となる。最高裁は，出資法の制限をも著しく上回る高利な貸付における元本給付（最判平成20・6・10民集62巻6号1488頁），投資取引詐欺において配当金名義で交付された金銭（最判平成20・6・24判時2014号68頁）について，損益相殺を否定している。これらの給付はそもそも損害塡補目的で交付されたものではない点で，損益相殺の問題とする必要がない。さらに，これらの判決の事案で損益相殺を認めてしまうと，不法原因給付として返還を認められないはずの利益の取り戻しを許すことにもなり，妥当でない。

(5) 過失相殺と損益相殺の先後関係

損害賠償請求において，過失相殺と損益相殺の両方が問題となることがある。いずれも減額事由であるが，どちらを先にするかで被害者の得る賠償額が異なってくるため，先後関係については議論がある。判例は，過失相殺を先にする（相殺後控除説・控除前相殺説。最判平成元・4・11民集43巻4号209頁，最判平成17・6・2民集59巻5号901頁）。これによると，被害者の損害が1000万円で過失割合が加害者7で被害者3，被害者はすでに損害填補目的の給付500万円を得た，というときは，1000万円の損害は過失相殺により3割減額され，残る700万円から500万円の給付が損益相殺される結果，被害者が加害者に対して請求できるのは200万円にとどまる（他方，被害者に給付をした者は500万円の損害賠償請求権を取得するから，加害者は最終的には本来負担すべき700万円の損害賠償責任を負ったままである）。ここでは，被害者の過失割合に対応する損害がすべて被害者の負担すべき分とされ，残る損害が損害賠償給付200万円と保険給付500万円で填補されることになる。

第6節　損害賠償債権の期間制限

1 序

不法行為に基づく損害賠償債権については，期間制限が設けられている。すなわち，この損害賠償債権は，3年または20年の期間が経過すれば，時効により消滅する（724条）。

これは，債権一般の消滅時効（166条1項）の特則である。すなわち，消滅時効の期間については，権利者の主観的事情に起算点をかからせた短期の期間と客観的起算点による長期の期間があるところ，債権一般ではそれぞれ5年と10年であるのに対して，不法行為に基づく損害賠償債権はそれぞれ3年と20年である。なお，人の生命・身体の侵害による損害賠償債権については，平準化が図られている。すなわち，人の生命・身体の侵害による損害賠償請求権一般につき，長期期間は10年から20年に，また，人の生命・身体を害する不法行為による損害賠償請求権の場合，短期期間は3年から5年に，それぞれ延長されている（167条・724条の2）。これにより，消滅時効の点では，安全配慮義務違反の場合等の人身被害に基づく損害賠償の法律構成（債務不履行か不法行為か）の差は解消されている（損害賠償債務が遅滞に陥る時点について違いがある。債務不履行構成の場合は債権者から履行の請求を受けた時〔最判昭和55・12・18民集34巻7号888頁〕，不法行為構成の場合は不法行為の発生時〔最判昭和37・9・4民集16巻9号1834頁〕である）。

特則を設けた趣旨は，2017（平成29）年の債権法改正の前後で変化している。まず，改正前は，債権一般の消滅時効は10年の期間のみであり（改正前167条1項），これに対して不法行為に基づく損害賠償債権が3年（改正前724条前段）と短期に設定されていた点をいかに正当化するか，という観点から議論されていた。その際，両者の起算点の違い（改正前724条前段は起算点を主観的事情に係らせているために短期とされている）に加え，時効の根拠論に関連させて次の3点が挙げられていた。①時の経過によって事実関係が不明となり，後にそれを証明することが困難になる点。これは消滅時効制度一般に妥当する存在理由であるが，不法行為に基づく損害賠償請求の場面でいえば，被告にとって，訴訟で防御活動をする際に必要となる証拠が散逸して免責のための証明が困難になること，を意味する。②時の経過によって，被害者の感情が沈静化し，加害者からすれば被害者が宥恕した，または請求を断念した，という期待をもつと考えられる点。もっとも，被害者の感情面に着眼して権利を失わせるのは妥当でない上，この点に対する加害者の信頼が法的保護に値するといえるのかも疑問である，といった指摘がある。さらに，③不法行為に基づく損害賠償債権は相互に未知の当事者間で起きた事故から生じるのが通常であって，そもそも賠償請求をされるかどうか，どの範囲で賠償義務を負うか等が不明であるため，このような不安定な立場におかれる加害者の地位を安定させる，という点である（最判昭和49・12・17民集28巻10号2059頁）。

2017（平成29）年改正により，債権一般につき短期と長期の消滅時効期間が設けられる一方，不法行為に基づく損害賠償債権の期間制限は短期・長期とも時効とされた。加えて，生命・身体の侵害による損害賠償債権については，短期・長期の期間が平準化されている（167条・724条の2）。以上から，特則性の説明は，短期の期間が2年短くなっている点だけでなく，長期の期間が倍になっている点に対してもなされる必要がある（前掲①～③の論拠は，前者に対応する。しかも，改正前の7年の差が2年に短縮している点では，短期の違いよりも長期の違いの方が説明を要する。改正前は長期の期間を除斥期間とするか否かが争点となっていて期間の違いの説明の試みは乏しかった）。もっとも，民法の制定時に長期の期間で差異が生じたのは，不法行為の場合の長期の期間制限は消滅時効の一般原則と同じにする趣旨のもと（これは，起算点を権利者の主観的事情に依拠させる短期の消滅時効だけでは，不法行為後いつまでたっても消滅しないことになるため，時効の一般原則を妥当させる必要があったことによる），債権一般の消滅時効の規定によるとしていたところ，立法の最終段階で債権一般の消滅時効期間の20年が10年に改められた際，724条がこれに合わせて修正されなかった，という経緯による。この点からすれば，説明は困難だが，不法行為の場合は権利行使の機会確保の必要性が高いことによるといえよう（これは167条・724条の2の理由とされたことだが，債権一般と比較した場合の不法行為にも援用可能であろう）。

Column Ⅱ 4-11　改正前724条後段に関する判例

2017（平成29）年の債権法改正前は，20年の期間の法的性質について，判例は除斥期間としていた（最判平成元・12・21民集43巻12号2209頁）。除斥期間とは，その期間を経過すれば当然に権利が消滅する期間である（LQ民法Ⅰ・第12章第3節**3**(1)参照）。援用や更新・完成猶予は認められない点に時効との違いがある。もっとも，加害者の不法行為そのものや加害者の行為が原因で被害者側が損害賠償債権を行使できない状況が生じた場合については，158条（最判平成10・6・12民集52巻4号1087頁。加害者の不法行為によって心神喪失の常況に陥っていた事案）・160条（最判平成21・4・28民集63巻4号853頁。加害者が被害者の死体を隠匿したために賠償債権の相続人が確定しなかった事案）の法意に照らして20年の期間が経過していても724条後段の効果は生じない，とするなど，時効規定の趣旨を考慮した解釈論によって妥当な解決が導かれていた。

2 短期の消滅時効（724条1号・724条の2）

(1) 時効期間

724条1号は，不法行為に基づく損害賠償債権について，被害者またはその法定代理人が，損害および加害者を知った時から3年間が経過すれば，時効によって消滅することを定める。ただし，生命・身体を害する不法行為の場合は，5年である（724条の2。身体侵害は，PTSDの発症など精神的機能の障害を惹起するものを含む）。

(2) 起算点

時効期間の起算点は，原則として，権利の存在とその行使の現実的な可能性を被害者またはその法定代理人が認識した時点である。724条前段が認識を要求する「損害」は権利の存在に，「加害者」はその行使の現実的な可能性に対応するものといえる。本条の「被害者」とは，損害賠償を請求する者であって，直接の被害者に限られない。

724条1号の時効期間は短いため，起算点の解釈が問題となることが多い。

(a) **加害者の認識**　(i) 必要性　賠償請求権の存在を認識していたとしても，誰に賠償請求したらよいのかがわからなければ，それを行使することはできない。このため，時効期間の起算にあたっては，「加害者の認識」が要求されている。認識の対象である「加害者」には，監督義務者責任（714条）や使用者責任（715条）の場合のように，直接の加害者ではないが不法行為責任を負う者も含まれる。

(ii) 認識の程度　認識の程度については，判例上，加害者を知った時とは，「加害者に対する賠償請求が事実上可能な状況のもとに，その可能な程度にこれを知った時」（最判昭和48・11・16民集27巻10号1374頁）とされている。この表現は難解だが，不法行為では未知の当事者の間で債権が生じることにかんがみ，訴えの提起に必要な程度の事実認識が必要であり，かつそれで十分といえる。例えば，加害者の住所・氏名について現実の認識がなくても，調査をすれば容易に認識できる程度の事実を認識していれば，その時点が起算点となる。

(b)　**損害の認識**　(i)　趣　旨　時効期間を起算する際に「損害の認識」が考慮されるのは，損害が生じていることを被害者が認識していなければ，賠償請求権があることすら認識できないからである。それゆえ，認識の程度についても，損害発生の現実の認識が必要となる（判例 Ⅱ 4-11）。

判例 Ⅱ 4-11　最判平成 14・1・29 民集 56 巻 1 号 218 頁

【事案】 Y_2 新聞社は，全国の報道機関を加盟社とする社団法人である Y_1 通信社から配信された本件記事を新聞に掲載した。これは X の名誉を毀損する内容の記事だったが，当時拘置所にいた X は当該記事の存在を知らなかった。その後，X は，Y_1 からの配信記事は実質的に変更を加えることなく加盟社の新聞に掲載されることを別の機会に知り，また，Y_1 からの本件記事と同じ配信記事を掲載した A にも損害賠償請求訴訟を提起し，その過程で A の Y_1 に対する訴訟告知書の送達も受けたが，Y_1・Y_2 に対する損害賠償訴訟を提起したのは，記事の掲載から 10 年近く経過した後であった。原審は，Y_1 への訴訟告知書の送達時を起算点として，3 年の消滅時効を認めたので，X が上告。

【判旨】 破棄差戻し。「被害者が損害を知った時とは，被害者が損害の発生を現実に認識した時をいうと解すべきである。

不法行為の被害者は，損害の発生を現実に認識していない場合がある。特に，本件のような報道による名誉毀損については，被害者がその報道に接することなく，損害の発生をその発生時において現実に認識していないことはしばしば起こり得ることであるといえる。被害者が，損害の発生を現実に認識していない場合には，被害者が加害者に対して損害賠償請求に及ぶことを期待することができないが，このような場合にまで，被害者が損害の発生を容易に認識し得ることを理由に消滅時効の進行を認めることにすると，被害者は，自己に対する不法行為が存在する可能性のあることを知った時点において，自己の権利を消滅させないために，損害の発生の有無を調査せざるを得なくなるが，不法行為によって損害を被った者に対し，このような負担を課することは不当である。」

(ii)　損害の範囲　認識対象である損害としては，1つの不法行為から生じた被害者の不利益を一体的に把握したものを考える。被害者に生じた個々の不利益ごとに損害賠償請求権を観念してその消滅時効期間を考える，ということはしない。よって，通常は，権利・法益侵害の発生の認識で足り，損害項目や額まで認識する必要はない。人身被害でいえば，治療費など個々の損害項目やその額ではなく，生命・身体侵害の現実の認識があれば，724条1号にいう損害を認識したことになる。

ただし，不法行為による受傷時には通常予想できなかったような後遺症が相当期間の経過後に生じた場合は，後遺症が顕在化した時が損害を知った時となる（最判昭和42・7・18民集21巻6号1559頁）。これは，被害者に当該損害に係る賠償請求をすることが期待できないため，一つの不法行為から生じた損害を分割して把握する例外を認めたものといえる。

なお，判例は，土地の不法占拠による財産的不利益（賃料相当額の損害）の賠償（大連判昭和15・12・14民集19巻2325頁），不貞行為による慰謝料（最判平成6・1・20家月47巻1号122頁）等の継続的不法行為の場合について，日々の不法行為によって生じた損害についての認識を問題としている。ここでは，継続的な不法行為を一定期間に区切って把握している。期間を区切らずに全期間を1つの不法行為とみる場合には，最初の損害が生じた時点から時効期間が開始するから，賠償請求する時点では時効消滅している事態が生じかねない。判例によればこの事態を回避することができる（少なくとも訴え提起前3年分の賠償は認められることになる）。

(c)　**損害が不法行為によるものであること**　　724条1号は認識の対象となる事実として，加害者と損害を挙げるにとどまる。しかし，加害行為が不法行為であることの認識も必要である（最判昭和43・6・27訟月14巻9号1003頁）。

この認識には，単なる事実の認識だけでなく法的な知識（不法行為の成立要件が何か）とそれに基づく判断（当該事実関係で要件をみたすか）も必要となる。これは，法の専門家でない者にとって過大な要求になりかねない。よって，通常人なら法的評価が可能となる程度の事実を認識しているか否かで判断すべきである。判例も，使用者責任について事業執行性の認識を必要とした上で，これについては「一般人が当該不法行為が使用者の事業の執行につきなされたものであると判断するに足りる事実をも認識することをいう」としている（最判昭和44・11・27民集23巻11号2265頁）。よって，不法行為であることについて裁判所が最終的な判断を下していることは必ずしも必要でない。たとえば，登記官吏の過失により受理された所有権移転登記申請に基づく登記を信頼した者からの国家賠償請求事件で，「加害行為が……不法行為であることは，被害者が加害行為の行なわれた状況を認識することによって容易に知ることができる場合もありうるのであって，その行為の効力が別訴で争われている場合でも，別訴の裁判所の判断を常に待たなければならないものではない」とするものがある（前掲・最判昭和43・6・27）。もっとも，一般人にとっては判断が困難な状況も多く，その場合は裁判所の判断をまつ必要があろう。この点につき，車両の衝突事故において，唯一過失ある者として業務上過失致死傷罪で起訴されたが無罪となった後，刑事事件では被害者とされていた衝突相手こそ真の加害者であるとして損害賠償の訴えを提起した事案で，無罪判決の確定時が加害者の認識時となるとしたもの（最判昭和58・11・11判時1097号38頁）や，違法な仮処分の執行で損害を被った場合，原則として，裁判の確定により加害行為が不法行為と確定する時点が起算点となるとしたもの（大判大正7・3・15民録24輯498頁）がある。

3 長期の消滅時効（724条2号）

短期の時効期間の起算点は，権利者の主観的事情に左右される。かりに短期の消滅時効しかなければ，不法行為に基づく損害賠償請求権は権利者の認識に至るまで永遠に存続することになる。民法はこのような事態を回避するため，不法行為の時から20年という長期の消滅時効期間を定めている。

期間の起算点は不法行為時である。これについては，加害行為から相当の期間が経過してはじめて損害が発生することも多く，この場合に加害行為時から20年で賠償請求権を消滅させると，被害者が行使の機会もないまま権利を失う，という不当な事態が生じることから，2017（平成29）年改正前から妥当な結論を導く解釈がなされてきた。

起算点について，改正前の判例は次のような準則を示していた（最判平成16・4・27民集58巻4号1032頁）。①加害行為が行われた時に損害が発生する不法行為の場合，加害行為の時が起算点となる。②ただし，身体に蓄積した場合に人の健康を害することとなる物質による損害や，一定の潜伏期間が経過した後に症状が現れる損害のように，当該不法行為により発生する損害の性質上，加害行為が終了してから相当の期間が経過した後に損害が発生する場合には，当該損害の全部または一部が発生した時が起算点となる。原則は①で，②は例外である（製造物5条も参照）。例えば，予防接種によってB型肝炎に感染した場合，除斥期間の起算点は接種時（ウィルス感染時）ではなく肝炎発症時となる（最判平成18・6・16民集60巻5号1997頁）。他方で，瑕疵ある建造物を設置してから20年以上経過した後に，それが倒壊して下敷きになった通行人が負傷した場合などは，加害行為と損害発生との間には相当の期間が経過しているが，②の例外には該当せず，除斥期間による消滅が認められる。

20年の期間の性質は除斥期間から消滅時効に変更されているものの，その起算点についての解釈は，改正後も妥当するとみてよい。

練習問題

1　会社員Aは，Yが運転する車に衝突されて死亡した。Aには妻Bがいたが，Bとは10年以上前から別居状態にある。そして，Aは5年前からC女と内縁関係にあって，Cとの間にもうけた3歳の子D，および，Aの母Eと一緒に生活していた。C・D・Eの生活は，Aの収入に依存していた。さらに，事故当時CはAの子Fを妊娠しており，Fは事故の3か月後に出生した。Aの死亡について，Yに対して，誰がどのような内容の損害賠償を求めることができるか。

【⇨第2節】

2　4歳のXは，父Aの運転する車で幼稚園に向かう途中，Yの運転する車に追突されて負傷した。この事故の原因は，Aが不必要に急ブレーキをしたこと，および，Yが十分な車間距離をとっていなかったことにあった（両者の過失割合は3：7と考えられる）。半年間の入院治療を受けたが，Xには障害が残った（これは，労働能力の30％の喪失と評価されるものだった）。もっとも，この後遺障害の発生には，Xの先天的疾病も寄与していた。なお，Xの入院中，Xの祖母Bは，Xの身の回りの世話をするために毎日その病院に通っていた。

(1) XはYに対していかなる内容の損害賠償を求めることができるか。また，Yはどのような反論をすることができるか。

(2) Xは，Yに対する損害賠償請求訴訟の第1審の審理中に，幼稚園の送迎バスに乗車していて再び交通事故にあい死亡した。Xの死亡という事実は(1)のYの損害賠償義務に影響するか。

【⇨第2節4(1)(a)，第4節2(2)，第5節1(3)・(5)】

3　辛口批評家Yは，自分のブログで，ある保険金殺人事件の被疑者Xについて，週刊誌の記事のみを根拠にして，Xが勤務先の会社の金を横領したなどと書き連ね，Xを人殺し呼ばわりした。刑事裁判中，Xは知人から「いろいろなブログで酷いことがたくさん書かれている」と聞いたが，メディアの攻撃にさらされるなかでYのブログを探し出してその内容を確認する余裕はなかった。その後，Xは無罪判決を勝ち取り，手記の執筆をまとめるため各種の報道を調査していて，Yのブログをはじめて読んだ。しかし，ブログが書かれてから4年，知人から連絡を受けてから3年1か月が経過していた。XはYに対して損害賠償を求めることができるかについて，期間制限の点を中心に検討しなさい。

【⇨第6節】

第5章 特殊の不法行為

責任無能力者や事業に従事する被用者による加害行為，土地工作物や動物が原因となった加害，複数の者が共同で行った加害行為については，714条以下の特殊の不法行為の規定が適用される。さらに，特別法には，自動車事故，製品事故，失火に関しても，不法行為責任の特別規律がおかれている。本章では，これらの特別の責任成立要件について説明する。

第1節　総　　説

本章では，民法上および特別法上の特殊の不法行為から，主要なものを取り上げる。具体的には，民法714条・715条・717条・718条・719条のほか，自動車損害賠償保障法3条・製造物責任法3条・失火責任法について説明する。特殊の不法行為の諸規定は，709条の一般的・基本的責任成立要件と異なる内容の，適用範囲を限定された責任成立要件を定めている。

1 特殊の不法行為責任の構造

最初に，特殊の不法行為責任の構造を概観するとともに，構造面からの類型化を示しておく。特殊の不法行為は，責任の構造面においてすでに，709条の責任に対する特殊性をはらんでいる。

(1) 直接の加害原因の面から

特殊の不法行為における責任の構造は，まず，直接の加害原因の面から捉えることができる。709条は，直接の加害原因として，自己の行為による加害を想定している。これに対し，特殊の不法行為責任は，それ以外の原因による加害に対する責任を定める（失火責任法を除く）。責任の構造には，以下の3類型がある。

(a) **物による加害に対する責任**　717条・718条や自動車損害賠償保障法3条・製造物責任法3条が該当する。この類型では，物（工作物など）による加害につき，物と一定の関係にあるY（占有者など）が責任を負う。

(b) **他人がした不法行為に対する責任**　714条・715条が該当する。この類型では，他人A（責任無能力者など）がした不法行為につき，Aと一定の関係にあるY（監督義務者など）が責任を負う。

(c) **共同の不法行為に対する共同責任**　719条が該当する。同条では，Y_1・Y_2が共同で行った不法行為による結果につき，共同行為者Y_1・Y_2が共同責任を負う。

(2) 責任原因の面から

特殊の不法行為は，さらに，責任原因の面でも特殊性が著しい。前記(1)の(a)物による加害に対する責任と，(b)他人がした不法行為に対する責任を分けて説明する（(c)共同の不法行為に対する共同責任に関しては，第6節1）。

(a) **物による加害に対する責任の類型**　責任原因面からみたとき，709条は，純粋の過失責任にあたる。これに対して，物による加害に対する責任の諸規定は，純粋の過失責任を離れて無過失責任へと向かう（Yの責任の加重を意味する）。以下の3類型が区別される。

①　中間責任　　717条（占有者の責任）・718条が該当する。両条の1項ただし書は，権利侵害の回避ではなく物の管理に関する注意義務を定めた上で，この注意義務の遵守の主張・証明責任を，Yの側に負わせる（過失の証明責任の転換）。このような責任は，注意義務違反がなければ責任を免れるかぎりで過失責任の大枠のなかにとどまるものの，実際上，無過失責任にも近づきうる点を捉えて，中間責任と呼ばれる。

②　瑕疵責任（欠陥責任）　　717条（所有者の責任）・製造物責任法3条が該当する。これらの規定は，直接の加害原因たる物の瑕疵・欠陥を責任成立要件とする一方で，Yの過失の有無を（責任成立要件としても免責事由としても）問わない。このような瑕疵責任は，無過失責任に分類されるが，③純粋の無過失責任と異なり，その対象が物の瑕疵・欠陥による加害に限定される。

③　純粋の無過失責任　　この類型には，自動車損害賠償保障法3条が属する。同条では，Yの過失はもちろん，直接の加害原因たる物の瑕疵・欠陥すら責任成立要件とされていない。この類型の無過失責任においては，物による加害全般が無過失責任に服する。

(b)　**他人がした不法行為に対する責任の類型**　　同様の類型化をあてはめるならば，他人がした不法行為に対する責任を定める714条・715条は，いずれも中間責任に該当する（両条の1項ただし書参照）。両条では，直接の加害者Aの過失が責任成立要件とされるが，この点は，Yにおける純粋の過失責任を意味するものではない。過失責任は，自己責任・個人責任の原則（人は自己の行為についてのみ責任を負う）に基づき，あくまで自己の過失を前提としている。

なお，715条の責任は，現実には，1項ただし書の空文化によって中間責任の実質を失い，代位責任へと変容している（第3節1(2)・(3)）。

2　危険責任論（無過失責任総論）

1(2)(a)のとおり，特殊の不法行為には無過失責任の類型（純粋の無過失責任，瑕疵責任）も多いことから，2では，無過失責任の総論として，危険責任論を取り上げておく。危険責任論は，伝統的な無過失責任論（第1章第2節(3)(a)(ii)）を一歩進める試みであって，とくに純粋の無過失責任の体系的理解に資する。

(1) 危険責任の規律対象

危険責任論は，過失責任と並び立つべき責任類型として，いわゆる無過失責任の領域に，新たに危険責任という責任類型を構想する。その際，同理論は，危険責任を，「特別の危険」をはらむ危険源を対象とする独自の責任類型として位置づけることから出発する。

(a) **特別の危険をはらむ危険源**　特別の危険とは，高度の，かつ，完全には制御することができない危険を指す。特別の危険をはらむ危険源としては，技術的施設の操業が念頭におかれている。例えば，高速交通機関（自動車・鉄道・航空機），電気・ガス供給施設（発電所・送電線・パイプライン・高圧タンク），危険物質の取扱施設（化学工場），工場の機械設備などである。これら技術的施設の操業は，複雑・技術的な内部構造のどこかで機能障害が生じた（自動車のブレーキの故障），施設の強度の作用が予定外の外来原因と結合した（路上の異物によるパンク・スリップ）など，操業上の事故の特別の危険を伴う。

(b) **危険責任による規律の要請**　こうした特別の危険（その現実化である操業上の事故）については，性質上，過失責任という責任原理が適合的でなく，過失を問わない危険責任による規律が要請される。なぜなら，特別の危険をはらむ危険源からは，まさに危険の高度性・制御不可能性のゆえに，注意・行為義務を尽くしてもなお（つまり無過失でも），相当の頻度で操業上の事故が生じてしまう。ここに過失責任をあてはめるかぎり，（被侵害）権利法益の保護という不法行為制度の目的が空洞化される結果となる。過失責任は，加害者の活動自由を可及的に保護するあまり，特別の危険との関係では，被害者側の権利保護の実現に失敗せざるをえないのである。

(2) 危険責任の帰責構造・理念的内容

危険責任論は，さらに進んで，危険源における特別の危険を軸に，危険責任の帰責構造と理念的内容を組み立てる。

(a) **帰責構造**　帰責構造の面からいえば，危険源における特別の危険については，まさにそれ自体として，危険の割当てを図ることになる。つまり，危険源と結合している定型的危険（その現実化たる結果）を，そのような危険の次元ですでにある責任主体に割り当てるのである（過失責任のごとく，個別具体的場合における結果発生や，そこに至る事象経過・その制御可能性を捉えて責任追及するものではない)。そのため，危険責任では，危険源を作出・維持する者が，当該危険源に対する一般的支配をもって，当該危険源に結び付いた特別の危険を割り当てられる。なお，ここにいう危険源の作出・維持や一般的支配は，具体的運転・操作行為や具体的事象経過の制御可能性とは全く次元を異にする。

(b)　**理念的内容**　こうした帰責構造を反映して，危険責任の理念的内容は，つぎのように定式化される。技術的施設の操業のように，ある危険源が「特別の危険」をはらむ場合（当該危険源のはらむ危険が総体として特別の危険に該当することでよい）に，その危険が現実化したこと（操業上の事故）により他人の権利法益が侵害されたときは，当該危険源の作出・維持者が，過失を要件としないで当該の権利法益侵害に対する責任を負う。

なお，この定式化（理念的内容）は，あくまで純粋の危険責任を想定したものである。そのため，例えば瑕疵責任の類型には，そのままのかたちでは適合しない（瑕疵責任は，ある危険源が，その瑕疵に起因する事故において制御不可能な危険をはらむ場合を規律対象とする)。

(3)　過失責任との関係

以上のとおりの積極的内実を備えた危険責任は，不法行為法上，過失責任と対等の地位で並び立つ。過失責任が通常の加害事件・危険を想定した責任類型であるのに対し，危険責任は，特別の危険を固有の規律課題とする責任類型として，独自の地位を占めるのである。

このような理解によれば，特別の危険をはらむ危険源が認められるかぎりで，既存の無過失責任の条文の拡大解釈・類推適用，さらには特別立法・民法改正による無過失責任の拡大が，強く要請される。709条は「過失あれば過失責任あり」との過失責任を表明するにとどまり，「過失なければ何ら責任なし」の原則まで含意するものではない。個人の活動自由が確実に保障される領域（いわゆる過失責任主義の妥当範囲）は，むしろ，素手での活動（技術的施設を用いない活動）に局限される。

第2節　責任無能力者の監督者責任（714条）

1 序

(1) 概　要

加害事件を起こした責任無能力者は，責任無能力を理由に損害賠償責任を免れる（712条・713条）。しかし，ここで賠償責任を負う者がいなくなれば，被害者保護に欠ける事態が生じる。そこで，民法は，責任無能力者の監督義務者の責任を規定して，①直接の加害行為者が責任無能力を理由に免責される場合には，②責任無能力者を監督する義務ある者（法定監督義務者・代理監督者）に不法行為責任を負わせることにした（714条1項本文・2項）。③ただし，監督義務者は，監督義務を怠らなかったこと，または，監督義務を怠らなかったとしても損害が発生したであろうことを主張・証明すれば，免責される（同条1項ただし書）。このうち，①は，加害行為者自身が不法行為責任を負うならば，本条による監督義務者の責任が生じないことを意味する。この点で，714条は，加害行為者が責任無能力のために709条の責任を負わない場合を補うための責任であるとされている（補充性。なお3も参照）。

監督義務者の責任は，つぎの点で，中間責任（第1節1(2)(b)）とされている。すなわち，責任無能力者が加害行為に及ぶこと自体の回避義務ではなく，責任無能力者に対する監督義務を定めた上で，その監督を怠らなかったことを免責事由としている点（過失の証明責任の転換）である。

(2) 責任の根拠

(a) 監督義務違反（過失）に基づく責任　起草者は，未成年者・精神障害者で責任能力を欠く者による加害行為について，監督義務者は自らの過失に基づいて責任を負う，と考えていた。もっとも，714条のような責任は，構成員の不法行為について家長が家族団体の長として絶対的責任を負う，という古い時代の考え方に由来するものであるが，そうした団体主義的な発想は個人主義に立脚する近代法になじまないため，自己の過失に基づく責任と再構成されたという面もある。

(b)　**近時の議論**　近時は，監督義務者の責任（714条）と一般的不法行為に基づく責任（709条）とを対比させて，714条の性格を明らかにすることが試みられている。これには，2つの対照的な立場がある。この点の差異は，どのような内容・程度の監督義務を認めるか（どの程度の事情があれば714条1項但書の免責を認めるか）の判断にも影響する（2(2)）。

(i)　家族関係に基づく特殊な責任　まず，家長の絶対的責任という沿革に着眼して，714条の監督義務違反を709条の過失とは異質のものとみる立場がある。これによると，責任無能力者との人的関係，例えば親子という特別の関係を理由に，709条では認められないような責任を認めた点こそが714条の特質となる。この点を強調すると，未成年者に対する日常のしつけの不十分さなど，加害行為との関連性が希薄であっても，本条の責任を肯定する余地が生じる。

また，このような理解は，親は未成年子の行為について責任を負う，という社会の一般的な感覚にも合致する。他方で，精神障害者の監督義務者の責任については，精神障害者の扱いを家族内の問題にとどめるのではなく，社会的な対応を図ろうとする現在の方向性には逆行している。

なお，714条2項の代理監督者は，責任無能力者と特別な人的関係にあるわけではないから，714条1項の責任と異なるものと位置づけることになろう。

(ii)　人的危険源の監督に関する過失責任　つぎに，判断能力が低いために加害事件を起こしやすい責任無能力者は，他者への加害危険を有する人的危険源であって，その監督者に（危険物の管理についてと同様の）責任を負わせたのが監督義務者の責任である，とする立場がある。これによれば，親権者・後見人などの法定監督義務者は，責任無能力者の行動を支配・制御すべき地位にあり，そのかぎりで人的危険源の監督義務も認められる。そして，714条が未成年者と精神障害者とをひと括りにしているのも当然といえることになる。

もっとも，加害行為をしやすい者というカテゴリーをつくり，責任無能力者の存在それ自体を危険とみることに対しては，批判がある。

2 成立要件

714条1項の責任の成立要件は，①責任無能力者が第三者に損害を加えたこと，②責任無能力者を監督する法定の義務を負う者であること，である。これに対して，③監督義務を怠らなかったこと，または監督義務違反がなくとも損害が生じていたことを主張・証明すれば免責される。以下，(1)責任無能力者による加害行為，(2)免責事由，(3)責任の主体，の順で説明する。

(1) 責任無能力者による加害行為

(a) 責任無能力者　責任無能力者には，自己の行為の責任を弁識する能力を備えていない未成年者（712条）と，精神上の障害で当該能力を欠く者（713条）がある（第2章第8節3(2)(b)）。

加害行為者に責任能力がなかったことの主張・証明責任は，責任を追及する側にある。このため，加害者の法定代理人である監督義務者は，加害者の709条に基づく責任が追及される訴訟においては加害者の責任無能力を主張する一方で，自らの714条1項の責任が追及される訴訟では加害者に責任能力があることをもって反論するという事態が生じうる。この点については，同一の加害者の責任能力について相反する主張を認めない，とする対応が考えられる。

(b) 加害行為　責任能力を欠く者の加害行為は，責任能力を除いて709条の要件を満たすものでなければならない。例えば，小学2年生が「鬼ごっこ」中に怪我をさせた場合（最判昭和37・2・27民集16巻2号407頁）など，加害行為について責任の阻却事由（第2章第8節2）が認められる場合には，714条の責任は認められない。遊び・スポーツ中の加害事故では，この点が問題となることが多い。

(2) 免責事由

(a) 未成年の責任無能力者の場合　免責が認められるか否かは，法定監督義務者・代理監督者が具体的にいかなる内容・程度の監督義務を負うかによる。たとえば，小学生がナイフを持ち歩いていて，しかも過去にそれで他人を傷つけたことがあるような場合，ナイフの所持を知りつつ放置した親権者の免責は認められない。この例の監督義務は，ある程度具体的な状況において損害発生の危険をもつ一定の行為を防止する義務であり，709条の義務と同じものといえる。

通説は，さらに，親権者のように未成年の責任無能力者の生活全般にわたって影響力を行使する地位にある場合には，責任無能力者が加害行動をとらないよう教育・しつけをする一般的な監督義務があるとする（代理監督者のように責任無能力者の生活の一定範囲にかぎって監督する場合，このような義務は問題とならない）。このような義務が問題とされた場合，義務違反と損害発生との因果関係の不存在を証明することは非常に困難になる。

監督義務の内容・程度の判断は，責任根拠とも関連する（1(2)(b)）。法定監督義務者の責任を家族関係に基づく特殊な責任と理解するなら，日常のしつけについても監督義務違反を問えることになる。これに対して，人的危険源の監督責任と理解する場合には，精神的成熟度の不十分な年齢ゆえに軽率な行動をしがちである，という責任無能力者の加害危険にそくして監督義務の内容・程度を判断することになる。

近時，監督義務を怠らなかったとして免責を認める初めての最高裁判決が出た（判例Ⅱ 5-1）。これによれば，日ごろのしつけも監督義務の内容をなす一方，監督義務を尽くしたか否かは，責任無能力者の具体的な行為に即して検討され，この点で免責が認められる可能性も十分にあることになる。

判例Ⅱ 5-1 最判平成27・4・9民集69巻3号455頁

放課後の校庭開放中にフリーキックの練習をしていたA（11歳）が，サッカーゴールに向けてボールを蹴ったところ，ゴールから10メートル後方にある校門の門扉を越えて道路に転がった。自動二輪車を運転していたB（85歳）はそれを避けようとして転倒し，これにより傷害を負って入院中に死亡した。Bの相続人（妻と4人の子）は，Aに対して709条，その父母Y_1・Y_2（Aの親権者）に対して714条1項に基づく損害賠償を求めた。一審・原審は，Aが道路に向けてボールを蹴る行為（一審）・ボールを校庭外に飛び出させた行為（原審）を注意義務に違反する行為と評価した（原審は「校庭からボールが飛び出す危険のある場所で，逸れれば校庭外に飛び出す方向へ，逸れるおそれがある態様でボールを蹴ってはならない注意義務」があるとした）。しかし，いずれも責任無能力を理由にAを免責し，他方，Y_1・Y_2については714条1項の責任を認めた。本判決は，Y_1・Y_2は714条1項の監督義務者としての義務を怠らなかったとして，原判決を破棄し，Y_1・Y_2敗訴部分を取り消した上でこの点に関するXらの請求を棄却した。

本件では，ゴールにサッカーボールを蹴る行為の評価が問題となっている。最高裁は，ボールが道路に転がり出る可能性がある点で道路を通行する第三者との関係で危険な行為であることは認めた。しかし，①放課後開放されていた校庭に使用可能な状態で設置されていたゴールに向けてフリーキックの練習をしていたのであり，ゴールの後方に本件道路があることを考慮に入れても，本件校庭の日常的な使用方法として通常の行為である点，②ゴールにはゴールネットが張られ，その後方約10メートルの場所には門とネットフェンスが設置され，これらと本件道路との間には幅約1.8メートルの側溝があり，ゴールに向けてボールを蹴ったとしても，ボールが道路上に出ることが常態であったものとはみられない点，③Aが，殊更に本件道路に向けてボールを蹴ったなどの事情もうかがわれない点，を指摘して，「責任能力のない未成年者の親権者は，その直接的な監視下にない子の行動について，人身に危険が及ばないよう注意して行動するよう日頃から指導監督する義務があると解されるが，本件ゴールに向けたフリーキックの練習は，上記各事実〔上掲①〜③。引用者注〕に照らすと，通常は人身に危険が及ぶような行為であるとはいえない。また，親権者の直接的な監視下にない子の行動についての日頃の指導監督は，ある程度一般的なものとならざるを得ないから，通常は人身に危険が及ぶものとはみられない行為によってたまたま人身に損害を生じさせた場合は，当該行為について具体的に予見可能であるなど特別の事情が認められない限り，子に対する監督義務を尽くしていなかったとすべきではない」と述べ，Y_1・Y_2は「危険な行為に及ばないよう日頃からAに通常のしつけをしていたというのであり，Aの本件における行為について具体的に予見可能であったなどの特別の事情があったこともうかがわれない」とした。

(b)　精神障害による責任無能力者の場合　法定監督義務者の主たる職務は，精神障害者に適切な治療を受けさせることにあり，その行動を監督することは一般的には困難といえる。そのため，後見人や保護者が法定監督義務者に該当するとした場合でも，免責は広く認められるべきであろう。例えば，入院措置をとっていれば監督義務を尽くしたものとみてよい。

Column Ⅱ 5-1　精神障害による責任無能力者の加害事件への対応

入院して治療を受けている精神障害者が他の入院患者を傷つけ，または開放処遇（患者の家族や地域社会との交流など社会生活との連続性を保つことを内容とした精神科の治療方法の1つ）の際に第三者に損害を加えた場合には，入院施設の設置主体の不法行為責任（715条）を問題とすることができる。実際にも，措置入院患者が院外散歩中に逃走して強盗殺人に及んだ事案で，病院長・看護士らに過失があるとして病院設置主体である県の責任（国賠1条）を認めた判例がある（最判平成8・9・3判時1594号32頁）。もっとも，開放処遇中の加害事件について医療者の責任を認めることに対しては，萎縮治療をもたらしかねない，という精神障害者福祉の観点からの批判もある。

(3)　責任の主体

714条の責任を負うのは，法律の規定に基づいて監督義務を負う者（714条1項。法定監督義務者），法定監督義務者に代わって責任無能力者の監督をする者（同2項。代理監督者）である。責任無能力者が加害行為をした時に法定監督義務者・代理監督者であったことが必要である。法定監督義務者・代理監督者として責任を負う者が複数いる場合，責任は並存する。

(a)　未成年の責任無能力者の場合　(i)　法定監督義務者　監護教育義務・懲戒権限に着眼して，親権者が法定監督義務者とされている（820条・822条）。親権者がおらず未成年後見人が選任されている場合は，未成年後見人である（857条で親権者と同様の権限が認められている）。なお，親権者がいない場合は未成年後見が開始するが（838条1号），後見の職務を行う機関たる未成年後見人は指定（839条）・選任手続（840条）がない限り存在しないため，法定監督義務者がいない場合もありうる（Column Ⅱ 5-2 参照）。

共同親権の場合は，ともに法定監督義務者となる。別居中で一方が子の監護・教育に関与していないことは，免責の判断で考慮されるにすぎない。また，両親が離婚した場合や嫡出でない子が父に認知された場合は，単独親権者のみが法定監督義務者となる。さらに，監護権者が親権者とは別に存在する場合（766条），親権者から身上監護の権限が委託されているとみて監護権者を代理監督者とすることも考えられるが，身上監護の権限を排他的に有する点では，監護権者のみを法定監督義務者とすべきである。

(ii)　代理監督者　　代理監督者とは，法定監督義務者との契約や，法律に基づく処分などにより監督を委託された者である。

親権者が子供を保育所・幼稚園・小学校・中学校などに通わせていれば，契約や法規定により子の監督はこれらの設置主体に委託されていることになり，委託を受けた当該主体が代理監督者となる。設置主体たる法人に雇用されて現実に子供の面倒をみている保育士や教師は，代理監督者の監督義務をその被用者として履行するにすぎない。

これに対して，隣近所の子を一時的に預かった者については，委託契約の成否にかかわらず，代理監督者に該当しないとすべきであろう。714条で問題となる監督は，ある程度の継続的な監護・教育を前提とするからである。

Column Ⅱ 5-2　行政法規に基づく監護・教育権限ある者

児童福祉法に基づく施設入所や里親委託等の措置には，親権者の同意がある場合（児福27条1項3号）とない場合（児福28条1項1号）があるが，いずれにせよ，民法上の親権帰属に変更はない（親権制限がなされる場合でも，制限された権限は，民法上，未成年後見人にゆだねられる）。そして，同法は，措置がなされた児童の親権に関して以下の規定を設けている。

①親権者・未成年後見人がいない場合――親権の代行　　施設入所中・里親委託中の児童等で親権者・未成年後見人のない者については，児童福祉施設の長・児童相談所長が，それぞれ親権を行う（児福47条1項・2項）。なお，児童福祉法上，児童とは18歳未満の者，児童等は児童又は児童以外の20歳未満の者をいい，上記の措置は20歳に達するまで可能である（児福31条2項・4項）。また，「親権者・未成年後見人のない場合」とは，民法838条1号の「親権を行う者がないとき」と同様に，事実上権限を行使できない場合を含む。

②親権者・未成年後見人がある場合――権限の並存　　施設入所中・里親等に委託中の児童等に親権を行う者・未成年後見人がいる場合であっても，児童福祉施設の長・里親等は，監護・教育・懲戒に関して必要な措置をとることができる（児福47条3項）。規定の趣旨からすれば，施設の長・里親等の権限が親権者の権限に優先するとみるべきだが（同条4項も参照），親権者も子の監護から完全に排除されるわけではなく，権限が並存する状態といえる。

①②の場合，監護権限に着眼すれば児童福祉施設の長・里親等は法定監督義務者に該当しうるが，その場合の監督義務の程度については検討の余地がある。なお，ここでは，実際に監督する者を使用して社会的養護を実施する主体に責任（715条，国賠1条）を集中させるべきであろう。

(b)　精神障害による責任無能力者の場合　(i)　法定監督義務者　民法は，精神障害による責任無能力者の加害行為について免責を認めているだけでなく，この者の保護のために成年後見制度を用意している（7条以下）。従来，成年後見人は，714条の法定監督義務者となるとされてきた。その際に重視されたのは，後見人が療養看護義務を負う点であった（1999〔平成11〕年改正前の858条1項）。しかし，これは身上配慮義務に改められ，その内容も成年後見人が契約などの法律行為を行う際に成年被後見人の身上に配慮すべきことを求めるものにすぎず，成年被後見人の行動の監視を求めるものではない。最高裁は，近時，この点を考慮して，成年後見人であることだけでは法定の監督義務者に該当しない，とした（最判平成28・3・1民集70巻3号681頁）。なお，同判決は，精神障害者と同居する配偶者について，夫婦間の同居・協力・扶助の義務（752条）を根拠に法定監督義務者にあたる，とすることはできない，ともしている。

他方，精神保健福祉法上の保護者も法定監督義務者とされてきた。これは，とりわけ保護者に「精神障害者が自身を傷つけ又は他人に害を及ぼさないように監督し……なければならない」という自傷他害防止義務があったことによる（1999〔平成11〕年改正前の同法22条）。しかし，この義務は削除され，保護者制度自体も2017（平成25）年改正で廃止された。

以上の結果，現在，精神障害者の法定監督義務者にあたる者がいない，という状況となっている。

(ii)　法定監督義務者に準ずべき者　法定の監督義務者に該当しない者であっても，法定監督義務者に準ずる者として，714条1項の責任を負う場合がある（最判昭和58・2・24判時1076号58頁）。すなわち，「責任無能力者との身分関係や日常生活における接触状況に照らし，第三者に対する加害行為の防止に向けてその者が当該責任無能力者の監督を現に行いその態様が単なる事実上の監督を超えているなどその監督義務を引き受けたとみるべき特段の事情が認められる」場合である（前掲・最判平成28・3・1）。

もっとも，法定監督義務者は709条よりも重い責任を負う以上，その該当性は法的権限の有無によって判断されるべきであり，事実上の監督義務者の責任は709条に位置づけるのが妥当と思われる。

(iii)　代理監督者　法定監督義務者に代わって監督する者とは，例えば，精神障害者について「精神障害のために自身を傷つけ又は他人に害を及ぼすおそれがある」として，都道府県知事が入院させる場合（措置入院。精神29条以下）の，当該病院の設置主体である。

3 責任能力者による加害行為と監督者の責任

(a) 法定監督義務者の709条責任　責任能力ある未成年者が加害事件を起こした場合は，加害者自身が709条に基づく不法行為責任を負うので，714条は問題とならない（714条責任の補充性）。しかし，未成年者に十分な資力がなければ，被害者は現実に賠償金を取得できない。そこで，714条は監督過失の証明責任の転換を意味するにとどまり，法定監督義務者が監督義務違反により一般的不法行為に基づく責任を負うことを制限するものではない，という理解に立って，責任能力者による加害事件であってもその監督義務者に709条の責任を追及できる，とする学説が主張された。最高裁も，責任能力者による加害事件においてその監督義務者に709条責任が成立しうることを認めた（判例Ⅱ 5-2）。この場合，責任能力者の責任と監督義務者の責任とは並存することになる。

判例Ⅱ 5-2 最判昭和49・3・22民集28巻2号347頁
【事案】 15歳のY_1（中学3年生）は洋服代欲しさに友人Aを殺害して金員を強奪した。Aの母Xは，Y_1とその両親Y_2・Y_3に対して709条に基づく損害賠償を求めた。原審がY_1～Y_3の責任を認めたのに対して，714条の存在は，未成年者に責任能力ある場合に監督義務者がそれと並存して709条の責任を負担するとの解釈を否定するなどとして，Y_2・Y_3が上告した。
【判旨】 上告棄却。「未成年者が責任能力を有する場合であっても監督義務者の義務違反と当該未成年者の不法行為によって生じた結果との間に相当因果関係を認めうるときは，監督義務者につき民法709条に基づく不法行為が成立するものと解するのが相当であって，民法714条の規定が右解釈の妨げとなるものではない」。

(b) 監督義務の内容・程度　709条に基づく監督義務は，一般的にいえば，未成年者の成熟度に応じて，その年齢が低ければ認められやすく，成人年齢に近づくにつれて認められにくくなる。さらに，監督義務の内容・程度の判断にあたっては，未成年者が加害行動をしやすい性格なのか，過去に加害行為などの非行歴があったのか，刃物・花火などの危険物を所持・利用しているか，といった点も考慮される。これに関して，少年院を仮退院して保護観察に付されていた未成年者（19歳）が強盗傷害事件を起こした事案で，親権者の監督義務違反を否定した例がある（最判平成18・2・24判時1927号63頁）。

第3節　使用者責任（715条）

■1 序

(1) 概　　要

民法は，被用者の加害行為から生じた損害について，一定の場合に，その使用者にも責任を負わせている（715条1項）。709条の一般的不法行為と比較すると，被用者の選任・監督について使用者に注意義務を課した上で，この義務の遵守について使用者に主張・証明責任を負わせている点に特徴があり，中間責任と評価されている（第1節■1(2)(b)）。被用者に加えて，賠償のための十分な資力をもつと考えられる使用者を責任の主体とすることは，被害者の保護に資する。なお，使用者に代わって事業を監督する者（代理監督者）にも，同様の責任が負わされている（715条2項）。

以上の責任を負う使用者・代理監督者が賠償義務を履行したときは，被用者に求償できることになっている（715条3項）。

(2) 責任の根拠

(a) 起草者の構想　起草者は，使用者責任の根拠を，被用者の選任または事業の監督について使用者に過失があったことに求めていた。選任・監督に過失がない場合に使用者を免責するのは，この考えに対応している。

(b) 批　判　しかし，使用者責任で対応すべき事案は，多くの場合，企業が被用者を用いて事業を遂行する過程で生じた損害事件である。事業遂行に伴う損害危険は被用者の行為を介して実現されるが，このような場合に，被用者の選任・監督に落ち度がないことを理由として，使用者である企業を免責する必要はない。例えば，運送会社に雇われた運転手が配達中に交通事故を起こして歩行者に怪我をさせた場合に，使用者の免責を認めるなら，運送事業の遂行に不可避的に伴う交通事故という損害危険を，被用者を用いることで運送会社は容易に回避できることになってしまうからである。

そこで，学説は，企業のように組織化された体制のもとで事業が遂行される場合，それに伴う損害危険は事業主体である企業が負担すべきである，という観点から，免責規定（715条1項ただし書）を厳格に解して空文化しようと努めてきた。このような解釈論の方向性は，使用者の免責をほとんど認めない判例の立場（**2**(4)）にも対応している。

(3)　代位責任としての使用者責任

(a)　**内　容**　判例・通説のもとで715条1項ただし書が空文化し，被用者について709条責任が成立することが使用者責任の要件となっている事態（**2**(2)(a)）を理論的に説明するにあたり，代位責任という語が用いられている。

代位責任とは，他人の行為について責任を負わせる考え方を指す英米法上の一般的な用語であり，その典型例は，主人・使用人（master/servant）の関係において，使用人による加害について主人が使用人に代わって責任を負う場合である。代位責任によれば，使用者責任とは，被用者の負う不法行為責任を使用者が肩代わりする責任となる。

(b)　**肩代わりの根拠**　もっとも，代位責任は歴史的に形成された考え方であるため，肩代わりの理論的根拠は明確でない。

この点について，判例は，「民法715条1項の規定は，主として，使用者が被用者の活動によって利益をあげる関係にあることに着目し，利益の存するところに損失をも負担せしめるとの見地から，被用者が使用者の事業活動を行うにつき他人に損害を加えた場合には，使用者も被用者と同じ内容の責任を負うべきものとしたもの」とする（最判昭和63・7・1民集42巻6号451頁）。これは報償責任の考え方によって肩代わりの根拠を説明したものである。

また，人を使用して自己の活動範囲を拡大する者は，社会に対する加害の危険を増大させており，その危険が実現した場合には，危険を支配する者が責任を負う，という危険責任の考え方（第1節**2**）から，肩代わりを説明する立場もある。

厳密にいうと，報償責任・危険責任のいずれも，使用者自身が責任を負う根拠の説明であって，その責任が被用者の不法行為責任を肩代わりするかたちで生じることの説明になっていない。むしろ，これらの責任根拠を貫徹させるなら，代位責任という説明すら不要になる。

(c)　**代位責任の問題点**　被用者について成立した不法行為責任を使用者に肩代わりさせる，という代位責任の論理に対しては，以下の問題点が指摘されている。

①企業は多数の被用者を用いて事業を遂行しており，事案によっては過失行為をした被用者の特定が困難な場合がある。例えば，ある工場で欠陥製品がつくられた場合や，工場から有害物質を除去しないまま排水された場合，企業内の分業体制を知らない被害者に対して，どの従業員のどのような過失行為が原因となったのかを特定させるのは，過大な要求である。

また，②仮に被用者を特定できたとしても，過失の判断は被用者について行うため，企業に対してなら要求しうる高い水準の注意義務では，被用者の過失を判断することができない場合が生じる。しかし，事業活動を構成する行為に要求される注意義務は，当該事業の主体にふさわしい（高い）水準で設定されるべきである。

さらに，③企業に使用者責任が成立した場合でも，被害者に賠償した企業が被用者に求償する可能性は残る。しかも，②に関して被害者救済のために高度の義務を措定して被用者の過失を認めやすくすると，被用者への求償も容易になるという悪循環が生じてしまう。この点については，被害者との関係だけでなく，被用者との関係でも，企業主体への責任集中を図るべきである。

Column Ⅱ 5-3　法人の709条責任

企業活動に不可避的に伴う損害事件への対応手段としてみると，使用者責任には(c)で指摘した難点がある。そこで，事業活動を構成する個々の被用者の行為をまとめて事業主体の行為とみるなど，事業主体とりわけ法人の行為を観念した上で，法人自体の不法行為（709条の責任）を認めるべきことが主張されている（第2章第2節(3)参照）。この考えによれば，加害被用者の特定の不問，過失判断にあたっての注意義務の水準の高度化，企業主体への責任集中，いずれも実現できるようにみえる。

しかし，民法典は，法人の責任について，代表者を介した責任（2006〔平成18〕年民法改正前の44条，現在の一般法人法78条。LQ民法Ⅰ・第4章第2節**5**を参照）を用意し，法人は機関を通じて行為する存在とみている（なお，717条や製造物責任法など，物による加害に対する無過失責任の規定では，法人も責任主体となる）。これは，民法では法人それ自体の行為を観念しない，という前提が採用されていることを意味する。そして，法人を構成する内部の機関ではなく，その外部の存在である被用者のなした不法行為については，715条に基づいて使用者責任を負うことが予定されている。以上のように，民法では，法人自体が709条の責任主体となるとは考えられていなかった。

他方，前記の難点は715条の枠内でも解決でき，法人の709条責任による必要はない。まず，被用者の特定性を緩和する解釈論は可能である。公務員の不法行為による損害について国・地方公共団体が責任を負うと定める国家賠償法1条1項は使用者責任に類似する制度だが，そこでは，一定の場合に加害行為・加害行為者の特定性要求が緩和されている（最判昭和57・4・1民集36巻4号519頁）。次に，事業主体にふさわしい水準の注意義務を設定する点については，法人・事業の属性をふまえて，例えば当該工場の当該部署の業務内容にみあった行為義務を被用者に課すことが可能である（法人の代表理事の義務についても同様である）。最後に，企業主体への責任集中を図ることは，免責規定（715条1項ただし書）の空文化（**2**(4)），および使用者からの求償（715条3項）の制限（**3**(1)(b)），という解釈論で実際にも実現されている。

2 成立要件

使用者責任が成立するには，①使用者と被用者の間に一定の関係（使用関係）があること，②被用者が第三者に加害行為をしたこと，③被用者による加害行為と使用者の事業（執行）との関連性があることが必要である。これに対して，④使用者は，被用者の選任・監督について相当の注意を尽くしていること，または，相当の注意を尽くしていても損害が発生したであろうことを主張・証明すれば，免責される。もっとも，判例はこの免責をほとんど認めていない。

(1)　「ある事業のために他人を使用する」こと

(a)　事　業　　(i)　内　容　　事業とは，起草者が庭の木を切ることを例に挙げていたように，仕事という程度の意味である。営利性や継続性はなくてもよい。例えば，宗教団体の献金勧誘活動，帰宅するにあたって自分の車を弟に運転させること（最判昭和56・11・27民集35巻8号1271頁）について，事業性が認められている。

(ii)　適法性　　暴力団組織の活動（しのぎと呼ばれる経済活動だけでなく，暴力団間の抗争行為を含む）に際して組員が起こした損害事件で組長の使用者責任を追及できるか，という問題において，事業は適法であることを要するかが議論されている。この点については，違法な活動を目的とする場合には事業性の要件を満たさないとして，組長の責任については共同不法行為（719条1項前段。第6節4）で対応すべきとする立場もある。判例も，この場面で共同不法行為責任を排除していない（共同不法行為責任を認めた福岡高那覇支判平成9・12・9判時1636号68頁を維持した最判平成12・12・19判例集未登載）。

しかし，暴力団の威力を背景とした組員の個々の活動について組長の具体的関与がつねに認められるとはかぎらず，共同不法行為では対応しきれない場合がある。加えて，共同不法行為では，当該加害行為に関する共謀や組長の具体的関与の有無といった内部事情に立ち入った証明を被害者に要求することになる。これに対して，使用者責任での対応は，組織自体の構造・活動から判断して，使用関係と事業執行性（(3)）の要件を満たせば責任を追及できる点で被害者に有利である。また，使用者責任は自己の活動にあたり他人を用いた点に着眼したものであって，違法な事業を対象外とする必要はなく，暴力団の活動はしのぎ・抗争における構成員の個々の行為と密接な関連をもつといえる。判例は本条の適用を認めている（最判平成16・11・12民集58巻8号2078頁）。なお，指定暴力団の組長の賠償責任については，暴力団員による不当な行為の防止等に関する法律31条・31条の2で対応できる（これらは，715条の責任を追及する場合，①事業性要件の充足について疑義が生じうるのでそれを回避すること，および，②使用関係・事業執行性の要件の証明にあたって生じる負担を軽減することを目的として，設けられたものである）。

(b)　**使用関係**　　(i)　内　容　　使用関係とは指揮監督関係があることをいう。報酬の有無，期間の長短は問わない。典型例は，雇用（労働）契約のように，一方が他方の指揮命令に服するという従属関係が存在して，使用者が被用者を指揮監督すべき地位にいる場合である。これに加えて，指揮監督権限を明確に基礎づける法的地位はないが，事実として指揮監督している場合でもよいとされている。

以上の裏返しとして，例えばAが自己の仕事のために専門家Bを利用する場合のように，仕事の遂行にあたってBの独立性・裁量性が保持されている場合は，BがAの指揮監督に服しているとはいいにくいから，AB間に使用関係は原則として認められない。請負契約における請負人も，仕事の遂行にあたって，注文者からの独立性を維持していると考えられているため，請負人の第三者に対する加害行為について，注文者は責任を負わない（716条本文。なお，716条ただし書は，注文者が709条の原則に従って責任を負うことを注意的に規定したものと理解されている）。また，タクシーや運転代行の利用も運送請負契約であって，運転者の過失による事故で第三者に損害を負わせた場合も，利用客は原則として責任を負わない。もっとも，建設請負でみられる下請の場合，下請が元請の指示に従って仕事をすることが通常であり，元請・下請の間に使用関係が認められる場合も多い。

弁護士・司法書士と依頼人の関係など，専門家による役務提供を内容とする（準）委任契約の場合も，仕事の遂行については独立性があると認められるから，使用関係は否定される（もっとも，これを肯定した古い判決がある〔大判大正12・6・7民集2巻386頁〕）。これに対して，病院の勤務医など，雇用契約に基づいて労働者の地位にある専門家については，使用関係が認められる。したがって医療事故の被害者は，医師個人に対しては709条の責任，病院に対しては使用者責任や債務不履行責任を追及することができる。

(ii)　複数の使用関係　　加害行為者について複数の使用関係が問題となることがある。例えば，運転助手つきで貨物自動車を借り受けた者は，運転助手と雇用関係にある雇主が別に存在する場合でも，その運転助手の使用者となりうる（最判昭和41・7・21民集20巻6号1235頁）。また，出向社員や派遣労働者の場合，雇用関係のある出向元・派遣企業および出向先・派遣先企業のそれぞれについて，指揮監督の内実にそくして使用関係を判断することになる。

使用関係が連鎖的に成立することもある。例えば，元請企業Aと下請企業Bの被用者Cとの間についても，Aが現場で指揮監督を担当する者を派遣しているなど，直接ないし間接にCに対して指揮監督関係が及んでいるといえる事情があれば，AC間にも使用関係を認めることができる（最判昭和37・12・14民集16巻12号2368頁〔ただし，Cの加害行為が元請企業Aの事業の執行につきなされたことが必要である〕）。

(2) 被用者による第三者への加害行為

(a) 被用者が709条の責任を負うこと　715条1項においては，「被用者が……第三者に加えた損害」としか言及されていないが，通説・判例は，さらに，被用者について709条の責任が成立することを要求している。その根拠はつぎの点にある。すなわち，①使用者責任は被用者が負う責任を肩代わりするものである，という代位責任の考え方，②被用者に対する求償を認める規定（715条3項）は，被用者自身が不法行為責任を負うことを前提としていること（もっとも，求償を認めるべき場合もある，という趣旨にも読める），③証明責任の転換（同条1項ただし書）に加えて被用者の故意・過失によらない損害事件についてまで責任を負担させるのは使用者に酷であると考えられること，である。この理解のもとでは，被用者が責任能力を備えていることも必要となる（大判大正4・5・12民録21巻692頁）。この点については，被用者が責任能力を具備する必要はないとする立場もある。なお，被用者が責任無能力者の場合でも，責任無能力者を用いたこと自体を過失とみれば，使用者に709条の責任が成立しうる。

(b) 第三者の範囲　第三者とは，使用者と加害行為者たる被用者とを除いた者を指す。例えば，同僚の運転ミスによる同乗者の死亡など，同一の使用者のもとで働く被用者が別の被用者に損害を与えた場合も，715条の適用がある（最判昭和32・4・30民集11巻4号646頁）。

(3) 「事業の執行について」（事業執行性）

(a) 判断基準　事業執行性の要件は，被用者のなした加害行為と使用者の事業との間に一定の関連性を要求するものである。もっとも，その内容および判断基準について，「執行について」という文言は手がかりとならない。この文言は，「際し」では広すぎ，「ために」では狭すぎることから採用されたものにすぎないからである。他方，判例が715条1項ただし書による使用者の免責をほとんど認めていない結果，本要件の充足いかんが使用者責任の成否を左右する状況にあり，事業執行性は最も議論される要件となっている。

(i) 判　例　　判例は，当初，事業執行性要件を狭く解釈し，被用者の職務権限の濫用・逸脱による加害行為は本要件に該当しない，としていたが，解釈を変更して，権限逸脱行為でも本要件を満たすものとした（判例Ⅱ5-3）。

その後の判例では，被用者による権限の濫用・逸脱の事案を中心に外形理論と呼ばれる判断基準が定着している。外形理論とは，「被用者の職務の執行行為そのものには属しないが，その行為の外形から観察して，恰（あたか）も被用者の職務の範囲内の行為に属すると見られる場合」（最判昭和36・6・9民集15巻6号1546頁）に事業執行性要件の該当性を認めるものである。外形に着眼することの意義は，被用者による権限の濫用・逸脱という内部的な事情だけでは事業執行性は否定されない，という点にある。なお，判例は，この外形理論を取引的不法行為にかぎらず事実的不法行為にも用いることがある一方で，外形理論に言及することなく事業執行性の判断を行う場面も多い（(b)・(c)を参照）。

判例Ⅱ5-3　大連判大正15・10・13民集5巻785頁

【事案】 Y社で株券発行事務を担当していた庶務課長Aが，自己の金融を図るため，同社の株券を偽造して米相場取引の際の証拠金の代用としてXに差し入れたところ，当該相場取引から損失が生じ，Aの無資力と相まってXに損害が生じた。そこで，XはYに対して使用者責任を追及した。原審は，株券を発行すべき場合でなかったことを理由に，事業の執行につき生じた損害といえない，として請求を棄却したため，Xが上告した。

【判旨】 破棄差戻し。「本件の如く被用者が使用者たる株式会社の庶務課長として株券発行の事務を担当し且株券用紙及印顆を保管し何時にても自由に株券発行の事務を処理すべき地位に置かれたる場合に在りては，縦令（たとえ）其の者が地位を濫用し株券を発行したりとするも要するに不当に事業を執行したるものに外ならずして其の事業の執行に関する行為たることを失はざるものなれば，民法第715条に所謂（いわゆる）『事業の執行に付』なる文詞は叙上説明の如く之を広義に解釈するを至当とすべく，当院従来の判例の如く厳格なる制限的解釈を採り使用者の事業の執行として具体的になすべき事項の現存せざる場合に於ける被用者の行為に付ては総て使用者に於て全然責任なしと為すが如きは，同条立法の精神に鑑み且一般取引の通念に照し狭隘（きょうあい）に失するものと謂はざるべからず。」

(ii)　外形理論への批判　　学説は，事業執行性の判断基準について，判例の用いる外形理論の是非を中心に議論している。

外形理論については，まず，これを行為の外形に対する被害者の信頼を保護するためのものと理解した上で，取引的不法行為（取引行為のかたちで不法行為が行われる場合一般を指す）の場合の基準にすぎない，という批判がある。そして，事実的不法行為（取引的不法行為でないものを指す）については，被用者の行為が客観的に使用者の支配領域内にあるか，という基準によるべきとする。

さらに，外形理論は，事業執行性を否定しないという消極的な判断しか導いていない，とする批判もある。そこで，学説上，様々な代替基準が示されている。例えば，「加害行為と被用者の分掌する職務との関連性」（職務関連性）および「被用者が加害行為を行うことが客観的に容易である状態におかれていること」（加害行為への近接性）という基準がある。

(iii)　検　討　　勤務医が手術でミスをした場合や工場労働者が作業ミスを犯した場合など，加害行為が使用者の事業を遂行する行為と一体的に把握できる場合，事業執行性要件は当然に満たされる。勤務医の手術行為と労働者の作業行為はいずれも使用者の事業活動そのものであり，その過程で生じた被用者の過失行為は使用者の行為と同一視されてよい。ここでは事業活動に不可避的に伴う損害危険が問題となっていることからも，この見方は妥当といえる。

それでは，被用者が使用者から与えられた権限を濫用・逸脱して行為した場合はどうか。たとえば，使用者の自動車を内部規則に反して用いていたところ，事故を起こした場合である。こうした損害事件は，事業遂行の機会に生じているが，これに不可避的に伴う損害危険が実現したものとまではいえない。むしろ，被用者という他人を用いたこと自体に由来して増大した人的危険というべきである。これをどの範囲で使用者に負担させるか，という問題が，事業執行性要件の判断基準をめぐる議論の中心にあるといってよい（外形理論は，この局面で使用者責任を拡張する歴史的役割を果たした）。

この問題については，責任根拠（1(2)）に立ち返って検討する必要がある。すなわち，過失責任の観点からは使用者が選任・監督を通じて被用者の行為を制御できる範囲で，また，報償責任の観点からは被用者を用いたことによる利益が使用者に帰属していると認められる範囲で，さらに，危険責任の観点からは被用者に対する支配が認められる範囲で，事業執行性を認めるべきことになる。もっとも，これらの抽象的な基準は，事案における個別事情を選択・評価するにあたっての目安となるにすぎない。

以下では，被用者の行為について，取引的不法行為と事実的不法行為に分けて事業執行性の要件を検討する。もっとも，各々の区分の内実は均一でなく，具体的な判断基準もそれに応じて多様でありうる。

(b)　**取引的不法行為**　(i)　事業執行行為　証券会社の被用者が金融商品の勧誘にあたり十分な説明をしなかった，といった契約締結に際しての説明・情報提供義務違反は，事業を遂行するための行為と一体の行為であり，事業執行性も当然に認められる。

(ii)　権限の濫用・逸脱による取引行為　被用者が職務権限を濫用・逸脱した取引をして，その相手方に損害を与えた場合は，外形理論が適用される典型例といえる。判例は，取引的不法行為での外形理論をつぎのように敷衍している。すなわち，「使用者の事業の施設，機構および事業運営の実情と被用者の当該行為の内容，手段等とを相関的に斟酌し，当該行為が，(い)被用者の分掌する職務と相当の関連性を有し，かつ，(ろ)被用者が使用者の名で権限外にこれを行うことが客観的に容易である状態に置かれているとみられる場合」は，外形上の職務行為に該当する，と（最判昭和40・11・30民集19巻8号2049頁）。

(iii)　取引上の信頼保護　不法行為法では，通常，被害者の主観的事情は過失相殺における減額事由として問題となる。しかし，取引の相手方が被用者による権限の濫用・逸脱を知っていた場合については，そもそも使用者責任を成立させるべきかが議論されている。判例は，取引的不法行為に関するかぎり外形理論は行為の外形に対する第三者の信頼を保護するためのものであるとした上で，被用者の権限濫用について被害者が悪意の場合には事業執行性要件を欠くとした（最判昭和42・4・20民集21巻3号697頁）。また，被用者がその職務権限を逸脱して出資法に反する疑いのある行為をした事案では，権限逸脱・濫用について悪意・重過失の被害者は使用者に賠償請求できないとしている（判例 Ⅱ 5-4）。

これらは，被用者がその権限を濫用・逸脱して取引的不法行為をした場合について，権限の濫用・逸脱に関する被害者の悪意・重過失を使用者の免責事由とすることで，使用者責任による被害者の保護を代理権の濫用および権限外の行為の表見代理（110条）の場合に揃えたものといえる（もっとも，使用者責任では軽過失ある被害者も保護しうる。Column Ⅱ 5-4 も参照）。

判例Ⅱ 5-4 最判昭和42・11・2民集21巻9号2278頁

【事案】 Xは，金融を得るため，融通手形を振り出してY相互銀行の支店長Aに交付し，割引を斡旋（あっせん）してもらうことにした。Aからこの手形を騙取したBは，この手形を流通に置いたが，Xが割引金を手にすることはなかった。Xは，市中に流通した手形の支払のために被った損害について，Yに賠償を求めた。Aのなした第三者による手形割引の斡旋は，職務権限を逸脱しており，Xもこの点を知りうる立場にあった。原審は，本件斡旋行為について，当時の相互銀行法が事業目的として定めた「手形割引及びこれに付随する業務」の職務範囲内の行為と認めるべきであるとして請求を認容したので，Yが上告した。

【判旨】 破棄差戻し。「被用者のなした取引行為が，その行為の外形からみて，使用者の事業の範囲内に属するものと認められる場合においても，その行為が被用者の職務権限内において適法に行なわれたものでなく，かつ，その行為の相手方が右の事情を知りながら，または，少なくとも重大な過失により右の事情を知らないで，当該取引をしたと認められるときは，その行為にもとづく損害は民法715条にいわゆる『被用者カ其事業ノ執行ニ付キ第三者ニ加ヘタル損害』とはいえず，したがってその取引の相手方である被害者は使用者に対してその損害の賠償を請求することができないものと解するのが相当である。」

Column Ⅱ 5-4　使用者責任による代理法の補完

取引的不法行為では，使用者責任だけではなく，代理権濫用・表見代理も問題となる。使用者責任では損害の転嫁に関わる効果が生じるのに対して，代理に関する規律では契約の効力に関わる効果が生じる。そのかぎりで，両者の処理がもたらす結果も異なる。もっとも，以下のように，使用者責任による損害賠償が代理法を補完する役割を果たすことがある。

①株券偽造（判例Ⅱ 5-3 の事案）など，取引を有効とする余地がない場合は，損害賠償によって被害者の保護を図らざるをえない。

②代理では本人の帰責性と相手方の信頼の要保護性にそくした要件が設定されており，使用者責任と要件が異なる（もっとも，この場面における使用者責任の成否の判断では，相手方の主観的事情を考慮するのが判例である〔(b)(iii)〕）。また，転得者が保護されるか否かの点にも違いがある（被用者による手形偽造の

事案で，判例は手形の転得者を110条の第三者に含めていない〔最判昭和36・12・12民集15巻11号2756頁〕。これに対して使用者責任は認めている〔最判昭和45・2・26民集24巻2号109頁〕）。効果面については，代理では本人に効果が帰属するか否かという結論しかないのに対して，過失相殺規定をもつ不法行為法では金銭賠償による柔軟な割合的解決が可能となる。とりわけ，過失ある被害者について，表見代理は成立しないのに対して，使用者責任では，責任の成立を認めつつ過失相殺をすることができる。

(c)　**事実的不法行為**　(i)　自動車事故　被用者が交通事故を起こした場合，それが会社の車で営業の外回りをしていたときのことであれば，使用者の事業遂行そのものといえるから，外形理論を用いるまでもなく事業執行性を肯定することができる。判例は，さらに，私用を禁ずる内部規則に反して会社の車を運転中に事故を起こした場合でも，外形理論を用いて事業執行性を認めている（最判昭和37・11・8民集16巻11号2255頁）。

他方，被用者が自己所有車を運転して事故を起こした場合は，事業執行性要件が認められないのが通常であるが，それが業務の遂行過程で起きたものなら，例外的にこの要件を満たすとされることがある。なお，この点について，出張にあたり自家用車を用いて事故を起こした事案で，事業執行性を否定したものもある（最判昭和52・9・22民集31巻5号767頁）。この判決では，使用者が，内部規則で出張には会社の車両または電車・汽車を用いることとし，あらかじめ出張の方法を届け出るよう定めるほか，従業員が自己所有の自動車を利用して自宅と仕事場を往復することを禁じていて，自家用車の利用を許容していたと認められない，といった事情が総合的に考慮されている。

(ii)　暴行など　事業遂行のために被用者の暴力行為が必要となることは，通常は考えられず，暴行と事業執行との関連性は認めにくい。もっとも，①客観的にみて事業執行行為と評価できる行為と暴行・傷害との時間的・場所的な関連性，②暴行・傷害が生じた原因と事業執行との関連性から，事業執行性を肯定できる場合がある。判例には，職場での同僚に対する暴行（最判昭和44・11・18民集23巻11号2079頁），店内やタクシー車内での客に対する暴行，さらに客以外の者に対する暴行（最判昭和46・6・22民集25巻4号566頁〔寿司の出前中に他車と接触しそうになり口論し，暴行に及んだ事案〕）について，「事業の執行行為を契機とし，これと密接な関連を有すると認められる行為をすることによって生じたものであるから，……使用者の事業の執行につき加えた損害」といえる，としたものがある。以上の事案において，判例は外形理論に言及していない。また，上司・同僚によるセクシャル・ハラスメントについても，使用者責任を追及できる場合がある（東京地判平成15・6・6判タ1179号267頁など）。

(iii)　被害者の主観的事情　　被用者が私用で会社の車を運転していることを知りながら同乗した者が事故被害者となった場合など，事実的不法行為でも被害者の主観的事情は問題となりうる。しかし，これは事業執行性要件ではなく，危険の引受けや過失相殺といった一般的な減額事由として考慮される余地があるにすぎない。

(4)　免責事由

使用者は，被用者の選任およびその事業の監督について相当の注意をしたこと，または，相当の注意をしても損害が生じたといえることを主張・証明すれば免責される（715条1項ただし書）。しかし，判例上，この免責が認められることはほとんどなく，空文化している。なお，取引的不法行為の一定の事例群では，使用者は，被害者の一定の主観的事情を主張・証明することで免責される場合がある（(3)(b)(iii)）。

(5)　責任の主体

使用者責任の主体となるのは，まず，使用者である（715条1項）。

さらに，使用者に代わって事業を監督する者（代理監督者）も，使用者と同様の責任を負う（715条2項）。代理監督者とは，「客観的に見て，使用者に代り現実に事業を監督する地位にある者」である（最判昭和42・5・30民集21巻4号961頁）。例えば，工場長や部門の長など，組織上，使用者と被用者の中間的な立場にあって被用者を指揮・監督する権限を有していた者がこれにあたる。

なお，法人の被用者が起こした損害事件については，法人自身が使用者として715条1項の責任を負う（大判昭和3・7・9民集7巻609頁）。この場合でも，その法人の代表理事は代理監督者としての責任を負う可能性がある。

代理監督者の責任については，代理監督者は事業活動の主体ではなく，使用者と同等の厳格な責任を負う理由がないため，代理監督者の範囲を限定する解釈論や，使用者の場合よりも広く代理監督者の免責を認める解釈論も有力である。なお，代理監督者の免責を認めても，使用者の責任は追及できるので，必ずしも被害者保護に欠けることはない。

3 その他

不真正連帯債務の関係に立つ使用者責任と被用者個人の不法行為責任に関して，一方に生じた事由が他方にどのような影響を与えるかについては，不法行為の競合（第6節6(2)）で扱う。ここでは，被害者に生じた損害を最終的に使用者・被用者のいずれが負担するか，という問題について述べる。この点について，民法は使用者の求償権を規定し（715条3項），被用者の負担とすることを認めている。しかし，その妥当性は問われており，さらに被用者の対外的責任を制限しようとする考え方もある。

(1) 使用者の求償権

(a) **求償権の根拠**　求償権の根拠について，起草者は被用者の使用者に対する債務不履行責任と考えていた。しかし，使用関係は契約関係がない場合にも認められうる。そこで，現在では，使用者と被用者の不法行為に基づく損害賠償債務の負担部分の存在にその根拠があると考えられている。

(b) **使用者の求償権に対する制限**　事業遂行に伴う損害については事業主体に責任を集中させるという観点からすると，使用者の求償権行使を制限する可能性が認められるべきである。判例も，これを肯定している（〈判例Ⅱ 5-5〉）。

この結論は，使用者責任の根拠（1(2)・(3)参照）からも導くことができる。使用者自身に固有の責任根拠があると考えるなら，被用者にすべてを負担させるのではなく，使用者も一定の範囲では自ら負担すべきことになるからである。他方，代位責任論からは，使用者は被用者の責任を肩代わりしているにすぎず，最終的には被用者が全額を負担すべきことになる。もっとも，肩代わりの根拠として報償責任や危険責任を援用するときは，代位責任であっても使用者の負担部分を認めることができる。求償制限を認めるにあたり，判例は様々な考慮事情を挙げているが，加害行為をした被用者だけでなく，使用者自身にも損害を負担すべき根拠（過失責任，報償責任，危険責任）があるとするなら，両者の調整という観点が重要になる。

判例Ⅱ 5-5 最判昭和51・7・8民集30巻7号689頁

【事案】 Yは，使用者X所有のタンクローリーを運転中に追突事故を起こし，その結果，Xは事故被害者の物損にかかる損害賠償（約8万円）および所有車両損傷による損害（約30万円）を被った。そこで，XはYに対してこれらの損害の賠償を求めた。原審は，2つの損害のいずれも4分の1の限度で認め，これを超過する部分は信義則に反し，権利の濫用として許されない，としたので，Xが上告。判決は以下の一般論を述べて，原審の判断を是認した。

【判旨】 上告棄却。「使用者が，その事業の執行につきなされた被用者の加害行為により，直接損害を被り又は使用者としての損害賠償責任を負担したことに基づき損害を被った場合には，使用者は，その事業の性格，規模，施設の状況，被用者の業務の内容，労働条件，勤務態度，加害行為の態様，加害行為の予防若しくは損失の分散についての使用者の配慮の程度その他諸般の事情に照らし，損害の公平な分担という見地から信義則上相当と認められる限度において，被用者に対し右損害の賠償又は求償の請求をすることができるものと解すべきである。」

(2) 逆求償の可能性

加害行為をした被用者が被害者に賠償した場合，使用者に対して求償できるか否かについても，議論がある。被用者に対する使用者の求償権の行使が制限される場合があることからすれば，使用者は最終的に一定割合を負担すべきであって，逆求償を認める余地はある。

(3) 被害者との関係で被用者の709条の責任を制限する可能性

被用者について709条責任が成立していることを使用者責任の要件とする場合には，同時に被用者自身にも賠償責任があり，使用者の責任と並存することになる。これらの責任は不真正連帯債務の関係に立つ。

企業への責任集中という見方からすると，被用者は被害者との関係においても（一定の範囲では）責任を負わない，とすることが考えられる（求償制限〔(1)(b)〕が使用者との対内的な関係での問題であるのに対して，被害者との対外的な関係での制限となる)。しかし，被用者自身に不法行為責任が成立している以上，被害者との関係で被用者の責任を制限する必要はない。被用者に故意や著しい注意義務違反がある場合にはなおさらである。さらに，被害者にとっては，現実に加害行為をした被用者の責任を追及すること自体に意味がある場合も認められるから，被用者の対外的責任を一般的に制限することは妥当でない。

第4節　土地工作物責任（717条）

1 序

(1) 概　　要

717条は，建物の倒壊など，土地工作物には特有の危険があることにかんがみ，土地工作物の瑕疵による加害事件について，以下のように規律する。第一次的に責任を負うのは，土地工作物の占有者である。ただし，占有者が損害発生防止のための注意を尽くしていた場合には，免責される（1項本文)。占有者が免責される場合には，土地工作物の所有者が責任を負う。所有者は無過失であっても免責されないが（1項ただし書)，所有者の責任が生じるのは占有者が免責された場合に限られる。この点で，所有者の責任は補充的責任と呼ばれる。

(2) 責任の根拠

709条と比較すると，717条は，占有者に過失を要求した上でその過失についての証明責任を転換していること，所有者には免責を認めていないこと，の2点に特色がある。

起草者の構想では，土地工作物責任は過失責任の枠内にとどまり，瑕疵は過失の客観化されたものと位置づけられていた。しかし，現在では，占有者の責任は中間責任であり，所有者の責任は無過失責任（瑕疵を要件とする点で，緩和された無過失責任〔瑕疵責任〕である〔第1節 1 (2)(a)②〕）である，と理解されている。もっとも，ここでいう無過失責任とは，責任を負わせる根拠が過失にないという点のみに着眼した呼称にすぎず，積極的な責任根拠を示すものではない。

そこで，通説は，所有者の責任を危険責任とする。これは，所有者に期待しうる措置では回避できないような損害事故であっても責任を負わせる場合がある，という認識に基づいている。例えば，中古の木造建物を譲り受けた直後にそれが倒壊して起きた損害事故では，材木の腐朽状況を認識できなければ損害回避措置をとることはできない。また，柱を切断して確認することでもしないかぎり材木の状態を完全に把握することは不可能である上，事故までに回避措置をとる時間的余裕がなかった場合も考えられる。これらの場合に所有者の賠償責任を認める717条は，損害回避行為に対する一般的な期待可能性を超えた水準での責任である点では過失責任といえず，また，瑕疵によって生じた危険に着眼した責任である点で，危険責任ということができる。

Column Ⅱ 5-5　営造物責任（国家賠償法2条）

国家賠償法の制定前は，土地工作物が公の営造物である場合も，717条の問題として処理されていた。国家賠償法2条の営造物責任は，この判例法を是認して明文化したものであり，土地工作物責任と営造物責任は類似の制度といえる。営造物責任の性質について，判例は，危険責任であると明言している（最判平成7・7・7民集49巻7号1870頁）。もっとも，①営造物の概念は「公の目的に供されている有体物」と定義され，土地への接着性という限定がなく，動産も含むこと，②条文上，設置・管理の瑕疵としていること，③免責事由が挙げられていないこと，などの違いがある。

2 成立要件

土地工作物責任が成立するための要件は，①土地の工作物であること，②設置または保存に瑕疵があること，③瑕疵と損害との間に因果関係があること，である。④占有者は，損害の発生を防止するのに必要な注意をした場合に免責されるが，所有者の免責事由は定められておらず，無過失責任の一般的な免責事由が問題となるにすぎない。

(1) 土地の工作物

(a) 土地への接着性　(i) 内　容　土地工作物といえるためには，瑕疵の存在する物が土地に接着していることが必要である。その典型例は建物や塀であり，何らかのかたちで土地に密着して，ある程度定着していることが要求されている。

(ii)　その緩和　　もっとも，判例上，この要件は緩和されている。まず，土地への接着性は直接的でなくともよい。エレベーターなど，土地工作物である建物に取り付けられて一体化した物も，土地工作物に該当するとされている。工場内に据え付けられている機械のように，建物の内部に設置されていて分離可能な物は限界事例となる。かつては否定されたが（大判大正元・12・6民録18輯1022頁），現在の判例は肯定する傾向にある。

(iii)　機能的一体性　　さらに，判例は，土地への接着性の判断にあたり，土地工作物である設備と一体となって機能しているか，という点も考慮している（判例 Ⅱ 5-6）。これによれば，瑕疵のある物が着脱可能な動産であったとしても，当該動産を含む設備を全体として土地工作物とすることができる。例えば，炭鉱口に設置された炭車を巻き上げるワイヤーロープが切れたために炭車が人に衝突した場合（最判昭和37・4・26民集16巻4号975頁），液化石油ガス消費設備のゴムホースの亀裂から漏れたガスが原因で発火事故が起きた場合（最判平成2・11・6判時1407号67頁）について，土地工作物責任が認められている。

(b)　**工作物**　　工作物とは，人工的作業を加えることにより成立した物をいう。自然のままのものは含まれず，天然の池沼は工作物にあたらない。他方で，土地の形状を変化させた程度の人工的作業であっても工作物と認めるのに十分であり，スキー場のゲレンデ，ゴルフコース，ため池なども土地工作物とされている。

(2)　設置・保存の瑕疵

(a)　**瑕疵の内容**　　瑕疵とは，工作物が備えるべき通常の安全性を欠く状態である（客観説）。判例も，「工作物が通常有すべき安全性を欠いていること」とする（最判平成25・7・12判時2200号63頁）。客観説によると，「設置の瑕疵」は当初からの瑕疵，「保存の瑕疵」はその後に生じた瑕疵であって，瑕疵とは土地工作物の状態に対する評価となる（もっとも，条文の文言自体は，設置行為・保存行為に対する評価とも読める）。

瑕疵としては，まず，建物の倒壊や屋根瓦などの付属物の剝落による損害事件のように，土地工作物そのものが損害危険を含む場合が挙げられる。さらに，工作物の設置された場所・環境やその用途・用法を含めて，安全性の欠如が判断されることもある（〈判例 Ⅱ 5-6〉）。

〈判例 Ⅱ 5-6〉最判昭和46・4・23民集25巻3号351頁

【事案】 一旦停止の表示と警告板があるだけで，遮断機や警報機などの保安設備を欠く無人踏切で幼児Aが電車にはねられて死亡したため，Aの両親Xらが鉄道会社Yに対して717条の責任を追及した。原審がこれを認容したためYが上告。

【判旨】 上告棄却。土地工作物の把握の仕方について，「列車運行のための専用軌道と道路との交差するところに設けられる踏切道は，本来列車運行の確保と道路交通の安全とを調整するために存するものであるから，必要な保安のために施設が設けられてはじめて踏切道の機能を果たすことができるものというべく，したがって，土地の工作物たる踏切道の軌道施設は，保安設備と併せ一体としてこれを考察すべき」とし，瑕疵について，「保安設備を欠くことにより，その踏切道における列車運行の確保と道路交通の安全との調整が全うされず，列車と横断しようとする人車との接触による事故を生ずる危険が少くない状況にあるとすれば，踏切道における軌道施設として本来具えるべき設備を欠き，踏切道としての機能が果されていないものというべきであるから，かかる軌道設備には，設置上の瑕疵があるものといわなければならない」と述べて，踏切に警報機などの保安設備を欠いた点を瑕疵とした原審の判断を維持している。

(b) 瑕疵の判断　(i) 安全性の水準　瑕疵の判断基準となる安全性については，絶対的な安全性，つまり，およそ危険のない状態までは要求されない。どの程度の安全性を確保すべきかについては，以下の点が問題となる。

①建築基準法などの行政法規が要請する安全基準を遵守しているだけでは，瑕疵がないことにはならない（最判昭和37・11・8民集16巻11号2216頁など）。これは過失判断の場合（第2章第6節4(2)(c)）と同様である。

②安全性の確保にかかる費用の考慮に関しては，営造物責任（国賠2条）のうち，道路への落石や河川の氾濫など危険防止措置に莫大な費用がかかるような場合について，予算制約の考慮の是非が議論されている。もっとも，判例は消極的である（前掲・最判昭和37・11・8など）。例えば，道路事故に関して，「防護柵を設置するとした場合，その費用の額が相当の多額にのぼり，上告人

県としてその予算措置に困却するであろうことは推察できるが，それにより直ちに道路の管理の瑕疵によって生じた損害に対する賠償責任を免れうるものと考えることはできない」（前掲・最判昭和45・8・20）とされた（これに対して，水害に関しては予算制約の考慮を認めるものがある〔最判昭和59・1・26民集38巻2号53頁〕）。

③自然力，土地工作物の利用者の行動，第三者の行為も考慮した上での安全性が要求されるのかも，問題となる。そして，これらの競合が通常予想される範囲なら，それを織り込んだ安全性の確保が求められる。よって，台風・地震，被害者の危険行動が損害発生に寄与したということだけでは，瑕疵は否定されない。例えば，被害者が勝手に工作物に手を加えたために損害を被った場合に，危険防止措置の欠如を理由として717条の責任を認めたものがある（大判大正7・5・29民録24輯935頁）。営造物責任では，被害者が危険な場所に不法に侵入して事故が起きた事案について，瑕疵の有無が問題とされている（最判昭和56・7・16判時1016号59頁〔肯定〕，最判昭和60・3・12判時1158号197頁〔否定〕）。

(ii)　瑕疵判断の基準時　　瑕疵の有無は，加害事件が生じた時点を基準に判断される。

(iii)　安全設備・措置の欠如　　瑕疵判断にあたっては，一定の水準の安全性が確保されていることが前提となるから，当該水準を維持するための設備や措置が欠如していて安全性を欠く状態にある場合には，瑕疵を肯定できる。

瑕疵判断で安全設備・措置の欠如を考慮する場合には，過失の判断と類似したものとなる。そのため，717条と709条とが同じ事案で問題となることも多い。例えば，幼児をも入場対象としたプールで2歳児が溺死した場合，泳げない幼児が1人でプールに入れないような設備を欠く状態を問題とするなら，土地工作物責任で対応すべき損害事件となる。他方，そうした安全設備を設けなかったことを過失とみて709条の責任を追及することも可能である。

Column Ⅱ 5-6　瑕疵論争——土地工作物責任が対応すべき損害危険

通説・判例は，717条1項ただし書が所有者の過失を要求していない点を根拠に，所有者の土地工作物責任を無過失責任と理解した上で，瑕疵の内容について客観説を採用している。これに対しては，土地工作物責任は客観的な注意義務違反に基づく責任という点で過失責任と連続的な性質を有する，と理解する立場（義務違反説）もある。

義務違反説は，その根拠として，土地工作物責任と同じ性質のものとして立法された営造物責任（Column Ⅱ 5-5）に関する判例を援用する。すなわち，道路事故・水害に関する裁判例では，危険防止措置の欠如に着眼して道路・堤防の設置・管理の瑕疵が判断されている。ここから，義務違反説は，瑕疵を「安全性を保持すべき義務の違反」と定義して，安全性の欠如という状態を瑕疵とする通説・判例（客観説）と対立したのである（瑕疵論争）。もっとも，議論に明確な決着がつかないまま論争は下火になり，客観説は現在でも支配的立場にある。

瑕疵論争は，瑕疵概念，瑕疵の存否判断にあたっての考慮事情，そして土地工作物責任の法的性質にわたるものだったが，分析対象たる裁判例の結論はいずれの立場においてもほぼ是認されており，理論的対立は事案の具体的解決に影響するものではなかった。論争の意義は，むしろ，土地工作物責任で対応すべき損害危険の多様性を認識させた点にあったといえる。すなわち，土地工作物責任で問題となる損害危険は，建物の倒壊のような物そのものに由来する危険から，当該物の稼働に伴って不可避的に生じる危険，そして自然現象との競合により生じる損害危険など，多様である。瑕疵判断で考慮すべき事情の範囲もこれに応じて広げられ，とりわけ危険を回避するための設備・措置の有無が重要な意味をもつ場合には，過失判断に接近することになる。

(3)　瑕疵による加害

瑕疵と損害との因果関係も，土地工作物責任の要件である。瑕疵が唯一の原因である必要はない。そのため，他の原因が競合する場合であっても，競合原因の存在だけを理由に因果関係が否定されることはほとんどない。競合原因の存在は，むしろ，競合原因の存在を理由とする割合的責任限定，という責任範囲の問題となる（第3章第5節）。以上を前提に，(a)自然現象，(b)第三者の行為，(c)被害者の行為が競合した場合について述べる。

(a)　自然現象の競合　　地震や台風などの自然現象が瑕疵と競合して損害を惹起した場合でも，因果関係は認められる。例えば，阪神大震災との競合（神戸地判平成10・6・16判タ1009号207頁），豪雨との競合（名古屋地判昭和48・3・30判時700号3頁）の事例で，因果関係を肯定した裁判例がある。

(b)　第三者の行為の競合　　第三者の行為によって土地工作物に危険性が生じた場合，例えば，スキー場にクレバスがあってその周囲に警告用の赤旗を立てていたところ，何者かがこれを撤去していたために，スキーヤーがクレバスに転落した場合でも，安全性を欠く状態である以上，瑕疵は認められ（(2)(b)(i)③)，それと損害との因果関係も肯定される（なお，撤去した者に対しては，損害の原因について責任を負う者として，求償権の行使が可能となる。717条3項)。

(c)　**被害者の行為の競合**　土地工作物が一般の利用に供されている場合には，通常の利用形態を想定した安全性の具備が要求されるから，被害者が通常の利用をしているかぎり瑕疵はあり，また，被害者の行為の競合を理由に因果関係が否定されることもない。被害者の行為が通常の利用といえない場合でも，因果関係は認められた上で，減額事由として過失相殺で考慮される可能性があるにとどまる。

(4)　責任の主体

(a)　**序**　土地工作物責任を負うのは，まず，土地工作物の占有者である(717条1項本文)。そして，占有者が免責される場合には，土地工作物の所有者が責任を負う（同条同項ただし書)。第一次的に占有者が責任主体とされたのは，土地工作物の瑕疵による損害危険に対処しうる立場にあることによる。もっとも，土地工作物責任が，物の状態それ自体に由来する危険に基づくことからすれば，占有者よりも所有者のほうが責任の主体にふさわしいとも考えられる。

条文上，所有者の責任は占有者の責任を補充するものとされているが，原告被害者が占有者を訴えることなしにただちに所有者を訴えることは可能である。また，被害者は，同時審判の申出（民訴41条1項）により，占有者に対する訴訟と所有者に対する訴訟のいずれにおいても敗訴するという事態を避けることができる。

なお，占有者・所有者は，他に損害の原因につき責任を負う者に対して，求償することができる（717条3項)。

(b)　**占有者**　土地工作物責任の主体たる占有者には，間接占有者は含まないとされている（最判昭和31・12・18民集10巻12号1559頁は含むとしているが，特殊な事案である)。これは，占有者を責任主体とした趣旨が，土地工作物を現実に管理しており瑕疵に対応できる地位にあることによる。なお，所有者もこの地位にある場合は，直接の占有者と共に占有者とされることがある。

占有者は，損害を防止するのに必要な注意をなした場合は免責される。もっとも，所有者に修繕を促す，第三者に警告する，といったことでは不十分とされている。

(c)　**所有者**　　所有者とは，損害発生時における土地工作物の所有者である。すでに瑕疵の存在する土地工作物が譲渡された後に損害事件が生じた場合，土地工作物責任を負うのは現在の所有者である。また，土地工作物責任を免れるために所有権を放棄することは許されない。

所有者が誰かは物権法によって決まる。建物譲渡後，その移転登記未了のうちに建物の瑕疵により損害事件が起きた場合，未登記の譲受人は所有者としての責任を負う。もっとも，被害者にとって所有者が誰かを証明することは必ずしも容易ではないため，登記名義人である前主も所有者として責任を負うとする立場もある。

条文は所有者の免責事由を挙げていないが，不可抗力を理由とする免責は認められる。

占有者に加えて所有者が責任主体とされたのは，資力ある者を確保して被害者保護に資するためである。しかし，条文上，所有者の責任は補充的責任であって，占有者に責任が認められる限り所有者は責任を負わないため，この狙いは中途半端なものになっている。

3　竹木への準用

717条2項の竹木についての責任は，起草者が，竹木は土地工作物に該当しないことを前提に，加害の状況が土地工作物によって生じる損害とほとんど同一であるとみて，717条1項を準用することにしたものである。庭の大木の枝が落下して隣家の物置を破壊した場合などがこれにあたる。

第5節　動物占有者の責任（718条）

1　序

718条は，動物によって惹起された損害事件について，動物の占有者・管理者（現代語化改正前は「保管者」）に賠償責任を負わせている。ただし，占有者・管理者が過失のないことを証明すれば，責任を免れる（中間責任。第1節**1**(2)(a)①）。これは，家畜の牛が突然暴れだして人に怪我をさせた場合のように，動物については人間の制御が完全には及ばない特有の危険が認められることから，709条よりも厳格な責任を負わせたものである。

2 成立要件

(1) 動　　物

牛・豚・鶏などの家畜，ペットは，本条の動物に該当する。

細胞をもたないウィルス（例えばインフルエンザウィルスなど）はそもそも生物といえるかについて議論の余地があり，また，細菌（バクテリア。例えばコレラ菌など）は生物だが動物・植物のいずれでもない。718条の「動物」という概念を生物学等の動物概念に一致させる必要はないが，一般には，細菌やウィルスは本条にいう動物に該当しないとされている（仮にこれらについて動物該当性を認めたとしても，自己のためにする意思での所持〔180条〕といえず，責任主体〔占有者〕に該当しない場合も多い）。研究・産業上の利用目的で保管していた細菌やウィルスが流出して損害事件を起こした場合は，709条の不法行為責任を検討すべきであろう（細菌・ウィルスが動物に該当するという立場からは，この場合には占有も認められ，718条で対処しうることになる）。

これに対して，狂犬病やオウム病など，動物を介したウィルス感染については，媒介となった動物の占有者に対して718条の責任を追及できる。

(2) 動物による加害

被害者の損害は，動物の行動によって生じていることが必要であり，それで十分である。また，被害者自身の行動が関与した場合であっても，因果関係は否定されないのが原則である。動物の行動が被害者自身の挑発行為による場合や，動物に襲われた被害者が逃走中に受傷した場合は，過失相殺による減額が問題となるにすぎない。たとえば，飼主が散歩中に鎖を外したところ，通りかかった7歳の児童が近づいてくる犬を避けようとして自転車の操作を誤り，川に転落して失明したという事案で，因果関係を認めた上で過失相殺をした判例がある（最判昭和58・4・1判時1083号83頁）。

718条の対象となる損害危険は，生命身体・財産の侵害だけでなく，生活妨害に関するものも含む。それゆえ，鶏小屋の騒音被害や豚小屋の悪臭被害についても，本条の責任を追及することが可能である。

(3) 免責事由

動物の種類および性質に従って相当の注意をもって管理をしていたことを主張・証明すれば，免責が認められる（718条1項ただし書）。

(4) 責任の主体

718条によって動物占有者の責任を負うのは，占有者（718条1項），占有者に代わって動物を管理する者である（管理者。同条2項）。

起草者は，占有概念を狭く捉えていて，動物園の飼育係や受寄者・運送人には占有権がないから占有者に該当せず，これらの者は管理者として責任を負うと考えていた。しかし，現在の理解からすれば，動物園の飼育係は占有補助者にすぎず（動物園の設置主体のみが占有者となる），また，受寄者・運送人は占有代理人として占有者と認められる（間接占有をしている本人の責任とは並存する）。したがって，現在では，718条2項の管理者に該当する者はいないと考えられている。

土地工作物責任と異なり，所有者は責任主体とならない。しかし，判例上，実際に動物を支配していた者は占有補助者にすぎない，とした上で，所有者を占有者と認めたものがある（大判大正4・5・1民録21輯630頁）。賠償資力の観点からは，このような処理が被害者保護に資する場合もある。

第6節　複数加害者の責任（719条ほか）

1 総　　説

(1) 序　　説

不法行為に複数の加害者が関与する事例は，明治・大正期にも船舶の衝突事故や騒乱によるものなどがすでにみられるが，1970年代以降，社会の工業・技術化や都市化を背景として，公害・自動車交通事故・薬害・医療過誤によるものが増加している。他方で，民法典は，複数の加害者が関与する場合につき，「共同不法行為者の責任」という見出しの付いた719条を用意し，「数人が共同の不法行為によって他人に損害を加えたときは，各自が連帯してその損害を賠償する責任を負う」（1項前段：狭義の共同不法行為），「共同行為者のうちいずれの者がその損害を加えたかを知ることができないときも，同様とする」（1項後段：加害者不明の不法行為），「行為者を教唆した者及び幇助した者は，共同行為者とみなして，前項の規定を適用する」（2項：教唆・幇助）と規定している。このうち，要件をめぐる最も主要な論点は，1項前段の「共同の」（関連共同性）の意味であり，それに関連して1項前段の存在理由が議論されてきた。

(2) 学説・判例の展開

1項前段の要件として，かつての通説は，①各人の行為がそれぞれ独立して不法行為の要件を備えていることと，②各人の行為が関連共同していること（関連共同性）を要求していた（最判昭和43・4・23民集22巻4号964頁〔山王川事件〕の抽象論も同旨）。それに対し，各人の行為が独立して不法行為の要件を備えることを要求するならば，709条の要件と等しくなり1項前段の存在理由がなくなる，という批判が加えられた。

そして，批判説は，1項前段の存在理由を，709条の責任を拡大すること，すなわち，自己の行為と因果関係のない結果にまで加害者の責任を拡大すること（責任成立の拡大），および，自己の行為の責任割合を超えて損害全部に対する賠償責任を負わせること（責任範囲の拡大）に求め，関連共同性の要件を，責任の拡大を正当化する事由と位置づけた。この批判自体は，今日の学説によって共有されている。

しかし，関連共同性の要件については，関連共同性を「他人の行為の利用と自己の行為の他人による利用の認容」と狭く捉える主観的共同説と，「加害行為の一体性」（場所的・時間的近接性および社会観念上の一体性）があるにすぎない場合にも関連共同性を認める客観的共同説（主観・客観併用説）とが対立する（判例はかなり広い客観的共同説である）。例えば，A・BがXを負傷させることを共謀し，Aのみがxを加害した場合には，いずれの説によってもBはXの傷害について責任を負うが，自動車どうしの衝突事故によって第三者の権利法益が侵害された場合や，複数企業による大気汚染・水質汚濁などによって近隣住民が健康被害を受けた場合には，客観的共同説によると共同不法行為が成立するが，主観的共同説によると，通常，共同不法行為は成立せず，単に709条の単独不法行為の競合が認められるにとどまる。

こうして，学説が展開するなかで，同一の権利法益を侵害した複数の単独不法行為が競合するにすぎない場合が「競合（的）不法行為」として析出され，学説上，共同不法行為と競合不法行為の区別はほぼ確立した。客観的共同説においても，「加害行為の一体性」が認められない場合（例，交通事故と医療過誤の競合，薬害における国と製薬会社の責任）には，共同不法行為ではなく，競合不法行為とされることにほぼ一致がある。しかし，判例上はこの区別は意識されておらず，競合不法行為は共同不法行為として扱われることが多い（交通事故と医療過誤の競合につき共同不法行為を認めたものとして，最判平成13・3・13民集55巻2号328頁）。

(3)　検討の課題と順序

本書も前記批判説の批判を共有し，709条の責任を拡大することに1項前段の存在理由を見出す。(3)では，設例にそくして，本節での検討課題を洗い出す（なお，主観的共同説と客観的共同説のいずれによるかで，因果関係の存否や割合的責任限定の可否の問題を論ずる体系的位置が異なりうるが，本書の体系は主観的共同説を基礎にしている）。

A・Bが山中で伐採木を次々と山道に落としていたところ，伐採木甲が登山客Xにあたり，Xが負傷したとする。このとき，Xは，A・Bに対し，不法行為責任を追及することができるか。

(a)　A・Bが1本の伐採木の両端を2人で抱えて落としていたところ，甲がXにあたった場合には，A・Bに過失があれば，719条を援用しなくても，709条により，A・BのXに対する責任成立が認められる。A・Bが甲を落とす行為と，Xの身体侵害との間の因果関係が肯定されるからである。もっとも，この場合に，709条によっては，A・BはXの損害につき，全部責任ではなく，分割責任または割合的責任しか負わないという立場をとるならば，719条1項前段は，A・Bの行為の関連共同性を肯定することにより，A・Bの責任範囲を拡大し，A・Bに全部責任を負わせる意義をもつことになる。したがって，共同不法行為の検討に先立ち，競合不法行為の成否とその責任範囲を検討する必要がある（**2**）。

(b)　A・Bが交互に1人で伐採木を抱え落としていたところ，甲がXにあたったという場合には，Xは，甲を落としたのがAかBかを特定できないかぎり，709条によっては，A・Bの責任を追及できない。加害行為と権利法益侵害との間の因果関係の存否が不明であることによる不利益は，被害者Xが負担するからである。719条1項後段は，このような場合に，被害者Xを因果関係の存否不明の不利益から解放する意義をもつ。その結果，A・Bは自己の行為との因果関係が証明されない結果に対しても責任を負うことになる。719条1項後段は，709条の不法行為の因果関係に関する特則だから，共同不法行為の検討に先立ち，その検討が必要となる（**3**）。

(c)　前記(b)の例で，甲を落としたのがAだと特定できたとする。この場合，Aは709条によりXに対して責任を負う。しかし，Bの行為とXの身体侵害との間には因果関係がないので，709条によってBに責任を負わせることはできない。719条1項前段は，このような場合に，A・Bの行為の関連共同性を肯定することによって，自己の行為と因果関係のない結果に対しても責任を負わせる意義をもつ。したがって，関連共同性の要件は，他人の行為に対する責任を基礎づけうるものでなければならない（**4**）。

2　競合不法行為（単独不法行為の競合）

(1)　意　　義

競合不法行為とは，同一の権利法益を侵害した複数の単独不法行為が競合するにすぎない場合，または，その場合における不法行為をいう。例えば，交通事故による負傷について医師が必要な治療措置を怠ったために，当該傷害が治癒することなく増悪（ぞうあく）して一定の身体障害や死亡に至った場合には，当該身体障害や死亡につき，加害運転者と医師はそれぞれ709条に基づく責任を負う。もっとも，判例は，このような場合にも共同不法行為の成立を認めることが多い

（1 (2)）。

(2) 要　件

複数人の行為がそれぞれ独立して709条の要件を充足することが必要である。各人の行為に別個に法的評価を加えた結果，同一の権利法益侵害に責任が及ぶと判断されたときに，そのかぎりで，競合不法行為が成立する。とくに問題となるのは，因果関係の要件（第3章第2節3）である。

自動車や船舶どうしの衝突事故によって第三者の権利法益が侵害された場合，例えば，歩行者が負傷するとか積荷が滅失・損傷した場合には，運転者や船長の行為と権利法益侵害との間の因果関係は問題なく肯定されるから，少なくとも責任成立に関しては，共同不法行為を認める必要はない（主観的共同説の立場）。しかし，客観的共同説は，この場合にも共同不法行為の成立を認める。

他方で，公害の場合には問題がある。例えば，工場A・B・Cからの排水に含まれる汚染物質のために下流で被害が生じたという例において，汚染物質の最大許容量をPとする。①A>P，B<Pや②A<P，B<P，A+B>Pの場合には，「あれなければこれなし」の条件公式により，Aの行為と権利法益侵害との間の因果関係は肯定できるが，③A>P，B>Pや④A<P，B>Pや⑤A<P，B<P，C<P，A+B>P，B+C>P，C+A>Pの場合には，Aの行為がなくても権利法益侵害が発生しうるため，条件公式を機械的に適用すれば因果関係は否定されてしまう。しかし，因果関係の本質は，当該原因行為から当該結果に至る諸事象の継起（外界変化の連鎖）と，そこにおける法則的連関（因果法則）とに見出されるべきだから，③～⑤の場合にも因果関係を肯定できる。これらの場合にも，因果関係の要件を補うために共同不法行為を認める必要はない（主観的共同説の立場）。しかし，客観的共同説は，この場合にも共同不法行為の成立を認める（4 (2)(a)(i)）。もっとも，排出量の少ない場合には，過失が否定されることにより責任成立が否定されうるし，責任成立が肯定される場合にも責任範囲が限定される余地がある（(3)(b)）。

それに対して，水利組合間に水争いが生じたところ，B組合の会議員Yらが闘争の手段に訴えても目的を貫徹すべきことを議決し，関係者がその議決に基づき出動し，そのうち数名がA組合員のXらを殺傷したという場合に（平川水争い事件)，現場において手を下した加害者は709条の責任を負うが，決議のみの参加者は709条の責任を負うか。大審院は，決議と殺傷行為との間の因果関係を肯定し，決議参加者は直接加害者とともに共同不法行為責任を負うとした（大判昭和9・10・15民集13巻1874頁)。決議行為と殺傷との間にはたしかに因果関係はあるが，その間には直接加害者の自由意思による行為が介在するから，決議は709条の評価を受ける実行行為とはいえないので，決議のみの参加者は709条の責任を負わない。このような場合に，共同不法行為の出番となる。

(3) 効　果

(a) 全部責任の原則　同一の権利法益を侵害した競合不法行為者は，原則として，当該権利法益侵害によって生じた損害全部につき連帯責任を負う。判例も，船舶どうしの衝突事故によって第三者の権利法益が侵害された場合や（大判明治44・11・6民録17輯627頁，大判大正2・6・28民録19輯560頁)，交通事故と医療過誤の競合の事例において（前掲・最判平成13・3・13)，複数加害者の全部連帯責任を認めている（ただし，719条を適用する)。

複数加害者（A・B）に全部責任を負わせる根拠としては，不可分1個の権利法益侵害が各加害者の行為に帰属させられることを挙げうる。権利法益侵害にたまたまBも関与したというだけで，Aの責任は軽減されるべきでない（Bが無責の場合には，Aは全部責任を負うはずである)。責任割合による分割責任を認める説には，各加害者の責任割合を認識するのは被害者にとって困難であるという難点があるほか，この説によると，ある加害者の知れないこと・所在不明・無資力の危険を被害者が負うことになる。しかし，加害者にまつわる危険は，何の罪科（つみとが）のない被害者にではなく，不法行為をした他の加害者に負担させるべきである。少なくとも責任割合による分割責任は否定すべきである。

(b) 割合的責任限定（一部連帯）の可能性　しかし，責任割合が（著しく）小さい加害者については，その責任の量（賠償額）を割合的に限定する学説も有力であり，それに従う裁判例もある（〈判例 Ⅱ 5-8〉)。大気汚染防止法25条の2，水質汚濁防止法20条も——立法者が客観的共同説を前提にしていたため，文言上は719条1項の適用が要件となっているが——「当該損害の発生に関しその原因となつた程度が著しく小さいと認められる事業者があるときは，裁判所は，その者の損害賠償の額を定めるについて，その事情をしんしやくすることができる」と規定している。この説による場合，1000万円の損害につき，A・Bの責任割合がそれぞれ5のときは，A・Bは1000万円の全部連帯責任を負うのに対して，Aのそれが9，Bのそれが1のときは，Aは1000万円の全部責任を負うけれども，Bは100万円の割合的責任しか負わず，100万円の範囲での一部連帯責任となる（Aが900万円，Bが100万円の分割責任を負うのではない）。

割合的責任限定を基礎づける事実は，加害者の側で主張・証明する必要がある（責任の阻却事由に準ずる〔第3章第5節〕）。

3 加害者不明の不法行為（719条1項後段）

(1) 意義と原理

「共同行為者のうちいずれの者がその損害を加えたかを知ることができないとき」には，可能的惹起者（損害を加えた可能性のある者）の全員が全部連帯責任を負う（719条1項後段）。例えば，数人が同時に他人の家に石を投げ，その1つが窓ガラスを割ったが，誰の投げた石なのかが明らかでない場合や，数人が森のなかで別々にたき火をしていたが，そのうちどれが森林火災の原因かわからない場合に，1項後段が適用される。709条によると，加害行為と権利法益侵害との間の因果関係の証明責任は被害者が負うので，このような場合，被害者は加害者の責任を追及できないが，719条1項後段は，被害者を因果関係の存否不明の不利益から解放する意義をもつ。因果関係の存否が不明であることによる不利益は，何の罪科のない被害者よりも，権利法益侵害を現実に惹起したか，惹起する具体的危険性の大きい行為をすることによって因果関係の証明を困難にした者に負わせるのが，公平だからである（同時傷害に関する刑207条も参照）。

もっとも，719条1項後段は因果関係の証明責任を転換するのみなので，可能的惹起者の側で因果関係の不存在を証明すれば，当該可能的惹起者は免責される。

(2) 要　件

可能的惹起者の行為は，当該権利法益侵害を惹起する具体的危険性を有するものであって，かつ，因果関係を除く不法行為の要件を充足しなければならない。例えば，書庫から数冊の図書が盗まれた場合において，その日時に入庫していたのがA・B・Cの3人であり，その3人以外には疑いをかけることができないときにも，書庫への入庫・図書の物色は図書の盗難を惹起する具体的危険性を有する行為ではないから，1項後段によってA・B・Cの責任を追及することはできない。

1項後段は「共同行為者のうち」と規定している。裁判例のなかには，〈判例 Ⅱ 5-8〉のように，客観的関連共同性（「弱い関連共同性」）を要件とするものと，尼崎公害訴訟判決（神戸地判平成12・1・31判時1726号20頁）のように，そうでないものとがあるが，今日の学説は，行為の関連共同性を不要と解している。行為の場所的・時間的近接性や同種性も必要ない。例えば，HIV感染が，悪意のHIV感染者との性交渉によるものか，汚染血液の輸血によるものかが不明の場合にも，1項後段が適用される。

しかし，加害者はこの数人のうちの誰かであり，この数人以外に疑いをかけることのできる者は1人もいないということを，被害者は証明しなければならない。例えば，医師から大腿部に筋肉注射を受けたところ，注射部位の筋肉組織に機能障害を被ったXが注射剤を製造した製薬会社の責任を追及する際には，Xに注射された注射剤がA・B・Cの3社によって製造されたものだけであり，他社によって製造されたものは一度もXに注射されていないことを証明する必要がある。

(3) 効　果

法技術的には因果関係が推定される。因果関係の不存在を証明すれば，当該可能的惹起者は免責される。因果関係の不存在を証明できない可能的惹起者は，全部連帯責任を負う。

(4) 719条1項後段の類推適用

1項後段は，不可分1個の権利法益侵害に複数の加害者が関与したが各加害者の責任割合が不明の場合にも，類推適用される（判例Ⅱ5-8によると，「寄与度は不明……の場合にも民法719条1項後段の共同不法行為が成立する」)。A・Bが森のなかで別々にたき火をしていたが，そのうちどちらが森林火災の原因かわからない場合に，火災を全く惹起していない者についても損害全部に対する責任が推定される以上（(1)），A・Bのたき火の双方が原因となって森が全焼したが，それぞれが焼いた面積が不明の場合にも，火災の一部を現実に惹起した者について損害全部に対する責任が推定されるのは当然であろう（勿論(もちろん)解釈)。この場合，Aが森林の一部を単独で焼いたことをBが証明すれば，その限度でBの責任は軽減される。

4 狭義の共同不法行為（719条1項前段）

(1) 意　義

「数人が共同の不法行為によって他人に損害を加えたときは，各自が連帯してその損害を賠償する責任を負う」(719条1項前段)。

1項前段の存在理由は，709条の責任を拡大することにある（1(2)）。まず，709条による責任が成立しない場合に，719条1項前段は，他人の行為に対する責任を基礎づける（責任成立の拡大）。つぎに，709条によると割合的責任しか負わない場合に（2(3)(b)），719条1項前段は，全損害に対する責任を基礎づける（責任範囲の拡大）。そして，いずれの場合も，関連共同性の要件が責任の拡大を正当化する。

(2) 要　件

かつての通説は，①各人の行為がそれぞれ独立して不法行為の要件を備えていることと，②各人の行為が関連共同していること（関連共同性）を要件としていた（1(2)）。②から検討する。

(a) 関連共同性　関連共同性の要件については，客観的共同説（主観・客観併用説）と主観的共同説とが対立する。

(i) 客観的共同説　客観的共同説は，行為の客観的関連共同のみで，関連共同性を認める。その際，学説は「加害行為の一体性」(場所的・時間的近接性および社会観念上の一体性）を要求するが，判例はそれすら要求しない（前掲・

最判平成13・3・13）。下級審裁判例であるが，つぎの〈判例Ⅱ 5-7〉，〈判例Ⅱ 5-8〉が重要である（最上級審のものとして，大判大正2・4・26民録19輯281頁，前掲・最判昭和43・4・23〔山王川事件〕）。

〈判例Ⅱ 5-7〉津地四日市支判昭和47・7・24判時672号30頁（四日市ぜんそく事件）

【事案】四日市市の磯津地区に居住していた住民Xらが，四日市第1コンビナートを構成するY_1〜Y_6会社が排出した硫黄酸化物によってぜんそく等の閉塞性肺疾患に罹患したと主張して，Yらに対し損害賠償を請求した。本判決はYらの共同不法行為を認めた。

【判旨】「2　共同不法行為の因果関係

各人の行為が不法行為の要件をそなえていなければならないから，各人に故意，過失，責任能力があり，違法性が問題にされなければならない。

また，719条1項前段の狭義の共同不法行為の場合には，各人の行為と結果発生との間に因果関係のあることが必要である。

ところで，右因果関係については，各人の行為がそれだけでは結果を発生させない場合においても，他の行為と合して結果を発生させ，かつ，当該行為がなかったならば，結果が発生しなかったであろうと認められればたり，当該行為のみで結果が発生しうることを要しないと解すべきである。けだし，当該行為のみで結果発生の可能性があることを要するとし，しかも，共同不法行為債務を不真正連帯債務であるとするときは，709条のほかに719条をもうけた意味が失われるからである。

そして，共同不法行為の被害者において，加害者間に関連共同性のあることおよび，共同行為によって結果が発生したことを立証すれば，加害者各人の行為と結果発生との間の因果関係が法律上推定され，加害者において各人の行為と結果の発生との間に因果関係が存在しないことを立証しない限り責（せめ）を免れないと解する。……

3　関連共同性

イ　弱い関連共同性

㈠　共同不法行為における各行為者の行為の間の関連共同性については，客観的関連共同性をもってたりる，と解されている。

そして，右客観的関連共同の内容は，結果の発生に対して社会通念上全体として1個の行為と認められる程度の一体性があることが必要であり，かつ，これをもってたりると解すべきである。……

このような客観的関連共同性は，コンビナートの場合，その構成員であることによって通常これを認めうるものであるが，必ずしもコンビナート構成員に限定されるものではないと解される。

(二)　前記のように共同不法行為における各人の行為は，それだけでは結果を発生させないが，他の行為と相合してはじめて結果を発生させたと認められる場合においても，その成立を妨げないと解すべきであるが，このような場合は，いわば，特別事情による結果の発生であるから，他の原因行為の存在およびこれと合して結果を発生させるであろうことを予見し，または，予見しえたことを要すると解すべきである。……

ロ　強い関連共同性

ところで，Yら工場の間に右に述べたような関連共同性をこえ，より緊密な一体性が認められるときは，たとえ，当該工場のばい煙が少量で，それ自体としては結果の発生との間に因果関係が存在しないと認められるような場合においても，結果に対して責任を免れないことがあると解される。……

右Y3社工場〔Y_1～Y_3〕は，密接不可分に他の生産活動を利用し合いながら，それぞれその操業を行ない，これに伴ってばい煙を排出しているのであって，右Y3社間には強い関連共同性が認められるのみならず，同社らの間には前記のような設立の経緯ならびに資本的な関連も認められるのであって，これらの点からすると，右Y3社は，自社ばい煙の排出が少量で，それのみでは結果の発生との間に因果関係が認められない場合にも，他社のばい煙の排出との関係で，結果に対する責任を免れないものと解するのが相当である。」

判例Ⅱ5-8　大阪地判平成3・3・29判時1383号22頁（大阪西淀川大気汚染公害第1次訴訟）

【事案】大阪市西淀川区に居住していた公健法所定の指定疾病（しっぺい）の認定患者または死亡した患者の相続人Xらは，同区および隣接地区に事業所を有する企業10社（Y_1～Y_{10}）の操業，ならびに，同区内を走行する国道2号線・43号線および阪神高速大阪池田線・大阪西宮線の供用によって排出された大気汚染物質のため，健康被害等の損害を被ったとして，Y_1～Y_{10}ならびに道路の設置管理者である国（Y_{11}）および阪神高速道路公団（Y_{12}）に対し，総額38億円余の損害賠償等を求めて訴えを提起した。本判決は，損害賠償請求については，Y_{11}・Y_{12}に対する請求を棄却する一方，Y_1～Y_{10}（企業）に対しては，一部の原告を除き，総額約3億5700万円にのぼる賠償を認容した。

【判旨】「民法719条1項前段の共同不法行為が成立するためには，各行為の間に関連共同性があることが必要である。

共同不法行為における各行為者の行為の間の関連共同性については，必ずしも共謀ないし共同の認識あることを必要とせず，客観的関連共同性で足りると解されている。

民法719条1項前段の共同不法行為の効果としては，共同行為者各人が全損害についての賠償責任を負い，かつ，個別事由による減・免責を許さないものと解すべきである。このような厳格な責任を課する以上，関連共同性についても相応の規制が課されるべきである。

したがって，多数の汚染源の排煙等が重合して初めて被害を発生させるに至ったような場合において，Yらの排煙等も混ざり合って汚染源となっていることすなわちYらが加害行為の一部に参加している（いわゆる弱い客観的関連）というだけでは不充分であり，より緊密な関連共同性が要求される。

ここにいうより緊密な関連共同性とは，共同行為者各自に連帯して損害賠償義務を負わせるのが妥当であると認められる程度の社会的に見て一体性を有する行為（いわゆる強い関連共同性）と言うことができる。

その具体的判断基準としては，予見又は予見可能性等の主観的要素並びに工場相互の立地状況，地域性，操業開始時期，操業状況，生産工程における機能的技術的な結合関係の有無・程度，資本的経済的・人的組織的な結合関係の有無・程度，汚染物質排出の態様，必要性，排出量，汚染への寄与度及びその他の客観的要素を総合して判断することになる。」

両判決は，有力説に従い，「弱い関連共同性」と「強い関連共同性」とを区別し，前者については，因果関係を推定し，減・免責を許すのに対して，後者については，因果関係を擬制し，減・免責を許さない点で共通する。しかし，両判決で2つの関連共同性の意味が異なっているほか，「弱い関連共同性」は，〈判例Ⅱ5-7〉では1項前段の問題とされていたのに対して，〈判例Ⅱ5-8〉では1項後段の問題とされるなどの違いがある（**3**(2)も参照）。

〈判例Ⅱ5-7〉は，「各人の行為がそれだけでは結果を発生させない場合においても，他の行為と合して結果を発生させ，かつ，当該行為がなかったならば，結果が発生しなかったであろうと認められればたり，当該行為のみで結果が発生しうることを要しない」という点に，709条との関係での719条1項前段の存在理由を認めているが，このような場合には709条によっても因果関係を肯定できるので（**2**(2)），責任成立のために719条1項前段を援用する必要はない。しかし，709条によると加害者の一部が割合的責任しか負わない場合があるため（**2**(3)(b)），責任範囲の拡大のためには719条1項前段の援用が必要となりうる。

そこで，客観的共同説は，責任を拡大する原理的根拠として，危険責任・報償責任の思想を援用する。すなわち，企業の集合により，客観的危険状態が作出され（危険共同体の形成），あるいは，各企業が利益を得ているならば（利益共同体の形成），各企業はそこから生じる危険を全面的に負担すべきだというのである。さらに，このような場合，各企業は他人の権利法益を侵害しないように相互に協力する「拡大された注意義務」を負うとも主張される。しかし，自由主義・個人主義を基調とする現在の日本で，このような相互監視義務を認めることには疑問がある。

(ii)　主観的共同説　　主観的共同説は，関連共同性を「他人の行為の利用と自己の行為の他人による利用の認容」と捉える。他人の行為およびその結果が相互に帰責されるためには，片面的な認容では足らず，共謀など行為の相互利用に関する認容（以下では「共謀」で代表させる）が必要である。

この説は，まず，709条の責任を拡大する根拠を説得的に示している点ですぐれている。また，自己責任の原則によると，自己の行為と因果関係のない結果に対して責任を負わされるべきではないが，共謀行為を因果関係の起点に取るならば，この説は，自己責任の原則にも矛盾しない。もっとも，A（とB）の共謀行為とBの行為の結果との間の因果関係が肯定されても，その間にはBの自由意思による行為が介在するため，共謀行為は709条の評価を受ける実行行為とはいえない（2(2)）。しかし，まさにこのような場合において，Bの行為の結果をAに帰属させる点に，1項前段の存在理由が見出されるのである。

ところで，主観的共同説に属するある有力説は，つぎのような類型化を行う。

まず，各自が当該権利法益侵害を目指して他人の行為を利用し，他方，自己の行為が利用されるのを認容する意思のある場合である。この場合に，狭義の共同不法行為が成立することに問題はない。

つぎに，各自が当該権利法益侵害以外の目的を目指してそのために他人の行為を利用し，他方，自己の行為が他人に利用されるのを認容する意思のある場合である。この説は，公害訴訟におけるコンビナートにつき主観的共同を認めるために，この類型を認めるようである。しかし，単に適法行為を共同したにすぎない場合に，そこからたまたま違法な結果が生じたからといって，他人の行為（の結果）に対して責任を負わされる理由はない。例えば，AとBがスーパーマーケットXに行き，Aが牛肉を，Bがビールを買うことになっていたが，買い物の際，BがXでキャビアを万引きした場合に，Aは――Bの監督義務者であるような場合を除いて――責任を負わされるべきでない。

しかし，権利法益侵害を目指す行為でなくても，社会相当程度を超えて他人の権利法益を危殆化する行為（違法行為）を共同で行うときは，他人の行為の結果を帰属させてよい。したがって，過失による狭義の共同不法行為も成立しうる。例えば，A・Bがガス管に裸火を近づけてガス漏れを調べていたところ，Aが試みたときに爆発した場合にも，Bは責任を負う。また，人がいることを知らずにA・Bが他人の家に火炎ビンを投げ入れたところ，Aのそれによって火災が発生し，家のなかにいた人が負傷したときは，2人ともその負傷について責任を負う。コンビナートの操業自体が違法な場合も同様に考えられるが，つねにそれが違法だとはいえないため，この類型に必ずあてはまるわけではない。

もっとも，違法行為の認容があったとしても，認容を超える結果が生じた場合には，その結果は，認容者に帰責されないことがある。例えば，空港建設予定地の占拠を認容したからといって，機動隊に対する攻撃の結果までが帰責されるとは限らない。騒乱事件の渦中で傷害を受けた者が，威迫のみにとどまって直接の加害行為をしなかった率先助勢者（衆に抜きんでて騒乱の勢いを増大させる行為をした者〔刑106条2号〕）に対して損害賠償を請求した事件において，大判大正13・7・24民集3巻376頁が「人を脅迫し其の他意思の自由を害したるに過ぎざる者が，民事上に於て自己の行為に対する責を負ふは格別，他の身体を傷害したる者と同じく因りて生じたる損害賠償の責に任ずべき理由と為すに足らず」と判示したのは，傷害に対する率先助勢者の認容を否定したものとみることができる。

(b)　**各人の行為がそれぞれ独立して不法行為の要件を備えていること**　関連共同性要件における対立を反映して，この要件についても，客観的共同説と主観的共同説とで相違が生じる。

(i)　主観的共同（共謀）がある場合には，共同行為者のうち1人の行為が不法行為の要件を備えれば，どちらの説によっても，実行行為者以外の者については認容によって実行行為者の行為の結果が帰責されるため，この要件は不要となるはずである。共謀はそもそも，709条の評価を受ける実行行為ではない。

(ii)　客観的共同説によれば，客観的共同（加害行為の一体性）があるにすぎない場合には，各人の行為がそれぞれ独立して不法行為の要件を備える必要がある。ただし，因果関係要件については，複数加害者の共同行為を観念し，共同行為と結果との間の因果関係が肯定されれば，各人の行為と結果との間の因果関係も肯定される。

(3)　効　果

(a)　全部責任の原則　狭義の共同不法行為が成立すると，各人は全部連帯責任を負う。

(b)　割合的責任限定（一部連帯）の可能性　ただし，客観的共同説による場合には，割合的責任限定の可能性があるが（判例Ⅱ 5-8），それに関する議論については，2(3)(b)を参照。

5　教唆・幇助（719条2項）

(1)　意義と原理

「行為者を教唆した者及び幇助した者は，共同行為者とみな」されて，不法行為の実行行為者とともに連帯責任を負う（719条2項）。教唆とは，他人に不法行為の実行を決意させる行為である。幇助とは，他人の不法行為の実行を容易にする行為である。盗品の譲受け・有償処分のあっせんについて，719条2項を適用する判例もあるが（大判明治34・3・29刑録7輯3巻72頁），それは窃盗犯の不法行為の実行を容易にする行為ではないから，競合不法行為の問題とすべきである。幇助の方法は，物理的なものであると心理的なものであるとを問わない。

709条との関係における719条2項の存在理由は，709条の責任を拡大することにある。教唆・幇助と権利法益侵害との間には実行行為者の自由意思による行為が介在するため，教唆・幇助は709条の評価を受ける実行行為とはいえない。そのような場合に，719条2項は，実行行為者の不法行為に対する認容を根拠にして，教唆者・幇助者に責任を負わせる意義をもつ。そのため，学説上は，教唆・幇助を主観的共同の特殊な場合とみて，719条2項を1項前段との関係で注意規定と位置づける見解も有力である。しかし，教唆・幇助の場合には，行為の相互利用に関する認容は必要なく，片面的なもので足りる。

(2) 要　件

教唆者の責任は，教唆者が被教唆者に不法行為の実行を決意させる教唆行為を行い，その結果として被教唆者が当該不法行為の実行を決意し，実行したときに成立する。

幇助者の責任成立には，幇助者が，被幇助者の実行行為（およびその結果）を認識・認容して，それを幇助する意思で幇助したことと，被幇助者が不法行為を実行したことが要件となる。幇助の因果関係は，結果の発生を促進しまたは容易にしたというだけで足り，それは心理的なものでもよい。例えば，Xの殺人を決意しているBに，Aがそれに使用されることを意図してナイフを売ったときは，BがXの殺人にそのナイフを使わなかった場合にも（物理的な因果関係はない），ナイフの購入によってBが殺人の決意を強化したとすれば（心理的な因果関係はある），Aは幇助者として責任を負う。

(1)で述べたように，教唆者・幇助者は，実行行為者の不法行為に対する認容を根拠にして責任を負わされるのだから，過失による教唆・幇助は否定すべきである（多数説は反対）。そもそも教唆は，その語義からして故意によるものに限られる。もっとも，いわゆる「過失による幇助」が問題とされる行為について，物理的な因果関係がある場合には，709条の責任が成立することはある。例えば，AがBに拳銃を譲渡したところ，Bがその拳銃を使用してXを殺害した場合には，BによるXの殺害をAが認識・認容していなくても，Aの行為が社会相当程度を超えて他人の権利法益を危殆化する行為（違法行為）と評価されるならば（この設例では，Aの行為は原則として取締法規〔銃刀法〕違反となるので，その違法性が肯定される），AのXに対する709条責任が成立しうる。

教唆・幇助の対象となる行為は，違法行為でなければならない。他人の権利法益を直接に侵害する行為ばかりでなく，社会相当程度を超えて他人の権利法益を危殆化する行為や不作為を対象としてもよい。したがって，過失不法行為に対する教唆・幇助もありうる。例えば，タクシーの運転手にスピード違反を教唆した乗客は，それを原因とする交通事故の被害者に対して責任を負う（なお，判例のなかには，自動車運転手に飲酒を勧誘した者の責任を認めるに際し，2項ではなく，1項前段を適用したものがある〔最判昭和43・4・26判時520号47頁〕）。

(3) 効　果

教唆者・幇助者は共同行為者とみなされ，実行行為者と同一の責任（全部連帯責任）を負う。

6 不真正連帯債務

(1) 序　説

719条はその効果を「各自が連帯してその損害を賠償する責任を負う」と規定する。判例は当初，「連帯して」を文字どおり連帯債務と捉えていた（大判大正3・10・29民録20輯834頁）。しかし，①共同不法行為の場合には，共同不法行為者間に，連帯債務者間に通常存在するような緊密な人的関係が存在しない，②連帯債務に認められる絶対効をそのまま認めることは被害者にとり不利になる，という学説の批判を受け，2017（平成29）年改正前の判例は，不真正連帯債務が成立すると考えていた。競合不法行為の場合，使用者と被用者の責任（大判昭和12・6・30民集16巻1285頁）や土地工作物責任と原因者（717条3項）の責任が競合する場合等も，同様である。同改正の際，法制審議会では，判例上の不真正連帯債務に関する規律を原則的な連帯債務の規律として位置づける案が提示され，実際，履行請求（改正前434条）・免除（改正前437条）・時効完成（改正前439条）の絶対効を定める規定が削られたため，連帯債務と不真正連帯債務の規律はかなり平準化されたが，混同（440条）や，自己の負担部分を超えなくても求償を認める判例の規律（442条）は維持されることになったため，反対説はあるが「不真正連帯債務」という概念は残ると予想される。

もっとも，「不真正連帯」とは，民法の連帯債務の規定が当然には適用されないことを意味するにすぎず，各場合につき具体的効果を決定していく，という作業は残る。以下では，判例の状況を客観的に紹介することに重点をおく。

(2)　絶対効の排除

(a)　**履行の請求**　　請求の絶対効に関する規定（2017〔平成29〕年改正前434条）は削られたので，不真正連帯債務の場合に請求の絶対効を否定する判例（最判昭和57・3・4判時1042号87頁）は，改正後も維持される。

(b)　**免　除**　　2017（平成29）年改正前の判例は，不真正連帯債務についでは免除の絶対効を定める改正前437条を適用せず（最判昭和48・2・16民集27巻1号99頁），免除の意思表示の解釈により，債務者の1人に対する債務の免除は，他の債務者に対してその債務を免除する意思を含むものではないから，後者に対する関係では何らの効力を有しないとする一方で（最判平成6・11・24判時1514号82頁），他の債務者の債務をも免除する意思を有していると認められるときは，その者に対しても免除の効力が及ぶとしていた（最判平成10・9・10民集52巻6号1494頁）。2017（平成29）年改正法は，改正前437条を削り，免除の原則的な効力を相対効とすることにより（441条本文），連帯債務の規律を以上の不真正連帯債務に関する判例上の規律に合わせた。その結果，連帯債務についても不真正連帯債務についても，債務者の1人に対する免除の効力は原則として他の債務者に及ばず，被免除者の求償義務も残るが（445条），債権者と被免除者以外の債務者との合意がある場合はもちろん（441条ただし書），債権者の一方的意思表示により，免除の絶対効が認められる可能性がある。

(c)　**混　同（440条）**　　甲車の運行につきA・B・Cが共同運行供用者の地位にあったところ，B・C夫婦の子XがB・Cと甲車に同乗中に事故にあい，B・Cが死亡しXが重傷を負った事案において，最高裁は，Xに対するAとB・Cの運行供用者責任を不真正連帯債務と解した上で，440条の適用を否定して，「B・C夫婦とXとの間に混同を生じ，B・C夫婦の債務が消滅したとしても，Aの債務にはなんら影響を及ぼさない」と判示したが（最判昭和48・1・30判時695号64頁），この解釈は，自賠責保険契約の相手方であるY保険会社に対してXが直接請求（自賠16条1項）を行う前提として必要なものだった。

(3)　求 償 権

不真正連帯債務につき，かつての通説は求償権を原則として否定したが，今日では求償権の発生は当然のことと考えられている。判例も求償権を認める

（最判昭和41・11・18民集20巻9号1886頁）。

負担部分は過失の割合によるというのが判例だが（前掲・最判昭和41・11・18），学説上は様々な基準（加功度・原因力・違法性・寄与度など）が主張されている。なお，負担部分が不明の場合は平等との推定を受けること（商788条後段も参照。719条1項後段の場合は，頭割り平分とするしかないだろう），負担部分はゼロの場合もあることが，学説上，主張されている。

また，判例によると，連帯債務の場合（442条1項，大判大正6・5・3民録23輯863頁）とは異なり，求償は，自己の負担部分を超えて弁済したときにのみ認められる（最判昭和63・7・1民集42巻6号451頁，最判平成3・10・25民集45巻7号1173頁，前掲・最判平成10・9・10）。求償の循環を回避すべきことと，求償に応じる資力があるなら被害者に賠償すべきことに基づく。

(4)　過失相殺の方法

複数の賠償義務者が存在する場合における過失相殺の方法については，2つの方法がある。以下では，加害者Aの過失を1，加害者Bの過失を4，被害者Xの過失を1，Xの損害を2400万円とする設例にそくして解説する。

(a)　**絶対的過失相殺**　Xは全損害の6分の1（400万円）を負担し，A・Bは6分の5（2000万円）の不真正連帯債務をXに対して負うという方法である。A・Bの内部での負担部分は1対4の割合（400万円対1600万円）で決定される。最判平成15・7・11民集57巻7号815頁は，「複数の加害者の過失及び被害者の過失が競合する一つの交通事故において，その交通事故の原因となったすべての過失の割合（以下「絶対的過失割合」という。）を認定することができるときには，絶対的過失割合に基づく被害者の過失による過失相殺をした損害賠償額について，加害者らは連帯して共同不法行為に基づく賠償責任を負う」と判示して，この方法をとった。

(b)　**相対的過失相殺**　XとA，XとBとの間でそれぞれ別個に過失相殺を行う方法である。設例では，XはAに2400万円の2分の1である1200万円を，Bに2400万円の5分の4である1920万円を請求できるが，XがA・Bに合計でいくら請求できるかは明らかでない。前掲・最判平成13・3・13は，「本件は，本件交通事故と本件医療事故という加害者及び侵害行為を異にする二つの不法行為が順次競合した共同不法行為であり，各不法行為については加害者及び被害者の過失の内容も別異の性質を有するものである。ところで，過失相殺は不法行為により生じた損害について加害者と被害者との間においてそれぞれの過失の割合を基準にして相対的な負担の公平を図る制度であるから，本件のような共同不法行為においても，過失相殺は各不法行為の加害者と被害者との間の過失の割合に応じてすべきものであり，他の不法行為者と被害者との間における過失の割合をしん酌して過失相殺をすることは許されない」と判示して，この方法をとった。

(c)　**判例の理解**　　両判決は異なる方法を採用したが，その整合的な理解は可能だろうか。平成 15 年判決が「すべての過失の割合を認定することができるときには」と述べている点に着目して，そのときは絶対的過失相殺を，そうでないときは相対的過失相殺を行うべきだとの理解もありうる。しかし，平成 13 年判決の事案のように交通事故と医療過誤が順次競合した場合には，たとえすべての過失の割合を認定できたとしても，医師の責任を追及する際に交通事故に関する被害者の過失を斟酌することは許されない。なぜなら，交通事故の原因がもっぱら被害者の過失に基づく場合にも，医師の責任は過失相殺によって縮減されるべきではないからである（同判決は，医師の責任につき診療過程における被害者の過失のみを斟酌した）。このように，複数加害者による加害の態様も過失相殺の方法に影響を与えうる。

(5)　使用者責任が競合した場合の求償関係

被用者が第三者とともに不真正連帯債務を負う場合において，使用者が被害者に賠償したときや，第三者が被害者に賠償したときの求償関係は，判例によると，つぎのとおりである。

まず，使用者・被用者・第三者が被害者に対して各自全損害を賠償する義務を負う場合において，使用者がその債務を弁済したときは，使用者は，第三者に対し，被用者と第三者との過失の割合に従って定められるべき第三者の負担部分について，求償権を行使することができる（前掲・最判昭和 41・11・18）。つぎに，第三者との関係においては，使用者と被用者とは一体をなすものとされ，使用者は被用者と同じ内容の責任を負うので，第三者が自己と被用者との過失割合に従って定められるべき自己の負担部分を超えて被害者に損害を賠償したときは，その第三者は，被用者の負担部分について使用者に対し求償することができる（前掲・最判昭和63・7・1）。最後に，第三者にも使用者がいる場合には，「一方の加害者の使用者と他方の加害者の使用者との間の責任の内部的な分担の公平を図るため，求償が認められるべきであるが，その求償の前提となる各使用者の責任の割合は，それぞれが指揮監督する各加害者の過失割合に従って定めるべきものであって，一方の加害者の使用者は，当該加害者の過失割合に従って定められる自己の負担部分を超えて損害を賠償したときは，その超える部分につき，他方の加害者の使用者に対し，当該加害者の過失割合に従って定められる負担部分の限度で，右の全額を求償することができる」（前掲・最判平成3・10・25）。

第７節　運行供用者責任（自動車損害賠償保障法）

1 総　　説

(1) 自動車損害賠償保障法

自動車損害賠償保障法（自賠法）は，1955（昭和30）年に，自動車交通の発展に伴う自動車事故の急増を背景として制定された。本法３条は，自動車の運行によって生じた人身被害に対する運行供用者の無過失責任を定める。

本法の制定まで，自動車事故は，民法709条・715条によって規律されてきたところ，両条の責任は，過失要件に起因する限界を免れない。事故が運転者の過失によらない場合（ブレーキの故障や異物によるスリップなど）も少なくないからである。本法の運行供用者責任は，こうした限界を克服すべく，人身被害のかぎりで，運転者の過失を問わない無過失責任を導入して，運行供用者（自動車の所有者が該当する場合が多い）をその責任主体としたものである。

Column Ⅱ 5-7　自動車損害賠償責任保険

自賠法は，運行供用者責任と組み合わせて，保有者（自賠２条３項）の運行供用者責任をカバーする自動車損害賠償責任保険（自賠責保険）制度をおく（自賠11条参照）。この制度は，加害者（運行供用者）側における責任リスクへの対応を容易にすると同時に，被害者のために賠償責任を実効化するためのものである。

元来，責任保険とは，潜在的加害者が任意に，損害賠償責任を負担するリスクに備えるための手段であり，損害賠償責任が発生した場合には加害者が保険金請求権を有する。しかし，自賠責保険制度は，これを被害者保護のためにも機能させるべく，すべての自動車に加入を強制する（自賠5条）とともに，被害者本人から保険会社に対する直接請求権を認めている（自賠16条）。ただし，自賠責保険の支払限度額は，十分に高額ではない（死亡による損害につき3000万円〔自賠令2条〕）。

(2)　責任の構造・根拠

(i)　本法の運行供用者責任は，物による加害に対する責任の類型に属し，自動車の運行による加害について運行供用者に責任を負わせる。また，責任原因の面では純粋の無過失責任にあたり，瑕疵・欠陥すらも責任成立要件としない（第1節**1**(2)(a)③）。民法上の特殊の不法行為との対比では，このような構造は，717条（所有者の責任）のそれに最も近いが，純粋の無過失責任か瑕疵責任かという差異が残る。

なお，運行供用者責任の構造に関しては，時に，使用者責任（715条）との類似性も指摘される。たしかに，会社自動車を従業員が運転中の事故では，運転に過失があったかぎり，運行供用者責任と同時に使用者責任も成立する。しかし，715条は他人がした不法行為に対する責任の類型であり，両責任の構造は全く異なっている。

また，本法3条ただし書の免責事由をもって運行供用者責任を中間責任の類型（過失の証明責任の転換）に整序することも，正確ではない。運行供用者は，単に自己および運転者の無過失を証明するだけでは責任を免れない（**2**(4)参照）。

(ii)　運行供用者が純粋の無過失責任を負うべき理論的根拠について，学説は，伝統的な無過失責任論に基づき，危険責任と報償責任の思想を挙げてきた。自動車という施設の危険性とその使用による利益に着目するものである。

さらに，危険責任論の観点（第1節**2**(1)）からも，自動車の運行・それに伴う危険は，まさに危険責任によって規律されるべき「特別の危険」にあたる。

以下にみるとおり，運行供用者責任の責任成立要件・責任主体は，危険責任の理念的内容とも対応しており（責任主体の拡張〔3 (3)(c)〕はさておく），日本法上，最も典型的な危険責任といえる。

2 責任成立要件

本法３条の運行供用者責任については，①自動車の運行，②他人の生命・身体の侵害，③両者の間の因果関係が責任成立要件となる。また，責任主体は，④運行供用者（自己のために自動車を運行の用に供する者）である。そのほか，３条ただし書に，⑤免責事由の定めがある。

2では，④責任主体（後述3）以外の点を順次説明する。

(1) 自動車の運行

(a) 総　説　「自動車」の「運行」要件は，運行供用者責任の規律対象を画する。危険責任論の観点からは，本要件は，自動車という技術的施設を特別の危険をはらむ危険源とみて，自動車の運行における運行危険を危険責任の規律対象とするものである。

自賠法の定義規定によれば，「自動車」には，原動機付自転車も含まれる（自賠２条１項）。また，「運行」とは，「自動車を当該装置の用い方に従い用いること」を指す（２条２項）。具体的適用にあたっては，このうち，運行要件が問題となりやすい。

(b) 運　行　(i)　運行の中心的場面は，自動車が走行状態にある場合である。自動車の走行は，高速性に関連した特有の危険性をはらむ。なお，特殊な走行状態として，エンジンの故障した自動車がハンドルやブレーキを操作しながらロープで牽引されて走行している場合も，運行に該当する（最判昭和43・10・8民集22巻10号2125頁）。

(ii)　判例・学説は，さらに，つぎのような場合も運行に含めている。

①　駐停車中の自動車　　夜間，路上駐車中の自動車（加害車）に他車（被害車）が追突するなどの事故も，運行要件を満たすとされる（名古屋高金沢支判昭和52・9・9判タ369号358頁など）。この点の説明として，学説は，自動車が走行目的で車庫を出て再び車庫に格納されるまでの移動・停止すべてが，自動車

の運行（「自動車を……用いること」）となる，と解する（車庫出入説）。多数の自動車が往来する道路交通の場における事故の危険は，当該自動車（加害車）が走行状態にあるか否かを問わないからである。

② 特殊自動車の固有装置　　クレーン車のクレーン，ダンプカーのダンプ，ミキサー車のミキサーなどの使用に伴う事故も，運行に該当する（最判昭和52・11・24民集31巻6号918頁〔クレーン車のクレーンを用いた作業中の感電事故〕）。「当該装置の用い方に従い用いること」は，走行装置（エンジンやハンドル・ブレーキなど）にかぎらず，特殊自動車の固有装置をその目的に従って操作使用する場合も含む，という解釈による（固有装置説）。クレーン等の固有装置に起因する事故は，本来，自動車交通と無関係ではあるが，当該装置それ自体における特別の危険のために，危険責任による規律が要請されるのである。

(2) 他人の生命・身体の侵害

(a) **生命・身体の侵害**　　「生命又は身体」の侵害要件は，運行供用者責任の保護法益を生命・身体に限定する趣旨である。物的被害への将来の拡大を期しつつ，まずは人身被害を対象に無過失責任を導入したものとされる。

本要件によれば，被害者は，物的被害に関しては709条・715条に基づく責任を追及するしかなくなる。しかし，この帰結が妥当であるかは疑念が残る。同一の事故による人身被害と物的被害のうち，後者に関して運転者の過失が要件とされるのでは，無過失責任を導入したことの実際的意味が大幅に減殺されてしまう。また，過失責任と危険責任の対等性（第1節**2**(3)）に照らせば，理論上も，保護法益をあえて生命・身体に限定すべき根拠は存在しない。

(b) **他　人**　　「他人」要件は，運行供用者（いわば本人）を含まないほか，さらに，当該自動車の運転者も「他人」でない（最判昭和37・12・14民集16巻12号2407頁）。運転者は，むしろ，運行供用者の側に立つからである。

他方，これら以外の者は，当該自動車に同乗中の事故で負傷・死亡した被害者も含め，広く「他人」に該当する。例えば，無償・好意で同乗させてもらった友人や，運行供用者である夫が運転する自動車に同乗していた妻（最判昭和47・5・30民集26巻4号898頁）であってもよい。その結果，これらの被害者は，本法3条の損害賠償責任が成立するものとして，保険会社に対し直接請求権

（自賠16条1項）を行使できることになる。

(3) 因果関係

「(運行）によつて」要件は，自動車の運行と生命身体の侵害との間の因果関係を指す（前掲・最判昭和43・10・8)。

判例は，ここでの因果関係要件についても，相当因果関係と解する（最判昭和48・4・20判時707号49頁)。相当因果関係の3分論（第3章第2節2(1)）および危険責任論（第1節2(2)(b)）の視角からは，因果関係要件には，①事実的因果関係の存否の判断と，②当該事故が運行危険（自動車の運行と結び付いた定型的危険）の現実化にあたるか否かの判断が含まれている。もっとも，自動車の運行と事実的因果関係がある事故につき，運行危険の現実化を否定すべき場面は，例外にとどまる（(4)(ii)末尾も参照)。

(4) 免責事由

(i) 以上の責任成立要件がすべて充足される場合にも，3条ただし書の免責事由（責任阻却事由）に該当するときは，運行供用者責任が成立しない。

3条ただし書によれば，責任阻却の要件は，①運行供用者および運転者が自動車の運行に関し注意を怠らなかったこと，②被害者または第三者（運転者を除く）に故意・過失があったこと，③自動車に構造上の欠陥または機能の障害がなかったことであり，すべて，運行供用者の側に主張・証明責任がある。

このうち，要件③に関しては，運転者の機能障害（運転中の意識喪失など）がなかったことまで要するものと解されている。また，要件②との関連では，異常な自然力は，同要件を満たさないものの，不可抗力による免責（3条ただし書とは別個の不文の免責事由）がありうるとされる。

(ii) その結果，まず，自動車内部に発した原因（自動車の欠陥・故障など）による事故に関しては，免責がありえない（要件③を満たさないため)。他方，外来原因による事故に関しては，運転者・運行供用者に過失がなく（要件①)，かつ，当該原因が被害者・第三者の故意過失（要件②）または不可抗力である場合に，責任が阻却される（飛び込み自殺など)。危険責任論の視角からは，このような取扱いは，内発原因・外来原因の区別や外来原因の異常性を基準に，自動車の運行危険の現実化とみるべき事故の範囲を画するものといえる（(3)末尾の理由から，運行危険とみなしがたい事故原因が，法技術上，免責事由として構成される）。

3 運行供用者（責任主体）

(1) 総　　説

(i) 運行供用者責任の責任主体は，「自己のために自動車を運行の用に供する者」，すなわち運行供用者である。

本法2条3項の「保有者」概念の定義からうかがえるとおり，運行供用者には，通例，自動車の使用権を有する者（所有者や賃借人・使用借主など）が該当する。また，2条4項の「運転者」の定義からわかるように，運行供用者のために別人が運転することも普通である。

(ii) 運行供用者の判定は，通常の場面ならば前記(i)のとおりで足りる。例えば，会社所有の自動車を従業員が社用で運転する場合には，会社が運行供用者となる（従業員自身は異なる）。しかし，自動車の運行に複数人が関与する場面には他にも様々な場合がありうるため，「自己のために自動車を運行の用に供する者」の判断については，より具体的な基準が問われる。運行供用者責任をめぐる最重要の解釈問題であり，関連判例も多い。

(2) 運行供用者の判断基準

(a) 運行支配と運行利益の帰属　「自己のために自動車を運行の用に供する者」の判断について，判例は，運行支配（運行に対する支配力）および運行利益（運行による利益の享受，運行費用の負担）の帰属を基準としてきた。判例の定式化によれば，「自動車の使用についての支配権を有し，かつ，その使用により享受する利益が自己に帰属する者」が，運行供用者となる（最判昭和43・9・24判時539号40頁など）。

こうした判断基準は，伝統的な無過失責任論（第1章第2節(3)(a)(ii)）を基礎におくものであり，運行支配基準は危険責任の思想と，運行利益基準は報償責任の思想と対応する。もっとも，現在では，無過失責任論が危険責任の考え方に重心を移しているため，運行供用者についても，運行支配が一元的な判断基準であって，運行利益は運行支配の徴表となるものと解されている。

(b)　**運行支配・運行利益の帰属の判断**　　運行支配・運行利益基準の実際の適用をみたとき，判例上，運行支配・運行利益の帰属として要求される内容は，相当緩和されている。運行支配でいえば，判例は，事故時の具体的運行に対する現実的支配を問うのではなく，むしろ，運行支配の帰属を「客観的に」判断し（最判昭和44・9・12民集23巻9号1654頁），さらには「運行を指示・制禦（ぎょ）すべき立場」をもって運行支配とみている（最判昭和47・10・5民集26巻8号1367頁。最判昭和50・11・28民集29巻10号1818頁・最判平成30・12・17民集72巻6号1112頁では，「自動車の運行を事実上支配，管理することができ，社会通念上自動車の運行が社会に害悪をもたらさないよう監視，監督すべき立場」とされた）。

こうした判例の態度は，運行支配の帰属を規範的に判断するものといえる。その実際的狙いは，後述(3)(c)の諸類型が示すとおり，運行供用者の範囲を拡大して複数の者に運行供用者責任を成立させ，十分な賠償能力（自賠責保険や任意保険による履行確保を含む）がある責任主体を確保するところにある。

Column Ⅱ 5-8　運行供用者概念の再構成の試み

(2)(b)にみた判例の態度は，他面では，運行支配・運行利益の帰属が真に判断基準となりえているのかという疑念を抱かせる。そのため，学説においては，判例の現状をふまえて運行供用者をどのように再定式化すべきか，どのような責任原理をその基礎におくべきかといった問題が，議論を呼んできた。

例えば，ある有力説は，運転者と自動車についての管理責任の要素を組み入れたかたちで運行供用者責任を再構成し，運行供用者とは自動車をめぐる人的・物的管理責任を負う者であるとする。もっとも，このような再構成については，運行供用者責任の出発点であった危険責任から著しく乖（かい）離することになってしまう点に，留意すべきである。

そこで，以下の叙述では，危険責任論を基礎におきつつ，判例が運行供用者とする諸類型を危険責任の理念的内容（責任主体）と対比して位置づけるという手法をとっている。

(3)　運行供用者の諸類型

(a)　**危険責任論に基づく類型化**　　危険責任論（第1節2(2)）によれば，危険責任の本来の責任主体は，当該危険源に対する一般的支配を有する者であり，自動車でいえば，当該自動車の当該運行に対し現実に運行支配を有する者となる。他方で，判例が運行支配・運行利益基準をもって運行供用者とする範囲は，これよりもはるかに広い。以下では，危険責任の本来的な責任主体に対応するか否かによって運行供用者の本来型と拡張型とを区分した上で，個別の場面をみていくことにする。

(b)　**本来型の運行供用者**　　まず，当該運行に対し現実に運行支配を有するタイプの運行供用者（本来型の運行供用者）は，つぎのとおりである。

(i)　通常の場面　　所有者（借主など他の使用権者でもよいが，所有者で代表させる）が自ら自動車を運転する場合や，被用者や家族が所有者の了承を得て運転している場合には，当然，所有者が運行供用者となる。

(ii)　無断運転の場面　　無関係の者が自動車を盗んで運転した場合や被用者が私用で社用車を無断運転した場合には，無断使用者が当該運行を現実に支配しており，本来型の運行供用者となる。なお，本法2条3項・3条が予定するところの，保有者でない運行供用者（自賠責保険によってカバーされない〔自賠11条〕）とは，これらの不正な使用者である。

(iii)　使用権を与えて自動車を引き渡した場面　　所有者が他人に自動車を貸与した場合（レンタカー，無償利用）や，自動車の修理・陸送などを他人に依頼した場合には，直接の運行支配が借主や整備・陸送業者に移転しており，これらの者が本来型の運行供用者となる。

(c)　**拡張型の運行供用者**　　さらに，判例によれば，(b)の各場面において，一定の場合には，当該運行に対し現実の運行支配を有するのでない者が，本来型の運行供用者と並んで運行供用者責任を負うものとされる（運行支配基準との関係につき，(2)(b)参照）。これらは，危険責任の責任主体の拡張にあたる（拡張型の運行供用者）。所有者の責任の延長・継続が問題となった場面（(i)・(ii)）から順に，主要な例をみていく。

(i)　無断運転の場面　　(b)(ii)の場面では，①無断運転者が所有者の被用者である場合（前掲・最判昭和44・9・12）や，②保管上の過失のために自動車を盗まれた場合（最判昭和57・4・2判時1042号93頁参照）に，所有者が（不正な使用者と並んで）運行供用者の地位にとどまるとされる。所有者は，無断運転をされた結果，具体的運行に対する運行支配を喪失しているのではあるが，①②の場合のかぎりで，運転者の地位濫用や自動車の保管上のリスク，ひいては運行支配の失敗のリスクを，引き受けなければならない。

(ii)　使用権を与えて自動車を引き渡した場面　　(b)(iii)の場面では，判例上，貸与の場合（修理・陸送の場合は異なる）に，所有者＝貸主が（借主と並んで）運行供用者の地位にとどまるとされる（最判昭和46・11・9民集25巻8号1160頁〔レンタカー〕，最判昭和48・1・30判時695号64頁〔無償利用〕）。貸借関係においては，借主の運行に対し貸主が相当程度の支配を留保しており，貸主の側にも間接的な運行支配があるといえる。

(iii)　通常の場面　　これら所有者の責任の延長・継続にあたる場面のほか，判例は，さらに(b)(i)の場面についても，非所有者が（所有者と並んで）運行供用者の地位におかれる場合を認める。①会社の承認のもとで従業員がマイカーを会社業務に利用していた場合における会社（最判昭和52・12・22判時878号60頁），②元請人による指揮監督のもとで下請人が所有車両を用いて下請業務に従事していた場合における元請人（最判昭和46・12・7判時657号46頁），③未成年の子が所有し運転する自動車につき，同居の親が購入費用・維持費を全額負担している場合における親（最判昭和49・7・16民集28巻5号732頁）が，それである。これらの非所有者は，所有者に対する指揮監督関係を基礎に，指揮命令に従った所有者による自動車の運行に対し間接的支配を有している（とくに①②の場合）。

Column Ⅱ 5-9　運行供用者に該当するための要件

前記(b)・(c)の諸類型を，運行供用者に該当するための要件という観点から整理するとき，「自己のために自動車を運行の用に供する者」の規範的判断は，つぎのような複数の個別的成立要件に具体化される。

(i)　自動車の使用権者（所有者・借主など）は，原則として運行供用者に該当する（(b)(i)・(iii)）。例外は，①自動車が無断運転された場合（(b)(ii)）や，②他人に使用権を与えて自動車を引き渡した場合（(b)(iii)）である。ただし，これらの場合にも，使用権者は，一定の要件を満たすかぎりで（①被用者による無断運転や自動車の保管上の過失，②貸与による引渡しの場合など），運行供用者に該当する（(c)(i)・(ii)）。

(ii)　使用権者でない者は，①無断運転をした場合（(b)(ii)）または②使用権者に対し特殊の地位にある場合（(c)(iii)）にかぎり，運行供用者となる。

第8節　製造物責任（製造物責任法）

1 総　　説

(1) 製造物責任法

(i) 製造物責任法（PL法）は，製品事故の増大や諸外国の立法動向をふまえて，1994（平成6）年に制定された。本法3条は，製造物の欠陥によって生じた被害に対する製造者の無過失責任（製造物責任）を定める。

(ii) 現代社会では，大量生産される工業製品が日常生活の各所で大量に使用・消費されるところ，消費者は，これらの製品の安全性が製造者によって確保されているものと信頼している。そのため，いったん欠陥のある製品が流通した場合には，大規模かつ深刻な被害が発生する。わが国では，1950年代半ばから1960年代にかけて，ヒ素ミルク事件（粉ミルクにヒ素が混入），サリドマイド事件（睡眠薬の副作用による先天奇形児の出産），スモン事件（整腸剤の副作用による神経障害），カネミ油症事件（米ぬか油にPCBが混入）などが立て続けに問題化した。

ところが，科学技術を駆使した製造過程から生産され，複雑な構造を備える工業製品の欠陥に関して，過失責任による規律には限界が残されていた（2 (2)(b)(ii)①参照）。そこで，すでに1970年代半ばから，製造者の責任を厳格化する立法提案が論議されてきたところ，1994年に至って，製造物責任法の制定により，製造物の欠陥を責任原因とする特別の責任成立要件が定められた。

(2) 責任の構造・根拠

(i) 本法が定める製造物責任は，物による加害に対する責任の類型に属し，製造物（その欠陥）による加害について製造者に責任を負わせる。また，責任原因の面では欠陥責任（瑕疵責任）にあたり，もっぱら製造物の「欠陥」を責任成立要件とする（過失の有無を問わない）。このような責任の構造は，717条の工作物所有者の責任とも類似するところ（第1節1 (2)(a)②参照），同条との重大な相違として，製造物責任では，所有者ではなく製造者が責任主体となる。

製造者が欠陥責任を負うべき理論的根拠については，他の無過失責任と同様に，危険責任と報償責任の考え方が挙げられるほか，信頼責任も指摘される。

(ii)　なお，危険責任論が提示する危険責任の理念的内容（第1節2(2)）と対比するとき，製造物責任は，欠陥要件において独特であるほか，責任主体の面でも危険責任の理念型から乖離する（事故発生時点での製造物はすでに製造者の支配を離れており，製造者が危険源の作出・維持者として責任を負うとはいいがたい）。そのため，製造物責任一般において帰責構造の理論的把握は必ずしも容易でないが，製造上の欠陥に対する製造物責任は，危険責任論にも合致している（Column Ⅱ 5-10 ①参照）。

2 責任成立要件，責任主体

本法3条の製造物責任については，①製造物の②欠陥，③生命身体・財産の侵害，④両者の間の因果関係が責任成立要件となる。また，責任主体は，⑤製造業者等である。

(1) 製 造 物

「製造物」要件は，製造物責任の規律対象を画する。製造物責任の典型的な想定場面は，工業的に製造される大量生産品（その欠陥）である。この点をふまえて，本法の定義規定は，「製造物」要件を「製造又は加工された動産」として定式化している（製造物2条1項）。

この定式化のうち，①「製造又は加工」要件は，広義の製造（人為的な処理・操作）の法技術的表現であり，加工されていない農林畜水産物や鉱物といった自然産物を，製造物責任の規律対象に含めないことを狙う（自然由来の毒性があった場合を考えよ）。自然の力を利用した生産行為（作物の栽培，家畜の飼育など）は，工業的製造とは異質であり，欠陥の人為性も乏しいことによる。

つぎに，②「動産」要件は，不動産（建造物など）や無形エネルギー（電気）を規律対象に含めない趣旨である。建造物は，生産・供給の形態が一般の製品と大きく異なり（建築請負の場面を考えよ），欠陥リスクの割当ての面でも同一視するわけにはいかない。また，電気の欠陥といわれるもの（電圧・周波数の異常など）は，むしろ，その供給役務の瑕疵の問題にほかならない。

なお，「製造又は加工された動産」は，それが他の製品や建物の部品・原材料となった場合（建造物の建材・建具など）にも，製造物責任に服する。

(2) 欠　陥

(a) **総　説**　(i) 製造物責任の規律対象は，「欠陥」要件によってさらに限定される。製造物一般において，欠陥によらない事故（自転車の二人乗りによる転倒事故など）は，そもそも製造物の危険とみなしがたい。

(ii) 「欠陥」要件は，本法2条2項において，「当該製造物が通常有すべき安全性を欠いていること」と定義されている（717条の瑕疵要件に関する支配的理解〔第4節2(2)(a)〕をふまえている）。換言すれば，製造物の使用者や第三者の生命身体・財産に危害を及ぼす危険性のある状態である。単なる品質・性質上の瑕疵は，製造物の「欠陥」に該当しない。

欠陥については，あくまで「通常有すべき安全性」が基準となるところ，この点の具体的判断は，製造物に関する諸事情の総合的考慮にかかっている。本法2条2項によれば，①「当該製造物の特性」（事故発生の蓋然性とそれによる被害の重大性，製造物の効用・有用性，指示・警告の表示など），②「通常予見される使用形態」（想定される誤使用の範囲など），③「当該製造物を引き渡した時期」（当時における，安全性に関する社会通念や，代替設計の技術的可能性など）が，主要な判断要素となる。

(iii) なお，欠陥は，製造物が製造者の支配を離れて流通におかれた時（製造者が当該製造物を引き渡した時）に存在したことを要する。製造物責任については，製造者が責任主体となるからである。

(b) **欠陥の類型**　(i) 本法3条は「欠陥」の類型をとくに区別しないが，学説は，欠陥の発生過程から，以下の3つの類型を区別して論じてきた。

① 製造上の欠陥　　製造過程に何らかの異常（不良な原材料・部品の混入，製造機械の誤動作など）があって，設計仕様に適合しない製品（不良品）が生産され，これが安全性を欠くという類型である（粉ミルクに用いた乳質安定剤に不純物としてヒ素が含まれていたなど）。この類型では，設計仕様からの逸脱が，それ自体として欠陥を徴表する。

② 設計上の欠陥　　設計段階で十分に安全性に配慮しなかったために，製

造物が，設計仕様上，安全性を欠いている類型である（ツードア式自動車の助手席の背もたれに前倒防止装置が設けられておらず，強度の衝撃によって倒れるおそれがあるなど）。この類型では，設計仕様どおりの製品がすべて欠陥を帯びることになる。

③ 指示・警告上の欠陥　一定の使用方法との関係で危険性をはらむ製造物が，使用者に対する指示・警告を欠いている類型である（塩素系漂白剤に，酸性洗剤と混合した場合の危険性に関する警告表示がないなど）。製造物の性質・用途上，そのような危険性を除去しがたい場合であっても，誤使用による事故を回避するための適切な指示・警告を欠くかぎり，欠陥とみなされる。

(ii)　このうち，製造上の欠陥とそれ以外では，欠陥と過失の関係が大きく異なる。まず，①製造上の欠陥は，製造者の過失を認めがたい場合も少なくない。製造過程で不良品が発生して流通におかれるという事態は，製造者が各種の防止措置を講じても（無過失），一定の頻度で生起してしまう。

これに対して，②設計上の欠陥は，当該設計の選択が安全性の面から適切でなかったという問題であり，まさに過失判断と重なる（前記(a)(ii)の判断要素①の内容も，行為義務の判断因子〔第2章第6節4(1)(a)〕と連続する）。ただし，本法4条1号の規律から，欠陥の認識可能性に関する知識水準の点は，過失判断とやや異なることになる（後述(c)(ii)参照）。また，③指示・警告上の欠陥は，指示・警告行為のあり方の問題として，一層，過失判断に接近する。この類型に関する最近の判例も，医薬品の「引渡し時点で予見し得る副作用」に係る情報が添付文書に適切に記載されていない場合に，医薬品の欠陥が認められるとした（最判平成25・4・12民集67巻4号899頁〔イレッサ薬害訴訟。抗がん剤の新薬の販売開始後に副作用が判明した〕）。

Column Ⅱ 5-10　欠陥類型と適合的な責任原理

前記(b)(ii)によれば，欠陥責任としての製造物責任は，製造上の欠陥の類型でこそ無過失責任の実質を有するものの，他の2つの類型では過失責任と変わりないことになる。この点は，責任原理の面からも理由があるといえる。

まず，①製造上の欠陥（不良品）の発生は，工業生産の過程で定型的かつ不可避的に発生する事故であって，製造者における製造設備・施設の操業に伴う「特別の危険」とみなすことができる。この点で，製造上の欠陥に関しては，危険責任論（第1節**2**(1)）からも，無過失責任による規律が要請される。
　他方で，②設計上の欠陥は，設計上の選択の誤りに存するところ，ある選択・判断が妥当か否か（他には診療や建物設計などで問題となる）は，本来，過失責任の規律対象にあたる。したがって，設計上の欠陥に関する製造物責任は，過失責任にとどまることでよい。同様のことは，③指示・警告上の欠陥にもあてはまる。

(c)　**開発危険の抗弁（免責事由）**　本法4条1号が定める開発危険の抗弁は，条文上，免責事由として構成されているが，欠陥要件（設計上の欠陥）と密接に関連するため，ここであわせて取り上げておく。

(i)　開発危険　知見水準が日々進歩している最先端科学・技術の分野（医薬品，バイオテクノロジーなど）においては，製造者が開発して流通においた新製品（その設計仕様）が安全性を欠くものであったけれども，当時の科学・技術知識の水準では当該欠陥の存在が認識されえなかったという場面が登場しうる。これは開発危険と呼ばれ，設計上の欠陥の類型で問題となる。

(ii)　開発危険の抗弁　このような場面の取扱いは立法段階でも争点となったが，最終的に，製造物責任法では，開発危険を製造物責任の対象に含めないとする立場がとられた（製造物4条1号)。開発危険に対する責任は，製造者の研究開発活動を阻害し，ひいては技術革新による消費者の利益を損なうことになりかねない，との考えに基づく。

この点の法技術的構成として，本法4条1号は，開発危険の場合も3条の「欠陥」に該当すること（設計上の欠陥）を前提に，開発危険を免責事由（製造者の主張・証明責任）に位置づけている。同号によれば，製造者は，製造物の引渡しの時点での「科学又は技術に関する知見」によっては欠陥の存在を認識できなかったことを証明することにより，3条の責任を免れる（開発危険の抗弁)。ここにいう科学・技術的「知見」とは，入手可能な最高水準の科学・技術知識を指す。

(iii)　無過失の証明との対比　開発危険の抗弁は，最高水準の知識を基準とする点において，無過失（結果発生の予見可能性がないこと）の証明よりも厳格である。もっとも，調査研究義務を通じた過失の前進（第2章第6節**3**(2)）をも考慮に入れるならば，開発危険の取扱いをめぐって，開発危険の抗弁と過失の証明責任の転換との実際的相違はわずかとなろう。

(3)　生命身体・財産の侵害

「生命，身体又は財産」の侵害要件は，被侵害利益に関する。条文の文言は相当に特定的であるが，709条の権利・法益侵害要件と同義に解されている。

もっとも，本法3条ただし書によれば，「損害が当該製造物についてのみ生じた」場合は，3条本文の責任から除外される。その実際上の帰結は，「財産」の侵害につき，当該製造物以外の物の損壊を要求することに等しい（Column Ⅱ 5-11）。

Column Ⅱ 5-11　製造物責任法3条ただし書による制限

本法3条ただし書は，製造物自体の損害を超える拡大損害が生じていない場合を，製造物責任の対象から除外する趣旨である。このような規律がおかれた理由は，つぎの点にある。すなわち，一方で，本法が規律対象とする欠陥は，製造物による対外的加害のリスクが想定されている。他方，被害が欠陥そのものや当該製品の滅失（モーターからの出火による洗濯機の焼失など）に尽きる場合については，契約目的物の瑕疵の問題とみて，もっぱら契約法の規律にゆだねるべきである。

本法3条ただし書からの帰結として，まず，権利法益侵害が当該製造物以外に存在しない場合には，製造物責任が成立しない。さらに，当該製造物を利用できないことにより無形の財産的法益を侵害されたにとどまる場合（製造機械の故障による工場の生産ラインの停止など。いわゆる純粋経済損失）についても，前記の2つの理由からは，「損害が当該製造物についてのみ生じた」とみて責任が否定されることになろう。結局のところ，「財産」の侵害によって製造物責任が成立するためには，当該製造物以外の物が損壊されたことを要する。

(4)　因果関係

「（欠陥）により」要件は，製造物の欠陥と生命身体・財産侵害との間の因果関係を指す。判例の立場では，相当因果関係を吟味することになる（第3章第2節2(1)参照）。

(5)　製造業者等（責任主体）

製造物責任の責任主体は，当該の製造物の「製造業者等」である。

本法2条3項によれば，責任主体たる「製造業者等」には，①製造業者（1

号「製造，加工……した者」)，②輸入業者（1号「輸入した者」)，③表示製造業者（2号・3号）が該当する。他方，単なる販売業者等は，製造物責任の責任主体とならない。

以上のうち，製造物責任の原則的・本来的な責任主体は，①製造業者である。欠陥ある製造物は，まさに製造業者が支配する設計・製造過程から作出されたものであり，かつ，製造業者が自らこれを流通においた（製造物3条「引き渡した」）ことに基づく。これに対し，他の二者は責任主体の拡張にあたる。②輸入業者，③表示製造業者は，それぞれ，②輸入品の欠陥，③ OEM 供給商品やプライベート・ブランド商品等の欠陥につき，製造業者と並んで製造物責任を負う。

3 消滅時効の特則

本法3条による製造物責任の範囲・内容に関しては，不法行為法の一般準則が適用されるところ（製造物6条)，消滅時効の点では，5条に特則がある。

本法5条によれば，3条の責任は，①短期3年（生命身体以外の侵害）または5年（生命身体の侵害）の消滅時効（1項1号・2項)，および，②長期10年の消滅時効（1項2号・3項）に服する。民法との対比では，②の規律が724条2号に対する特則となる。

②長期の消滅時効は，原則として製造物の引渡しの時点から起算され，その期間は10年である（製造物5条1項2号)。製造物の通常の使用・耐用年数をも勘案した上で，（20年ではなく）10年に短縮されている。ただし，蓄積性物質による健康被害や遅発性の健康被害に関しては，例外として，起算点が損害発生の時点まで遅らされる（同条3項)。医薬品・化学製品では，引渡しから10年以上が経過した後に蓄積性・遅発性の被害が生じる場合があることが考慮された。

第9節　失火責任（失火責任法）

(1) 総　　説

民法・特別法上の特別の責任成立要件のうち，失火ノ責任ニ関スル法律（失火責任法）は，709条の責任成立要件よりも責任を狭める唯一の例である。

本法によれば，失火の場合には，失火者に「重大ナル過失」があるときを除き，709条が適用されない。これは，失火に対する責任を特別に軽減し，重過失がある場合にかぎり不法行為責任を成立させるものである。

責任軽減の立法理由としては，人家の密集地で失火をした場合には延焼によって不測の損害が生じることがあり，失火者の賠償責任が酷となることが，とくに重視された。もっとも，立法当時（1899〔明治32〕年）はともかく，消防能力が向上して耐火建築技術も発達した現在の社会状況のもとでは，責任軽減の合理性が揺らいでいる。

(2)　失火責任法の適用

本法の適用については，以下の解釈がとられている。

(i)「重大ナル過失」（重過失）とは，「わずかの注意さえすれば，たやすく違法有害な結果を予見することができた場合であるのに，漫然これを見すごしたような，ほとんど故意に近い著しい注意欠如の状態」をいう（最判昭和32・7・9民集11巻7号1203頁）。

(ii)　本法は，債務不履行による損害賠償請求には適用されない（最判昭和30・3・25民集9巻3号385頁）。失火による債務不履行については前記(1)の立法理由があたらないため，条文の文言（「709条ノ規定ハ」）どおりの解釈がとられる。例えば，借家人が失火により借家を焼失させた場合には，借家人は賃貸人に対し債務不履行責任を免れない。

(iii)　学説上は，本法の適用対象となる火災を延焼部分に限定する解釈も，有力である。失火から生じた直接の火災（他人の家での失火における当該他人に対する責任）については，709条がそのまま適用されるとする。この見解は，前記の立法理由があてはまる範囲に，本法を制限解釈するものである。

(3)　特殊の不法行為の諸規定との調整

特殊の不法行為の諸規定（714条・715条・717条など）の適用領域で失火が生じる場面については，当該規定と本法との間で規範調整が必要になる。特殊の不法行為の諸規定が本法とは逆に責任の厳格化に向けられている点が，この問題を複雑にしている。判例の立場は，以下のとおりである。

(i)　714条との関係では，監督義務者の免責事由に本法の重過失要件をはめ込む（最判平成7・1・24民集49巻1号25頁）。責任無能力者の失火につき，監督義務者は，重大な監督過失がないかぎりで監督者責任を免れる。

(ii)　715条との関係では，本法の重過失要件を被用者にあてはめる（最判昭和42・6・30民集21巻6号1526頁）。被用者の失火につき，使用者は，被用者に重過失がないかぎり使用者責任を負わない。

(iii)　717条との関係では，設置保存の瑕疵要件に本法の重過失要件をはめ込む（大判昭和7・4・11民集11巻609頁〔電線からの漏電による火災〕。なお，最高裁の態度は明らかでない）。土地工作物の瑕疵による火災につき，所有者・占有者は，工作物の設置保存の瑕疵に重過失がないかぎり工作物責任を負わない。

このうち，(ii)は，使用者責任の代位責任的な構造とも対応している。これに対し，(i)(iii)は，714条による責任主体の確保（第2節 1 (1)）や，717条の責任加重の趣旨（第4節 1 (2)）の妨げとならないかが問題となりうる。

練習問題

1　Yは公道沿いに竹林を有し，竹林の奥には直径1メートル・深さ3メートルの古井戸跡が放置されていた。竹林にはスズメバチが巣を作ることもあるため，近隣住民が立ち入ることはまずなかった。もっとも，公道と竹林の間に柵はなく，誰もが入ろうと思えば立ち入ることができる状態であり，近所の子どもが侵入することが年に数回はあったようである。近所に住む小学2年生のZ_1は，竹林に古井戸跡があると知って興味をもち，同級生のXを誘って古井戸跡に連れて行き，穴の底を覗き込んでいるXの背中をおどかすつもりで押したため，Xは穴に落ちた。Z_1は驚いて自分の家に戻り両親Z_2・Z_3に知らせ，ZらがXを助け出したが，Xは右足を骨折するなどの重傷を負った。Xは，Y・Z_1・Z_2・Z_3に対して，どのような法律構成で損害賠償を求めることができるか。

【⇨第2節・第4節，第2章第7節 1 】

2　学校法人Yの経営する私立中学校に勤める教師Aは，甲子園球児の経歴を買われて野球部の監督も兼ねていた。以下の各場合に，X_1・X_2はYに対してどのような法律構成で損害賠償を求めることができるか。

【⇨第3節・第7節】

(1) 中学2年生の野球部員 X_1 は，無気力な練習態度をAに注意された際，反抗的態度をとったためAから数回の平手打ちを受けて，右耳の鼓膜が破れた。

(2) Aは，ボランティアで関わる地元の少年野球チームの遠征のためにマイクロバス甲を運転中，脇見運転をして歩行者 X_2 をひいた。甲はYの所有物であり，学校の規則では，部活動に必要な場合に，校長の事前の許可を得て使用するものと定められていた。Aは，事故の前日（土曜日）に野球部の遠征のために甲を使用したが（これについては校長の許可を得ていた），土曜日に使用した場合は甲の鍵を月曜日に返却すればよいという慣行になっていたため，事故の日に私用目的で学校の駐車場から甲を持ち出していた。

3 印刷会社Yでは，会社の資材・日用品といった物品の調達について，1000万円を超えない範囲であれば，総務部長Aの権限でできるとしていた。Aは，外部との取引にあたって，通常，契約書類および社内の決裁書類の作成を部下Bに任せ，自らは最終チェックをするにすぎず，Aが必要書類の決裁に用いる会社の印鑑はBが管理していた。Bは，取引先への中元用と称して，食品会社Xからキャビアの詰め合わせ100セット（500万円）を購入し，代金を支払わないまま勝手に転売して，転売代金を自分の借金の返済に充ててしまった。XはYに対してどのような法律構成で損害賠償を求めることができるか。

【⇨第3節，第2章第4節**2**(3)】

4 Y_1・Y_2・Y_3 は，バイクの暴走仲間で，ある土曜日の深夜，法定速度違反で蛇行運転をしていたところ，Aをひいてしまった。

以下の(1)(2)は独立の問いである。

【⇨第6節，第3章第2節**4**・第3節】

(1) Aは胸部と右足をひかれ，右足は骨折で済む程度だったが，胸部の傷が致命傷となって死亡した。Aをひいたのは Y_1・Y_2・Y_3 のうちの誰かであり，また，胸部と右足はそれぞれ別のバイクでひかれたものであったが，具体的に誰がどこをひいたかは特定できなかった。Aの子Xは Y_1・Y_2・Y_3 に対して，どのような法律構成で，どれだけの損害賠償を求めることができるか。

(2) Aは腹部を Y_1 にひかれて，救急車で医療法人Zの設置する甲病院に運ばれたが，そこで受けた手術にミスがあったために死亡した。バイクにひかれてAが腹部に負った傷害が，①しかるべき治療を受ければ完治するものであった場合，また，②しかるべき治療を受ければ後遺症は残るものの死ぬことはないようなものであった場合，Aの子XはY_1・Y_2・Y_3・Zに対して，どのような法律構成で，どれだけの損害賠償を求めることができるか。

5　製薬会社Yは，ある感染症に対する新薬甲を開発し，厚生労働省の承認を得た。甲は著しい効果を発揮し，臨床現場に普及した。しかし，その後，抗がん剤乙を投与されている患者に甲が用いられると，甲には乙が体内で分解されるのを阻害（代謝阻害）する作用があったため，致死的結果をもたらす事態が頻発した。甲にこの作用があることは，その開発から承認に至る段階では明らかになっていなかった。Yはこのような事例の報告を受けてただちに添付文書に併用禁止に関する注意事項を追加した。しかし，すでに甲を投与されていたAは，乙の代謝阻害により死亡した。Aの子XはYに対して損害賠償を求めることができるか。

【⇨第8節】

6　化粧品会社Y_1（代表取締役Y_2）の運営する製造工場（工場長Y_3）では，化学物質甲を原料とする商品を製造し，その過程で生じる廃水については，浄化システムを通してから隣接する河川に流していた。ところが，原料とは異なる化学物質乙が製造過程に紛れ込み，工場で使用されることが予想されていなかった乙は浄化システムを素通りして河川に排出された。乙を含んだ水は，河川下流で農業を営むXの水田の稲の成長を阻害し，Xに収穫高の激減による経済的不利益が発生した。XがYらに対して不法行為責任を追及する場合の法律構成として，どのようなものが考えられるか。

【⇨第3節，第2章第2節】

第6章 差止め

スポーツ選手Ｘに関する事実無根の記事を掲載した雑誌が，出版社Ｙから発売予定である。町工場Ｙが深夜まで騒音を発するため，近隣住民Ｘが著しく日常生活を妨げられている。――このような場合に，Ｘは，自己の権利法益が侵害されないようにＹの侵害行為を差し止めることができるか。本章では，不法行為と密接に関連する制度として，差止めの問題を取り上げる。

1 総　説

(a) **意　義**　ある権利・法益につき，不法行為による侵害が差し迫っているか，現に侵害されつつある場面では，当該権利法益の主体は，将来の侵害を予防し，もしくは現在の侵害を排除するため，侵害行為の差止めを請求することができる。損害賠償が不法行為による権利法益侵害に対する事後的保護を担うのに対し，差止めは，権利法益の事前的・直接的保護を実現するものである。

(b) **根拠規定の不存在**　民法の条文をみたとき，第3編第5章「不法行為」には，差止めに関する明文規定が存在しない。実際上も，通常の不法行為は一回的・突発的であるため，侵害の予防・停止の方法による保護が問題となりにくい。制定法上は，むしろ，差止めが必要とされやすい領域ごとに，個別に条文がおかれているにとどまる。物権の侵害に対しては物権的妨害排除・予防請求権が予定される（198条・199条・202条参照）ほか，知的財産法・競争法の分野にも，差止請求権の規定がみられる（特許100条，著作112条，商12条2項，会社8条2項，不正競争3条，独禁24条など）。

このような法状況にもかかわらず，学説・判例は，不法行為の一般法の次元において解釈上の差止請求の可否を論じ，これを承認してきた。その際に念頭におかれた具体的場面は，①公害・生活妨害（身体健康・生活利益の侵害），ならびに，②名誉・プライバシーや肖像権等の侵害である。これらの場面では，人格的法益が継続的な侵害行為にさらされるという特性上，侵害の予防・停止という救済手段がとくに要請される。

(c)　**不法行為責任との関係**　差止めの問題は，「不法行為の効果」の項で，損害賠償と並べて説明されることも多い。しかし，損害賠償は，過去の不法行為によって生じた結果（権利法益侵害，損害）につき，原因者の責任を追及するものである（不法行為による責任）。これに対し，差止めは，将来または現在の権利法益侵害行為それ自体を阻んで予防・停止する制度にあたる（不法行為の差止め）。このような性格の相違にかんがみ，本書では，差止めを，不法行為責任とは別個に取り上げている。

2 差止めの根拠・構成

差止めは，明文の根拠規定を欠くことから，理論的基礎づけや法律構成が重要な意味をもつ。また，差止めの根拠・構成は，要件論の組立てにも反映することになる。

(1)　権利説（判例）

(i)　伝統的理解は，差止めによる権利保護を権利それ自体から導き出した（権利説）。これは，被侵害権利（侵害のおそれがある権利）と差止請求権の関係を，物権と物権的妨害排除・予防請求権の関係に類比するものである。

伝統的理解によれば，対世的・排他的性格を有する権利は，その典型たる物権と同様に，妨害排除・予防の権能を内包する。したがって，絶対権・支配権が侵害されるか侵害のおそれがある場合には，当該権利それ自体に基づいて差止めを求めることができる。

具体的機能場面との関連では，この見解は，公害・生活妨害の差止め，名誉毀損等の差止めのいずれについても，人格権に基づく差止めとして構成する。人格権を絶対権・支配権とみて，差止めの基礎におくのである。

(ii)　判例も，同様に，人格権に基づく差止めという法律構成をとる。まず，公害差止めの関連では，大阪国際空港訴訟の控訴審判決がよく知られる（大阪高判昭和50・11・27民集35巻10号1881頁〔午後9時以降の航空機離発着を禁止した〕）。

他方，名誉毀損に関しては，最判昭和 61・6・11（判例 II 6-2）が「人格権としての名誉権」に基づく差止めを肯定した。さらに，名誉およびプライバシーの侵害に対し「人格権としての名誉権等」に基づく差止めを認めた判例もある（最判平成 14・9・24 判時 1802 号 60 頁〔モデル小説〕）。

(iii) しかし，権利説は，つぎの点で理論的課題を残す。権利説は当該権利の対世的・排他的性格から差止めを導くところ，絶対権・支配権とみなしうる権利は，本来，狭い範囲に限られており，広く人格権が該当するものではない。物権の権利内容（物に対する直接の有体的支配）と対比するとき，生活利益や名誉・プライバシーは，物権と並ぶ絶対権・支配権とはみなしがたい。

最近の判例にも，「個人のプライバシーに属する事実をみだりに公表されない利益」の侵害につき，差止めがありうるとしたものがある（最決平成 29・1・31 民集 71 巻 1 号 63 頁〔児童買春により逮捕された者が，グーグルに対し，逮捕事実の記事に関する検索結果の削除を求めて仮処分を申し立てた。消極〕）。本決定は，人格権構成を離れるかのごとくである。

Column II 6-1　環境権に基づく差止め

公害・生活妨害の差止めとの関連では，1970 年代に「環境権」論も有力であった。これは，「良き環境を享受し，かつ，これを支配しうる権利」としての環境権を構想し，環境権に基づく差止めを提唱するものである。その実践的狙いは，受忍限度（公共性の要素など）の考慮に反対し，また，環境悪化の段階ですでに（生活・健康被害があらわれる以前に）差止めを求めることにあった。

しかし，「環境権」は，権利の主体・客体・内容のそれぞれに不明瞭さを残しており，判例・学説上，定着するには至っていない。

(2) 準不法行為（違法侵害）説

(i) 対極的な理解は，差止めを，不法行為に対する権利保護制度として把握する。差止制度は，不法な行為による権利法益の侵害が継続しているか差し迫っている場面で，権利法益主体に，違法な侵害を事前に阻止する手段を付与するためのものである，とされる（準不法行為・違法侵害説）。

この立場では，差止請求権は，被侵害権利から派生するのではなく，むしろ，権利保護の要請に基づいて差止制度そのものにより付与される。法秩序は，これにより，権利法益の防衛線を，不法行為によって発生した結果の後始末（損害賠償）よりも前方に移動させるのである。

なお，この立場は，あくまで，権利法益の違法な侵害（もっぱら権利法益侵害の面から判断される不法行為）・そのおそれに着目しており，差止めを不法行為の効果ないし不法行為責任とするわけではない。その意味で，準不法行為説または違法侵害説と呼ばれる。

(ii)　準不法行為説に対しては，二元説（次述）から，つぎのような指摘がされる。権利法益の違法な侵害・そのおそれの判断は，相関関係理論上，侵害行為の態様をも評価対象に取り込むことになるところ（第2章第3節**2** (2)(b)），生命身体等の侵害に対しては，むしろ，侵害の態様や程度を問わないで差止めを肯定すべきでないか。

(3)　二 元 説

(i)　現在の学説上は，権利構成と準不法行為構成を併用する二元的構成が優勢である。二元説は，権利（絶対権・支配権）の侵害・そのおそれの場面では，当該権利に基づいて差止めを肯定するとともに，他の法益の侵害・おそれの場面でも，準不法行為説の考え方により違法な侵害の差止めを承認する。

この立場は，権利構成を補完するかたちで準不法行為構成を組み合わせることにより，両説の特徴を活かすことを狙う。権利（絶対権・支配権）の侵害に対しては，権利構成を通じて，差止めを全面的に肯定する（侵害行為の態様等の考慮を排除する）とともに，権利とはいえない法益についても，準不法行為構成を通じて，差止めの法的根拠を整備するのである。

(ii)　もっとも，権利法益侵害の違法評価との関連で絶対権侵害型と非絶対権侵害型を区別する本書の立場（第2章第3節**3** (2)，同第4節**1** (2)）からは，二元説の狙いは，準不法行為説のもとでも実現されることになる（**3** (1)(a)）。

3　差止めの要件・効果

(1)　差止めの要件

差止めは，権利・法益の違法な侵害のおそれがあるか，現に違法な侵害が行われていることを要件とする。以下に分説する。

(a)　**権利・法益の違法な侵害**　　この要件は，差止めの法的構成に左右される。権利・法益の違法な侵害という定式化は，準不法行為説からのものである。権利説からは，権利（人格権など）の侵害を要件とすることになり，また，二元的構成からは，権利の侵害または法益の違法な侵害を要件とすべきことになる。

絶対権侵害型と非絶対権侵害型とを区別するとき，権利法益の違法な侵害要件は，以下のとおりに具体化される（結果的に，二元説による場合と一致する）。

① 絶対権侵害型　絶対権の侵害行為は，侵害態様にかかわらず違法評価を受け，差止めの対象となる。公害による生命身体侵害の局面が，ここに該当する。

② 非絶対権侵害型　非絶対権の侵害行為は，特定の行為態様による場合（侵害禁止規範に違反する行為）にかぎって違法評価を受け，差止めの対象となる。生活妨害，名誉毀損・プライバシー侵害の局面は，こちらに該当する。

(b) **侵害行為のおそれ・進行継続**　差止めは，事前的権利保護の制度であることから，もっぱら，侵害行為のおそれがあるか侵害行為が進行継続している状況を対象とする。権利法益侵害が未発生でもよい反面，単発的な不法行為が完了した状況は要件を満たさない。なお，おそれの段階で差止めを請求する場合には，予防の目的を達成すべく仮処分手続（民保 23 条以下）が活用される。

(c) **故意過失の要否**　差止めの要件は，以上に尽きる。709 条と異なり，故意過失という責任原因は，差止めの要件とならない。物権的妨害排除・予防請求権，特別法上の差止請求権においてと同様である。これは，差止めが不法行為による責任の問題でないことによる。

(2) 差止めの効果

以上の要件が充足される場合には，被害者は，侵害行為のおそれがあるか現に行っている者に対し，差止めを請求することができる。差止請求の内容は，①侵害のおそれの段階では，将来生ずべき侵害の予防であり（日照妨害を生じるべき建物の建築の中止など），②侵害行為が進行継続している場合には，侵害行為の停止である（騒音発生工場の操業の制限など）。「差止め」は，言葉どおりには禁止・不作為を意味するが，侵害の予防・停止のための作為請求を内容とすることもある。

なお，差止めによる作為命令は，名誉毀損の場面で，723条の名誉回復処分（第4章第1節2(1)(b)(ii)）と重なるかにみえる。しかし，差止めの効果は，あくまで，将来の名誉毀損を防ぐ，もしくは名誉毀損の進行継続を阻む措置を内容とする（他人を誹謗する内容の看板の撤去やウェブサイト上の記載の削除など）。名誉毀損が生じた後にその復元（原状回復）を図る名誉回復処分（取消・訂正記事など）とは，質的に相違する。

4 個別問題

(1) 生活妨害の差止めと公共性

3(1)の一般論に対し，特定の場面では，差止めの要件が特殊性を帯びうる。

まず，公益上の必要性が高い施設による生活妨害の差止めの局面（空港・鉄道・道路による騒音・振動・排ガスなどの差止め）では，公共性の要素をめぐって，権利法益の違法な侵害要件の判断が修正される。

生活妨害の差止めにおいて，権利法益の違法な侵害要件の判断は，被侵害利益の性質上，受忍限度を基準とする（第2章第4節3(2)(b)）。先述のように，損害賠償の局面では，この受忍限度の判断にあたって，侵害行為の公共性は必ずしも重視されていない（Column Ⅱ 2-13）。しかし，差止めの局面では，公共性の要素をもって権利法益の違法な侵害（受忍限度を超えた被害）を否定する判断が，広く支持されてきた。稼動中の施設の差止めは，活動を現実に停止させて現状をくつがえすものであるため，当該活動に対する社会の依存度（差止めによる公共的利益の阻害）を考慮せざるをえないのである。

結果として，つぎの〈判例 Ⅱ 6-1〉のとおり，生活妨害の差止請求での違法性判断は，公共性の要素の重み分だけ，損害賠償請求での違法性判断からずれることになる。これは，公共性の強い活動につき，損害賠償責任を肯定しつつ差止請求を退けるという解決を図っているのである。

〈判例 Ⅱ 6-1〉**最判平成7・7・7民集49巻7号2599頁（国道43号線訴訟）**

【事案】 幹線道路の自動車騒音による被害につき，周辺住民Xらが，道路の設置管理者Yらに対し，騒音侵入の差止めおよび損害賠償（国賠2条）を請求した。原審判決は，差止請求を棄却するとともに，損害賠償請求を認容した。差止請求の棄却の理由は，Xらの被害の内容が日常生活における妨害にとどまるのに対し，本件道路が沿道の住民・企業のみならず地域間交通や産業経済活動に対してかけがえのない多大な便益を提供している事情を考慮すれば，差止めを認容すべき違法性があるとはいえないことによる。

最高裁は，本判決によりXらの上告を棄却するとともに，同日の別判決でYらの上告を棄却した（最判平成7・7・7民集49巻7号1870頁）。

【判旨】「道路等の施設の周辺住民からその供用の差止めが求められた場合に差止請求を認容すべき違法性があるかどうかを判断するにつき考慮すべき要素は，周辺住民から損害の賠償が求められた場合に賠償請求を認容すべき違法性があるかどうかを判断するにつき考慮すべき要素とほぼ共通するのであるが，施設の供用の差止めと金銭による賠償という請求内容の相違に対応して，違法性の判断において各要素の重要性をどの程度のものとして考慮するかにはおのずから相違があるから，右両場合の違法性の有無の判断に差異が生じることがあ」る。

(2) 公的言論による名誉毀損の事前差止め

つぎに，名誉毀損・プライバシー侵害との関係では，公共的事項に関する言論・出版の事前差止めも，要件が特殊となる。公共的事項に関する言説は，思想の自由市場において広く流通すべきところ，表現行為の事前差止めは，そこに登場する機会を奪う点で，表現の自由を制限する程度が大きく，そのため，要件を厳格に解さなければならないのである。つぎの〈判例 II 6-2〉は，極めて例外的な場面にしか事前差止めを許さない（なお，判旨が「評価，批判」に関して表現内容の「真実」性を問うのは，当時，論評による名誉毀損に関する判例準則〔第2章第4節**3** (3)(a)(iii)〕が生成途上であったことによる)。

〈判例 II 6-2〉最大判昭和61・6・11民集40巻4号872頁（北方ジャーナル事件）

【事案】知事選の立候補予定者Y_1を中傷する記事を掲載した月刊誌甲につき，頒布の事前差止めを命じる仮処分決定がされた。そこで，甲の発行者Xが，仮処分・その申請の違法性を主張して，国Y_2および仮処分申請人Y_1に対し損害賠償を請求した。請求棄却の原判決に対しXが上告。

【判旨】上告棄却。「名誉を違法に侵害された者は……人格権としての名誉権に基づき……侵害行為の差止めを求めることができる……。けだし，名誉は生命，身体とともに極めて重大な保護法益であり，人格権としての名誉権は，物権の場合と同様に排他性を有する権利というべきであるからである」。

「出版物の頒布等の事前差止めは……とりわけ，その対象が公務員又は公職

> 選挙の候補者に対する評価，批判等の表現行為に関するものである場合には……原則として許されないものといわなければならない。ただ，右のような場合においても，その表現内容が真実でなく，又はそれが専ら公益を図る目的のものでないことが明白であって，かつ，被害者が重大にして著しく回復困難な損害を被る虞があるときは……例外的に事前差止めが許される」。

練習問題

A は，全国に多数の信者を擁する有数の宗教団体であり，相当な政治的影響力を有する。出版社 Y_1 では，雑誌編集部の総力を挙げた綿密な取材をもとに，A のあり方を批判する記事を，週刊誌甲（編集長 Y_2）に連載した。そこには，A 批判の一材料として，A の象徴的存在である代表者 X が，10 年来，色欲に溺れて愛人女性のマンションに通い詰め，多額の金品を貢いでいる旨が記載されている（記事乙）。

Y_1 がこの連載をまとめた単行本の刊行を準備していたところ，X は，記事乙が事実に反する旨を主張して，Y_1 に対し訴訟を提起した。X は，名誉毀損を理由に，①慰謝料，②謝罪広告，③単行本の出版中止を請求している。

裁判所は，X の主張する事実が真実であって記事乙が誤りであると認めたとき，X の Y_1 に対する各請求についてどのように判断すべきか。

【⇨3のほか，第 2 章第 4 節3(3)(a)，第 4 章第 1 節2(1)(b)(ii)】

第7章 不法行為責任と契約責任（請求権競合論）

運送人の手荒な扱いにより運送品が破損した場合，荷送人は，所有権侵害に基づく不法行為責任，保管義務違反（債務不履行）に基づく契約責任の双方を追及できるか。高価品の特則（商577条）は，不法行為責任にも適用されるのか。時効期間はどうなるのか。このような問題を扱う請求権競合論に，本章では取り組む。

1 総　説

損害賠償責任制度としては，不法行為制度のほかに，契約（債務不履行）責任制度が存在する。本来，両責任の妥当領域は，契約責任制度が，契約当事者間で，当事者が契約によって設定した債権・契約利益が侵害される場面に関するのに対して，不法行為制度は，法によって客観的に承認されている権利法益が侵害される場面に関する点で，区別される（Column Ⅱ 1-1 (iii)）。現代社会は，高度の技術発達や社会的接触の増大により，他人の権利法益を侵害する多くの危険を生み出したが，古典的市民社会を背景に制定された民法典は，それへの対応を予定していなかった。そこで，判例は，過失の客観化や保護義務・安全配慮義務の創造等によって，伝統的な不法行為責任・契約責任の範囲を拡大したが，その際，両責任相互の連関につき配慮を欠いていたため，両責任の交錯する場面が増加した。

両責任の競合が問題となるのは，債務者の行為が債権を侵害するだけ――これは単なる債務不履行にすぎない――でなく，他の権利法益をも侵害する場面である。例えば，①契約上，債権者の生命・身体・所有権の保護が合意され，給付義務の内容となっている場面（例，診療・寄託・幼児保護預かり）や，②主たる給付が債権者の生命・身体・所有権に対する行為を内容とするため，その保護が給付義務に組み込まれている場面（例，運送・宿泊）等である。

Column Ⅱ 7-1　請求権競合論

請求権競合問題とは，ある事実関係が，同一給付を目的とする請求権の発生を法律効果にもつ既存の数個の請求権規範の要件を充足する場合に，①請求権規範の数に対応する請求権が発生するのか（請求権の単複の問題），②権利者と義務者との間の法律関係はどの規範によって処理されるのか（適用規範の問題），といった問題である。

請求権競合が問題となる場面としては，不法行為責任と契約責任の競合のほか，侵害利得と不法行為の競合（第1編第2章第2節4），債権的請求権と物権的請求権の競合（その部分問題である給付利得と物権的請求権の競合につき，第1編第2章第4節4(1)），本権に基づく請求権と占有訴権の競合（LQ民法Ⅱ・第6章第5節3），手形債権と原因債権の競合などを挙げうる。最初のものが最も重要であり，以下本文では，それにそくして叙述を進める。

2 両責任の比較

適用規範の問題を解決する前提として，まず，両責任を簡単に比較しておく。一般的不法行為責任（709条）と一般的契約責任（415条）については，一方規範の他方規範への類推適用により，要件・効果の平準化が図られているため，大きな違いは存在しないが，とくに各種の契約類型について種々の特則がある。

(1) 要 件 面

(a) 過失と債務不履行・帰責事由　被害者は，不法行為責任を追及するために，「権利法益侵害」と「故意過失」を主張・証明しなければならないが（709条），契約責任を追及するためには，「債務不履行」を主張・証明すれば足り，「帰責事由」の不存在は債務者（加害者）が主張・証明しなければならない（415条1項）。したがって，両責任の成立要件は大きく異なるようにみえる。しかし，両責任の競合が問題となるのは主に間接侵害と不作為不法行為の場面であり，この場合，不法行為責任の成立に必要な「過失」は危殆化禁止規範違反または作為義務違反となるため，「過失」は「債務不履行」の内容と重なる（Column Ⅱ 2-22）。また，危殆化行為は，通例，当該行為による社会相当程度を超える危殆化の認識可能性（有責性）を伴うが（第2章第6節1(3)(c)(ii)，第

7節2(2)(c)(i))，この点も契約責任において「債務不履行」が「帰責事由」の存在を推定させることと共通する。他方で，「権利法益侵害」は，責任成立ではなく責任範囲の次元の問題となる（第2章第7節2(2)(c)(ii)，第3章第1節(2)(ii)）。

(b) **責任能力**　伝統的通説は712条・713条を契約責任に類推適用するが，現在は反対説が有力である。

(c) **他人の行為についての責任**　いわゆる独立的補助者（例，716条の請負人）は履行補助者だが被用者ではない点，規定（715条1項ただし書）上，使用者については免責可能性がある――実際にはほとんど認められていない（第5章第3節2(4)）――点において，両者は異なる。

(d) **特　則**　両者とも原則として善管注意義務違反・抽象的軽過失により責任が発生するが，契約責任については，無償寄託に関する659条（自己の財産に対するのと同一の注意義務違反についてのみ責任を負う），高価品の運送等に関する商法577条，597条（責任発生のためには高価品であることの通知が必要）等の特則があり，不法行為責任については，失火責任法（重過失についてのみ責任を負う）等の特則がある。

(2) 効果面

(a) **損害賠償の範囲**　判例は，債務不履行に関する416条を不法行為にも類推適用するが，現在の学説では反対説が支配的である（第3章第3節，第4章第3節2）。慰謝料については，710条を債務不履行に類推適用するのが判例・通説だが，711条の債務不履行への類推適用を判例は認めない（最判昭和55・12・18民集34巻7号888頁〔安全配慮義務違反の事例〕）。

(b) **過失相殺**　規定上，両者は異なっており（418条・722条2項，第4章第5節1(4)(a)），判例も法文に忠実な解釈をしているが，平準化を主張する学説がある。

(c) **消滅時効**　契約責任（166条）と不法行為責任（724条）とで時効期間は異なるが（起算点の規定の仕方もやや異なる），人身侵害については2017（平成29）年改正により起算点・時効期間の差異が解消された（167条・724条の2）。

(d) **遅滞責任の発生時期**　不法行為責任に基づく損害賠償債務はただちに遅滞に陥るのに対して，債務不履行に基づく損害賠償債務は期限の定めのない債務であり，412条3項により，債権者から履行の請求を受けた時にはじめて遅滞に陥る（前掲・最判昭和55・12・18〔安全配慮義務違反の事例〕）。

(e)　**相殺禁止**　悪意による不法行為に基づく損害賠償債務を受働債権として相殺することはできないが（509条1号），一定の範囲で同条の契約責任への類推適用を認める裁判例・学説がある。人身侵害による損害賠償債務については2017（平成29）年改正で平準化がなされた（同条2号）。

(f)　**債務の連帯性**　共同不法行為者は連帯責任を負うが（719条），平準化を認める裁判例・学説がある。

(g)　**裁判管轄**　不法行為地の裁判籍に関する旧民訴15条（現民訴5条9号）を，安全配慮義務違反に基づく損害賠償事件に類推適用した裁判例がある。

(h)　**特　則**　契約責任については，短期の期間制限（600条・622条，637条，商585条・564条，598条，617条），責任の消滅（商584条，616条），責任の定型化（商576条）等に関し特則があるほか，個別の契約や定型約款により，責任額の制限等が図られることがある。

3　請求権競合の解決方法

請求権競合の解決方法は，(1)請求権競合説，(2)法条競合説，(3)規範統合説の3つの方式に大別される。以下では各方式をみていくが，不法行為責任と契約責任の競合に関する判例の立場は一貫していない。

(1)　請求権競合説

請求権競合説は，両責任のそれぞれに基づく2個の請求権の発生（競合）を認める説である。つぎの2説に小別される。

(a)　**自由な請求権競合説**　自由な請求権競合説は，契約責任に基づく請求権と不法行為責任に基づく請求権は――満足による消滅を除き――相互に無関係（(b)説と異なり，相互作用しない）とする説である（この説に立つ判例として，最判昭和44・10・17判時575号71頁〔傍論〕）。この説に対しては，契約法上の責任減免（商577条など）や短期の期間制限（商585条など）に関する特則が，不法行為責任が認められることによって無意味になるという批判が加えられている。

(b)　**作用的請求権競合説（修正請求権競合説）**　作用的請求権競合説は，

自由な請求権競合説にみられる欠陥を生じさせないために，請求権競合説に立ちつつも，併存する両規範間の相互作用，とくに契約責任規範の不法行為規範への影響を認める——例えば，商法577条を不法行為にも類推適用する，特約による免責を不法行為責任にも及ぼす——説である（契約責任規範が不法行為規範に作用することを認める立法として商587条，588条，判例として最判平成10・4・30判時1646号162頁）。

(2) 法条競合説

法条競合説は，契約法と不法行為法との間に特別法・一般法の関係を認め，契約法による不法行為法の排除を認める説である。法条競合説においては，法条（415条1項と709条）が外見上競合するが，適用されるのは特別法（415条1項）のみなので，請求権は1個しか発生せず競合しない。この説によっても，自由な請求権競合説にみられる欠陥は生じない。

(3) 規範統合説

規範統合説は，既存の数個の請求権規範（415条1項と709条）の要件が充足されることによって1個の実在する請求権が発生することを認める説である。「規範統合」とは，既存の数個の請求権規範を統合して，新たな1個の請求権規範を創造することを意味するが，統合の程度により，つぎの3説に小別される。

(a) **請求権二重構造説**　請求権二重構造説は，請求権の機能ないし要素ごとに実体法上の請求権を把握し，請求権の二重構造を認める説である。この説は，「法律要件―法律効果」の論理構造に忠実に「1要件→1効果」，「1請求権規範→1請求権」の図式を近代法の基本的思考と捉えつつ，つぎのような仮説を提唱する。①請求権競合問題が発生する場面では，観念的には複数の請求権（観念的請求権）が競合するが，実在としては1個の請求権（実在的請求権）だけが存在する。譲渡等の処分対象，裁判上の請求による時効完成猶予・更新の対象，訴訟の対象（訴訟物）をなすのは，実在的請求権である。②実在的請求権の存在（金銭債権の場合にはその数額も）の問題と，実在的請求権の属性（法的性質）の問題とは，別個に考えうる。③競合する観念的請求権（法的観点）のうち1個が認定されれば，実在的請求権の存在が肯定され，給付判決をなすに熟する。④実在的請求権の属性は，競合する観念的請求権の法的性質から合理的に（法則的に）取捨選択することによって確定される。この説では，④の実在的請求権の属性の部分のみ，請求権規範が統合される。

(b)　**属性規範統合説（狭義の請求権規範競合説）**　属性規範統合説は，数個の請求権規範に基づいて1個の請求権が発生することを認める説である。この説では請求権の二重構造は否定される。この説は，（狭義の）請求権規範競合説とも呼ばれるが，「請求権規範競合」とは，競合するのは請求権規範（415条1項と709条）であって請求権ではない，という意味あいをもつ。この説の主唱者は，法的に多義的な1つの生活事象が複数の法規のもとに包摂される場合に，複数の具体的法律効果を認めるか，それとも複数の法規を基礎とした単一の具体的法律効果を認めるかは，形式論理の問題ではなく，あくまで合目的的見地に基づく考量ないし評価問題であるとして，つぎのように主張する。実体法秩序が1回の給付のみを是認する場合には，基礎をなす法規が複数存在しても，単一の実体法上の請求権（統一的請求権）しか成立しない。つまり，この説では，「1要件 → 1効果」，「1請求権規範 → 1請求権」の図式は否定される。統一的請求権の属性は，①競合する法規間に順位関係があればそれに従い，②順位関係がなければそれら競合する法規の総体によって決定されるが，②の場合には，それぞれの法規の意味や目的に照らして合目的的に，しかも，原則として，債権者に最も有利に決定されるべきである。このように，この説では，請求権規範の法律効果（属性）の部分のみが統合される。

(c)　**全規範統合説**　全規範統合説は，広義の請求権規範競合説に属する見解である。この説は，「1要件 → 1効果」，「1請求権規範 → 1請求権」の図式を近代法的思考の基本的パターンとして維持すべきことを主張し，規範統合を効果だけでなく要件の部分にまで及ぼす。そして，契約責任と不法行為責任の規範統合においては，契約責任規範によるリスク配分のほうがきめ細かだから，私的自治による法益処分が許される限度ではそのリスク配分を優先させる。しかし，契約責任規範による権利の剥奪に対して被害者の最小限度の法的保護を保障する任務を，権利保護目的をもつ不法行為規範に認めるほか，契約責任規範が種々の事由に関してリスク配分を決定しているのは一定の場面を想定してのことなので，その場面を逸脱する場合にはそのリスク配分の規制を及ぼさず，債権者にとって有利な規範を適用する。

(4) 折 衷 説

不法行為責任と契約責任の競合に関しては，(1)（自由な）請求権競合説によって解決される場面と，(2)法条競合説によって解決される場面の双方を認める説がある。この説によると，契約法が不法行為法を排除する場面では契約法上の責任制限や短期の期間制限に関する特則が意味をもつため，自由な請求権競合説にみられる欠陥は生じない。折衷説は，両場面を区別する基準の違いにより，つぎの2説に小別される。

(a) **主観的折衷説**　主観的折衷説は，義務者または履行補助者に故意があった場合（重過失を含む説あり）にのみ請求権の競合を認める。

(b) **客観的折衷説**　客観的折衷説は，契約の履行と内的関連をもたない行為（逸脱行為）による義務違反の場合にのみ請求権の競合を認める（判文上この説に立つ判例として，最判昭和38・11・5民集17巻11号1510頁）。

練習問題

不法行為責任と契約責任の要件・効果を表にまとめた上で（2017〔平成29〕年改正により規律が変更された部分には下線を引くこと），請求権競合の各解決方法（3）はそれぞれ，両責任の競合につき，①請求権の単複の問題，②適用規範の問題（Column Ⅱ 7-1）に対してどのように答えているか，説明しなさい。

事項索引

あ 行

さ　行

ま　行

や　行

ら　行

わ　行

判例索引

＊〔百選Ⅰ-○〕は潮見佳男＝道垣内弘人編『民法判例百選Ⅰ　総則・物権〔第8版〕』，〔百選Ⅱ-○〕は窪田充見＝森田宏樹編『民法判例百選Ⅱ　債権〔第8版〕』を示す。○の数字は各巻の項目番号を示す。

＊判例紹介欄の頁数は，太字で示した。

大審院

最高裁判所

控訴院

高等裁判所

地方裁判所

民法Ⅴ　事務管理・不当利得・不法行為　第2版

2011年11月10日　初　版第1刷発行
2020年 3 月30日　第2版第1刷発行
2024年10月30日　第2版第5刷発行

著　者　橋本佳幸
大久保邦彦
小池泰

発行者　江草貞治

発行所　株式会社 有斐閣
郵便番号 101-0051
東京都千代田区神田神保町 2-17
https://www.yuhikaku.co.jp/

印刷・大日本法令印刷株式会社／製本・大口製本印刷株式会社

ISBN 978-4-641-17943-1